国家出版基金项目
NATIONAL PUBLICATION FOUNDATION

知识产权经典译丛（第6辑）

国家知识产权局专利局复审和无效审理部◎组织编译

技术转移的艺术与科学

[美] 菲利斯·利亚·斯佩瑟（Phyllis L. Speser）◎著

张秉斋　张亚东◎译

知识产权出版社
全国百佳图书出版单位
—北京—

WILEY

图书在版编目（CIP）数据

技术转移的艺术与科学/（美）菲利斯·利亚·斯佩瑟（Phyllis L. Speser）著；张秉斋，张亚东译. —北京：知识产权出版社，2023.1

书名原文：The Art and Science of Technology Transfer

ISBN 978-7-5130-8143-6

Ⅰ.①技… Ⅱ.①菲… ②张… ③张… Ⅲ.①技术转移—研究 Ⅳ.①F113.2

中国版本图书馆 CIP 数据核字（2022）第 072144 号

内容提要

本书是全球第一部系统介绍技术转移艺术与科学的专著，从新颖的角度清晰而有趣地展示了技术转移和知识产权的复杂性，每一页都为学生和从业者提供了有益的实用信息，是学生和从业者的必读之物。本书并非仅仅列举技术转移过程的要点，而是用现实世界的实际例子来阐明理论概念。本书内容详尽，充满了实用的例子、细节和指导方针。

选题策划：黄清明　　**责任校对**：谷　洋

责任编辑：程足芬　　**责任印制**：刘译文

知识产权经典译丛

国家知识产权局专利局复审和无效审理部组织编译

技术转移的艺术与科学

[美] 菲利斯·利亚·斯佩瑟（Phyllis L. Speser）◎著

张秉斋　张亚东◎译

出版发行：知识产权出版社有限责任公司　　**网　址**：http://www.ipph.cn

社　址：北京市海淀区气象路 50 号院　　**邮　编**：100081

责编电话：010-82000860 转 8390　　**责编邮箱**：chengzufen@qq.com

发行电话：010-82000860 转 8101/8102　　**发行传真**：010-82000893/82005070/82000270

印　刷：三河市国英印务有限公司　　**经　销**：新华书店、各大网上书店及相关专业书店

开　本：720mm×1000mm　1/16　　**印　张**：22.5

版　次：2023 年 1 月第 1 版　　**印　次**：2023 年 1 月第 1 次印刷

字　数：422 千字　　**定　价**：156.00 元

ISBN 978-7-5130-8143-6

京权图字：01-2022-4002

《知识产权经典译丛》
编审委员会

总　序

当今世界，经济全球化不断深入，知识经济方兴未艾，创新已然成为引领经济发展和推动社会进步的重要力量，发挥着越来越关键的作用。知识产权作为激励创新的基本保障，发展的重要资源和竞争力的核心要素，受到各方越来越多的重视。

现代知识产权制度发端于西方，迄今已有几百年的历史。在这几百年的发展历程中，西方不仅构筑了坚实的理论基础，也积累了丰富的实践经验。与国外相比，知识产权制度在我国则起步较晚，直到改革开放以后才得以正式建立。尽管过去三十多年，我国知识产权事业取得了举世公认的巨大成就，已成为一个名副其实的知识产权大国。但必须清醒地看到，无论是在知识产权理论构建上，还是在实践探索上，我们与发达国家相比都存在不小的差距，需要我们为之继续付出不懈的努力和探索。

长期以来，党中央、国务院高度重视知识产权工作，特别是党的十八大以来，更是将知识产权工作提到了前所未有的高度，作出了一系列重大部署，确立了全新的发展目标。强调要让知识产权制度成为激励创新的基本保障，要深入实施知识产权战略，加强知识产权运用和保护，加快建设知识产权强国。结合近年来的实践和探索，我们也凝练提出了“中国特色、世界水平”的知识产权强国建设目标定位，明确了“点线面结合、局省市联动、国内外统筹”的知识产权强国建设总体思路，奋力开启了知识产权强国建设的新征程。当然，我们也深刻地认识到，建设知识产权强国对我们而言不是一件简单的事情，它既是一个理论创新，也是一个实践创新，需要秉持开放态度，积极借鉴国外成功经验和做法，实现自身更好更快的发展。

自2011年起，国家知识产权局专利复审委员会*携手知识产权出版社，每年有计划地从国外遴选一批知识产权经典著作，组织翻译出版了《知识产权经典译丛》。这些译著中既有涉及知识产权工作者所关注和研究的法律和理论问题，也有各个国家知识产权方面的实践经验总结，包括知识产权案

---

* 编者说明：根据2018年11月国家知识产权局机构改革方案，专利复审委员会更名为专利局复审和无效审理部。

件的经典判例等，具有很高的参考价值。这项工作的开展，为我们学习借鉴各国知识产权的经验做法，了解知识产权的发展历程，提供了有力支撑，受到了业界的广泛好评。如今，我们进入了建设知识产权强国新的发展阶段，这一工作的现实意义更加凸显。衷心希望专利复审委员会和知识产权出版社强强合作，各展所长，继续把这项工作做下去，并争取做得越来越好，使知识产权经典著作的翻译更加全面、更加深入、更加系统，也更有针对性、时效性和可借鉴性，促进我国的知识产权理论研究与实践探索，为知识产权强国建设作出新的更大的贡献。

当然，在翻译介绍国外知识产权经典著作的同时，也希望能够将我们国家在知识产权领域的理论研究成果和实践探索经验及时翻译推介出去，促进双向交流，努力为世界知识产权制度的发展与进步作出我们的贡献，让世界知识产权领域有越来越多的中国声音，这也是我们建设知识产权强国一个题中应有之义。

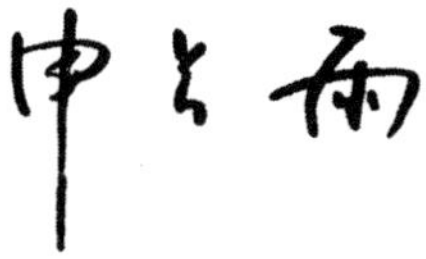

2015 年 11 月

谨将本书献给我亲爱的父亲大卫，他曾教导我：
市场营销其实就是站在对方的立场上行事。

致　谢

当完成像本书这样的写作活动时，你会感到一丝忧伤和失落。过了这么长的时间，你会想念写作的规律性。但是这一刻很快会消失，代之而来的是完成本书之后的轻松和对那些让本书得以完成的人的感激。

像每位作者一样，我发现我要感谢的人太多以至于不能逐一列出他们的名字，因此我将重点感谢那几位在写作停止和继续之间起到作用的人。首先最要感谢的是我的母亲。她不仅是那个说"你能行"的女人，她还花了无数个小时编辑本书的文本。接下来要感谢的是我的父亲，他一直在提供指导和支持。约翰·威利父子公司（John Wiley & Sons）的苏珊·麦克德莫特（Susan McDermott）也值得感谢，感谢她在我拖期时表现出的友好，以及在我承诺完成任务时给予的鼓励。

我于2005年1月搬到罗得岛州普罗维登斯，我也要对普罗维登斯的市民表示感谢。我在餐馆里花了无数个小时勾勒各个章节或在笔记本电脑上打字。令我惊讶的是，人们竟然对我正在做的事情感兴趣。他们请求我解释，对我提出建议，并给予支持。我来谈谈被祝福的问题！特别感谢市长大卫·N. 西西林（David N. Cicilline）和他的经济发展团队鼓励我们搬到这里。如果你有一家高科技公司，不知道要设在哪儿，你可以找我，我可以告诉你普罗维登斯的情况。我是一个快乐的露营者。

我还要感谢罗兰·蒂比茨（Roland Tibbitts），他开发了国家科学基金会（National Science Foundation）首个联邦小企业创新研究（Small Business Innovation Research，SBIR）计划；还要感谢鲍勃·雷恩（Bob Wrenn），他发起了国防部的SBIR项目，并运行了多年。罗兰和鲍勃，他们一直给予我鼓励和支持。

我们在远见科技公司（Foresight Science & Technology）有幸获得了美国农业部、教育部和国家科学基金会的SBIR项目经费，以研究如何更好地进行技术转移。我还想感谢美国海军研究局（Office of Naval Research）通过其长期科研广泛机构公告（Long Term Scientific Research Broad Agency Announcement）支持我们方法的贝塔测试，并感谢文尼·夏佩尔（Vinny Schaper），他现在已经退休，原是海军 SBIR 项目经理，曾鼓励我申请该项目。当然，我需要补充的是，这本书的研究结果、结论和建议都仅是我个人的，并不反映政府的观点。

我还要感谢我们远见公司的客户，特别要感谢以下 SBIR 项目经理：美国国家环保局（EPA）的吉姆·盖洛普（Jim Gallop）、美国农业部（USDA）的查尔斯·克莱兰（Charles Cleland）和美国能源部（DoE）的拉里·詹姆斯（Larry Jammes），他们鼓励我们尝试我们的商业化支持项目，以便更好地帮助他们的受资助者获得商业成功。如果你的公司是一家小公司而且不了解 SBIR，那么你需要了解一下。不管你在哪个机构工作，你都会幸运地遇到一些科学、工程和技术界最优秀的人。我们所希望的是，每个联邦公务员都同样致力于明智地使用纳税人的钱。

特别感谢我的儿子阿伦特（Arendt）和他的两位来自哈弗福德学院（Haverford）的朋友乔·本德（Joe Bender）和克里斯·彭菲尔德（Chris Penfield），当我们超负荷工作时，他们在远见公司度过了很多个假期。我还想感谢我的女儿爱丽儿（Ariel）。他们围着餐桌花了无数个小时讨论我的研究。我十分感激从“我的三个儿子”和女儿身上学到的东西。有多少人能够与同样爱你且聪明绝顶的年轻人一起分享想法？

最后，我要感谢我们远见科技公司的员工。希拉里·克林顿（Hillary Clinton）有句名言：“抚养一个孩子需要一个村庄。”我可以告诉你的是，推动技术进步需要一个团队。我很荣幸能与世界上最优秀、最聪明、最有趣的人一起工作。

菲利斯·利亚·斯佩瑟（Phyllis Leah Speser）
罗得岛州普罗维登斯
2005 年 10 月 28 日

作者简介

菲利斯·利亚·斯佩瑟是远见科技公司（Foresight Science & Technology）（罗得岛州普罗维登斯）的联合创始人和团队负责人，她作为该公司的高级执行官，专注于战略规划和新产品开发。斯佩瑟博士以优异的成绩毕业于纽约州立大学布法罗分校，并获得哲学博士和法学博士学位。她支持所有领域的技术商业化，是远见科技公司使用的 Technology Niche Assessment™ 和 Virtual Deal Simulation™ 方法的开发者。她曾担任许多联邦研发资助项目的首席研究员，聚焦于将人工智能应用于技术转移和商业化。她还撰写了许多关于技术转移/商业化的出版物，经常担任专业协会和贸易协会会议的演讲嘉宾。

斯佩瑟博士是美国《小企业创新发展法案》（*Small Business Innovation Development Act*）的主要游说者，与罗兰·蒂比茨（Roland Tibbetts）一起开发了小企业技术转移研究（Small Business Technology Transfer Research）计划概念，并且是美国《1989 年技术转移法案》（*Technology Transfer Act of* 1989）的游说者。在她作为游说者的十年中，她在保护考古和环境资源的立法方面发挥了重要作用，并作为国家科学技术联盟（National Coalition for Science and Technology）的执行主任，在联邦预算方面是科学界的核心人物。

斯佩瑟博士在技术转移协会（Technology Transfer Society）委员会任职两届，是该协会荣誉执照的获得者（1991 年），曾担任该协会国家技术转移政策（National Technology Transfer Policy）工作组主席（1989—1991 年）。从 1994 年到 1997 年，她是州长任命的华盛顿技术中心（Washington Technology Center）董事会成员，现在是哥伦比亚特区律师协会（Bar Association of the District of Columbia）、许可经理人协会（Licensing Executives Society）和美国人工智能协会（American Association for Artificial Intelligence）的会员，多年以来一直出现在各种名人录出版物中。她一直积极参与公共服务，包括帮助创办了幽谷公园基金会（Glen Echo Park Foundation）[1] 和奥林匹克半岛基金会（Olympic Peninsula Foundation）[2]，并担任它们的创始主席。

她最为自豪的是培养了两个优秀的孩子。

---

[1] 现为艺术与文化公司幽谷公园合伙企业（Glen Echo Park Partnership for Arts and Culture Inc.）。

[2] 因其扩展服务于整个太平洋西北地区而更名为西北自然资源集团（Northwest Natural Resource Group）。

序　言

我接受的是成为政治哲学家和法律哲学家的教育。我在纽约州立大学布法罗分校政治科学系和法学院的研究生工作主要集中于判断问题以及我们如何能够做出合理的政治判断，我写了一篇关于该主题的论文。那么我为什么要写这本书？简言之，技术转移是一个应用判断问题。交易的基础是双方就什么是合理的交换取得一致意见。理解他们是如何达成一致意见是一个跨学科问题，该问题是建立在根据大量实践经验从社会、科学、经济/商业和法律文献中获得的见解的基础上，并根据良好的实践经验加以解释。

然而，写作真正的原因与生活的偶然性有关。20 世纪 90 年代中期，我住在华盛顿州的汤森港（Port Townsend），主要从事“股权剥离”（equity tripping）* 工作。股权剥离是奥林匹克半岛上使用的一个古怪术语，指靠出售业务时取得的资金为生。就我而言，我曾在华盛顿特区完成了一笔政府关系业务的资产出售。研究生毕业后，我就开始了这项事业，当时，比起研究别人如何改变现状，改变现状的机会似乎更有吸引力。

作为游说者，我曾专攻科技立法。在其他立法当中，我在建立政府范围的小企业创新研究（SBIR）计划、小企业技术转移研究（STTR）计划和《史蒂文森－怀尔德勒法案》（*Stevenson – Wydler Act*）1984 年修正案中发挥了关键作用。因此，我从政策角度对技术转移有很好的看法。在此过程中，我还做了一些咨询工作，比如帮助设计大学/行业中心，并为它们筹集种子资金。这种活动让我从实践的角度对技术转移有了一些见解。通过为大学和企业客户获得政府研发和采购合同，以及从小型高科技公司向《财富》世界 500 强公司或其他小公司许可技术，这些见解得到了强化。

后来我卖掉了我的生意，因为我需要通过骨髓移植来治疗白血病。我很幸运有一个妹妹路易斯，她可以成为我的骨髓捐赠者。我在西雅图的弗雷德·哈钦森癌症研究中心（Fred Hutchinson Cancer Research Center）完成移植。弗雷德·哈钦森癌症研究中心是一家骨髓移植机构，那里的人真的很棒。我很幸

---

* 应为 equity stripping，原文有误。——译者注

运，因为我的两位医生弗雷德·阿普尔鲍姆（Fred Applebaum）和玛丽·弗劳尔斯（Mary Flowers）是研究科学家。我花了很多时间与他们讨论在研发资金需求和最好的患者服务之间取得平衡的两难问题。部分讨论涉及技术转移的作用。

离开弗雷德·哈钦森癌症研究中心后，我在奥林匹克半岛上定居下来，多年来第一次有闲暇时间进行思考。在从事技术转移立法、作为顾问做了一点这方面的工作并作为骨髓接受者体验了技术转移的好处之后，我开始思考如何更好地进行技术转移就不足为奇了。

然后我很幸运。我思考这样一个事实：我可以像销售生物医学技术那样轻松地销售光学技术。这是为什么？在技术转移的过程中，一定有一些共性的东西允许像我这样的从业者跨越不同技术和行业。起初，我似乎必须遵循一套规则，一种1、2、3的线性过程。正是对这些步骤可能是什么的思考促成我向美国农业部的SBIR项目撰写了一份关于技术转移专家系统的提案。我赢得了一期和二期资助，并建立了技术转移专家系统。

然后我真的很幸运。没有人想购买该专家系统。该软件难以使用，需要大量数据，而且算法的效用有限，因为必须针对每个领域和每种技术对这些算法进行补充。显然，1、2、3方法的效用有限。在与这个问题斗争了大约两年后，顿悟出现了。

该顿悟是这样的：最优化（optimizing）要求单一的解决方案，因此导致大量数据问题和算法的效用有限。但是，如果我们放弃优化而代之以满意化（satisficing），即“足够好”的方案，我们就可以接受受约束的数据和分析，只要我们的结果提供了可接受的方案，而不论该方案有怎样的限制。这使得我们可以采用一种更加通用的方法。我当时的目标变成了找到一个令人满意的解决方案而不是最优的方案。因为分析的结果可能会以可接受的方案而不是最优的方案结束，所以可以有且很可能会有不止一个方案——就像技术转移中的情况一样。

在我认识到自己要寻找什么后，我很快就发现自己走在了一条别人已经开拓好的路径上。拓路人是赫伯特·西蒙（Herbert Simon），他把他的方法称为有界理性（bounded rationality）。[1] 有界理性是一个判断过程，在该过程中，只要决策标准和过程能够被描述、显示从而引导我们实现目标和目的，就可以利用不完整的数据和分析。因为该集合是有界的，所以随着时间的推移以及新的

---

[1] Herbert Simon, “Alternative Visions of Rationality,” in Hal Arkes and Kenneth Hammond, eds., *Judgment and Decision Making*, (Cambridge University Press: 1992), pp. 104 – 106.

知识和经验得到证明，它可以扩展或收缩。

本书展示了我对自己的经验以及读过的社会、科学和商业文献的思考。我利用这些思考创建了本书中的模型，并从中得出了如何更加高效和有效地进行技术转移的经验教训。亚里士多德在某个地方说过，年轻人不会受益于哲学研究，因为他们还没有什么可思考的。幸运的是，我已经从事技术转移约 30 年了，因此我确实有一些要思考的东西。说到这里，我想起塞缪尔·柯勒律治（Samuel Coleridge）曾经说过，心甘情愿中止怀疑是诗性公正。本书当然不是诗，因此，请购买者自慎。

菲利斯·利亚·斯佩瑟

罗得岛州普罗维登斯

2005 年 10 月

导 言

这是一本关于营销技术的书。它阐述了如何从实验室获得技术并将其投入实际应用中。它聚焦于如何发现交易和达成交易，因为毕竟交易是技术转移的全部内容。

研究表明，当新手们拥有一个工具，即可以帮助他们了解专家是如何在认知上掌握并模式化特定情形的工具时，他们掌握概念是最为透彻的。这样的工具其中之一便是去模仿专家，也就是众所周知的学徒期的情况。新手们通过复制专家的行为来深入了解潜在的认知模式。这就是为什么这么多的数学知识都是借助于做每章末尾的练习题来教授的原因。

让我们来做一个心理实验。假设你要出售一项技术（见图 1.1），这意味着你或许渴望被市场驱动。那这是为什么呢？一项针对来自荷兰的多个行业的 300 多家公司的研究发现：如果想要将技术商业化，就必须以市场为导向。市场导向是产品优势的关键。尽管需要通过良好的推出策略（launch tactics）居间促成，市场导向仍是影响新产品性能进而影响组织（企业）绩效的最重要变量。[1]

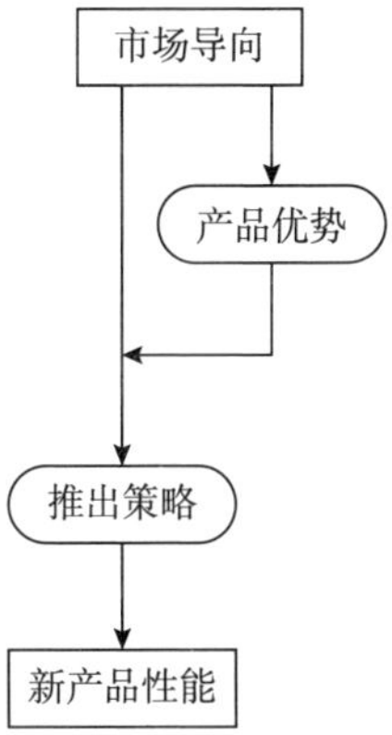

图 1.1　出售一项技术

我们来举一个容易掌握的例子：本书。本书如果不是作者多年来作为该领域的研究人员和实践者而积累起来的知识资产被商业化的产物，它还能是什么呢？在本书中，我将介绍一些核心知识资产（IA）的概念结构。通过在本书中体现我的模型，这种概念结构被表达了出来。而这些概念结构又通过体现在可实际触摸的物理媒介中而变成了一个物体。像其他物体一样，我们便可以有意义地讨论谁可以触摸它，以及在什么条件下和在什么环境下可以

---

❶ F. Lanerak, E. Hultink, H. Robben, "The Impact of Market Orientation, Product Advantage, and Launch Proficiency on New Product Performance and Organizational Performance," *Journal of the Product Development Management Association* 21, no. 2 (March 2004): 89.

触摸它。这个体现在物理媒介中的概念结构便因此通过法律上的禁止复制它的执行令的魔力而成为财产。我们将这种依法可执行的权利称为版权，它是知识产权（IP）的一种。

现在，研究告诉我们，要想在商业化方面取得成功，我们需要以市场为导向。那么谁需要了解技术转移？谁想把手放在本书上然后阅读它呢？谁是读者？更宽泛地讲，谁是最终用户？回答“谁需要它”这个问题是发掘市场导向的关键。我们要知道哪些人会从阅读本书中获益。对这些人来说，本书将会是一种资产，换言之，一个具有价值的物体。这个物体，至少按理来说，应该会有一定的价值，所以我应该能够通过利用这个价值的一部分来赚点钱。而我能利用此价值的多少取决于最终用户们在购买本书时，判定的自己到底能从中得到多少东西才能算值得。但是，现在还不是说这些的时候。

回答“谁需要它”的一种方式是去询问谁从事的活动能让他们从此书中受益。换句话说，当技术推动视角（我有关于如何将技术商业化的知识）转变为市场拉动视角（这些人想知道如何将技术商业化的知识）时，就会出现市场导向。如果我能实现这一转变，就可以做成交易。我便可以将书卖出去。

正如我们将会讲到的，去确定可能的相关人群就是为了将技术的性能、易用性和价格与潜在的最终用户的需求相对应。从这个角度来看，技术转移是为那些需要它的人提供“适时知识”（just – in – time knowledge™）。如果我找到了需要知识资产的人，我就能找到客户。

技术转移是指将技术跨越组织界限从一个人转移到另一个人。技术的转移几乎总是涉及早期技术，它们或者是刚刚从研发中产生出来，或者是提供给最近新引入市场利基（niche）的技术做替代品。在技术转移中，这些构成技术的知识资产包真正意义上地被从一方移交给另一方。这种移交称为交易。交易通常涉及金钱，但与任何合同一样，用什么来交换这些知识资产包其实并不重要。

那么在这个例子中，如果技术转移涉及做交易，那么本书的一个市场利基应该是那些从事技术交易的人。根据这些专业人员的工作领域，我们可以将他们分成至少四类：大学和非营利性的技术转移机构，政府实验室的技术转移机构，公司许可机构，以及像我自己的公司“远见科技”（Foresight Science & Technology）那样的咨询类机构。在交易方程式的另一边，基于人们的工作领域，我们又至少有五个部分（segments）：企业向内许可机构，政府研发和采购项目，风险投资家和其他投资者，为客户寻找和集成技术的咨询公司（我们远见科技公司的另一项业务），以及购买或向内许可技术以进一步开发并销售技术的公司。

我们可以更详细地研究每一个客户群（customer segments），以此来了解他们为什么会对本书感兴趣。顾客购买这本书的初衷肯定是来学习一些东西的，因此了解他们目前在技术转移方面的知识储备和诀窍（know - how）是有意义的。这样我们才可以为他们提供一些他们没有接触过的新知识。我们需要了解的是他们对知识和诀窍的需求，并据此为他们量身定做此书。

对市场进行细分可作为成功收获市场导向的必备因素之一，这样做的一个原因是每个细分市场或多或少都会有不同的需求。例如，大学技术转移的主要动机是将教师们的研究成果付诸实际应用，一方面为了促进社会和经济效益，另一方面为了给教师和大学带来荣誉和金钱的奖赏。而对于向外许可技术的公司来说，金钱则更为重要。一般的社会和经济效益通常不是许可企业成功的标准。因此，大学很可能比企业的员工们更有兴趣学习如何做一些收支平衡的小交易，因为他们在赚钱的同时还必须实现教师的满意度。换句话说，最终用户的需求会反映他们所从事的活动及其动机，从而决定他们对技术的要求。

比较不同协会的培训课程就能很好地凸显这一差异。代表大学技术转移专业人员的大学技术经理人协会（Association of University Technology Managers, AUTM）开设了基础许可（Basic Licensing）、初创企业（Start - Up Businesses）、技术运营（Technology Operations）和组织许可技能（Organization Licensing Skills）等课程。❶ 针对大学的培训，重点是如何将技术转移出去，有时是在从行业引进研究资金的前提下。而代表企业专业人员的许可管理人员协会（Licensing Executives Society, LES）不光开设了许可基础、中级和高级课程，而且还增加了知识资产管理和业务发展方面的课程。❷ 对于企业来说，将技术转移出去固然重要，将技术引入并对其进行盈利化管理也同样重要。代表美国政府运营的联邦实验室联盟（Federal Laboratory Consortium）设有类似于大学的课程，即技术输出，但是他们附加的重点内容是如何寻找能带来外部资金和资源的研究伙伴。❸

除了活动和动机外，当终端用户面对新技术时，其他因素也会影响他们的

❶ Association of University Technology Managers, "AUTM Events," n. d., http://www.autm.net/index_ie.html（2004 年 9 月 12 日访问）。

❷ Licensing Executives Society, "LES Education programs," n. d., http://www.usa - canada.les.org/education/（2004 年 9 月 12 日访问）。

❸ Federal Laboratory Consortium for Technology Transfer, "T2 Education and Training," February 18, 2004, http://www.federallabs.org/servlet/FLCItemDisplayServlet? wItemID = 2003 - 08 - 11 - 14 - 31 - 46 - 062 - Item&wRgn = National&wUser = eportney（2004 年 9 月 12 日访问）；http://bls.gov/oco/cg/cgs037.htm（2004 年 9 月 8 日访问）。

反应。正如我们将看到的，其中特别重要的便是活动实践者的能力和经验。显然，富有经验的实践者会比新手更能寻找并驾驭高级的材料。律师会寻找与营销人员不同的材料。了解我们的最终用户是谁及他们要做什么，有助于确定我们的技术（在这个例子中便是本书）是否会被认为是有用的。

当新人初步踏入一个领域的时候，培训的重要性是不言而喻的。当我对本书进行最初的市场调查时，我惊奇地发现，在每一个客户群中都有着关于如何进行技术转移的更多培训的需求。为什么？因为劳动力短缺！根据美国劳工部的职业手册，营销行业目前正处于增长状态。在这一上升趋势中，早期技术的营销只是众多增长点之一。[1]

劳动力短缺意味着一个新的市场利基：高等教育。通过在网络上简单地搜索便可以找到一个大学和学院创业项目的协会——全国大学发明家和创新者联盟（National Collegiate Inventors and Innovators Alliance，NCIIA）。这个协会的会员名单很广泛，说明现今市场机会的初级指标良好。[2] 与专业利基市场一样，我们可以对客户进行细分。例如，专注于创业项目的学生的需求可能会与工程管理、工商管理硕士和技术转移专业的学生的需求稍有不同。

最终划分完之后，我们脑海中应该有两个利基市场，而每个利基市场又是由许多客户群组成的。因此，我们可能会陷入一个两难境地，因为一项旨在满足一个细分市场或利基需求的技术可能无法同样满足另一个细分市场或利基需求。那么聚焦最佳机会的一种方法就是观察竞争情况。如果市场已经或者即将被竞争对手锁定，那么试图去满足这一市场的需求也就没有什么意义了。比如，搜索亚马逊（Amazon）、巴诺（Barnes & Noble）两家网上书店之后发现，它们出售的教科书似乎很少。上面有许多工具书以及一些研究著作，但是很难找到通用的教科书。

嘿，这不恰恰就是我的市场机会吗！因此，本书旨在开发服务不足的市场缺口：教科书。但是它叙述的思路使得它对于那些想要退后一步思考他们所做

---

[1] 见 U. S. Department of Labor，"Advertising，Marketing，Promotions，Public Relations，and Sales Managers，" *Organizational Handbook*（February 27，2004），http：// bls. gov/oco/ocos020. htm（2004 年 9 月 8 日访问）；U. S. Department of Labor，"Market and Survey Researchers，" *Organizational Handbook*（May 18，2004），http：// bls. gov/oco/ocos013. htm（accessed September 8，2004）；U. S. Department of Labor，"Demonstrators，Product Promoters，and Models，" *Organizational Handbook*（February 27，2004），http：// bls. gov/oco/ocos020. htm（accessed September 8，2004）；and U. S. Department of Labor，"Management，Scientific，and Technical Consulting Services，" *Organizational Handbook*（February 27，2004），http：// bls. gov/oco/cg/cgs037. htm（2004 年 9 月 8 日访问）。

[2] 关于 NCIIA 会员名单，请见 http：//apps. nciia. net/WebObjects/NciiaResources . woa/wa/Members/ByLetter? l = A（2004 年 9 月 12 日访问）。

的工作，以便更高效、有效地进行技术转移的专业人员也是有用的。

想一想，你想要的是把你的知识产权销售到一个你可以迅速占据显著市场份额的市场上，从而获得一个更好的发展机会。然后你想利用最初的市场利基来渗透后续的市场利基。大学课程对于像这样的书来说是一个很好的销售口。每当教授为一个班级指定这本书时，你就会卖出很多本。由于每年重做课程的成本太高，一旦教授采用了你的教科书，你可能会一次性收获多年的连续订购。哎，如果销售得实在太慢，你可以自己去教书然后让你的学生们购买。

作为教学用书还有另一个好处。尽管首次销售总是最难获得，但是一旦你进入一个市场，你就可以把它作为进入其他市场的跳板。因此，如果我能够让本书作为课本被采用，那么它将拥有一定的可信度，从而让其他专业人士更有可能选择它。但这意味着当你设计一项技术（在这种例子中是本书）时，必须同时满足两个市场利基，即学校和专业教育的共同需求。

显然，调整我所拥有的知识以满足我的目标读者的需求对于销售本书是至关重要的。常识告诉我们，在没有太多竞争的情况下，最好的方法就是满足最广泛的需求。所以现在我们有了本书的重点：如何找到客户并且和他们做交易；方程式的技术输出侧。技术输出是更为寻常的。相比之下，技术引进主要的受众要更小，会对其感兴趣的主要是企业部门和具有国防、航天或其他中心任务的政府机构。

当然，写出一本会大卖的书听起来很棒。但是我的另一个任务就是在你翻开封面阅读这些文字之前就必须设法让你知道这本书，并确信它是值得购买的。然后，我需要提供一个能让你购买到它的地方。对这些挑战的应对被称为营销和销售。推出策略将会具体针对这一主题。

在结束本导言之前，我必须就我的出版商简短地聊几句。作为一个作者，一个技术开发人员，我面临着双重挑战。一方面，我必须写一本你会购买的书。另一方面，因为我不是出版商，我需要找一个出版商。出版商会用我的知识产权进行生产并转售给你。（我们称这一方为商业化合作伙伴或目标。）这种关系结构在技术转移中非常常见。一方面是最终用户，另一方面是合作伙伴（被许可人、战略联盟伙伴、投资人等）。通常只有将双方都搞定后才能成功。

如果你知道如何向最终用户销售，那么向合作伙伴销售应该也不是什么问题。原因很简单。如果潜在的合作伙伴是个生意人，而你又能为他们赚钱，他们就有足够的动机来和你做这笔交易。❶ 你需要做的就是找到一个正在卖东西给你最终用户（或者想卖给他们）的人，他需要具有能把东西卖给最终用户

---

❶ 如果目标是政府机构或非营利机构，动机往往是完成任务的最佳方式。

的能力，并且在其提供的产品中有一个你正好可以填补的空白。就我来说，约翰·威利父子公司（Wiley）是一个毫无疑问的潜在合作伙伴。他们拥有备受推崇的知识产权系列书籍。他们的书籍经常被购买用于大学课程和专业教育。他们目前没有关于技术营销的书籍。

技术、最终用户（买家）、有竞争力的产品、良好的推出策略、合适的合作伙伴。将本书推向市场只需要完成两笔交易：第一笔是与合作伙伴的交易，第二笔是与你的交易。如果你读到这里，那便谢谢了。这个已经计入版税了。

在本书中，我尽可能多地使用网络资源来获取信息。我的目的是证明你可以利用公开获取的资源来做大量的研究。使用网络的缺点是，有时信息会随着网页被删除或移动而消失。（这就是为什么我们总是在脚注中列出我们访问网站的日期的原因。）当你找到数据时，通过及时捕捉数据来弥补网络的流动性是很重要的。

认识到网络信息的不准确性和不可靠性也是至关重要的。始终要留意创建和维护它的人。要通过寻找同一信息的多个来源来交叉核对信息。尽可能用采访数据或其他更可靠的二级资源（例如，在付费服务网站找到的参考期刊）来确认来自网络的信息。使用网络来做你的假设，并用其他资源来支持或修改你的假设。

最后，请注意，本书中所有图的版权归远见科技公司（Foresight Science & Technology）所有，并且本书中所有图表都是在获得许可的情况下使用的。

导言到此为止。让我们开始吧。

目　　录

第一部分　技术转移的游戏

第二部分　市场研究

第三部分　策　略

第四部分　交　易

第一部分

技术转移的游戏

第 1 章 棋 子

引 言

在这部分中，我们将向您介绍理解和进行技术转移的认知框架。我们使用游戏的隐喻，因为这是理解模型最简单的方法。与其他游戏一样，有棋子和棋盘。在本章中，我们介绍一些关键棋子。在下一章中，我们将解释棋盘。在第3章中，我们将讨论策略。

技术只是一种辅助手段，用于进行一次又一次重复的活动。它可以是工具、技艺、材料等。因为人类从事的活动一次又一次地重复，所以构建工具和其他有用的辅助手段是有意义的，这样我们就可以更有效和高效地开展这类活动。

想象一种游戏，其目标是将一项技术从一个玩家手中转移到另一个玩家手中，使得每个玩家在技术转移后都会比以前情况更好。简单地说：当你做了一笔好交易时，你就赢了。如果你做了一笔坏交易或者根本没有做交易时，你就输了。由于你有两种输的方式，只有一种赢的方式，因此，在所有其他条件相同的情况下，单纯依靠运气应该会导致损失。

现在，基于技术的辅助工具之所以不同于那些基于经验或尤里卡（Eureka）灵感爆发而开发的辅助工具，是因为我们可以解释为什么我们用这样的方式来构建工具。技术出现在思想先于行动的情况下，并用于改进该行动。在现代，这种思想通常是一种科学或工程发现，它能解释为什么如果你做X，你将在某种程度上有信心得到Y。

我们正是试图把这些辅助工具从一个玩家转移到另一个玩家。我们的棋盘是一个地球物理–时间空间，在其上设置了一系列的通道。玩家通过这些通道来移动信息、商品（包括技术）和他们自己。这些通道在玩家生活和工作的节点或场所之间运行。如果通道不存在，则允许玩家建造一个通道。

玩家、信息和商品只能在关系存在的情况下移动。关系存在是指玩家发展出可预测的行为模式，即具有一定的发生概率的模式。这些模式涉及两个或更多玩家之间的互动。

通过定义什么构成这些实体的属性之间的一致性，规则规定了你如何将玩家、消息和商品带入关系中。通过定义什么构成一致性，即允许的关系，规则事实上也定义了什么是不允许的关系。这些规则可以随时间的推移而改变。通过将属性之间的一致性改变为不一致性，玩家可以阻止作为其对手的玩家、信息和商品的移动。

关系可以通过方程式来描述。这些方程式使用“约束”（ -> ）、“等于”（ = ）或“近似等于”（ ≈ ）等术语来描述一个实体的属性如何与另一个实体的属性相一致。例如，方程式可以表示提供给其他方的技术与其他方用于交换技术的东西之间的价值相等。

当对交易感兴趣的玩家同意价值相等（或接近相等）时，技术可以从一方转移到另一方。本书的这一部分解释了这一游戏。本书的其余部分是关于如何赢得这个游戏。

人类行为模型的问题

像“大富翁”（Monopoly™）游戏一样，这款游戏旨在反映现实的某些方面。然而，社会科学需要从日常生活的纷繁复杂中抽象出基本特征。究竟什么是所谓的“基本”，则取决于正在研究什么样的内容。在这里我们研究的是人类的行为。

社会科学家会告诉你，建立关于人类的行为模型充斥着很多问题，因为研究对象是主动的、动态的和有智力的。人类学家玛格丽特·米德（Margaret Mead）研究了南太平洋和西方文化中青少年性行为的差异，关于它有一场著名的争论。争论的焦点是米德是否受到了她采访的萨摩亚人（Samoans）的捉弄。❶

根据德里克·弗里曼（Derek Freeman）的说法，当米德所信赖的两个人——法阿普阿（Fa'apua'a）和福福阿（Fofoa），在说她们与男孩共度良宵时，她们是在开玩笑。弗里曼说，法阿普阿曾告诉他，她从没想过米德会相信她们，因为就性行为开玩笑和对性行为夸大是萨摩亚人的习俗。对我们来说，

---

❶ 见 Bender, Humphries, and Michal, “The Margaret Mead and Derek Freeman Debate,” n. d., http://members. fortunecity. com/dikigoros/meaddebate. htm（2004 年 9 月 11 日访问）。

真相是什么并不重要。我们只需要意识到，询问人们他们在做什么或在想什么并不一定能让我们了解到真相。

不幸的是，通过观察人而得出的结论可能也好不到哪里去。观察确实能够让我们得出行为的统计概率。但是如果不了解人们行为的动机，我们就无法确定这种行为是否会继续发生。例如，在一项对位于芝加哥的西部电力公司（Western Electric Company）霍桑工厂工人的研究中，通过改变各种因素以确定这些因素是否对生产率产生影响。这些因素包括薪酬、照明亮度和休息时间。奇怪的是，每个因素的变化都会带来生产率的提高。然后，随着时间的推移，在每个例子中，生产率的提高都消失了。最后，研究人员得出结论，并不是这些被调整的因素导致了生产率的提高。相反，正是工人们意识到他们正在被研究导致了生产率的提高。随着研究接近尾声，生产率的提高随之结束。❶

第三条路径叫作“参与者观察”。在这种方法中，科学家使用精心构建的研究规则来分析当研究者也是参与者的情况。这个想法是，通过参与，你能亲身体会到人类主体间的互动规律，从而能够把“询问他们”和“观察他们”的方法结合起来。这样做带来的问题是人容易被所处环境同化并失去客观性。即使这一问题可以通过成为参与者来避免，研究人员也永远不能确认他或她的存在没有偏离研究人员不在时他们的行为和观点。这种现象相当于海森堡（Heisenberg）不确定性原理的社会科学等同物。❷

这一简短的题外话是想证明，任何用于收集构建模型的数据的科学方法都存在问题。因此，我希望当我告诉大家这个模型不是基于以上方法中的任何一种方法时，读者会持赞同态度。相反，我的方法在理想意义上是明智的。这个模型基于深入的思考：对我的经验的思考，对我所读到的东西的思考，以及对如何将数据系统化的思考。

构想体

基于马克斯·韦伯（Max Weber）的理论，我创建了构想体（constructs）

---

❶ 见 Stephen W. Draper, “The Hawthorne Effect and Other Expectancy Effects: A Note,” June 1, 2004, http://www.psy.gla.ac.uk/~steve/hawth.html（2004年9月12日访问）。

❷ 见 Sociology.org, “Participant Observation: Overview,” n.d., http://www.sociology.org.uk/mpop.htm（2004年9月12日访问）。

或理想类型（ideal types），然后通过探索它们来创建模型。❶ 构想体是带有属性的客体（实体、模型元素），并且可以被放置在关系中。❷ 属性（在实例化时）能够定义实体。关系使用这些属性将一个构想体或实体链接到其他构想体。构想体没有内在价值，只是或多或少有用。这取决于它们如何帮助我们理解被模拟的现象。

科学的前提是，假设用正确的知识，我们可以建立一个以合理置信度的预测："如果 X 那么 Y"。如果我们能做到这一点，那么我们就可以把这种关于 X 和 Y 的知识与其他知识和诀窍（know – how）结合起来，并最终获得"做 X，那么将产生 Z"形式的、具有一定可信度的技术。

假设我们想要 Z，那么使用 X 得到 Z 的能力是有用的。例如，我为塔夫茨大学（Tufts University）基于藤壶蛋白质的技术的初步商业化提供过支持，这一项目基于大卫·卡普兰（David Kaplan）做出的突破性技术。该大学的发明公开说明如下：

> 藤壶黏附所涉及的蛋白质可以用于设计能够在水下固化的高强度蛋白质基黏合剂、用作假体与骨或其他组织之间界面的假体植入物涂层以及防止水下表面生物污损的方法。提供了黏附蛋白的 DNA 和氨基酸序列，还提供了所分离的核酸序列以及包含这样的载体并能够表达藤壶黏附蛋白的微生物。❸

正如以上概要所强调的，如果我们知道特定蛋白质参与藤壶黏附（我们的"如果 X 那么 Y"），我们就可以利用这一知识来发明一组技术（我们的"如果 X 那么 Z"，其中 X 是我们对该蛋白质的认知，Z 是一些期望的结果，例如制造胶水、制造涂层或制造防污漆）。为了制造胶水，我们将我们对该氨基酸序列（X）的认知与合成序列的工具结合起来。为了制造防污添加剂，我们将我们对这些相同序列的认知与如何切割它们或抑制它们形成的知识及制造这些酶

---

❶ 有关韦伯的理想类型的概述，见 Coser，"Ideal Types，" 1997，http：//www2. pfeiffer. edu/ ~ lridener/DSS/Weber/Weberw3. html（2004 年 9 月 25 日访问）。请注意，就我们的目的而言，我们不需要担心我们的构造是否植根于当前的历史时期以及现代社会经济体系，因为那正是技术转移发生的地方。

❷ 实体、属性、关系方法源于彼得·陈（Peter Chen）的实体 – 关系（E – R）方法，该方法用于统一网络和关系数据库视图。有关概述，参见 University of Texas，"The Entity – Relationship Model，" February 29，2004，http：//www. utexas. edu/its/windows/database/datamodeling/dm/erintro. html（2004 年 9 月 25 日访问）。E – R 基础很重要，因为最终我们想要一种可编程的模拟技术转移的方法。正如我们将看到的，E – R 方法是一条腿。它允许我们收集和存储相关数据。另一条腿是我们如何分析数据，从而使数据变得有用。这方面的方法是一致性，这将在后面的段落中讨论。

❸ Tufts. biz，"Novel Kinase and Mechanisms of Curing of Barnacle Adhesives，" September 11，2002，http：//www. tufts. biz/cgi – bin/tech_search. cgi？ full_report = 1&case = 37（2004 年 9 月 11 日访问）。

和化学物质的工具结合起来。假设我们想要制造水下固化胶或防污涂料，了解这些氨基酸序列是有用的。换句话说，如果我们对“是什么”（*what - is*）有可靠且可反复再现的了解，我们就可以设计“如何做”（*how - to's*）。

将这种工具性导向带回我们的模型，如果我们想要构建一种用于技术转移的技术，构想体的一个好处是它们可以被经验证实或证伪。你可以出去测试，看看那些属性和关系是否真的存在于被建模的现象中，看看它们是否准确地反映了“是什么”。被证实的构想体被认为有效——也就是说，就我们测试的程度而言，它是对“是什么”的不错的抽象。如果我们创建了有效的构想体，我们应该能够改进技术转移中所涉及的“如何做”。

描绘构想体

在继续描述之前，我需要再啰唆两句。我将使用图示的方法来描绘构想体。图 1.1 所示是理解描绘的图例。

请注意，一个属性要被包含在构想体中，它必须能够被测量。至少是/否、0/1 等级必须是可信的。对我们来说，技术转移是一个定量的、跨学科的社会科学领域。

还要注意，仅仅定义关系是远远不够的。必须有一条特殊的时空路径，根据营销和通信文献，我们将其称为通道，通过通道可以建立并维系关系。尽管发明创造背后的思想至关重要，但我们必须要始终记住技术是具体化的思想。它与签署交易的人一样是具象化的。

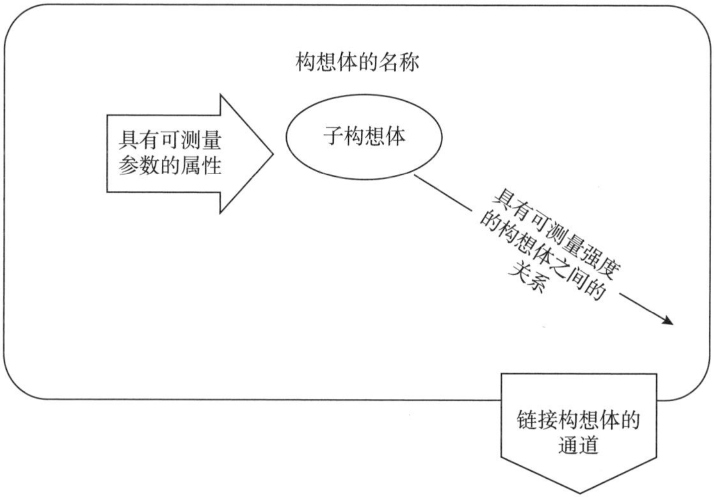

图 1.1 构想体的组成部分

交　易

我们从市场经济中对于交易的基本假设开始：交易发生时，就交易相关各方而言，所购买的商品（至少大致）等价于为获得这些商品所付出的东西。

在技术转移中，出售的商品是知识产权——已经被简化为具体形式（纸张、产品等）并且可以受到法律保护的想法（专利、商标、版权、商业秘密等），因此，国家的强制力可以用来惩罚破坏交易的任何一方。

在市场交易中，我们所说的是，这么多的 X 等价于这么多的 Y。当两个事物可以被放入这个市场方程式时，我们说它们具有相同的价值。

把价值可视化的一种方法是想一下早餐麦片粥：你的帽子你想要卖多少碗麦片粥？你的车子你想要卖多少碗麦片粥？你昨晚的好点子你想要卖多少碗麦片粥？技术转移可以被模型化为用想法交换几碗麦片粥。使用货币会使计算变得更容易，但交易的基本原理没有任何改变。投资回报像是北美土著人传统的夸富宴（potlatch）一样用慷慨出资来获得回报，交易签署时，就是庆祝的时候了。

现在，你想将你的想法换多少碗麦片粥可能取决于各种各样的事物。经常涉及的三个因素是：合意性、依恋和可得到的替代品。每一个因素都是玩家的需求与技术属性之间的关系。

合意性衡量你的技术在多大程度上满足玩家获取它的标准。笔记本电脑的合意之处可能在于其便携性。但是我们可以对便携性的内涵进行可操作化转换，使其成为一组指标（metrics）。可操作化转换为我们提供了技术的价格、性能和/或易用性指标。这些指标反映了买家的偏好。

有时我们需要增加一组额外的标准：美学。风味就是一个例子。如果你喜欢甜味和坚果味，你就会更期待吃蜂蜜坚果麦片而不是燕麦片。当涉及消费品时，这样的标准最为常见。

当风味成为购买决策的影响因素时，商品之间的差异往往会增加它们的价值。当风味不是决策的影响因素时，差异几乎总是会降低商品的价值，因为它表明存在缺陷。唯一的问题是差异的可接受范围是什么。我们来比较两种工艺技术。我们做过一个项目，引进了一种用于近净成型制造喷气发动机叶片的新的制造方法。我们这里讨论的问题是耐久性。因为这项技术可以在减少一个加工步骤的同时保持耐久性，所以这是一项成功的技术。在航空领域，差异可能意味着飞机从天上掉下来，增加差异对新技术来说是“不可接受的”。现在来比较一下这项航空技术与皮革新固化技术的引进。在印度皮革工业中，过去鞣制会使用植物鞣剂，而现在则使用铬盐。盐的采用需要搭配对消费者的教育，这主要包括添加一个标签，上面写着“范围标识（range marks）和差异是质量的标志”。（我想消费者可能并不了解每头奶牛与其他奶牛都有一点不同。）手工制作皮革的涂饰层的差异是“可接受的”。理想的，或许具有讽刺意味的是，我们所要的是受控的差异。这意味着缝纫、设计技术、信息技术等对皮革制造商来说，可能比检查或材料处理更有吸引力，因为检查或材料处理更有可能损坏涂饰层。事实证明确实是这样的。❶

就我们此时的目的而言，只需要注意到，在所有其他条件相同的情况下，你的技术越被认为是合意的，你越有可能收取高价。或者，对于任何给定的合意性水平，你的技术越便宜，你将越有可能卖掉它。经济学家在讨论需求曲线的弹性时，论述了这一因素，即每一次价格变化会引起多大的需求变化。❷

一个例子会有所帮助。鲍勃·贾菲（Bob Jaffee）是一名年轻的博士后研究科学家，他发现通过观察单细胞生物的生长率和游动行为，可以建立一种对水和空气中非特异性毒剂的近乎实时的分析方法。（这些有机体的功能就像矿井里的金丝雀。它们比人先死亡或受损。）

鲍勃开发了一个可现场部署的装置，多年来无人问津。毕竟，当你可以收集样本并把它们送到分析化学实验室时，谁还会需要快速分析。但是，即使国立卫生研究院对他的资助结束后，鲍勃仍然相信他的工作的重要性。他在纽约开出租车来补贴他在公寓的一个小实验室里进行的研究。

“9·11”事件前不久，我们见过面。我认为这项工作很棒，在进一步调查后得出结论，这是一项很好的科学研究。我找到美国国防部的一些人，他们当时担心恐怖袭击即将来临。他们正在资助新一代工具的研究和开发，以监测和保护战地部队和家庭的供水。

---

❶ 见 Sanbord and Becksted, “Technology Adoption in Canadian Manufacturing,” August 1999, http://www.advancedmanufacturing.com/pdfs/technology.pdf（2004 年 9 月 25 日访问）。关于印度皮革鞣制技术的信息来自“Leather Technology,” *Times Internet*（2002）, http://learning.indiatimes.com/career/car_options/engg/leather.htm（2004 年 9 月 25 日访问）；皮革购买者的平民告示的一个例子是在“A How-To Guide To Purchasing Leather Clothing at Leather Lollipop,” n.d., http://leatherlollipop.com/leather_howto_buying_guide.cfm（2004 年 9 月 25 日访问）。

❷ 有关数量需求如何随着价格变化而变化的快速教程，参见 Neil Skaggs, “Price Elasticity of Demand,” n.d., http://www.econ.ilstu.edu/ntskaggs/ECO%20105/readings/price_elasticity_of_demand.htm（2004 年 9 月 25 日访问）。

鲍勃需要的是一个能制造出他所构想的机器的人，该机器可对单细胞生物的游动行为进行自动分析。我们联系了伍兹霍尔海洋学研究所（Woods Hole Oceanographic Institute），因为他们已经建造了研究海洋浮游生物游动行为的设备。他们一致认为鲍勃的想法很好，贾菲和伍兹霍尔一起向国防部提交了一份方案，这一方案赢得了大笔资金。此后不久，发生了“9·11”事件，没有人质疑为什么我们想要一种近乎实时的方法来测定水或空气中的非特异性毒素的存在。曾经不受欢迎的现在却成了非常合意的。

永远不要强调一项技术它为什么对你有吸引力。如果对方聪明，他们会指出他们并不关心这个。他们只关心为什么这项技术对他们有吸引力，而你对自己的关注表明你对此并不真正了解。“绿色”技术一般容易出现这个问题。例如，我们评估过一种非挥发性有机化合物胶水，该胶水用于将金属黏合到橡胶上——这是汽车工业中经常发生的事情。但是非挥发性有机化合物方面一点也没引起我们的兴趣，直到我们的客户出示的测试结果证明这种胶水实际上能产生优异的黏合性能。听起来很傻，但汽车制造商面临的主要挑战是让橡胶与金属更好地黏合，而不是去除挥发性有机化合物。原因是基础设施已经到位，可以吸收和处理挥发性有机化合物气体。处理成本极低，而且基础设施为沉没成本（sunk costs）。如果没有卓越的性能，那么在该投资被分摊之前，非挥发性有机化合物胶水不会卖出。

依恋衡量的是你会多么容易地放弃商品或者你有多么想要它。我们假设，在情感上越难放弃的商品，或者越迫切想获得它，其依恋就越高。因此，依恋将玩家需求的相对重要性与技术的性能、易用性或美学特征联系起来。依恋对合意性的指标进行了加权。

如果你有一辆车，有人要买它，你可能会想，如果价格高于你更换它的成本，为什么不卖呢？另外，如果那辆车是三年前在威斯康星州奥什科什郊外的一个农民窝棚里被发现后经过你精心修复的一辆 1971 年的银蓝色谢尔比野马（Shelby Mustang）呢？那辆车是你珍爱的车，不仅仅是牌号为某某的车辆。

现在设想你住在曼哈顿，那里没人需要车；突然之间你从珍妮阿姨那里继承了一辆 1998 年的福特护卫（Ford Escort）车；你把它停在外面的街上，每个星期二那个该死的停车执法人员都会给它开罚单，因为你没有车库且周一晚上工作到很晚，而且不知怎么了，在街道清洁机来到之前，你从来没有及时醒来把它移到街道的另一边。要点是，只有当你想并且愿意替换商品时，替换价格（replacement value）才会重要。或者像纽约州立大学布法罗分校退休经济学教授阿特·巴特勒（Art Butler）喜欢说的那样："我的房子总是要出售的，只是价格的问题。"

永远不要以开发成本衡量技术的价值。如果对方很聪明，他们会把你撕碎——他们会探究你是如何愚蠢地浪费金钱来发展该技术从而人为地抬高你的价格。

依恋是确定公司从你这里许可或购买产品是否比开发竞争产品更好的一个因素。我们的一个项目是为阿洛达因（Areodyne）公司做的，它是一家很受尊敬的先进大气研究科学仪器的开发商。该公司是该利基市场中率先推出基于量子级联激光的光谱仪的公司之一。这种专业大气化学仪器的市场不大，部分关键竞争是研究团队的内部研发带来的。对这些买家来说，重要的是得到一套比他们自己开发更快、更便宜的装置，也就是说，他们的依恋性可以忽略不计。为这种装置定价的恰当方法是确定买方的内部开发成本并优于它。这种方法使价格低于买方的替代价格。这种定价是可行的，因为开发成本被几十个装置而不是一个装置摊销。

我们可以更进一步，假设我们的开发商想要达成原始设备制造商（OEM）协议，通过本来会成为竞争对手的卖方来销售他们的设备。对于开发商来说（例如，我们的例子中的阿洛达因公司），OEM 协议能够增加装置的销售数量，从而增加摊销成本的基数，进而有效地降低单位成本。只要能够提高规模经济效益，每生产一个额外的装置就应该能削减单位成本，从而增加开发商销售装置的利润。销售得越多，总收入就越高；单位收入的增加会增加净收入，利润会上升。这对一家公司来说无疑是件好事。就算是大学和政府实验室也喜欢钱。

我们可以得出这样的结论：只要每个竞争对手能够获得超过在其运行一个独立的开发项目或者与其他人合作开发项目情况下预期会得到的单位利润率，达成这样的 OEM 协议就应该符合每个人的最大利益。竞争对手可能采取的任何策略都不会让他们获得更好的收益。但是，这个结论只有在我们能够假定排除依恋性的情况下才成立。如果竞争对手觉得展示技术实力或领导力对长期成功至关重要，它将会依恋于自己的技术，从而改变计算方式。

依恋是相互的。大概 30 年前，我在伦敦，走进泰特美术馆（Tate Museum）后，看到了特纳（Turners）的画作。我彻底被震撼了。万物融入光中，水、天空依光的流动而摇曳。今年我又回到了伦敦。我去的第一个地方就是泰特美术馆，再次见到了它们。这一次，作为一个年纪较大、较富有的人，我在画廊里寻找能够买得起的待售的特纳画作。在艺术中，有一种在大多数技术交易中没有的美学依恋。但是原动力是一样的。有人越想要它，通常你可以收取的价钱越高。如果你不相信这一点，在谷歌里搜索一下杰罗姆·莱姆森(Jerome Lemelson)。你可能不得不把他们生拉硬拽到谈判桌子上，但如果他们真的对你卖的东西有依恋情感，他们会有非常大的可能性买下它。

最后一个因素是可得到的替代品。替代品为一项技术的公平市价建立了一个基准，或者更准确地说，一个可能被买方认为是合理或公平的市场价格范围。依恋可用于启示你应该将你的货品的价格定在该范围内的何处。

替代品不必是直接替代你所拥有的东西。在其他条件相同的情况下，用于检测燃煤发电厂汞排放的新型传感器的价格很可能等同于用于检测工业焚烧炉排放的等量汞的传感器的价格。徜徉在超市的麦片过道，任何供应商的麦片价格都受到其他在售麦片的限制，当比较具有相似成分和味道的麦片时，会发现其价格的变化幅度最小。

除非你有品牌忠诚度，否则永远不要把一项技术的价格定得比其替代品高。如果对方聪明，他们会指出他们可以用更低的价格买到同等的商品，这会让你觉得自己很愚蠢。现在你也必须定回便宜些的价格，否则买方绝对没有理由从你这里购买，因为你刚被抓到在漫天要价。

品牌忠诚度改变了方程式，因为它能让你的产品的定价高于其替代品。这就是为什么人们愿意购买 Honey Nut Cheerios 品牌的麦片而不是商店自有品牌的麦片，即使它们在味道、营养价值等方面都相同。但是，即使是品牌忠诚度也只能带你走这么远。正如亚伯·林肯（Abe Lincoln）所说，“你能够在某些时候愚弄一部分人，但你不能永远愚弄所有人”。

替代品为价签震惊（sticker shock）设立了一个限制框架。因为当我们进入市场时我们应该避免出现“你希望价格是多少!”的情况，所以我们可以使用能充分满足最终用户需求的替代品定价来消除潜在的市场进入利基（market entry niches）。

根据与美国国家环保局的合同，我们对一种为伊拉克军事用途设计的手持式爆炸物探测器进行了市场分析。美国国家环保局正在资助开发该装置的公司，使其也能探测生物毒素。该公司认为他们可以将这种装置商业化从而用于垃圾填埋场，其价格约为2.6万美元。这就有两个问题：第一，可替代技术只需几千美元；第二，垃圾填埋场得不到战争中的军队可以获得的那种预算。我们的研究表明，商业化的焦点应该是工业生物技术，该领域的买家习惯于支付

2 万美元的价格。(尽管不需要检测毒素，但用户确实想要一种更好的方法来检测密切相关的化合物，这使得市场进入取决于一个众所周知的“简单的工程问题”。)

替代品也为普遍可接受性设定了基线。人们通常只根据几个标准做出决定。设想你在买车。你希望购买的车燃油经济性能好、舒适性好并且价格低于 15000 美元。你并不指定你想要什么样的轮胎或行李箱上的锁。这些都很重要，因为没有轮胎的车确实没什么用。但基本上你所关心的是轮胎足够好，也就是说，在一般可接受的范围内。

现在，我们讨论这一问题的全部原因是要指出，我们必须理解人们想写出什么样的交易方程式。价值总是市场方程式中的中项（middle term）。这一价值假定：买卖双方对货品的依恋并没有使交易变得不可能；货品可以以替代品价格范围内的价格（或者，如果没有替代品的话，以被认为是合理的价格）出售；并且货品足够合意，使得有人想要购买它。鉴于这样的假设，买方和卖方就能就价格达成一致，你也就有了一笔交易。

从这个角度来看，当可以建立一个可实现的方程式时，也就是说，当你可以定义一个交易双方都认为公平的交易时，就会发生技术转移。这就是技术转移的艺术与科学：确保方程式出现在合适的时间、合适的地点，对你和你的客户都是如此。交易者所做的一切就是建立可实现的方程式。这些方程看起来像这样：

专利费（x）=产生节约或利润的技术价值的百分比（v）
　　　　　　=通过许可转移的权利（y）
资本（x）=建立公司的技术价值的某个百分比（v）
　　　　　=转移的股权（y）
现金（x）=在此情况下提供服务的技术价值的某个百分比（v）
　　　　　=咨询合同中转移的技术诀窍（y）

这些方程式隐含着这样一个事实，即一项技术具有的价值并不简单地等于买方会支付的费用：

价值（v）≠现金（x）=价格（$）

一项技术的价值必须高于他们为其支付的费用，否则就没有理由达成这笔交易。最好的情况是，买家最终在财务上处于合适的位置。

> 请注意，不是所有东西都能卖出去。有时一项技术处于早期，有时为时太晚，有时它恰好是不相关，因为没有人要它，即使它是辉煌的科学。但是如果你有技术组合要转移，你几乎总是会有一些技术会达成交易。

技 术

既然我们知道了什么是交易，我们就可以聚焦于交易的内容。说我们在交易具体化的想法是不够精确的。有各种各样的想法和各种各样的体现它们的方式（见图 1.2）。是什么使一项技术适合用于交易呢？

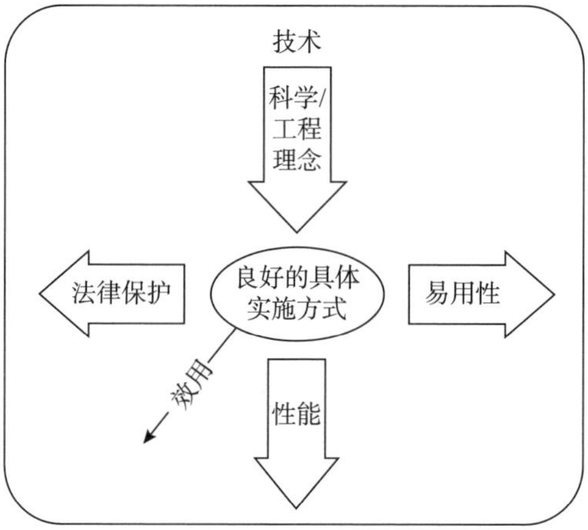

图 1.2 技术的属性

柏拉图在《理想国》中说，思想（idea）是现实的基本核心。在洞穴寓言中，他让苏格拉底描述一组被铁链锁在原地的人。他们身后是一堆火。另一组人在火堆前举着剪切物（cutouts），但是他们是在被铁链锁住的人的背后。这就在洞壁上产生了影子。被铁链锁住的人看着这些影子，他们看到了鸟、椅子、树以及在火堆前举着的任何轮廓的影子。他们认为他们所看到的是真实物体，但它只是表象。这种表象是对被举物体的思想的象征隐喻。

在柏拉图的寓言中，人们在被解除锁链之后认识到他们所看到的只是影子。在他们漫步到洞穴外来到阳光下看到“真实世界”之前，他们一直以为这些轮廓（这些具体化的思想）是真实的物体。柏拉图的观点是，即使真实世界中的物体也只是鸟、椅子、树等永恒思想的具象。他希望你，即读者，认识到对于生活来说除了你能看到和触摸到的以外，还有更多。他相信，任何具象之外都有某种东西——纯粹的思想。因为它在任何具象之外，所以它是永恒的。他认为真正重要的是知道那些永恒的思想。

不管柏拉图这一论证的价值是什么，在本书中我们的关注是更为工具性的。对我们来说，重要的不是思想本身，而是它的具象。我们关心的是具象化过程本身——一个想法（idea）是如何变成我们能看到、触摸到、感觉到、听到或尝到的东西的。我们感兴趣的想法是那些可以变成我们能感知的东西的想法。技术转移出现在人类生活的泥泞中。

在这种生活中，早上我们醒来，饿了。我们想要那碗麦片粥，而且我们希望不用太辛苦就可以得到它。突然间，我们明白了为什么技术转移很重要。它之所以重要是因为我们想获得那些能够更容易获得谷物的工具。我们想要联合收割机来收割内布拉斯加州的小麦。我们想要船只从夏威夷运送糖，我们想要用甘蔗生产糖的方法。我们想要卡车从威斯康星州的农场向纽约的商店运送牛奶，我们想要冰箱来保持牛奶的低温。我们想要用碗和勺子来吃东西。

当我们考虑满足一种需求（比如吃饭）的方法时，我们通常可以将其细化成一组有序的任务。任务是聚焦于实现特定目标的一项或多项活动。

当任务以特定顺序连接在一起以执行目标导向的行为时，我们称这组任务为任务序列。实践（practices）由一个或多个任务序列组成。运球是一项任务。快速突破上篮是一个任务序列。打篮球是一项实践。

技术是有助于完成任务的理想的（ideal）物质体现。技术可以是工具、工艺（techniques）或者材料。它适用的任务种类几乎总是重复的任务。毕竟我们不会只购买或学习使用一次技术。然而，如果任务是重复的，那么采用一种更可靠、最有效和/或更高效的方式来做这种重复活动是有意义的。技术有助于我们操纵物质世界以实现预定的目标，这对于完成重复任务是有用的。

将技术应用在任务序列中是为了用让我们的生活变得更好的方式来改变物理世界。我们的朋友柏拉图总是告诉我们，对于什么能让生活变得更好有一个永恒的定义。他将这个理念称为“美好生活”。鉴于这种美好的理念，它在生活中的体现就是“美好生活”。

市场并不那么有静心沉思的属性。在市场中，它只涉及商品。商品是任何人认为有助于过上美好生活的任何东西；不管人们怎样定义了它。商品有助于美好生活的能力是以效用（utility）来衡量的。然而，什么是美好生活完全是主观的，因此，这个定义对我们没有多大帮助。

我们需要这个问题的解决方法。请回想一下，我们做任务是为了满足我们的需求。认为满足我们的需求是美好生活的一部分似乎是合理的。由于任务和任务序列是目标（goals）导向的，一旦明确了目标，我们就可以定义目的（objectives）。一旦定义了目的，任何人都可以评估工具、方法、材料等对于实现目的的贡献程度。贡献越多，效用越大。如果技术被用于某些人认为有助于过上美好生活的任务，那么它们就具有效用。

毫不奇怪，是什么使商品“更好”是一个经验问题。在看到人们想要实现什么具体的目的之前，我们无法知道“更好”的含义。“更好”衡量的是技术所提供的增量效用。这种增量贡献是在与定义任务目标和目的的最终用户相关的某个维度上进行衡量的。

我们可以将我们的讨论总结如下：如果我们想知道一项技术是否可以商业化，就要询问它如何帮助完成一项或多项满足特定最终用户的特定需求的任务。当技术能为买家创造优异的净效用时，交易就做成了。

人们几乎总是只根据少数几个标准来评估效用。诀窍是确定这些标准是什么，并且要比这些标准更好。对于其余的潜在评估标准，与竞争对手的一样好通常就足够了。一个例子是航空母舰着陆甲板的防滑表面。根据一个关键标准，也就是抗尾钩撞击标准，一项用于此类表面的新技术表现不佳。当受到撞击时，它会产生大量碎片；这些碎片会危及无防护的水手，如果碎片被吸入引擎，会危及飞机飞行安全。除非能够容忍尾钩撞击，否则这项技术无关紧要。商业化的解决方案是将这项技术转移到撞击影响并不要紧的应用中。因此，我们将重点放在带有直升机停机坪的舰船上，而直升机停机坪的关键问题是耐用性和使用时间；而耐用性和使用时间是航空母舰着陆带的次要标准。根据这些标准，这项技术表现突出。[1]

同样，什么是卓越效用也是一个经验问题。衡量“更好”的指标可以分为两大类：性能和易用性。

性能是功能的度量。它涉及最终用户借助这项技术实际完成任务的方式。性能通常是以标准国际单位（SIU）和 SIU 之外的关键单位在区间标度上衡量的。[2] 比如我的笔记本电脑中的电池以这样的速度提供这么多功率，并且有这么多重量。这意味着它对于在海滩工作很有用。

易用性是最终用户在使用该技术实现承诺的性能时会经历的困难的量度。它通常是用技术的特性和特征以序数或基数标度来衡量的。易用性是借助两组标准来确定的：特性和特征。

---

[1] 关于人们为什么使用有限标准的分析，见 Legrenzi，Girotto，and Johnson - Laird，“Focusing in Reasoning and Decision Making,” in *Reasoning and Decision Making*，*Cognition Special Issue*（New York：Elsevier Science，1993）。关于购买决策中就是这种情况的证据，见 Ozanne，Brucks，and Grewal，“A Study of Information Search Behavior during Categorization of New Products,” *Journal of Consumer Research* 18（March 1992）。

[2] 关于这些单位，见国家标准与技术研究院（National Institute for Standards and Technology）在 http：//physics. nist. gov/cuu/Units/index. html 和 http：//physics. nist. gov/cuu/Units/outside. html 的描述（2004 年 9 月 25 日访问）。

特性衡量我们的技术与最终用户的技能、能力、资源等的匹配程度。适应性是特性的一个例子。因为我可以把光盘放入我的笔记本电脑并加载新的软件程序，所以我的笔记本电脑可以是一个出版系统、文字处理器、网络电话、DVD 播放器或许多其他东西。与我的手机相比，我的笔记本电脑的适应性要强得多，比如，为了便于讨论，在 1 到 10 标度上，我的笔记本电脑的适应性比我的手机高 5 级。

特征（features）是指最终用户用来访问和操作技术的接口。特性与最终用户之间的不匹配是进入市场的障碍。特征可以用来减轻这些障碍。如果我不知道如何使用软件，那么我可以加载软件的事实对我没什么好处。但是，如果桌面出版软件可以通过与文字处理器相同的下拉菜单结构来访问，我或许就能弄明白如何使用这个软件。

这些指标一起定义了技术的效用。理想情况下，对于性能和易用性，我们会对特定指标进行加权，以反映其对最终用户的重要性。

更好并不总是意味着更多。性能过度（over－performing）可能与性能不足（under－performing）一样糟糕，尤其是当获得这种性能需要付出代价时。许多年前，我支持了用于磁共振成像（MRI）机器的新磁体技术的商业化。发明人的父亲是一位种植谷物的农民，他将自己的技术首先应用于测量谷物水分的高通量机器。当谷物沿着传送带进入谷物升降机时，机器将对其进行精确测量，从而得到作物与水的含量。遗憾的是，提高精度的代价是巨大的成本增加。市场研究表明，当时水分是通过使用低成本的电容探头来测定的；在将谷物装载到升降机之前，这种探头会被插入卡车装载的谷物的不同位置。这种情况下，有时候你占便宜，有时候你会吃些亏，因为支付给你的谷物的钱是由进入升降机的产品的重量决定的。总的来说，人们认为这是平均的，尽管水分测量可能更精确，但是农民和升降机操作员都认为当前的技术产生了公平的结果。他们没有为高精度系统支付额外费用的动机，因此这项技术不能在该应用中商业化。

好吧，让我们回到方程式，看看我们能否描述一个公平的交易。我的买家想要：

$$\text{性能}(\Sigma p_{1\cdots n} \times w_{1\cdots n}) + \text{易用性}(\Sigma e_{1\cdots n} \times w_{1\cdots n}) - \text{效用}(u)$$

其中 w 是权重，并且可以有多个标准。

显然，如果我们可给效用定价，我们就有了做交易的基础：

$$\text{性能}(\Sigma p_{1\cdots n} \times w_{1\cdots n}) + \text{易用性}(\Sigma e_{1\cdots n} \times w_{1\cdots n}) = \text{效用}(u) \approx \text{价值}(v)$$

价值只是用金钱来表示的效用。请注意，在上面的方程式中，我们使用了约等号而不是等号。价值是一种客观的衡量标准，而效用是主观的，价值从来都不是效用的完美替代。但是我们可以要求一个人给效用设定一个美元的价值，从而建立一个粗略的对应关系。

请注意，一旦我们知道最终用户在性能和易用性方面想要什么，我们就可以预测不同技术的效用，从而可以将它们进行比较并确定哪一项技术具有竞争优势。竞争优势是指你的技术比任何替代技术更能满足最终用户的需求。这使得它更合意（desirable），因此对最终用户更有价值。

使用价值（以美元表示）也让我们能够比较用于大不相同的任务的不同技术的相对效用。例如，我们可以为任何一个人，将用于医院抗（耐）药性员工感染的一种新型生物杀灭剂的相对优势与阻止电子邮件中垃圾邮件的一种新方法的相对优势进行比较。我们所需要做的就是要求那个人用美元来表示效用，也就是说，定义每项技术对于他的价值。

然而，我们不能通过问某人“你会为它支付多少钱”来确定价值。只有在获得收益的情况下，才存在价值，也就是说，一项技术要有用，它必须能够比以前“更好”地引导我们完成任务。我们想要一些增加的净效用。查理想“今年我要成为一个对女孩有吸引力的人”，所以他做了交易，用他的道奇卡车换了哈利的经典哈雷摩托车。

$$\text{价值} \approx \text{净效用}(nu) \approx \text{收益}(b) - \text{成本}[\text{价格}(\$) - \text{其他成本}(c)]$$

其他成本包含什么？其他成本包括获取、实施和使用新技术的成本。你给你的儿子买了他的第一辆两轮自行车作为圣诞礼物，你知道接下来的事情是，你要忍受你丈夫在他看说明书并把这该死的东西组装起来时的抱怨。然后“哎哟”一声，他压扁了他的手指，现在你跑上楼给他拿绷带。但是那里没有绷带，所以你必须跑出去到商店去买，在此期间他拿着纸巾贴在伤口上，防止血滴落在客厅的地毯上。

通常，在实施一项新技术时需要培训，需要对程序进行一些修改，很可能需要对物理设备进行改进，等等。所有这些都需要时间和金钱来完成。这些劳动力和其他费用被称为“转换成本”（changeover costs）”。总会有转换成本；问题是：我们什么时候可以假设它们小到可以被设为零？

巨大的转换成本使得达成交易变得更加困难，因为在过去花费的当前技术的转换成本现在是沉没成本。这意味着它们不包括在比较实施新技术和继续使用当前技术的价值的计算中。因此，新技术往往在当前技术已经完全或充分折旧后才会被欣然采用。

强调沉没成本的重要性：转换成本是微软服务器操作系统持续占据主导地位的主要因素。这些成本的核心是内置于微软架构中的客户端－服务器模型。在微软世界中，客户端通常是一个关键的处理中心。在 Unix 世界中，服务器是关键的处理中心。因此，转换不是简单的交换服务器上的操作系统，而是重新思考整个网络的功能、重建客户端－服务器关系以反映新的架构，以及学习如何管理和支持一套新的接口。

在《生产率难题：汽车行业创新的障碍》（*Productivity Dilemma：Roadblock to Innovation in the Automobile Industry*）一书中，威廉·阿伯纳西（William Abernathy）研究了美国汽车制造商在 1973 年石油危机期间为什么花了那么长的时间才对日本的进口威胁做出反应。[1] 他发现美国汽车制造商受困于汽车越来越大的主导设计中。这使他们很难看到大型汽车市场即将崩溃。更糟糕的是，他们当时刚刚投资了新工厂来制造更大的汽车。由于已经花光了现金，他们不能再投资燃油效率高的汽车的设计和生产工厂，因此他们陷入困境。但他们不得不坚持下去，直到大型汽车销售收回建造和运营工厂的成本为止。到那个时候，日本人已能够在美国市场建立稳固的滩头阵地。

达成交易需要多少净利润或利润是另一个经验问题。我们的模型所表明的是：

$$净效用(nu) \approx 净价值(nv) \approx 净收益 = [性能(p) + 易用性(e)] - [价格(\$) - 成本变化(cc) - 运营成本(oc)]$$

其中，$净收益_{t1} > 净收益_{t0}$。

当涉及像大多数技术转移这样的经济交易时，我们可以通过只衡量利润来简化净收益的计算。

$$净效用(nu) \approx 净价值(nv) \approx 价格(\$) + 利润(p)$$

最关键的是：适用于交易的技术必须为获得它们的最终用户提供净效用，而净价值永远不是净效用的完美替代。让我们回到那个给他的儿子组装自行车的人。假设他是理论粒子物理学教授。现在假定他是一名汽车机械师。教授可能不会花大把的时间拆卸和组装机器，汽车机械师也许会。当教授的手指被压扁时，他可能会想，“该死的自行车”。汽车机械师更可能会想，“我真傻”。

[1] William Abernathy, *The Productivity Dilemma* (Baltimore：Johns Hopkins University Press, 1978)。关于石油危机的更多信息，见 Wikipedia，“1973 Oil Crisis,” n. d. , http：//en. wikipedia. org/wiki/1973_energy_crisis（2005 年 7 月 18 日访问）。

无论是教授还是机械师购买自行车，自付费用都是一样的。但是麻烦因素可能是不同的，因此当这些人为他们的小孩买自行车时，自组装自行车的价值将会有所不同。

当然，交易不仅仅是方程式。交易是一种社会关系。一方面，建立持久的关系（通道）常常是做技术转移交易的一部分动机。另一方面，由于不是所有的人都有高尚的品格，所以你不得不担心被欺骗。

如果你想出售技术，你必须能够阻止人们免费获得技术，否则他们就没有与你做交易的经济动机。像任何其他类型的财产一样，知识财产是一种社会产物（social artifact）。一旦思想（idea）变为财产，一方就可以排除他人取得或使用它，也就是说，使用权成为技术的属性。在市场经济中，技术与控制对象（object）的一系列权利相关联，而这个或这些对象是构成技术的商品（goods）。交易所做的就是将部分或所有的这些权利从一方转移到另一方以换取对价。这种对价的价值是由交易背后的方程式决定的。

实　践

本书中确定效用的场合（context）是实践。实践是为了达到某种目的而重复的结构化活动的集合（见图 1.3）。实践造就完美：法律实践；医疗实践；棒球实践。

理解实践的含义在我们的技术转移模型中是至关重要的，因此我们要确保理解该术语的含义。假设我想在马蹄铁工业化生产之前的时代给马钉上蹄铁，需要先测量马蹄，然后再做马蹄铁。

（1）我买了一根已经打孔的铁棒→任务。

（2）我生起非常热的炉火→任务。

（3）我在火中加热铁棒，使它具有延展性→任务。

（4）我拿起锤子，在铁砧上将铁棒敲打成合适的形状→任务。

（5）重复（3）和（4）→任务。

（6）把金属淬火→任务。[1]

---

[1] 改编自 *Fremline's Forgery*，"Tutorial：Constructing A Fullered Straight Bar Shoe，" 1996，http：//www. horseshoes. com/advice/fremlin1/cnastbrf. htm（2004 年 9 月 18 日访问）。

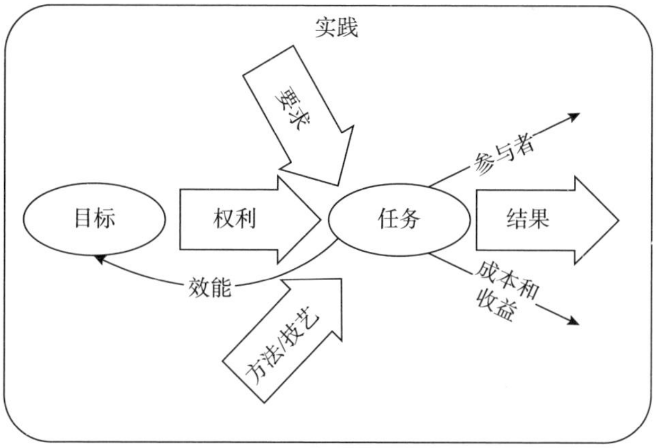

图 1.3 实践的属性

上面列出的制作马蹄铁的具体步骤是一个任务序列。有一个单独的用来测量马蹄的任务序列。给马钉上马蹄铁就是一种实践。

请注意，实践不依赖于任何特定的任务或任务序列。1857 年，第一台制造马蹄铁的机器获得专利；在此之前，人们只能选择自己制作马蹄铁。当南北战争（the Civil War）爆发时，由于联军（the Union Army）需要马蹄铁，对机器制造的马蹄铁的需求猛增。到了 19 世纪 70 年代，伯登父子公司（H. Burden and Sons）拥有每秒生产六只马蹄铁的锻造机。❶ 在不到 20 年的时间里，制造马蹄铁的任务顺序从手工生产发展到机械化批量生产再到大规模生产。但是如果某人喜欢，他仍然可以手工制作马蹄铁。

我想强调一下对技术转移很重要的实践的四个方面：目标、结果、主导设计和参与者。

因为实践是重复的结构化活动集合，所以可以描述每个实践的目标或动机。正如我们已经指出的，给定任何具体的目标，我可以：

（1）定义用于实施所述实践的任务和任务序列的可接受性能；

（2）比较执行这些任务的部分或全部替代方案，看看哪个方案更好。

实践中的任务序列的存在是为了产生收窄的结果集合。制作马蹄铁只有两个主要原因：要么你想给马钉马蹄铁，要么你想玩马蹄铁。不同的目标（goals）会对什么是好马蹄铁设定不同的限定（constraints），从而导致对可接受结果的定义不同。我要么想要马蹄铁很好地适合我骑的马，要么想要马蹄铁

❶ 太平洋马蹄铁公司（Pacific Horseshoeing Company），“Trivia,” n. d.，http：//www. farrierschool. com/trivia. shtml（2004 年 9 月 18 日访问）。

能很好地平衡以便投掷。这些期望的结果可以被重新定义为成功制作马蹄铁的目标（objectives）。

医疗也是如此。我们要么想保持健康，要么想痊愈。在我们的模型中，你是在制作马蹄铁还是在让人们变得健康并没有什么区别。给定重复活动的任意一组目标（objectives），我总是有可能开发新的技术和商品来实现这些目标（objectives）。

如果事先确定了这些目标（objectives），我们在技术转移方面的工作显然会更简单，因为这样我就可以运筹这些目标（objectives），以制定所需的技术要求（见图1.4）。这些需求提供了一个基线（baseline），我可以根据该基线来比较我的技术的功能和边界（interfaces）。我还可以将我的技术与满足要求的替代方案（substitutes）进行比较。我可以迅速确定我是否有竞争优势。图1.4提供了一个例子。它是基于我在为通用动力公司（General Dynamics）做的一个关于电动机电子控制器的项目期间收集的数据。[因为我们在技术转移中做的几乎所有事情都涉及专有数据（proprietary data），所以你看到的是虚拟数据。]

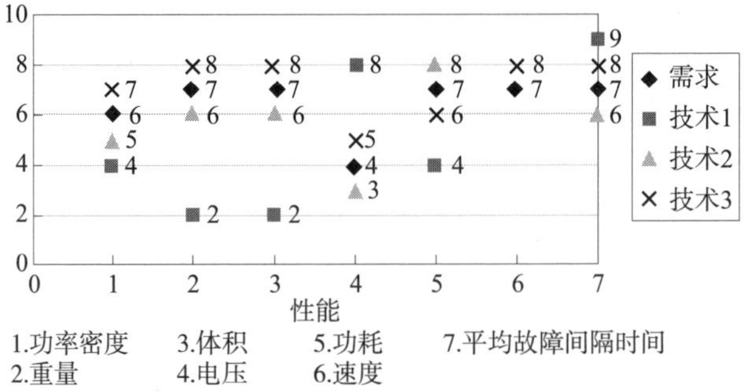

图1.4　竞争技术

随着时间的推移，由于人们选择更好的方式进行实践，劳动力、技艺和商品的一种（或少数几种）组合就成为实践中完成每项任务的主要方式。❶ 结果是，经过一段时间的产品创新和最终用户的实验后，他们对商品的期望往往会围绕一组功能和特性结合起来。其结果是出现了该产品的主导设计。

一旦主导设计出现，就有充分的理由弄清楚如何使这种主导设计尽可能高效和有效。原因在于实现规模经济和范围经济的优势以及下移学习曲线的好

❶ 我在阿伯纳西（Abernathy）的《生产率难题》（*The Productivity Dilemma*）中第一次看见了主导设计的概念。詹姆斯·厄特巴克（James Utterback）在《掌握创新动力学》（*Mastering the Dynamics of Innovation*）（波士顿：哈佛商学院出版社，1996年）中探讨了主导设计的概念。

处。在规模经济和范围经济中，平均生产成本随着产量的增加而降低，从而降低单位成本。在规模经济中，这是通过多次做相同的事情、允许使用专门的设备和技术来实现的。在一定限度内，生产率越高，操作效率就越高。在范围经济中，好处来自使用相同的设备和技术来制造一系列相关的产品或服务。同样，在一定限度内，每单位成本随着单位数量的增加而降低。学习曲线的作用方式不同。随着过程的重复，获得了技术诀窍（know - how）和专业知识。因此，在一定限度内，生产率也随着时间的推移而增长。随着系统的调试和优化，学习曲线的其他优势也随之而来。

在确实存在主导设计的情况下，根据定义，最终用户期望供应商向他们出售特定的功能和特性组合（见图1.5）。这些特征制约了性能期望。这些特性限定了商品中使用的最终用户边界，从而制约了其易用性。当这些期望的刚性足够大时，上述约束条件可以被编纂为标准。其结果是，存在主导设计的情况下，我们可以通过将一项技术的性能和易用性与相关任务的参与者在主导设计到位的情况下对可能特征和功能的期望进行比较，以快速确定这项技术在最终用户眼中是否可能会有用。我们甚至可以根据等同功能、特征齐全的商品的定价，就新产品的价格为多少时将会是可接受的，做出很好的有根据的猜测。原因是等同物提供了“价签震惊”的背景。

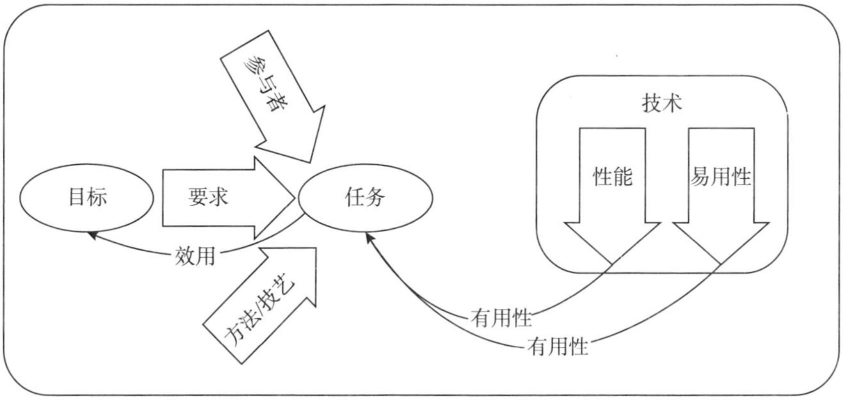

图1.5 具有主导设计的实践

你的技术是否胜过或优于市场上的任何产品并不重要；如果它被视为属于装满低价商品的购物车，没有人会为它支付高价（premium）。你要将它放在那个可以进行最好价格比较的购物车里。最糟糕的是把你的产品定位成让买家告诉你：“我可以用你想要的价钱给我的孩子付一年的大学学费。”

我们曾不得不为电线杆的应急断离式（break - away）绷绳定价。当驾驶员失去控制时，绷绳可能是一个很大的危险，因为汽车经常碰到绷绳并翻倒，造成伤亡。我们的结论是 200 美元是一个可行的价格，具体分析见下文。我们的分析表明，加装应急断离式基座（120 美元）的木制电线杆的成本比未加装的基础电线杆（200 美元）约贵 160%。我们相信这项技术会被最终用户视为标准木制电线杆的类似安全改进。由于它属于同一购物车，所以类似的价格增量应被视为是合理的。因此我们把价格定在标准拉线价格的 200%。为了证实潜在的合理性，我们又与应急断离式金属电线杆（不需要绷绳）做了比较。当时最便宜的应急断离式金属电线杆是 1260 美元，比标准木制电线杆增加了 530%*。将这种技术与应急断离式基座一起使用提供了一种更便宜的应急断离式电线杆替代品，同时提供了同样的安全优势。我们的分析进一步表明，在应急断离式基座木制电线杆上使用这项技术和安装应急断离式电线杆时，劳动力成本较小，所以我们可以忽略该成本。通过将我们的技术方案放在与应急断离式电线杆相同的购物图表（chart）中，在这个图表中将一根木制电线杆改造成应急断离式电线杆，价格为 520 美元至 1260 美元。相比之下我们最终的定价非常有利。我们现在有了一个调查最终用户的起点，看看他们是否同意 200 美元是一个合理的价格，他们确实同意了。

主导设计越固化，实现目标的现行任务序列越有可能被记录下来，因此评估我们的竞争优势也就越容易。我们现在有了一组更加固定的结果要求（性能）。我们也很清楚参与者会给任务带来什么样的技能、习惯行为和期望，因此可以更好地理解什么是易用性。

给马钉马蹄铁的人被称为蹄铁匠，他们有一整套技能包（skill set）。这整套技能随着时间的推移而变化，并对什么是易于使用的方法/技艺或工具以及什么不是易于使用的方法/技术或工具设置约束。回到几十年前，美国还没有高质量的马蹄铁成品来源，出售的普通二手钢制马蹄铁有各种各样的设计缺陷。有些马蹄铁的腹板（web）太窄，有些马蹄铁的蹄钉太靠近蹄底边缘，其他马蹄铁的指甲纹（pattern）太浅。结果是，蹄铁匠不得不制作马蹄铁，以便有适合马蹄的马蹄铁。

到了 20 世纪 80 年代，情况发生了变化。欧洲制造商向美国市场大量供应设计精良、做工精良的马蹄铁，这些马蹄铁的尺寸足以适合大多数马匹。随着马蹄铁的普及，其他供应商开始供应欧洲马蹄铁所需的 E 型钉。然后，北美制造商开始模仿欧洲人，并制造出更好的马蹄铁。给马钉上马蹄铁这一实践的核

---

* 原文为 630%。——译者注

心任务序列——制作马蹄铁——正在消失。结果是，蹄铁匠不再需要拖着煤炉、煤和铁去做他们的工作。锻造技能对于成为蹄铁匠不再是必不可少的。然而，这意味着出现一代具有不同技能包（skill set）的蹄铁匠。[1]

现在，让我们回到给马装上蹄铁的原因。假设我们的目标是给马装上合脚的蹄铁。因为换成蹄铁制成品可以摆脱锻炉，所以热装蹄铁（hot shoeing）通常被冷装蹄铁（cold shoeing）取代。然而，在有些情况下热装蹄铁更好。其中一种是使用夹子的情况。

夹子是从马蹄铁的外边缘向上延伸的扁平突出物，它们通常是圆形或三角形的。它们在蹄子的边缘或壁上形成一个小凸耳。[2] 热装蹄铁比冷装蹄铁更合脚，也更稳定，只要它钉在最初安装蹄铁的地方，原因与定制西装几乎总是比在百货商店买的成品西装更合适一样。

虽然在某些情况下，比如赛马，热装马蹄铁比冷装马蹄铁具有更高的效用（utility），但一般来说，冷装马蹄铁也同样好。所以现在蹄铁匠需要做出选择。他是应该学习如何经营一个铁匠铺并用来制作马蹄铁，或者买一个燃煤锻炉，并在那些使用热装马蹄铁更好的有限的情况下把锻炉拖来拖去呢，还是应该把这些工作留给“专家”去做？

这样的情况正是产生发明的必要条件。肯·曼克尔（Ken Mankel）发明了便携式液态丙烷锻炉。该产品极大地简化了上述问题的决策，因为液态丙烷锻炉运转更便宜、重量更轻、体积更小，并且更容易使用，而且它不需要照看煤火的技能。

正如我们之前看到的，当我们试图理解人们的行为时，我们可以问他们做了什么或者我们可以检查他们做了什么。第一种方法利用主观洞察力，后者基于客观观察。通过聚焦于实践，即关注目标、结果、完成的任务和参与者，我们可以在不依赖于人们的主观意见的情况下定义什么是“更好”。我们真的可以解释为什么曼克尔的液态丙烷锻炉比燃煤锻炉好。实践为预测一项技术是否会为该实践的参与者创造净效用提供了客观基础。

---

[1] 这个例子基于 Stovall，“Hot Shoeing：Pros and Cons，” 日期不详，http：//www. horseshoes. com/advice/stovall5/hotshoeing. htm（2004 年 9 月 18 日访问）。

[2] 关于蹄壁和相关图形的讨论，见 Pollett，“Anatomy of the Inner Hoof Wall，” 日期不详，http：//www. horseshoes. com/advice/anatomyandfunction/anatomyofinnerhoofwall/anatomyofinnerhoofwall. htm（2004 年 9 月 18 日访问）。

如果我没有提到马蹄铁钉，那我就失职了。“因缺少钉子，马蹄铁丢了。因缺少马蹄铁，马损失了。因缺少马，战斗失败了。因为战斗失败，战争失败了。”马蹄铁钉实际上比马蹄铁更难制造。大约3000年来，钉子都是手工制作的。19世纪中叶，丹尼尔·道奇（Daniel Dodge）、塞拉斯·普特南（Silas Putnam）和乔治·卡佩韦尔（George Capewell）各自获得制钉机专利，以大规模生产马蹄铁钉。[1] 普特南钉子公司（Putnam Nail Company）于19世纪60年代开始生产钉子，到19世纪90年代，该公司有400~500名工人，每人每天生产大约10吨钉子。[2] 换句话说，正是内战需求引起的创造性迸发刺激了创新。如谚语所说：“需要是发明之母。”用我们的话来说，了解了人们需要什么才能更好地完成他们的工作，你就能很好地了解你可以向他们销售哪些技术。

这种在观察的基础上预测效用的能力在任何思想先于行动的地方都能找到。根据定义，基于思想的活动意味着思想可以用来使活动变得更好。实践提供了一个应用相关科学/工程知识和经验技术诀窍的场合。对于这样的实践，我们可以使用三段论，比如：

没有细菌，就没有口臭
用过氧化氢漱口，就没有细菌
因此，用过氧化氢漱口，就没有口臭

演绎该三段论的能力中隐含着在以下维度上比较漱口水、牙膏、过氧化物等的能力：①细菌数量或呼吸的难闻程度；②获得某种阈值的细菌减少或难闻程度减少的成本。我们可以经常问：“我如何才能提高效率或效力？”“我们如何才能降低单位成本或提高单位效用？”

当品味或生活方式因素成为主要标准时，我们使用这种分析的能力是有限的。正如另一句古老的谚语所说，品味，各有所好，无法解释。有时候人们甚至表现得很愚蠢。例如，尽管香烟很危险，会让人上瘾，而且有可能会致人死亡，但2004年美国的香烟销售额估计约为810亿美元。根据1998年达成的2060亿美元的总和解协议，销售这些产品的烟草公司几乎都承认他们是在知情的情况下销

---

[1] 见 Breninstall, “Horseshoe Nails,” *Rural Heritage*, 日期不详, 发现于 http://inventors.about.com/gi/dynamic/offsite.htm? site = http://www.horseshoes.com/advice/nails/horseshoenails.htm （2005年12月18日访问）。

[2] 见 Taylor, “Town History, Dorchester Athenium,” December 7, 2004, http://www.dorchesteratheneum.org/page.php? id = 52（2005年12月18日访问）。

售了具有这些特性的产品。那么为什么时髦的年轻大学生会吸烟呢?❶

我们再看一个例子。假设我的实践是烹饪，假设我想做巧克力果仁饼干(Toll House cookies)。我查了一下食谱，发现烤箱必须预热到 375 华氏度。根据把饼干放在烤盘上还是放在平底锅里，我需要使烤箱保持在该温度 9 ~ 11 分钟或者 20 ~ 25 分钟。❷ 因为我刚刚查阅了这些信息，所以我正在进行一种思考先于行动的实践。我有办法了!

我有两个可以用来评估技术适用性的参数：温度和时间。这些参数定义了效能，即获得结果所需的性能。

我可以比较烤箱的这些参数，看看它们能将这项工作做得多好。显然，可接受的烤箱的性能要达到或超过我的要求。如果烤箱的性能比我所期望的差，那唯一的问题是，能以某种方式将它改造成可以接受的吗?如果不能，那它就不是烘烤巧克力果仁饼干的候选烤箱。

总的来说，性能最接近我的要求的烤箱最有吸引力。为什么?因为我希望得到一个特定的结果：饼干。获得这样的结果可以给我带来收益（好处)：吃刚出烤箱的、仍然热乎乎的巧克力饼干所获得的满足感。与此同时，正如我们所看到的，得到这些收益需要成本。我不仅要买烤箱和配料，做饼干也需要时间。如果我的儿子或女儿在家里，他们可能也想要饼干。然后我必须决定是否与他们分享。这会增加我的成本，因为我必须得做更多的饼干或者少吃点。

(当然，作为孩子，对他们来说，无论如何成本 - 收益计算是不同的。他们只是在吃饼干。关键是成本和收益都只能根据某个参与者或某种情况来计算。它们本质上是作参照的。)

现在我在写这本书，我饿了，我想吃些饼干。我想在一个 10 英寸 ×8 英寸的烤盘上烤三四块饼干。[不想吃得太多，否则我会把所有时间都花在吃上，而不是花在写作上，此外，卫生局局长（Surgeon General）也正在警告我们美国人是如何变得太胖的。肥胖与更高的糖尿病风险相关。如果得了糖尿病，你就要与吃饼干的日子吻别了。行动前多思考。看，这是一个非常普遍的经验，它有助于解释为什么技术在当今世界如此普遍。]

现在我很纠结。我饿了，但我必须完成这本书。因为我必须在截止日期之前完成底稿，所以我不想坐在烤箱旁边。现在我有了额外的标准，我有烤箱的

---

❶ 见 Mintel International Group，“Cigarettes—US—April 2004,” http：//www. the - infoshop. com/study/mt19265_cigarettes. html（2004 年 9 月 18 日查阅)。

❷ 见 Well. com，“The Real，the Original，the Authentic Nestle Toll House Chocolate Chip Cookie Recipe,” 未注明日期，http：//www. well. com/user/vard/cookierecipe. html（2004 年 9 月 18 日访问)。

大小和一个称为自动定时器的 yes/no（1 或 0）参数。假设我只在写作的时候用这个烤箱做饼干，在这种情况下，我还有另一个标准：便宜。我想要最便宜的烤箱，能保持 375 华氏度的温度 11 分钟，然后关掉。

无论技术有多么落后或多么先进，其应用、过程都是一样的。我们看看 5W：

（1）Who（谁）？谁使用这项技术？

（2）What（什么）？他们要用它做什么？

（3）Where（哪里）？他们要在哪里做？

（4）Why（为什么）？他们为什么要做？

（5）When（什么时候）？他们什么时候做（包括多久做一次）？

5W 梳理出我们可以用来比较技术方案的指标。烘烤饼干的指标是温度、时间、自动关机和成本。一旦我有了这些指标，我就可以上网，打电话给我最好的朋友，顺道去家电商店，或者用我选择的任何其他方式收集数据。

在技术转移市场研究中，我们的做法是从网络入手。快速搜索显示，我只需要一个烤面包的烤箱（toaster oven），这样我就可以缩小搜索范围。我发现一些像膳魔师 TOB—175 的装置，它们的一些功能超出了我的需要，但显然可以做出很棒的饼干。不幸的是，它的价格大约是 180 美元（在我撰写此文的时候是这个价格）。

性能过度通常表现为成本的损失。听说过波音公司 B—52 轰炸机上安装的价值 640 美元的马桶座圈吗？波音公司为此受到了很多抨击。但是当时它是按军用规格为 B—52 轰炸机设计的，计划再使用 40 多年。因此，性能过度只能根据需求或基线来定义。

其他装置，如松下公司的烤箱 Panasonic FlashXpress NB—G100P，价格较低，但没有自动关机功能。然后我找到了三洋公司的烤箱 Sanyo Space Saving Toasty Oven，正好能满足我的需要！那是我获得饼干幸福的门票。它只有 50 美元，并且有一个 15 分钟的自动关机计时器。[1] 我的选择很明确。我需要做的就是查看评论，以确定三洋公司的这个装置按照我的饼干制作标准是一个适合的工具。[2]

有一点需要注意：要知道，在决策实践中是有分工的。每一个分工步骤都是很重要的。尽管最终用户的需求决定采用技术的机会，但是最终用户的抵制

---

❶ 资料来自 Consumersearch. com，“Toaster Ovens，” 2002，http：//www. consumersearch. com/www/kitchen/toaster_ovens/comparisonchart. html（2004 年 9 月 18 日查阅）。

❷ 见 Amazon. com，“Reviews Written by J. Manly ‘healthychoices，’” 未注明日期，http：//www. amazon. com/gp/cdp/member - reviews/A1B4917VQ36TVX/104 - 5562854 - 0551143？display = public&page = 3（2004 年 9 月 18 日查阅）。

却会扼杀转移，因为实际使用技术的人通常不是对获取新技术有决定权的人。这个决定通常是由组织层次更高的管理者做出的。经常被引用的黄金法则是：谁拥有黄金，谁就说了算。一个关键的挑战是确定决策过程中的各个参与者及其作用和责任。

总之，只要人们参与实践，这些实践的目标就对每个实践中可以使用的技术和产品设置约束。为什么？因为技术和产品必须允许从事实践的人达到他们的目标，否则使用这些技术和产品就是毫无意义的。这些约束可以被操作转化为一定范围的可接受性，用作确定竞争优势的指标。

需求 -> 功能 -> 性能

其中，a -> b 表示 a 约束 b。

我们可以多说一点。由于每个任务或任务序列都是由人来执行的，所以都有一个参与者。如前所述，该参与者是带着一些技能和知识参与实践的。有时参与者之间的技能（skill set）和知识差异很大。其他时候，他们的技能和知识则是一样的，特别是在需要认证或许可才能参与实践的情况下。无论如何，一旦我们了解了参与者的技能和知识，我们就可以说我们是否有可能在手边找到使用技术或使用工具或材料的技术诀窍和其他能力。如果有技术诀窍和能力，那该技术、工具或材料可能更容易使用。

知识 + 技术诀窍 + 技能 -> 易用性

参与者（玩家）

要达成交易，必须有买方和卖方。要进行实践，必须有参与者。没有发明者，也不会有技术存在。因此，我们模拟技术转移所需要的最后一个构想体（construct）是参与者（见图 1.6）。

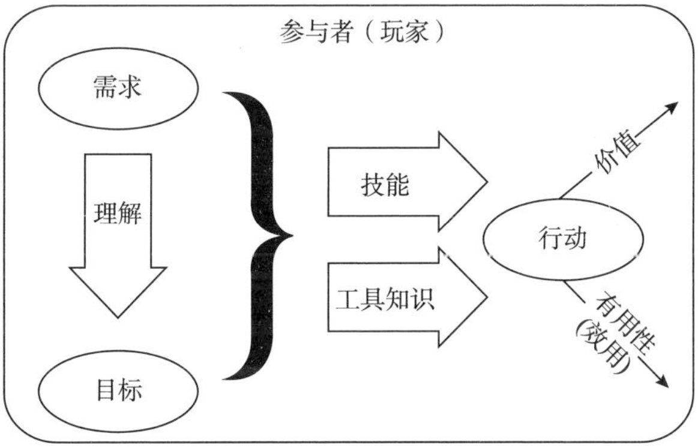

图 1.6 参与者的属性

需求是参与者的属性。正如我们所见，需求是必要的，其根源在于，在某些条件之外，我们就不能生存了。不吃东西，死；被冻僵，死。道理很简单。

亚伯拉罕·马斯洛（Abraham Maslow）认为，人类需要的不仅是基本的生存必需品。他提出了需求层级。他认为首先我们要满足生理需求，其次是安全需求，之后是爱和尊重需求，最后是自我实现需求。[1] 生理需求涉及我们生存所必需的事物。如果我们不摄入食物、空气和水，我们就会死亡。安全需要涉及避免身体和心理伤害。它们包括住宅、家庭，以及如“9·11”事件所告诫的，防止受到攻击。爱的需求涉及社区和归属感。如果前种需求让我们保持活力和功能，爱的需求则肯定了我们是社会性的动物，而社会性创生了对友谊的需求及促进交朋友和保持朋友关系的方式。尊重需求既是自我导向的，也是他人导向的。尊重需求解决了涉及人类寻求钦佩和权力的倾向。最后，自我实现的需求反映了人的内在美——这种内在美导致艺术、哲学、慈善等的产生。当一个人的生活悠闲安逸时，就会出现这种需求。

对我们来说，马斯洛是否正确并不重要，他的分类是否有意义无关紧要。即使他描述的需求不是植根于作为动物的人类，而是随着历史和地理区域的不同而变化的一些社会创造，也无关紧要。重要的是，需求是存在的，而且根据定义它们必须得到满足。

问问你自己，在你最喜欢的商店里一套西装的价格是多少？如果你不打算买西装，那你可能不会知道。没有需求，就没有销售。你曾知道西装的价格吗？如果你曾经想买西装，你或许在那时就买了。教训：需求是暂时的。当你的顾客有需求时，你必须跟进推销，否则他们就会离开。

一如既往，举个例子。我们评估过一种先进的可调谐红外激光光谱仪，以便找到可以销售的市场机会（market niche）。我们当时发现半导体行业对激光有很大的兴趣。英特尔（Intel）等公司对芯片制造过程中的污染问题很感兴趣。两年后，该光谱仪公司又找到我们，为了寻求帮助以便做成交易。该公司从未联系过我们在前期工作中所确定的目标公司。当我们再次联系这些目标公司时，我们被告知他们在去年从另一家供应商那里找到了解决方案，并且不再对我们客户的光谱仪感兴趣。

玩家满足需求的方式是运用技能、知识和技术诀窍来操纵工具、技术和材料。

技能是完成任务的能力，也就是说，技能是把自己塑造成满足自己需求的

---

[1] Gwynne, “Maslow's Hierarchy of Needs,” 1997, http://web.utk.edu/~gwynne/maslow.htm（2004年9月18日查阅）。

工具的方法。例如，我会烤饼干，我可以从罚球线上把球扔进篮筐。技能包括执行任务的手的灵巧性和脑的聪颖性，或随着时间的推移重复地执行任务的能力。

有时技能是天生的，而不是后天培养的。你会在嘉年华上看到一个孩子走上前来，一下子就用棒球击倒了洋娃娃，尽管他以前从未扔过一个棒球。这孩子会投棒球就是“天生的”。知识是一组有条理的信息集（数据和分析），可以用来对不在原始数据集中的事实给出结论。我能加减我从未见过的数字，我相信我能够理解和分析在明天将写成的诗。

知识可以分为两类：工具性知识和理解性知识。

第一类知识与感知经验（perceptual experience）有关，涉及“是什么”。采用一个来自翁贝托·艾柯（Umberto Eco）的《康德和鸭嘴兽》（*Kant and the Platypus*）的例子，正是这种知识让我们在面对感知对象时可以说“这是我的妻子，不是帽子”。❶

感知知识包含用于感知的原始数据的主体间组织方案。它可以被形式化和编码化，在这种情况下，我们谈论的是知识领域或知识体系，否则，知识会保持隐性和内隐性。将知识形式化和编码化的一种方式是通过明确的行为序列来过滤感知，这些行为序列旨在确保关于所感知内容的结论在观察者之间能够可靠地重现。从这个角度来看，科学是一种产生形式化的感知知识的方式。

正如我们所看到的，知道“是什么”允许我们创造出“如何做”。我们称这种形式的知识为工具性知识（instrumental knowledge），以“承认”它在发明“如何做”方面的效用。❷

工具性知识是技术的基础。如果我能计算轨迹并且知道球的重量，我就可以调整扔球时使用的力，以提高我在嘉年华上击倒足够多的玩偶从而赢得丘比娃娃的概率。我可以用同样的知识来设计一台能为我投球的机器。因为用于击倒嘉年华上的丘比娃娃的机器的市场不大，所以我可以把它重新定位为棒球投球机，这样我就不用和父母让我加入的小联盟队里的那些傻小子玩接球游戏了。但是那些傻小子长大了，上了战场，所以我把我的机器变成了大炮，希望能让我的朋友免受伤害。[正如威廉·特库姆塞·谢尔曼（William Tecumseh

---

❶ Umberto Eco, *Kant and the Platypus*: *Essays on Language and Cognition*（New York: Harcourt, 1999）。该书中论及的问题是我们如何构想以及什么是“主体间性”。艾柯探索了一个人如何从感知意识发展到对我们每个人而言都是独特的主观性，再发展到为被称为客观世界的一部分硬物（用你的拳头敲敲门）贴上标签。

❷ 在德国哲学传统中，工具性知识是“*Verstand*”。见 Wikipedia, “Verstand,” September 12, 2004, http://de.wikipedia.org/wiki/Verstand（德文，2004 年 9 月 18 日查阅）。

Sherman）所说："一组野战炮抵得上一千支步枪。"[1]］从那里开始，可以发射把人送上月球的火箭，也可以制作当你在嘉年华游乐场的投币口投25美分时就会把小篮球扔进篮筐的玩具。

暂且退后一步，考虑一下同样的工具性知识可以用来帮助满足广泛的需求。当然，正如上面的例子所表明的，当知识应用于不同的场合时，需要对它进行调整。投掷炮弹需要考虑化学燃烧的影响，而用投球机投掷棒球则不需要考虑。但是毫无疑问，用于制造投球机的基础知识可以为制造榴弹炮提供一个起点。

我们应该制造榴弹炮吗？我们在此暂停片刻，因为像所有的人类活动一样，技术转移的确也具有道德维度。如果你想做交易，你应该总是问自己：这个特定交易是可以做的正确事情吗？

这里实际上有两个伦理难题：一个是关于目的，另一个是关于手段。第一个难题是我们是否想制造武器。它不能用工具性知识来回答，因为它与目标有关，与人类活动即交易的目的有关。第二个难题则不同，它可以用工具性知识来回答。假设第一个问题的答案是肯定的，并提出另外两个问题：第一个问题是，考虑到实践的目标，哪一种武器效果最好。我们制造榴弹炮是否比探索其他替代方案（比如制造定向能武器或增加用于人道主义目的的对外援助）更安全？第二个问题涉及我们向其转移技术的一方的道德操守。

我们不能回避我们所有人对于人类的命运、对于地球的命运，以及随着进入太空对于宇宙的命运所承担的道德责任。我们必须始终设问，这项技术是否会被转给其他人，如果会的话，可以把这项技术交给我们与之交易的一方吗？去年，我们评估了一项可以透过墙壁来观察里面的人的活动的技术。一个潜在的市场是警察和情报机构。反恐？当然。冰毒实验室？是的。成年人之间自愿的性行为？哎哟。持不同政见者？绝不可以。如果你在全球范围内将这项技术许可给警察使用，那你能控制哪些警察部门或内部安全机构获得这项技术吗？

理解是第二类知识，它涉及意义。理解源于沉思，而不是感知，源于对想象的反思。

这种知识的德语单词是 *verstehen*。*stehen* 是站着、成为、面对。*ver* 给我们动作、行动、"去做"（*to do*）。如果感知知识是客观的，那么理解就是主观

[1] CWArtillery. org，"The Civil War Artillery Page，" October 31，2000，http：//www. cwartillery. org/artillery. html（2004年9月18日查阅）。

的。你看到什么取决于你站在哪里和你要去哪里。对我们来说，它是重要的，因为“可能”（*might be*）会从它而来。“可能”（*might be*）限制了实践的目标。[1] 它为实践提供了意义和动机。了解意义和意图使我们能够理解“为什么”（*why*）。

从行动的参与者角度来说，理解“为什么”对于确定行动的结果是否成功至关重要。这表明任何技术实际上都符合两组标准：一组反映实践的需求，另一组反映参与者的需求。这些需求在多大程度上可以表达为可测量的标准，我们就可以在多大程度上提高我们确定竞争优势的能力。但是我们在确定竞争优势时必须明确哪个参与者的目标。

技术诀窍（know – how）是无组织的程序数据和分析。它是技术片段，可以被清楚地表达或记录，但还没有系统化为知识。打这些字时，我将笔记本电脑放在便携架 Instand™上，但将鼠标放在拉盖书桌的拉出搁板上。我发现这是一个非常舒适的配置。我知道将便携架调整到我大腿上方一两英寸的位置，将鼠标调整到电脑上方半英寸到一英寸的位置。现在，通过告诉你这些，你可以弄明白如何复制它。我可以到你家来，让你坐在桌子旁，想办法建立一个你会觉得舒适的工作空间。但是说明这些与说明疾病控制中心（Center for Disease Control）的计算机的人机工程学位置有很大不同，后者要求键盘与肘成90°角，鼠标与肘在同一水平面，等等。[2] 同样，前几天我和一家颜料公司的化学家兼经理进行了讨论。他告诉我，该行业正在放缓向海外转移的步伐，而放缓这一步伐的一个因素是，配方的操作过程中仍然有一点儿“艺术”。在这种情况下，“艺术”是通过学徒制传授的技术诀窍。

结　论

当人们为了获得更好的用于进行实践的工具、技术、材料等时，技术转移就会发生。技术转移是一种交易，其中一方都给对方一些东西，通常情况下是用钱来交换技术。

最终用户根据潜在技术对他们的净效用对潜在技术进行评估。这种效用受实践中执行的任务和任务序列的限制，并受技能、知识、能力或者实践者的限

---

[1] 见 Wikipedia，“Verstehen，” July 29，2004，http：//de. wikipedia. org/wiki/Verstehen（2004 年 9 月 18 日查阅）。

[2] 见“Computer Workstation Ergonomics，” August 11，2000，http：//www. cdc. gov/od/ohs/Ergonomics/compergo. htm（2005 年 12 月 18 日访问）。

制。如果净效用足够大，最终用户就有可能成为买家。

技术的效用可以用三组标准来描述：性能、易用性和美观性。至少前两组通常可以通过分析实践中使用的核心技术的主导设计来发现。主导设计也为什么会构成价签震惊提供了一个参考点。

当效用用金钱来表示时，净效用大致等于价值，价值大于购买价格。价值必须考虑到获得、实施和使用技术的所有成本，以及买方寻求的一些边际效用，以使得她或他与技术的卖方进行交易是值得的。

如果双方都认为交易是公平的，并且与等待或放弃交易相比，通过交易他们的境况会变得更好，那么就会发生转移。

第 2 章
游戏板

引 言

在第 1 章中，我们集中讨论了交易以及达成交易的必要条件。在本章中，我们将介绍理解技术转移交易所需要的第二组概念：场景（context）。为此，我们必须从微观层面回到宏观层面。

宏观层面是棋盘（game board），玩家在游戏棋盘上做交易。棋盘主要受技术应用环境的影响，我们将这种环境称为“竞技场”。原因很简单，技术转移通常是一种“推销”游戏——你在寻找问题的过程中通常也在得出答案。因此，找到买家是核心挑战。

在当今的全球经济中，竞技场由各种组织构成。我们将简要讨论组织的结构和运作如何限定哪些技术对于潜在买家是重要的。我们将看到，技术转移是组织获得知识和技术诀窍（know - how）的一种方式，而不必为花钱开发或储备他们可能不需要的技术。以类似于适时库存（just - in - time inventory）的方式，技术转移为获取“适时知识”（just - in - time knowledge™）提供了渠道。

当然，交易会在某个地方发生，这个地方叫作市场。所以市场是我们游戏场景的另一部分。

最后，我们将看到，我们的技术能否成功及时地进入市场，与其他各种参与者都有利害关系。

竞技场

继续使用我们的比喻，竞技场是进行技术转移游戏的运动场。它们被定义为一组可以在其中应用技术的组织，再加上那些希望影响技术用户的组织。

竞技场中有五大类组织：用户、买家、竞争对手、市场和利益相关者。

买家是那些为真正接触和使用技术的人采购技术的组织。如果我们有一种更好的汽车催化转化器，通过观察谁会使用这项技术以及了解他们为什么会接触催化转化器，我们就能找到最终使用者。用户是最终使用者（end user）工作或使用技术的组织。

有时开发技术的组织也是用户。许多药物和生物技术创新最初被用作后续研究的工具、技术或材料。

材料转移协议（MTA）用于安排研究用技术的出借。MTA 通常不被视为交易，因为除了报告研究结果之外，通常没有任何对价（consideration）。正如美国国立卫生研究院技术转移办公室（National Institutes of Health Technology Transfer Office）所指出的："当交换专有材料和/或信息、接收方打算将其用于其自己的研究目的且科学家之间没有研究合作计划时，通常使用 MTA。根据这种类型的协议，知识产权和商业目的的权利都不会被转让。MTA 规定了材料接收方可以使用这些材料的条款和条件。"❶

竞技场中的一些组织并不包含那些真正接触技术的人。以催化转化器为例，在最初推出时，催化转化器是一种较好的减排方式。它的使用减少了与污染相关的疾病和其他许多社会影响。尽管 EPA（美国国家环保局）的监管者和环保组织塞拉俱乐部（Sierra Club）的积极分子可能永远不会把接触催化转化器作为其日常工作的一部分，但他们仍然活跃在竞技场中，影响催化转化器技术的采用。我们称这样的组织为利益相关者。

并不是所有涉及技术的组织都在这个竞技场中。例如，如果你在网上访问"世间万物是如何运行的"（How Stuff Works），你可以找到有关催化转化器的描述。❷ 该网站不是竞技场的一部分，因为它的功能完全是教育性的。它既不支持也不反对使用或采用转化器。

如果你不清楚谁在竞技场里，问一下可能是利益相关者的人。打电话给他们，在和他们交谈的时候问一下还有谁是利益相关者。在相关的协会、大学/产业中心和政府机构中可以找到有见识的人。利益相关者可以指出其他一些将会使用、采购、出售该技术的组织。保持与人交谈，直到你收到的信息是重复

---

❶ National Institutes of Health, "Material Transfer Agreement: Overview," 未注明日期, http://ott.od.nih.gov/MTA_over.html（2005 年 7 月 24 日访问）。

❷ Nice, "How Catalytic Converters Work," http://auto.howstuffworks.com/catalytic-converter.htm（2005 年 7 月 20 日访问）。

的。通常在五到七个电话之后，你就会知道谁在竞技场里了。

几年前，我们的任务是将聚氨酯减震隔振支架（shock and vibration mount）转移到海军。我们上网搜索，发现有人正在海军水面作战中心卡德洛克分部（Naval Surface Warfare Center，Carderock Division）测试这类支架。打了几个电话就确认了那个人。他通过确定其他利益相关者、用户和买家，帮助我们了解了竞技场的其他部分。结果，还有另一个测试设备，可以确保当某样东西遭受火灾或爆炸时不会释放出有毒气体；还有一个人，他在海军海上系统司令部（NAVSEA）维护规范中为这类支架设定了技术参数，并批准了规范；在各个（购买船只的）项目执行办公室中有一组工程师，他们批准用于其船只的支架；还有主承包商的设计工程师，他们将支架指定为船上用具；还有很多竞争对手；还有安装支架的船坞；还有在海上维护和更换支架的船员；还有一些人在外围徘徊，在为商业船只寻找新技术。

市场是买卖双方聚集在一起实施交易，即达成并完成交易的地方。在市场制度化的情况下，它们可能是固定的，例如纽约证券交易所，也可能是浮动的，就像许多行业交易展览会一样。虽然市场可以作为独立的组织存在，但它们并没有必要这样。

你正沿着宾夕法尼亚州的一条乡村公路行驶。你经过一对坐着马车的阿米什（Amish）夫妇。马车里有五把漂亮的摇椅。过了一会儿，你停下来，在路边的一个小公园吃午饭。坐在一棵大枫树下的桌子旁，你听着小溪在汩汩作响。你转过头，看到阿米什夫妇停在附近的一张桌子旁。他们向你点头问好，你点头回应。他们问你从哪里来，你回答并问他们要带着那些漂亮的椅子去哪里。“嗨，去市场，”男人回答道。“今天是去农贸市场。”“我能在这里买一个吗?”你问。“当然，”他说。一个非组织性的市场出现了。

希望这个故事提醒你竞技场与我们模型中的所有其他构想体没有什么不同。竞技场是物理的（physical），它们存在于特定的时空点。福特（Ford）、恩格尔哈德（Engelhard）和乔的加油站（Joe’s Gas and Garage）都有经纬度坐标。它们可以位于地图上，如果我们按时间序列绘制地图，我们可以观察它们在时间线从宇宙大爆炸一直移动到宇宙结束的过程中出现或消失。此外，竞技场不必是物理上连续的。例如，福特在美国、泰国、葡萄牙、西班牙、墨西哥、法国等地都有生产设施。[1]

---

[1] Wikipedia，“List of Ford Factories，” June 15，2005，http：//en. wikipedia. org/wiki/List_of_Ford_factories（2005 年 7 月 20 日访问）。

渠道和消息

渠道是连接同一组织或不同组织中的参与者的物理路径。在我们的模型中有两种渠道：沟通渠道和分配渠道。有些渠道既是沟通渠道又是分配渠道。信息在沟通渠道中传递，商品在分配渠道中传递。在过去钱是通过分配渠道流通的，那时钱由现金和硬币组成；但在当今世界，钱也通过信息渠道流通。当你通过登录你的银行账户来支付电费时，你就通过信息渠道向银行发送一条消息，银行会开出一张支票，并通过另一条信息渠道即美国邮政（U. S. Mail）将其邮寄出去，而美国邮政也是一个分配渠道。

一个简单的渠道的例子是两个纸杯和一根绳子。对着一个纸杯说话，信息就从另一个纸杯出来。但是无论多么简单，渠道都需要精力来建立和维护。一些组织［联邦快递（FedEx）、威瑞森（Verizon）等］专门从事这种活动。其他组织专门监管它们［例如联邦通信委员会（Federal Communication Commission）］。

消息由从一个参与者传送到另一个参与者的信息组成。商品是具有物理尺寸的物体，故事是一条消息，书是一个商品。

如果我们对信息感兴趣，我们就会监视相关渠道中的消息。你早上醒来，昨晚的派对让你感到有点昏昏沉沉的。你拖着疲惫的身体来到厨房，放上一壶咖啡，在煮咖啡期间，慢慢地走到前门，打开门，拿起报纸。你在进行渠道监视。

请注意，消息传递渠道总是涉及具体表达内容的传输。我们可以通过互联网的电线和电波来追踪电子的流动，就像我们可以通过邮局追踪信件的流动一样。因此，它们的内容是受版权保护的，除非消息的创建者选择放弃版权。

要让人们了解你的技术，最容易使用的渠道是他们已经监视的渠道。在一个涉及法医学 DNA 微阵列的项目中，我们需要一种剔除方法，因为坦白地讲，网络上有很多垃圾。我们所做的就是在网上建立一个专家小组。在传统的专家小组研究中，你通过给专家打电话，问他们如果他们有像你这样的问题，他们会给谁打电话来建立一个专家小组。我们使用的方法模仿了这种方法。从技术上讲，它可以被视为一种形式的影响图示法。[1] 该方法具有很强的鲁棒性，可以用于统计有效性不重要的任何类型的探索性市场研究。作为起点，我们去了雅虎（Yahoo）（http：//dir. yahoo. com/science/forensics/），

---

[1] 有关影响图示法以及其他有用工具的描述，参见 Bureauof Reclamation，*Decision Process Guidebook*，未注明日期，http：//www. usbr. gov/pmts/guide/（2004 年 9 月 26 日访问）。

它是作为沟通渠道的互联网上的一个站点。这让我们找到了联邦调查局（FBI）（不足为奇）和国际法医学（Forensic Science International）（http：//www.elsevier.com/wps/find/journaldescription.cws_home/505512/description#description），这是一份在许多其他网站上都引用的期刊。沟通渠道中还有更多的站点。我们还去了 Forensic Science.com，它本身并不重要，但是它的链接（http：//www.forensic-evidence.com/site/Link_wo.html）更有帮助，因为它是一个带有专业协会链接的大学网站。到目前为止，我们有了很多人，可以通过给他们打电话来确认竞技场的结构。通过把法医学和他们的名字放到谷歌上，我们很快就知道了哪些人可能最有帮助。我们得到了很多网页，比如芝诺的法医学（Zeno's Forensic Science）网站（http：//forensic.to/forensic.html）和法医学资源（Forensic Science Resources）（http：//www.tncrimlaw.com/forensic/），当然还有其他网站。但是，无论一个页面链接了多少次，了解它是否被监视的唯一方法是询问某人，或者检查博客、聊天室、列表服务器等，以便看看谁在上面。例如，如果你想联系航空业的人，你可以通过发送文章、写信或刊登广告将你的信息发送到《航空周刊与空间技术》（*Aviation Week and Space Technology*）杂志。

在进行交易的过程中，传递的是有关权利的信息。一方面，提出转让技术所有权的建议。另一方面，提供对金钱或其他对价（价值）的权利。传递交易信息的渠道称为销售渠道。事实上，整个谈判可能只是通过电话和/或互联网渠道来回传递信息。交易甚至有可能只是传递信息。你传真或邮寄合同，他们会通知银行把钱转入你的账户。

当被转移的对象是可以在商业中销售的东西时，这个渠道被称为分配渠道。分配渠道涉及将产品或服务从一个参与者转移到另一个参与者。通常我们认为这是将其从卖方手中转移到买方手中，但是渠道也可以存在于组织内部。如果涉及软件、文档和其他表达形式，则渠道可以是互联网。否则，分配渠道需要更传统的运输选项（卡车、火车、飞机和船只）和他们用来从 A 点移动到 B 点的地球物理路线（道路、轨道、航线、海上航道）。

沟通渠道和分配渠道都可以从它们运送的内容、它们运送的参与者、它们运送内容的方向、能够使用它们的各方、监视它们的各方、它们的运送能力、成本、安全性等方面进行描述。如果渠道不存在，可以创建一个渠道。

供应链

在供应链中，卖家、买家和用户相互关联。农场把牛奶送到加工牛奶的合作社，然后再运到我们购物的商店。一位教授休假一年，雇用了几名以前的研究生，然后离开大学，进一步开发她发明的技术以便许可这项技术。所有这些都是供应链的一部分（见图 2.1）。

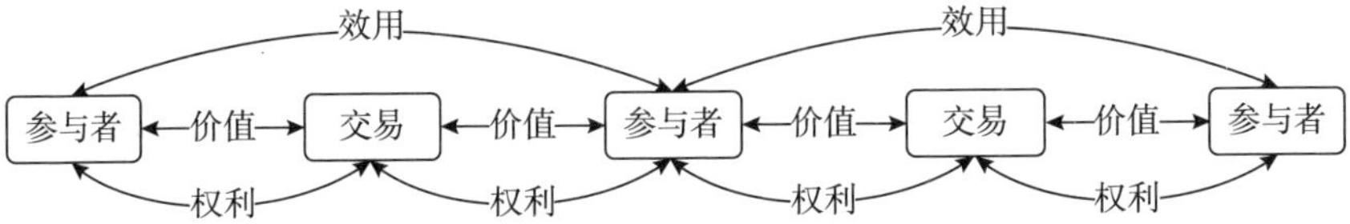

图 2.1 供应链

谁在供应链中以及他们做什么都取决于正在制造什么。高科技商品通常涉及供应链，其中包括：销售用于制造产品和/或其组件的工具和机器的过程设备供应商；销售软件的供应商；具有集成到产品中的装置和设备的供应商；提供原材料或半成品的供应商；以及一系列基础供应商，它们销售支持核心价值链实践和辅助实践所需的东西（设施、公用工程、培训、会计、法律、知识和技术诀窍等）。如果竞技场是体育场的话，知识和技术诀窍供应链就是技术转移的运动场。在这种情况下，“原材料”是从聪明人的头脑中提取的思想（ideas）。

从供应链的角度来看，技术转移之所以有趣，是因为它使供应链中更上位的组织（例如企业、政府机构、非营利性公共服务组织）能够避免为了获得他们可能需要的“操作方法”（how to）而必须维持思想（idea）和技术的库存。可以构建与产品适时系统（just - in - time system）类似的技术适时系统。就像在产品供应链中一样，可以有预审合格的供应商，他们通过储备工具、技术、材料和产品来谋生，提供给客户用来利用不断变化的营销机会。例如，西图希尔（CM2h Hill）* 是一家跨国公司，为六大洲众多行业的公共和私人客户提供工程、建筑、运营、通信、安全、环境及相关服务。作为我们的客户，他们愿意购买非独家许可技术来解决环境修复等领域的问题，以便他们的工具包中有项目投标的方法。技术转移中的大多数重复参与者都寻求与他们的许可方和联盟伙伴建立这种信任关系，以便拥有可以获得与核心客户群（customer segments）相关的创新的管道。同样，技术开发方也寻求与被许可方一起建立管道，以便将其员工开发的发明货币化。

将技术转移视为供应链问题与全球经济正在形成的结构非常契合。花旗集团（Citigroup）的迈克尔·古尔尼克（Michael Guralnick）和文森特·埃维斯

---

* 应为 CH2M Hill。——译者注

（Vincent Eavis）认为，供应链整合是实现全球组织灵活性的有效手段。❶ 兰德公司（RAND Corporation）报告称，商用飞机行业的全球竞争意味着降低成本的压力增加，这导致公司寻求减少开销的方法。❷ 成本压力和灵活性需求是推动机身制造商将研发中心转移到其供应商的主要因素。在制药、汽车和其他研发密集型行业中也出现了类似的趋势。❸

当大公司为其承包商和分包商制定和管理研发议程时，这些公司必须作出响应，否则它们将在日益整合的供应链中失去位置。一种结果是，这种供应链中的技术转移越来越多地呈现出将技术从一个组织的一部分转移到同一组织的另一部分的动态。长期供销合同（即战略联盟）被用来摆脱传统技术转移的那种更独立（arms - length）的动态。我们为波音公司（Boeing）做的某个项目就是一个很好的例子。

波音公司开发了一种预测复合材料中裂纹扩展的算法，并希望将该算法集成到其正在使用的有限元分析软件中。我们开发了一个“公平交易”条款表，波音公司用它来与供应商谈判许可。

请注意，在平台集成商层面，问题通常不是使用哪种技术，而是必须提供什么样的性能。平台集成商越来越多地设定要满足的要求，而不是指定应该如何满足这些要求。❹ 当想与大型集成商的供应商做交易时，去平台集成商那里获得他们的支持，并弄清楚他们认为供应链中的好的商业化目标是很有帮助的。

这里可以使用另一个波音公司的项目作为例子。我们的任务是评估地面运输领域对噪声和振动技术组合的需要。我们很快确定，航空领域的采购标准与汽车领域的采购标准截然不同。在商业航空领域中，主要目标是消除噪声和振动。在汽车领域中，目标是调整噪声和振动。豪华汽车的声音和感觉应该与跑车不同。但是，汽车公司希望他们的汽车如何调整，以及他们愿意

---

❶ GTNews. com, “Commercial Cards: Logic and Control in the Supply Chain,” July 11, 2005, http: //www. gtnews. com/article/6024. cfm（2005 年 7 月 21 日访问）。

❷ Lance Sherry and Liam Sarsfield, “Redirecting R&D in the Commercial Aircraft Supply Chain, *RAND Corporation*（2002）, http: //www. rand. org/publications/IP/IP212/IP212. pdf（2005 年 7 月 21 日访问）。

❸ 见 UPS, “Building Supply Chain Capabilities in the Pharmaceutical Industry; Part One: Trends Impacting the Supply Chain,” 2005, http: //www. ups - scs. com/solutions/white _ papers/wp _ pharma1. pdf（2005 年 7 月 21 日访问）。

❹ Jos Jans, “Turning NVH into a Competitive Advantage,” *Sound and Vibration*, September, 2004, http: //www. findarticles. com/p/articles/mi_qa4075/is_200409/ai_n9458492#continue（2005 年 7 月 21 日访问）。

为实现这种调整支付多少费用，都会随着时间的推移而改变。为汽车公司提供供应的公司一再告诉我们：“我们探索、考虑、提议，但是我们买什么、制造什么是由我们的客户指定的。我们试图拥有的是手头的选项组合，我们可以提供这些选项来满足不断变化的需求。”我们对波音公司所提供的产品很感兴趣，但是进行实质性讨论的意愿很低，直到我们与汽车公司进行了沟通，弄清楚了他们认为哪些是下一代汽车的高优先级问题、哪些是他们感兴趣的技术以及他们感兴趣的解决方案的价格范围。

在高度整合的供应链中，首先必须确保顶层的系统集成商：①看到问题；②将你的技术视为潜在的解决方案。他们定义了技术是否是潜在的、及时的和有用的。只有在获得他们的认同后，才有意义继续下去，直到你在供应链中找到一个有兴趣做交易、以获得相对于供应链中的其他供应商的竞争优势的承包商或分包商。

哪里有稳定的供应链，哪里就能找到最佳的转移目标，这是一个经验问题。有时，将一项技术转移到链上层级较高的组织更有意义，该组织将保留使用和销售的权利，但会再授权其供应商进行生产。有时，当技术能够提供一个事实上的标准时，通过一个协会或联盟来运作可能是有意义的，而这个协会或联盟又使其所有成员都可以使用该技术。甚至将技术赠予他人，作为利用产品销售实施设备的先行者优势的一种方式，也可能是有意义的。

施乐公司（Xerox）的以太网就是一个例子，它使用一项技术创建了一个标准，然后利用该标准来开发该原始技术。以太网，作为一种联网计算机的方式，是由两名雇员鲍勃·梅特卡夫（Bob Metcalf）和戴夫·博格斯（Dave Boggs）于1973年发明的。施乐公司与数据设备公司（Digital Equipment Corporation）合作构建以太网设备，与英特尔公司（Intel）合作提供芯片。面对来自国际商用机器公司（IBM）的潜在竞争，该团队选择以1000美元的价格将以太网许可给任何对构建硬件感兴趣的人，并选择通过电气与电子工程师协会（Institute of Electrical and Electronics Engineering，IEEE）来开发标准。这个策略奏效了。随着个人电脑销量的激增，以太网的使用也在激增。不幸的是，施乐公司从未真正收获其劳动成果。梅特卡夫做到了，他离开施乐公司，成立了3Com公司，销售额迅速超过4500万美元。[1]

[1] Economist. com, “Out of the Ether,” *The Economist* (September 4, 2003), http://economist. com/science/tq/displayStory. cfm? story_id = 2019967（2005年7月21日访问）。

两位商学院教授塔提康达（Tatikonda）和斯托克（Stock）的文献综述指出，知识供应链和传统产品供应链之间存在各种差异，至少目前是这样。❶ 传统产品供应链涉及有规律且连续的材料流。知识供应链仍是非常片段性的。传统供应链是为了维持大量零件和材料而构建的，这些零件和材料通常是分批交付的。采购产品主要是为了制造或升级到制造；而技术的采购是在产品开发周期的较早阶段，通常是在设计阶段。这种差异意味着产品供应链的商品规格可以被更严格地定义。相应地，得不到你想要的技术的风险要远高于得不到你想要的产品的风险。造成这种风险的因素是，当你将新产品或工艺技术应用到一家公司时，有时会遇到困难。传统零件或材料供应链通常很少涉及整合或适应风险。最后，这两位教授发现，使用传统供应链的管理目标几乎完全是战术性的：降低组件成本、降低库存成本、提高质量等。在技术供应链中，战术和战略考虑都是动机。战术考虑包括缩短上市时间、保持在预算范围内以及提高业绩。战略考虑包括新技术领域的资格以及科学、工程和技术能力建设。

与任何供应链一样，知识和技术诀窍（know - how）供应链的效用不能被认为是理所当然的。凯斯西储大学（Case Western）的大卫·迪兹（David Deeds）和华盛顿大学的弗兰克·罗瑟梅尔（Frank Rothaermel）对 115 个研发联盟的研究发现，这种联盟的业绩和价值呈 U 形。在最初的蜜月期后，随着各方利益的分歧，业绩就会消失。只有进行积极主动的努力，这种下滑趋势才会逆转。这种努力可以包括为项目指定监督人（gatekeepers）和执行人（champions）、经常举行联合规划会议，以及监视并向合作伙伴反馈联盟绩效。随着跨组织社会和职能关系的建立，绩效和价值曲线会向上回升。因此，建立成功的知识和技术诀窍（know - how）供应链需要五年到八年的时间。❷

用户和买家

竞技场内的组织并不是单一的。可以对它们进行研究，以发现它们的正常结构和非正常结构，以及它们如何使用这种结构来控制和进行实践。由于大多数技术转移都涉及将技术转移到企业，因此我们将重点讨论企业。然而，总的

---

❶ Mohan Tatikona and Gregory Stock, "Product Transfer in the Upstream Supply Chain," *Journal of Product Innovation Management* (November 2003): 447。这篇文章是关于产品开发和供应链的非常刺激的两卷丛刊的一部分。

❷ David Deeds and Frank Rothaermel, "Honeymoon and Liabilities: The Relationship between Agenda Performance in Research and Development Alliances," *Journal of Product Innovation Management* (November 2003): 472 - 482.

原则适用于任何类型的组织。虽然我们在这里的讨论重点是企业，但也可以对政府机构、非营利性服务提供商或其他类型的组织进行类似的分析。

成功的组织会使其运营结构、控制系统和战略相互协调。我们将以用户/买方组织为例，如果该组织是一家公司，它会收购那些可以帮助其实现向股东回报价值的目标的技术。

表 2.1* 说明了市场和价值创造的三种不同战略会如何影响所寻求的技术的类型。成本领先战略（Cost leadership）是指以最低价格销售。差异化涉及销售各种各样的产品，这样你就能为每个客户群（customer segment）提供产品。焦点强调仔细聆听客户的意见，然后提供客户想要的精确的产品和服务包。❶ 对于每个战略方向，我们都提供战略、结构和控制系统的调准（alignment），然后指出哪些类型的技术可能认为是令人感兴趣的收购候选技术。

表 2.1　市场和价值创造的不同战略对所寻求技术类型的影响

市场战略	成本领先	差异化	焦　点
组织结构	功能	产品组或矩阵	功能
对实践的程序控制	预算和标准化过程（财务和管理会计控制）	规则和预算（官僚控制）	预算
实践的输出指标	成本、效率、生产率	质量和效率指标	混合成本、效率和质量，高度重视客户满意度
用于价值创造的关键实践	制造	研发和营销	产品开发与客户服务
内部研发重点	产品和工艺过程改进	创新与加快产品开发	对客户需求的迅速响应
感兴趣的技术	具有工作原型的产品和制造工艺的增量增强	对产品系列以及实践方法、技术的成熟扩展和调整	原型产品或成熟产品

竞技场中常常存在组织的子集，这些子集使用技术的原因相同。这些子集被称为客户群。催化转化器会影响汽车经济领域的广泛实践。根据它与汽车的连接方式，它可能会影响汽车制造商。福特、通用和丰田等公司也会关注这项技术如何影响油耗、安全性以及与汽车其他系统的相互作用。这项技术也会影响它们的一些分包商，比如制造催化转化器的恩格尔哈德公司（Engelhard）。我们还会找到那些在经销商、加油站、汽车维修店接触催化转化器的人。这些

* 本书除表 10.1、表 10.2 外，所有表题均为译者所加。——译者注

❶ 这张表是 20 世纪 70 年代末在华盛顿大学我与查尔斯·希尔（Charles Hill）的讨论结果。另外参见他与 G. R. Jones 合著的书《战略管理：综合方法》（*Strategic Management: An Integrated Approach*），6th ed.（Boston: Houghton Mifflin，2004）。

人至少要保养催化转化器，并且可能需要培训才能做到这一点。

例如，几年前，我们做了一个商业计划的市场部分，涉及一种实时、高灵敏度的氮氧化物（NO_x）传感器。我们发现它的一种用途是实时优化汽车和轻型卡车的发动机，其中该传感器是用于检测排放的传感器套件的一部分。当时，可能的最终使用者包括发动机和汽车公司的工程师以及各州认证的排放检测中心的技术人员。每组用户都有想要测量氮氧化物排放的具体原因。发动机公司的工程师希望该传感器能够确定如何最好地设计和操作化石燃料发动机。他们想要少量的高精度传感器供实验室使用。汽车生产工程师想要批量生产的传感器，每个的价格非常低。他们愿意接受较低的灵敏度，只要传感器足够坚固，能够维持发动机的使用寿命，能够减少部署到数十万辆汽车上时的维护问题。排放检测公司有不同的标准。排放检测公司希望其技术人员拥有便宜的传感器，其精度由州和联邦排放标准规定，而当时的排放标准低于发动机优化所需的标准。此外，排放检测公司希望传感器足够坚固，能够重复操作，因为在一种情况下，传感器会被插入每辆车的排气管中。我们最终得到了三个不同的客户群：研究工程师、生产工程师和排放测试技术员。

通常，购买标准不同的一个原因是主导设计可以根据最终用户的组织隶属关系及其所从事的具体实践有所变化。排放检测的任务序列不同于发动机研究的任务序列，而发动机研究的任务序列又不同于保持发动机协调运转的任务序列。我们的市场研究发现，这些差异并不意味着不同的主导设计，而只是主题有所变化。我们的结论是，我们可以使用一种具有不同包装和软件的传感器来满足所有客户群。

当我们跨越组织环境时，我们通常也会跨越工业部门。跨部门增加了找到不同主导设计的可能性。使用美国人口普查局（U. S. Census）的北美工业分类（North American Industrial Classifications，NAIC），我们可以看到发动机制造商大概属于 NAIC 33631，即机动车汽油发动机和发动机零部件制造；汽车制造商属于 NAIC 33611，即汽车和轻型汽车制造；而排放站属于 NAIC 811198，即所有其他汽车修理和保养。[1] NAIC 分类位置越高，即数字越少，越有可能出现这种情况。

要想找到买家，我们只需弄清楚谁为我们所确定的最终使用者采购这种技术。通常买家和用户是同一组织，但并不总是这样。例如，在英国，国防采购署（Defense Procurement Agency）是国防部（Ministry of Defense）的一个执行

---

[1] 有关 NAIC 的列表，请访问 http：//www. census. gov/epcd/naics02/naicod02. htm。

机构，为各个武装部队购买装备。

我们可以将组织看作由一组用于创造产出（output）的实践组成的。当组织是企业时，产出是可以出售的商品。❶ 因为企业寻求创造价值，所以我们可以按照迈克尔·波特（Michael Porter）的说法，将企业的核心实践称为其价值链。他确定了五个主要实践，而每个主要实践又包含几个任务序列：

（1）入库物流——接收、仓储、库存管理以及获得生产作业所需材料、装备和供应所必需的其他活动。

（2）生产作业——生产以及生产产品和服务所需的其他活动。在监管机构中，执法被包括在生产作业中。

（3）外运物流——仓储、运输、订单履行以及向客户提供产品或服务所需的其他活动。

（4）市场营销和销售——市场研究、战略和战术制定、广告、销售以及获得订单和付款所需的其他活动。在非市场组织中，可以用推广、传播和采纳来替代，因为这里的活动重点在于创造意识并采纳。

（5）服务——与客户支持、维修、培训以及使客户实现购买时所寻求的价值所需的有关的其他活动。

此外，波特认为四种实践活动或支持实践活动对于价值创造很重要：

（1）采购——那些购买或获得组织所用的投入和基础所必需的活动。

（2）技术开发——研发，产品设计与开发，工艺开发、测试和评估，以及创造组织用于执行上述五个主要价值链实践的知识资产所需的其他活动。

（3）人力资源管理——招聘、培训与教育、工资与福利，以及与寻找和留住劳动力相关的其他活动。

（4）基础设施——财务与会计、法律、质量控制与保证，以及确保主要和支持价值链活动相互关联并按照预期和期望执行的其他活动。❷

在大多数组织中，技术转移是一项基础活动。但是真正的决策权通常并不在那里。决策权通常在市场营销和销售（对于产品技术）那里或者在相关实践活动（对于过程技术）那里。

如果你正试图将一项技术商业化，电话却被转到法律部门，那就挂掉电

---

❶ 互联网上充满了对波特价值链的讨论。参见 Institute of Management，Cambridge University，"Porter's Value Chain，" n. d.，http：//www. ifm. eng. cam. ac. uk/ dstools/paradigm/valuch. html（2004 年9月19 日访问）。

❷ Adelakun，Enterprise Information I，Lecture 1，Winter 2004—2005，http：//facweb. cs. depaul. edu/yele/Course/IS425/425Lect1. ppt#257，23，Slide23（2005 年9 月25 日访问）。

话，然后再打电话询问相关价值链活动的高级经理。同样，如果他们想让你与研发部门的人交谈，那就尽可能拒绝。研发部门的人通常是研究人员，其工作就是提出新技术。因此，你是个威胁。毕竟，他们本应该想到你的发明。另外，销售和市场营销人员的工作是为公司赚钱。如果你有更好或更容易卖的东西，那你只是帮助销售和市场营销人员完成他们的工作。当然，这就是诀窍。找到那个你的技术可以有助于其完成工作的人。

3M 公司的报事贴（Post – It）便条是一个典型例子：研发部门拒绝了这项后来证明是赚大钱的发明。便条黏合剂是斯宾塞·西尔弗（Spence Silver）于 1968 年发明的。因为它是一种弱黏合剂，而 3M 公司当时在重点寻找黏合力更强的黏合剂，所以它被认为是无用的。然而斯宾塞继续推广他的发明；在 1974 年，另一位 3M 公司的研究员阿特·弗莱（Art Fry）将该黏合剂涂在他在唱诗班期间用于赞美诗集书签的纸片上。弗莱被说服了，他也成了倡导者。经过反复尝试，弗莱说服了 3M 公司的高层人士试用一下这种"暂时永久书签"。1977 年，他们把便条簿寄给秘书们，让他们随意使用。由于秘书或其老板总是记下包含与文件相关的评论或信息的便条，于是大规模使用出现了。到 1990 年，报事贴便条已经成为美国销售量最大的五种办公用品之一。❶

组织会将一个实践的产出作为下一个实践的投入。这种投入在价值链的每一步都被重新加工，直到创造出对组织之外的人有用的东西为止。图 2.2 用波特的价值链描绘了这一过程。

请注意，每个实践都有一个内部"客户"，其产出对其具有效用。虽然工作产品（work product）在这些内部单位之间过渡，但技术过渡（technology transitioning）不同于技术转移。

让一个组织对做交易感兴趣，常常涉及在组织内部、在多个实践的多个参与者之间建立共识。我曾帮助苹果公司签订了一份关于三维科学可视化软件项目的开发合同。当时 Mac 系统刚刚推出。除了与负责大学和研究销售及法律的产品线经理合作外，我们还必须与公关人员协调，因为软件所提供的漂亮图片被视为将 Mac 定位为图形平台的关键"展示件"（show ware），明显不同于基于 DOS 的 IBM 机器和克隆产品。正是这种广告潜力导致公关人员为达成交易提供了必要的资金。

在我们的模型中，只有当你将一种商品跨越两个组织的外部边界移动时才

---

❶ Snopes. com，"Sticking with It，" http：//www. snopes. com/business/origins/post – it. asp，November 10，2000（2005 年 7 月 21 日访问）。

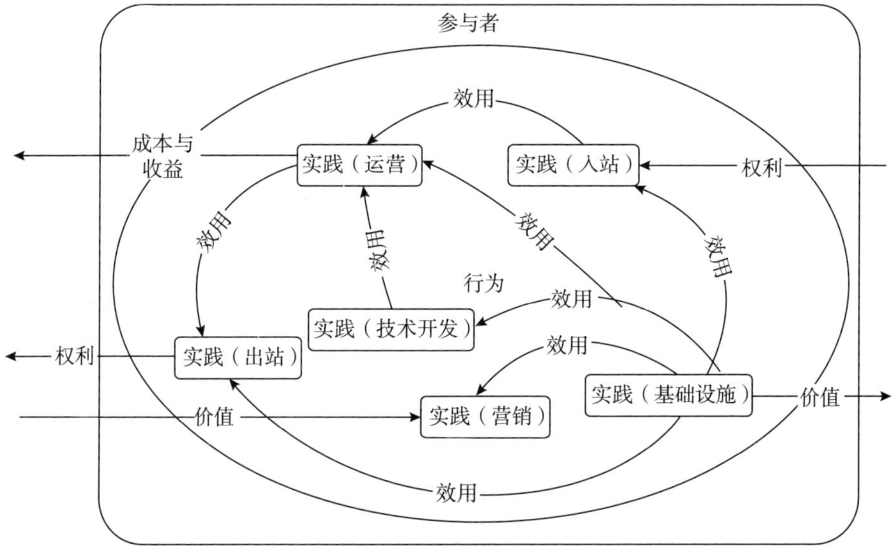

图 2.2 波特的价值链

会发生技术转移。而过渡是一种不同但密切相关的活动，它涉及在同一组织的实践之间跨边界移动技术。

这种区别很重要。为了弄清原因，我们将短暂离题解释博弈论（game theory）中的合作博弈与非合作博弈的区别。

主导战略是一种比其他战略产生更高收益的战略，而无论游戏中的其他人选择何种战略。在合作博弈中，参与者可以利用有约束力的承诺来确保每个人都遵守协议以协调他们的战略。利用承诺的能力意味着协调可以用来排除游戏潜在的非常不利的结果，有助于将零和博弈转变为双赢博弈。

在组织内部，技术的移动可以是合作博弈。根据定义，组织具有决策与命令结构。因此，一种实践的参与者可以向领导寻求一项为每个人提供协调工作动力的裁定。（即使官僚内斗也没有否定这一假设。关于协调战略应该是什么以及各派将如何寻求利益、权力等最大化存在内斗。但是当领导说够了时，那就够了，否则你会被解雇或者调到位于阿拉斯加州诺姆的一个前哨站。）

合作设置（Cooperative settings）总是有解决障碍的方案。当组织的高优先级技术的过渡受到阻碍时，组织的决策和命令结构可以使用补偿支付（side payment）（补贴、补偿）来平衡方程式，并使过渡对其所有成员都具有吸引力。这种补偿支付确保了每个人合作时比不合作时更好。[1]

---

[1] 见 Roger McCain，*Game Theory*（Mason，OH：Thomson South－Western，2004），chap. 12。

外部交易是不同的。在交易签署之前，我们处于非合作博弈之中。没有具有法律约束力的协议，初期合作伙伴就没有可执行的协议、共同决定和命令结构。这意味着每一方都只关心自身的利益。尽管达成协议可能符合各方的最佳利益，但是因为各方无法就具体条款达成一致，协议仍然有可能无法达成。例如，在谈到交易时，企业家会莫名其妙地感到有不利的风险，因为他们担心大公司会拿（偷）走他们的技术。从他们的角度来看，控制是关键问题，而主导战略是保持完全控制而不是放弃部分控制。因此，他们最终可能根本没有达成交易，因为交易总是涉及放弃对基础知识和/或其使用的一些控制。

竞争对手

对于任何技术都有两组竞争对手。在向最终使用者销售体现该技术或使用该技术制造的产品时，存在相关的竞争对手；在确定谁在开发替代技术时，也存在相关的竞争对手。正如我们所看到的客户细分，在这两种情况下，我们都可以找出竞争者的细分。这些细分通常被称为部门（sectors）。部门是一组追求相似战略的竞争对手。

在我们的讨论中，我们将重点关注正在开发替代技术的竞争对手。我们将这些竞争对手定义为能够在你的技术推出之后五年内推出可以销售的技术的玩家。换句话说，根据组织的能力，即使它们在相关的科学或工程领域开展工作，也可能不会构成威胁。研究开发执行部门之间的战略差异会与他们执行的实践活动以及除了研究开发外的其他方面有关。如图 2.3 所示，我们可以根据不同部门的实践活动来研究它们。

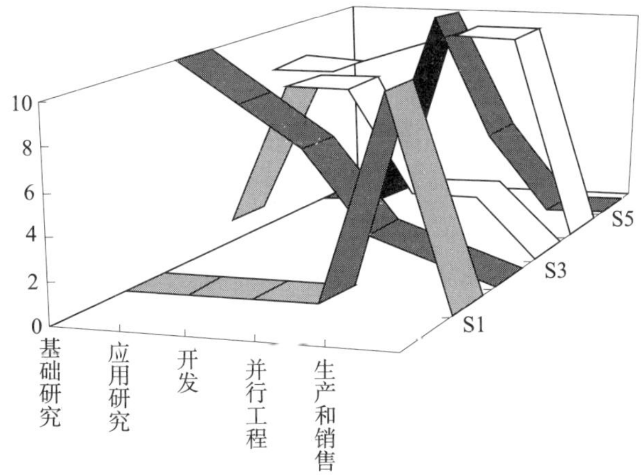

图 2.3 竞争对手实施的实践

另一个因素是潜在竞争对手在其研发和技术开发方面的差距。我们的经验与我们读过的研究非常吻合，那就是技术获得者希望在引入市场后的五年内看到投资回报。因此，我们把从最早可能引入之日起的五年作为默认时间，看看是否存在一个机会窗口，在这个机会窗口内，我们可以保持相对于那些追求市场份额的竞争对手的竞争优势。[1] 在那之后，我们可以接受技术过时和无关紧要。

我们经常可以利用人口普查局的北美工业分类来快速了解我们的竞争对手寻求市场机会的方式。

其中的一个部门是国民经济行业分类（NAIC）611310，这是一个学校工业部门，包括学院、大学和专业学校。统计数据告诉我们，对他们来说，收入可能是次要考虑因素，因为他们有教育使命。事实上，我们知道大多数大学技术转移办公室在其许可项目中强调教师服务和公共服务，以收回成本取代收入最大化作为收益衡量标准。我们在远见科技公司的经验表明，大学许可管理人员倾向于行业平均使用费率低于他们的行业对手——即使对于相同成熟度的技术也是如此。

另一个部门是小公司。这些小公司涉及一系列的 NAIC。这表明内部使用往往与外部使用一样重要。数据资料支持这一结论。在一项对 100 多家获得美国农业部小企业创新研究项目（我们为其提供了商业化支持）资助的小企业的研究中，我们发现大约 50% 的企业签署了或正在签署外部商业化协议，但超过 70% 的企业已经使用美国农业部支持的技术作为至少一个产品或产品线的基础。

研究开发用于内部目的表明，某些技术开发是战略性的，旨在提供防御屏障，以防止他人申请专利，或圈出地盘供日后利用。正如麦克马斯特大学（McMaster University）的罗伯特·库珀（Robert Cooper）指出的，研究开发和产品开发至少可以服务于三个战略功能：开发新产品系列，开发可改变公司竞争基础的新平台，以及支持当前的产品系列（扩展、修改、改进、降低成本等）。[2]

通过使小公司成为行业知识的汇聚点，研究开发（R&D）还为确保市场份额提供了一种工具。这种跨组织的汇聚增强了其作为客户供应商的地位，因为它可以将解决方案从一个地点带到另一个地点。弗吉尼亚大学达顿商学院（Darden Graduate School of Business at the University of Virginia）的梅利莎·阿普尔亚德（Melissa Appleyard）对涉及芯片制造商及其设备供应商的共同开发

---

[1] 见 Louise Joselyn, "Picking the IP Winners," *Scottish Technology News* (August 2004), http://www.scottish-enterprise.com/sedotcom_home/stn/scottishtechnology/scottishtechnologynews-backissues-2004/scottishtechnology_aug04/scottishtechnologynews-industrynews_aug04.htm（2005 年 7 月 24 日访问）。

[2] Robert Cooper, "Your NDP Portfolio May Be Harmful to Your Businesses Health," *PDMA Visions*, (April 2005): 26.

项目进行了两个案例研究，研究发现，供应商的知识积累促进了该领域内的供应商实力的增长。[1]

最基本的一点是小公司可以利用研发来使收益最大化。通过在产品和服务中嵌入它们的知识和技术诀窍（know - how），它们可获得比仅仅许可创新更大的价值份额。

这些公司可能属于的部门例子是：NAIC 541710，包括“主要从事物理、工程和生命科学例如农业、电子、环境、生物学、植物学、生物技术、计算机、化学、食品、渔业、森林、地质学、健康、数学、医学、海洋学、药学、物理学、兽医学以及其他相关学科的研究和实验开发的机构”；NAIC 541720，包括“主要从事认知发展、社会学、心理学、语言、行为、经济和其他社会科学和人文研究的机构”。请注意，在这个细分（segment）中，主要任务是创造知识和技术诀窍（know - how）。请注意，在这个部门（sector）中，也将有像斯坦福国际研究院（SRI International）或贝特乐（Battelle）这样的大型竞争对手，他们强调收入最大化，因为他们创造知识和技术诀窍（know - how）的能力是他们的主要赚钱手段。

同样，对于较大的公司来说，也没有单一的 NAIC。我们认为激励小公司的战略的因素同样也会激励大公司的战略。但是，正如我们在供应链讨论中所看到的那样，我们也认为会有其他因素发挥作用。较大的公司需要控制一定数量的研发，以充分地跟上发展，管理其承包商和分包商群体。我们的经验表明，尽管收益最大化始终是有意义的，但主要关注的还是内部使用，其中技术可以用来阻止竞争对手获得商业机会。只有在战略价值被其他方面的进步消散后，外部许可或其他创收的潜力才会受到关注。

合同制造商也会横跨一系列的 NAIC。在这里，除了生产和并行工程外，几乎没有其他能力。

可以增加其他部门。NAIC 541380 包含测试实验室，而 NAIC 62151 为医学诊断实验室。埃里克·冯·希佩尔（Eric von Hipple）和其他人的工作发现，最终使用者经常开发新的工艺技术，然后将该技术许可给其供应商，供应商再将该技术卖给本领域的其他人。[2] 这表明，他们不会过于激进并且愿意签署并非最优的协议来，以便以较低的成本得到所需设备并获得专利费收入流。事实

---

[1] Melissa Appleyard, “The Influence of Knowledge Accumulation on Buyer - Supplier Codevelopment Projects,” *Journal of Product Innovation Management* (September 2003): 371.

[2] 参见 Postrel, “Innovation Moves from the Laboratory to the Bike Trail and the Kitchen,” *The New York Times*, April 21, 2005, http: //dynamist. com/articles - speeches/nyt/innovation. html（2005 年 7 月 24 日访问）。

上，这就是我们在远见科技公司所发现的。许可收入被视为锦上添花。事实上，我们发现，许多客户想转移他们的技术只是为了从供应商那里获得比他们自己生产更便宜的技术。

总而言之，竞争对手遵循的战略以及他们实施这些战略的积极性，反映了组织的总体使命。最终，技术的卖家受到组织目标和目的的约束。然而，从短期来看，这些约束有多么重要，这又是一个经验问题。

市　场

在沟通和分配渠道交叉的地方，有可能会出现市场的节点。像我们模型中的其他东西一样，市场具有物理现实性（physical reality）。它们存在于某些时间/空间点，在这些时空点发生的交易是由人完成的，即使这些人可能代表他们的组织进行交易（见图 2.4）。

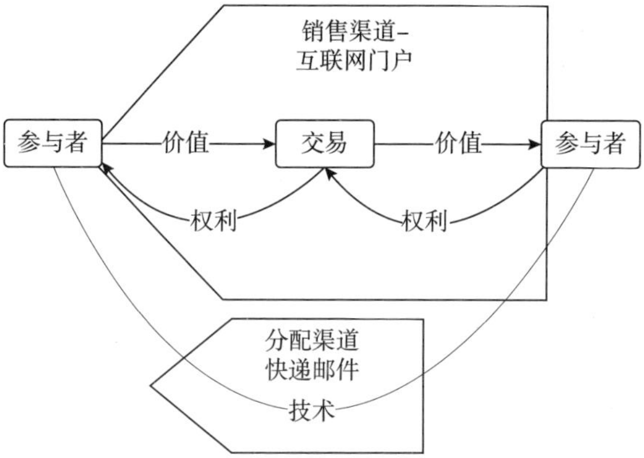

图 2.4　销售和分配渠道

从四个维度*对市场进行分类特别有用。首先，我们可以根据市场对交易的商品是一般性的还是专业性的来对市场进行分类。在专业市场中，只交易一种类型的商品。特定行业的贸易展览会就是一个例子。第二个维度是位置。有些市场是集中的，有些市场是分散的。分散市场可以是买家和卖家借助网站、贸易出版物中的文章、电话、电子邮件、邮件或偶遇来寻找对方时开发出来的临时创建物（ad hoc creations）。事实上，它们可能非常分散，以至于整个交易永远不会涉及面对面的会面。最后一个维度是买家和卖家的数量。

市场上提供的商品种类以及所提供商品的变化速度会给其他竞争对手带来

* 原文未列出第三个维度。——译者注

压力。[1] 品种越多（市场越普遍）、变化速度越快，竞争对手推出新产品的压力就越大。这反过来又会影响他们对各种产品或工艺技术的兴趣。表 2.2 描述了这种情况，并给出了对于买家可能是最重要的市场战略和技术种类。

表 2.2 商品种类、提供速度对产品或工艺技术的影响

	提供商品的变化速度快	提供商品的变化速度慢
产品系列中所提供的商品品种多		
例子	动态客户需求——钓鱼用具	品质密集需求——螺丝刀
市场战略	快速响应（勉强通过）	差异化
重要的技术	产品	具有规模经济的工艺
产品系列中所提供的商品品种少		
例子	稳定的客户需求——锄	变化密集需求——手机
市场战略	成本领先（cost leadership）	焦点（focus）
重要的技术	具有规模经济的工艺	利用网络经济的产品

在技术转移中，我们通常在专业和分散市场中进行交易。技术转移市场既特定又分散，意味着买家和卖家可能都难以找到对方。因为市场是特定的，卖家很难建立自己技术的知名度。在报纸和商业出版物上做广告让人们意识到你提供的技术是不划算的。最好的办法是将文章放在行业出版物中，利用专门的渠道来接触那些分散的人群，甚至创建网站并确保元数据便于搜索引擎进行索引。然而，最有效的是有针对性的目标市场调查，然后拿起电话打电话。

在技术转移中，我们总是关注两个市场。一个市场是我们的市场，即许可、合资、融资或以其他方式将我们的技术商业化的市场。另一个市场是我们的目标市场，也就是我们潜在的商业化合作伙伴借助我们的技术向其客户——最终使用者——销售产品的市场。

哈佛医学院（Harvard Medical School）的技术转移办公室与它的一些主要被许可人组成了一个焦点小组（focus group）。该小组探讨的一个主题是他们更喜欢通过哪种方式找到可用于许可的技术。绝大多数人都赞成打电话。事实证明，像其他人一样，向内许可（in - licensing）管理人员会收到大量的带有病毒的垃圾电子邮件，他们的本能是删除那些他们不想看到的资料。打电话还允许一定程度的互动，这种互动可以快速确定人们是否有可能对所提供的技术感兴趣。[2]

[1] 见 Susan Sanderson and Mustafa Uzumeri，*Managing Product Families*（Scarborough，Ontario：Irwin，1997）。

[2] 2004 年的某个时候，与肯尼斯·莱文（Kenneth Levin）的私下交流，当时他在哈佛医学院的技术转移办公室工作。

临时的分散市场的另一个后果是，通常很难识别和跟踪竞争对手。在集中市场，如贸易展览，你可以四处走走，看看谁在提供什么。如果你做不到这一点，更重要的是积极寻求机会，以免机会之窗在你意识到竞争之前就关闭。

位置影响交易的成本和制约因素。如果我们必须旅行，交易的成本就会更高。同样，如果需要翻译，成本也会上升。位置还会影响我们在制定谈判策略时所使用的文化和法律框架。

让我们以语言为例来说明成本和交易便利性。在谷歌中键入“define：love”（定义：爱）。普林斯顿词汇网（Princeton's WordNet）的第一个定义是“一种带有情感和尊重的强烈的积极情绪”。现在让我们看看法语中“爱”这个词在英语中的用法。在谷歌中键入“define：amour”（定义：爱）。普林斯顿词汇网给出的第一个定义是“秘密且不正当的事情”。这个定义从未出现在普林斯顿词汇网“love”之下的列表中。现在让我们看看当我们在谷歌中键入“define：deal”（定义：交易）时会发生什么：我们认为我们在问“你想交易这台并行处理计算机吗”，意思是你想“参与交易”这个专业的计算机硬件吗？而英语是第二或第三语言的人则认为我们在询问源于数据加密标准（DES）的分组密码，并询问他是否想购买运行在并行处理机上的代码。

我们将以法律系统作为与位置相关的约束的例子。由于交易需要转移权利，因此关于创造和转移的规则对于交易是至关重要的。要注意，当你跨越国界时，有不同的规则，甚至在一个国家内也经常如此。例如，在美国，首先做出发明的人是唯一能获得专利的人*。在其他司法管辖区，获得专利的人是首先提出申请的人。其他不同之处涉及交易失败时的补救措施。在普通法系（Common Law）国家，如美国，如果法律给出的解决方案不公平，诉讼当事人可以要求基于公平的裁决。公平的根源在于国王可以否决法院的裁决，修正不公正裁决。然而，在民法典（Civil Code）国家，对公平没有上诉，只有成文法。❷

根据在售商品的情况，市场中的参与者数量是对营销策略的另一制约因素。在表2.3中，各行反映正售产品，各列是买家的数量。请注意，随着买家越来越多，要定制你的产品来满足个人特质变得越来越难。因此，成本或差异化策略往往最有意义，这取决于买家是要标准化的产品还是要更专业化的产品。如果只有少量的买家，调整产品以更好地满足需求是明智的。如果产品是一种商

---

* 这条规则已经发生变化了。——译者注

❷ 见 Wikipedia，“Common Law，” July 20，2005，http：//en.wikipedia.org/wiki/Common_law（2005年7月24日访问）。

品，你可以在融资、保修、服务、培训等方面进行定制，以获得独特的定位。

表 2.3 正售产品与买家数量对营销策略的影响

	买家很多	买家很少
商品（性能和易用性的标准固定）	成本领先	聚焦
专业产品（单独的标准或不固定的标准）	差异化	聚焦

涉及最终使用者的市场可能与商业化合作伙伴的市场非常不同。经典理论市场就是一个例子，其假设有大量的买家和卖家，而且他们都有完善的信息。在这种情况下，供求法则支配商品的价格。

在现实世界中，这些假设显然对任何市场都不成立。我们可以假设，对于任何给定的买家，都会有一种交易可能性的概率分布。在没有任何数据的情况下，这种分布可以是我们想要的任何曲线形状，但是我们通常认为它是高斯分布，这是出于某种懒惰，导致绘制曲线时依赖于习惯行为。

购买行为的分布是由买家的属性和对他们施加的约束所决定的。例如，我们为一家公司做了住宅电梯的市场研究，该公司使用升降技术（lift technology）（即叉式升降机技术）而不是传统的电梯技术（滑轮和缆绳）。这一创新使得相对便宜的家用电梯成为可能（由于考虑到建筑规范，我们的研究集中在家用电梯上）。当时这种电梯的价格大约是 1 万美元。

要想卖出电梯，你至少需要两个条件：超过一层的房屋和不想走楼梯的人。要使用这种升降技术，你需要一栋只有几层楼的建筑，因为它不能承载比这更高的载荷。因此问题变成了，谁想在两三层楼的住宅里安装电梯？实际上，由于电梯竖井的成本，这个问题有点复杂。我们真正想知道的是，谁想要在已经有电梯竖井的两三层的住宅里安装电梯，或者谁想要安装电梯并愿意建造电梯竖井。这个问题又变成了：谁想住在两三层楼的住宅里？是要翻新住宅加装竖井，还是要购买新住宅？

一些常识和网上搜索的结果表明，在家里不走楼梯的人要么年纪大，要么身体虚弱。在哪里我们可以找到那些购买新的或翻新的两三层住宅的年老体弱的人？常识再次帮了我们。老年人退休后通常会购买单层住宅，因此只有在土地价格昂贵的情况下，他们才会购买多层住宅，比如在南部的高端沿海滨水社区。网上搜索证实，南部正在为退休人员建造联排别墅社区。

现在我们有了一个潜在的竞技场（arena）。在做了更多的市场调查后我们确定，考虑到新联排别墅的潜在买家的经济状况，另外 1 万美元不太可能是阻碍购买的因素（showstopper）。我们和开发商谈过，发现在联排别墅里安装电梯的想法是可取的。原来，许多开发商已经在考虑增加电梯，但成本是个问题。

市场驱动因素支持市场进入吗？驱动因素是影响购买行为概率分布形态的统计趋势。查看了人口统计数据之后，我们发现人口正在老龄化。这种力的方向和大小意味着概率分布倾向于向退休人员销售更多的带电梯的联排别墅（见图2.5）。当然，我们需要考虑这些退休人员是否会搬到南部沿海社区，还必须考虑抵押贷款和土地成本的趋势。在做该分析时，土地成本是有利的，抵押贷款的趋势是不利的。尽管抵押贷款的方向是负面的，但敏感性分析表明，影响的程度很小。最后结果是：相加之后，市场力的矢量仍然对结果分布有正向影响。

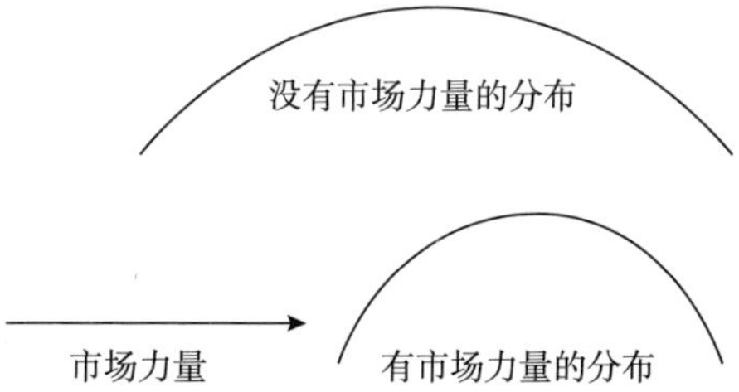

图2.5　有无市场力量的销售

利益相关者

竞技场（arenas）中还有另外一组参与者，我们需要对他们进行讨论，尽管他们没有直接参与交易，但这些参与者是利益相关者。利益相关者是对于塑造竞技场中的行为感兴趣的任何人或任何组织，包括标准机构、监管机构、出版商、大学/工业中心、倡导团体、咨询公司，当然还有竞争对手。其中的任何一个都可能是采用交易和技术的支持者或反对者。

信息渠道可以通过让人们知道新产品、实践行为约束的变化等来改变行为。例如，如果美国国家环保局（EPA）颁布了一项关于燃煤电厂汞排放的新法规，监管机构必须向各个电厂运营商发送信息，要求他们改变行为。（该信息的部分内容是描述什么将发生变化，例如电厂的允许排放水平。另一部分是关于未能遵守规定的处罚信息。这两部分对于改变参与者对其战略选择的考虑都是必要的。）

从法律上来说，这些变化的发布都应通过特殊的政府渠道：《联邦公报》（*Federal Register*）和《联邦法规汇编》（*Code of Federal Regulations*）的更新资料。但是，通常首先是通过补充渠道例如发电厂行业协会的网站或其简报将有关新法规的消息传达给电厂运营商的。

监管机构和标准机构发出的信息在竞技场（arenas）中通常是很重要的。此类信息为不同组织中的各方的合作游戏创建框架。在图 2.6 中，法规的实施会改变受影响的参与者的成本和收益计算。这种影响可能是：（1）改变实践中使用的产品的效用，从而影响其价值；（2）更大幅度地改变一系列要求，这些要求又为产品设定最低可接受性能/易用性阈值，从而将一些产品淘汰出市场。这些影响会涉及用作实践输入的产品或作为实践输出的产品。它们也可能影响实践过程中处理和加工产品的方式。

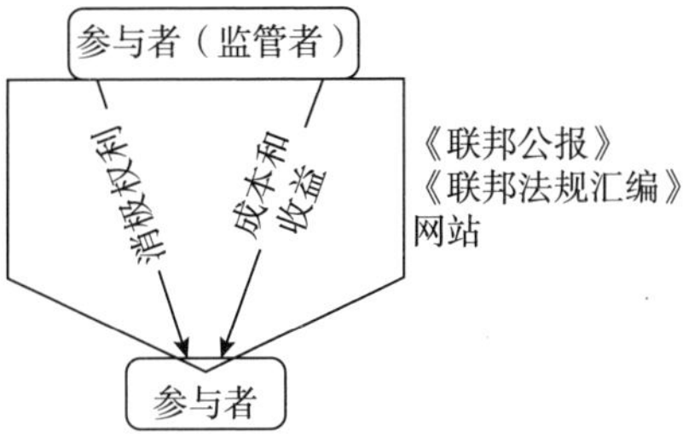

图 2.6　作为约束的法规

法规本身对市场影响很小，重要的是执行法规的意图和承诺。加强立法是一种市场力量，因为它使得对违法行为的起诉成为可能。加大执法力度是一种更强大的市场力量，因为这意味着违法行为将付出真正的代价。但是没有目的的劝说不会使任何人因害怕而遵从法规。

我们在 1999 年对用于牙科的汞回收系统进行了评估，我们当时的结论是，已经有六种以上的技术（过滤、沉淀、离心、螯合、电解、水涡流、电离）应用于去除牙科废水中的微粒和可溶性重金属。解决这一问题不缺乏技术，关键问题是立法并由美国国家环保局（EPA）来执法。如果这样的话，将迫使每个牙科诊所“绿色化”，几乎一夜之间创造出一亿多美元的国内市场。另一个环境方面的例子：罗德岛州的一项计划指出，在 2004 财政年度，他们不会对恶劣的空气污染违法者提起刑事诉讼。他们计划在 2005 财政年度对违法者提起刑事诉讼。违规者在 2005 财政年度停止污染的动力将会比 2004 财政年度大得多。❶

利益相关者试图做的是“扭曲”供应链中的行为，以达到他们自己的目

❶ “Clean Air,” 2003，http：//www.state.ri.us/dem/pubs/plan2003/pdf/criminvs.pdf（2004 年 9 月 26 日访问）。

的。在图 2.7 中，监管者通过禁止某些行为（剥夺做某件事的权利）来改变商品对供应链成员的效用，从而改变其对该实体的价值。

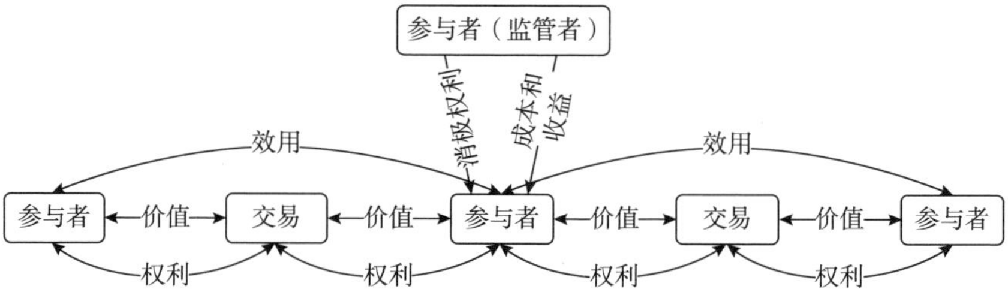

图 2.7　影响供应链的法规

顺便指出，强有力的执法会增加当前行为的成本，往往与采用更多的新技术相关联。违反清洁空气与水法规的组织必须支付罚款并遵从法规。美国国家环保局（EPA）意识到双重必要性——支付罚款并且遵从法规——可以用来推动环境技术的发展。他们有一个项目，允许违法者将其罚款用于采用和测试超过当前最低合规水平的更好技术。[1] 随着这些技术的验证和付诸实践，他们提高了最低限度可接受技术的门槛。

其他利益相关者潜伏在受到竞技场中的组织监控的沟通渠道中。一旦渠道存在，各种各样的东西都可以通过这些渠道流动。同一辆联邦快递（FedEx）卡车可以为工业区的某家公司运送零件，也可以运送你给内莉阿姨（Aunt Nellie）的生日礼物。同一个沟通渠道可以传送新产品预告消息，也可以传送咨询顾问对市场走向的看法。此外，任何组织或个人都可以建立自己的渠道。

结　论

在这一章中，我们希望通过聚焦于人们做交易的宏观场景来扩展对我们的模型的理解。我们已经看到这些人在组织中工作。这些组织的目标和其他活动是人们寻购和采用技术时的动机和制约因素。

竞技场（arenas）包括一组使用或对使用技术感兴趣的组织。这些组织通过沟通渠道和分配渠道联系在一起。渠道可以用来构成供应链。对我们来说，技术转移是供应链问题的解决方案：当你需要知识和技术诀窍（know - how）时，你可以获得它时；当你不需要它时，你不必为它的开发和储存付费。

---

[1] Beth Termini, "EPA and State Innovative Settlements," 2002, http://www.epa.gov/opei/symposium/e-settl2.htm（2005 年 7 月 22 日访问）。

然后，我们简要地介绍了活跃于竞技场（arenas）的不同类型的组织：用户、买家、卖家、市场和利益相关者。用户是最终使用者工作的地方。通常买家和用户是相同的，或者是更大组织内的单位。竞争对手是开发和/或销售替代技术的组织。市场是以成为交易场所为使命的组织。我们已经看到，技术转移往往发生在特设（临时）的、专业的、分散的市场中，而这些市场的特点影响着能够取得成功的战略。最后，我们简要讨论了利益相关者，因为他们可以支持或反对技术的交易和采用。

第 3 章
策　略

引　言

如果说技术转移的艺术有什么秘诀的话，那就是：卖客户，而不是卖技术。无论我们希望在交易中使用什么样的法律工具，我们都需要证明我们的技术能够赢得客户，并且能够通过销售获利。如果我们能做到这一点，那么我们总能找到商业化合作伙伴，因为总有人想赚钱。

在这一章中，我们总览一下如何使用我们的模型来做交易。到目前为止，我们的模型是描述性的。它帮助我们了解哪些因素对理解技术转移是重要的。策略增加了一个规定性（prescriptive）的元素。

我们先介绍一下目标（objectives）、策略和战术的概念。

■ 目标（objectives）使愿景（goals）可操作化，这样我们能够衡量朝向愿景所取得的进展。没有目标，我们永远不会知道我们是达到了愿景还是失败了。

■ 策略是实现我们目标的计划。策略只是一种特殊的决策树。在每个节点都有选项，这些选项成功的可能性或大或小。如果你走这条路，那你就更有可能达到你的目标。

■ 战术是我们用来实施计划的技术（techniques）。战术是我们从一个节点移动到另一个节点的方式。

我们还将介绍另外两个关键概念：技术利基（technology niches）和纳什均衡（Nash Equilibriums）。

■ 技术利基是特定技术的一系列应用。尽管各种应用中所涉及的活动焦点不同，但最终使用者需要具有类似性能、功能和易用性特征的技术。

■ 考虑到其他参与者拥有的策略选项，当每个参与者都采用一种对该参与者来说是最佳选择的策略时，就存在纳什均衡。当所有的参与者都采用了他们可能做出的最佳选择时，只要所有其他事情保持不变，他们都不应该有改变策略的动机。

我一直认为市场调查很像拼拼图游戏。每部分数据都有将你指向下一部分的“边”，因为第一部分限制了什么将会是适合的内容。在第 2 章中，我们为市场研究奠定了理论框架，其中涉及确定各个部分（the pieces）以及它们如何相互配合。我们的愿景是制作一幅图画。

策略则不同，它更像是在玩妙探寻凶（Clue，在欧洲称为 Cluedo）游戏。像拼图游戏一样，妙探寻凶是一种基于寻找相关性（coherences）的游戏。但是拼拼图并不是一项竞争性的活动。你和你的朋友围坐在桌子旁，一起完成拼图。妙探寻凶则不同，它关乎赢得胜利。你想成为第一个说“厨房里拿着绳子的是黄上校*（Doctor Mustard）”的人。让我们看看如何赢得胜利。

我们将看到，要制定一个获胜的策略，我们必须能够回答三个关键问题。第一个是，我们能否至少找到该技术的一个应用。第二个问题是，我们能否找到适合我们的交易工具（deal vehicle）。第三个问题是，我们能否找到对交易感兴趣的玩家，而且对他们来说，该交易工具足够理想，使他们真的愿意做交易。

在本章，我们列出了一些问题以及回答这些问题的一般方法。在本书的其余部分，我们将集中讨论如何使用这种方法来实际回答这些问题。

技术利基

面对现实吧，我们是人不是神。星期二早餐我们想吃燕麦片，星期四我们想吃煎饼。随着时间的推移，人们想要不同的东西。

变化孕育变化。随着生产的产品发生变化，基于主导设计的技术和产品被拓展到包含新的功能和特征。

这些改进通常意味着可以制造的其他产品。一旦我可以将燕麦片脱水，我就可以把鸡肉脱水，能从事便携食品业务。

有时，功能或特性的拓展意味着可以使用该技术的其他实践活动。如果我能将燕麦片脱水，或许我就能将饮料脱水。太棒了：果珍（Tang）**。突然，

---

* 游戏中的人物，原为 Colonet Mustard。——译者注

** 一种脱水饮料。——译者注

我可以进入运动和宇宙飞船领域。如果我能做果珍，我就能做脱水血制品。突然，我发现可以卖给医院、军队、传教士等。

科学应用国际公司（Science Applications International Corporation）将激光测距仪放在旋转基座上，添加了一些软件，开发了一种绘制特征或地形和结构的方法，用于创建虚拟现实环境。同样的激光测距仪曾在战争时期用来测量到敌人的距离，现在可以用来测量到墙壁、窗户或者任何可以借助红外光束探测到的东西的距离。我们为这项技术找到了丰富多样的技术利基。

人们需要使用激光测绘仪来记录历史建筑的建筑特征。承包商想要一种工具，它可用于工厂和精炼厂在准备翻新时更新原始建筑设计图。然而，我最喜欢的是在自动化施工中的应用。现在正在开发的机器将会使用计算机辅助设计/计算机辅助制造（CAD/CAM）的方法来建造建筑物。第一台机器读取 CAD 图纸；第二台机器从拖车上拾取合适尺寸的工字梁，并将其吊到合适的位置；第三台机器用螺栓将其固定到位或者将其焊接到位。只是存在一个问题：如果拾取器/放置器有少许偏离，它的臂可能会撞到目前已经建造好的东西，或者它可能只是将梁放置在自由空间中，没有任何东西与之连接。需要某种东西来跟踪刚刚完成的工作，并按原样而不是 CAD 图纸来更新建筑物的规格。

我们只触及了表面的东西。例如，在军事上，测距仪已经被改造成使用红外导弹导引头用作信标的光点来描绘目标。绘画让我想到，一旦我把这些图像数字化，我就可以把它们画在真实的物体上。现在我可以把我的激光测绘仪带到户外，制作一幅硫磺岛纪念碑（Iwo Jima memorial）的图像，然后利用红外光固化技术，用同样的工具和特殊的塑料配方，制作出微型版的雕像，以便向游客出售。我可以通过互联网发送那个文件，然后在孟加拉国（Bangladesh）制作出该纪念品。因为我可以修改数字化图像，所以我也拥有了一个快速成型设计工具。

当然，最典型的例子是个人电脑。个人电脑源于微仪器和遥测系统公司（Micro Instrumentation and Telemetry Systems，MITS）的埃德·罗伯茨（Ed Roberts）基于英特尔的 8080 芯片开发的 DIY 套件，因为他的公司需要一种新产品。它被命名为牛郎星（Altair），这是《星际迷航》（*Star Trek*）中的一颗行星的名字（它本身表示出现了一种不仅仅是工具的东西），它的引入是作为工程师们摆脱中央计算设备和大型机官僚的方式。[1] 今天它无处不在。

[1] Thayer Watkins, "Early History of the Personal Computer," n. d., http://www2.sjsu.edu/faculty/watkins/pc.htm（2004 年 9 月 26 日访问）。

请注意，技术可以在各种不同市场和市场利基的实践中得到应用。这就是为什么我们使用“技术利基”这个术语来强调我们并不是在处理传统的市场利基。

策略制定可以被视为制作决策树。策略制定的第一步是找到最终使用者(end users)。找到技术利基，你就能找到最终使用者。找到了最终使用者，你就找到了技术利基。这是相互的（见图3.1）。

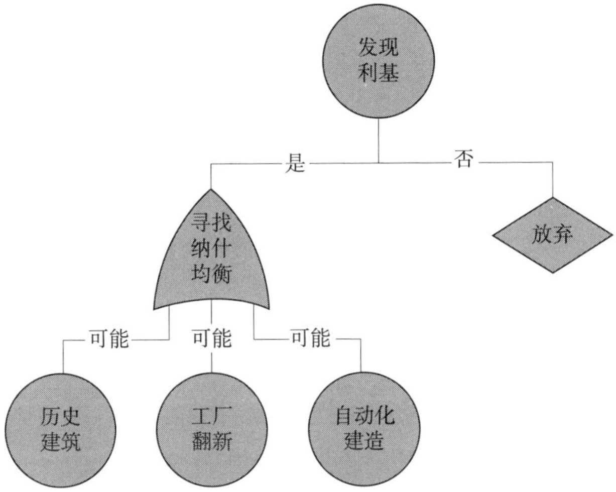

图3.1 决策树

当然，我们通常会在利基中看到不同的客户群（customer segments)，这取决于技术可能被使用的精确方式。客户群是具有相似购买标准的最终使用者群体。这意味着我们的商业化策略必须考虑是只选择一个客户群并聚焦于它，还是选择多个客户群同时渗透。由于与产品推介相关的困难，选择一个客户群几乎总是明智的。但是选择哪一个呢?

纳什均衡

简而答之，就是选择一个最容易卖出技术的客户群。本质上，我们无法完全了解每个参与者的动机，因此我们更不能确定我们会识别出在哪个应用中销售将会最容易。好在我们对此并不在乎。我们只想要容易的，因此我们可以探寻任何应用，只要在这些应用中，最终使用者自己认为购买我们的技术与不购买我们的技术相比，他们会过得更好。

我们寻求的是博弈理论中的“纳什均衡”（见图3.2)。“纳什均衡”存在于以下情况中：有一组策略，这些策略具有这样的性质，没有任何参与者可通过改变策略而受益，即除非一个或多个其他参与者也改变他们的策略。❶ 显然，选择“纳什均衡”是有意义的，因为我们都想过得更好而不是更差。有时候有多种方式可以使我们过得更好，因此可以存在多个纳什均衡。

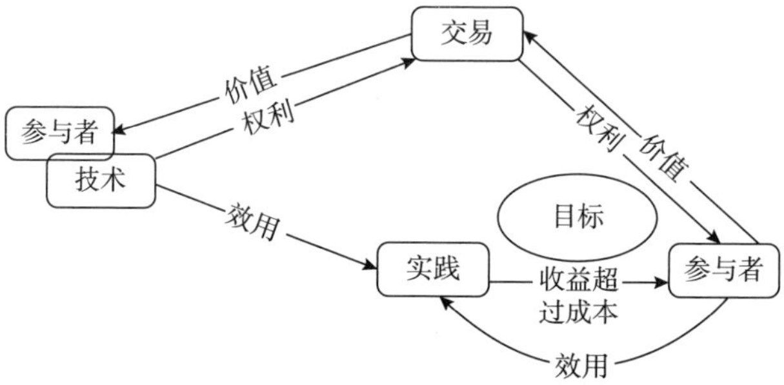

图 3.2　作为“纳什均衡”的交易

记得我们说过，我们的工作是建立可接受的方程。我们现在知道如何识别一个方程，可接受的方程是纳什均衡。当购买我们的技术是“纳什均衡”的一部分时，任何应用都是进入市场的候选者。因此，我们遵循这样的格言：寻找那些我们能够在其中建立“纳什均衡”的应用。

为了建立“纳什均衡”，我们要做的是弄清楚如何吸引终端使用者将我们的技术应用到实践中。如图 3.3 所示，有三种方式可以使我们的技术具有吸引力。我们可使技术成为适用于实践的产品、服务或工艺过程。

但是为什么有人会觉得它有吸引力呢？重复一下我们之前讨论过的内容，我们希望找到这样的一些应用：在这些应用中，我们的技术的性能和易用性，根据产品、服务或工艺的成本，与实践活动参与者的需求和技能/知识集相匹配。在其他条件相同的情况下，越合适，成本越低，效用就越大；这样，我们的技术被发现有吸引力的可能性就越大。

技术转移协议寻求在协议双方预期的时间内冻结“纳什均衡”。协议双方寻求通过依靠法律上可强制执行的权利交换来实施这一冻结，以约束彼此改变策略。如果你违反协议，另一方可以通过诉讼让你付出代价。他们可能会很愤

❶ 见 Roger A. McCain, “Solutions’ to Nonconstant Sum Games,” in Strategy and Conflict: An Introductory Sketchof Game Theory, n. d., http://william - king. www. drexel. edu/top/eco/game/nash. html (2004 年 9 月 19 日访问)。要看完整文本，请从 http://william - king. www. drexel. edu/top/eco/game/game. html 开始。要了解对“纳什均衡”的更好阐释，请看电影《美丽心灵》(*A Beautiful Mind*)，无论如何，罗素·克劳 (Russell Crowe) 的表演很棒，这部电影非常值得一看。

怒，会寻求全部的法律赔偿。回报可能很糟糕。

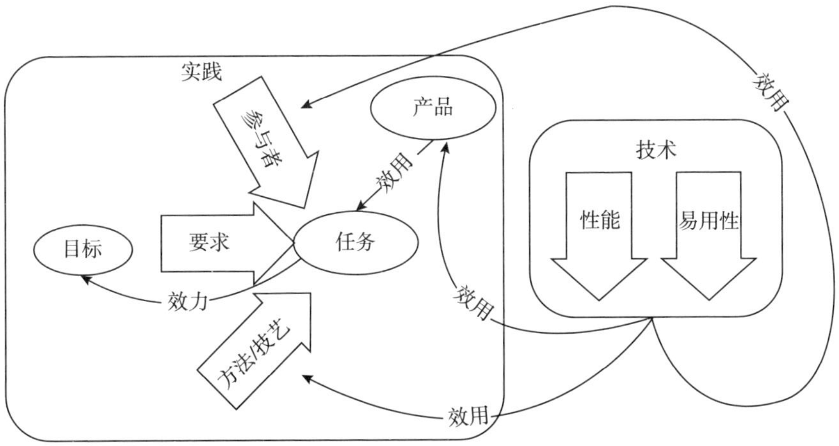

图 3.3 使技术具有吸引力

使技术有利于“纳什均衡”

如果我们要促进“平衡”的建立，我们就需要定位（position）我们的技术，使它对买家有吸引力。由于主导设计“囊括”了对性能、易用性和价格的一系列期望，所以可以利用主导设计来帮助我们确定我们的技术在哪些方面可能具有竞争优势，从而被视为具有吸引力。

我们可以区分出三种在逻辑上完全不同的供选方案，它们可能会让我们的技术具有吸引力。我们的技术可以维持、拓展或颠覆实践中的主导设计。[1]

从理论角度来看，我们的技术可以定位于这些角色中的任何一个。当然，它是否真的能够成为其中的一个角色是一个经验问题。我们必须走出去，对技术进行细心查验，或者做其他你应该做的事情，看一看哪些人认为该技术很酷，并想要购买。

现在，让我们更详细地检查这些选项，因为我们的目标（goal）是弄清楚我们要选择哪个应用。正如我们将看到的，通常我们会优先考虑那些被我们定位为维持性创新（sustaining innovation）或拓展性创新（extending innovation）的应用。这样做的原因很简单。这类创新与当前的主流设计很契合，我们只需要对最终使用者进行最低限度的教育和认知培养，他们就能意识到我们所宣扬

---

[1] 维持性和颠覆性技术的概念是克莱顿·克里斯腾森（Clayton Christensen）创造的。关于克里斯腾森的概述，见 Wikipedia，“Disruptive Technology，” September 25，2004，http：//en. wikipedia. org/wiki/Disruptive_technology（2004 年 9 月 26 日访问）。

的好处的效用。

第一个选择是将技术定位为维持性创新。如果①可以使用相关任务参与者当前采用的购买标准来衡量该技术的效用，并且②可以在实践中运用该技术而无须对任务序列进行任何重大重构，那么这种定位是可行的。一个例子是自动照蛋（egg candling）。

照蛋是将鸡蛋放在灯光下，看看鸡蛋里面是否有胚胎；在有胚胎的情况下，你真的不希望鸡蛋在超市货架上出售。美国农业部的小企业创新研究项目（Small Business Innovation Research Program）资助了一台可以进行照蛋的机器的研究，它取代了手工劳动。然而，尽管机器取代了工人，但它并没有真正改变照蛋的方式，也没有改变好的照蛋器（egg candler）的标准。任务序列仍然是把鸡蛋放到灯光下，检查一下鸡蛋，看看光线是否被胚胎挡住了。指标仍然是，没有胚胎。

在这样的情况下，新技术与任务当前的方法和技术相适合（见图 3.4）。我们通过将新技术的功能和特征与当前方法与技术的功能和特征进行比较，并使用与当前用于衡量效用的标准相同的标准来证明效用。与约翰相比，玛丽是一名更好的照蛋员，因为她更快、更准确。指标来自驱动任务的需求。当前技术替代方案的最佳功能和特征是要超越的基准。

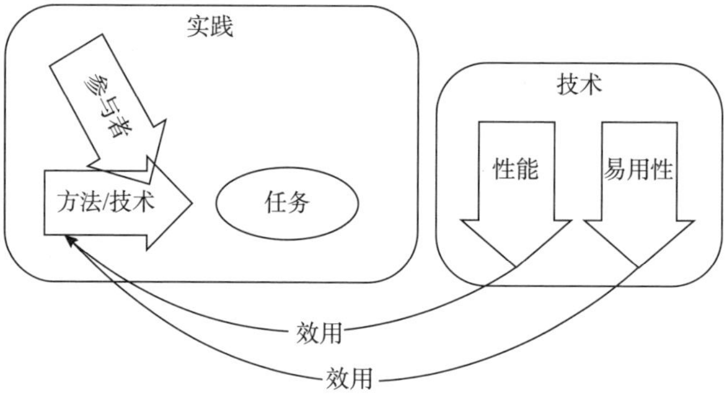

图 3.4 维持主导设计的技术

对于维持性创新，购买决策是完全工具性的（instrumental）决策——当使用当前的标准来衡量成本时，是否有足够的改善来证明合理性？Ma 和 Pa Kettle，他们只有四只鸡，可能会继续采用手工照蛋。具有工业性生产的普渡大学（Purdue）将购买一台机器。具有最大净效用的技术将获胜。

如果我们定位的持续性技术是基于实践中当前采用的技术方法，我们就称为渐进式创新（incremental innovation）。此时“改进”是我们的口号

(mantra)。这是今年的“《汽车趋势》年度 SUV 车型”。

如果它基于不同的科学和工程领域，我们称为激进式创新（radical innovation）。这时“下一代”成了口号。这是今年的“《汽车趋势》年度混合动力车”。

渐进式创新就像用使用寿命 2000 小时的白炽灯泡代替寿命为 1000 小时的白炽灯泡。它们往往易于采用，因为它们只需要对参与者进行最低限度的再教育，并且有可能利用现有的基础设施（infrastructure）。如果你知道如何使用码尺，就不难弄清楚如何使用卷尺。激进式创新，比如自动照蛋器，通常更难采用，因为最终使用者通常需要学习新的技能。我们的鸡蛋检查员变成了机器操作工（machine tender）。仅仅凭你能够使用卷尺，并不意味着你能够用激光测距仪测量到墙壁的距离。此外，还可能需要新的基础设施。测距仪和照蛋器都需要电源。但是，请注意，并非所有激进式创新都需要培训或基础设施。想一下节能荧光灯的情况，只需要将其拧入灯座中就可以了。

激进技术的一个迷人之处是，一旦它们被纳入主导设计，它们往往会适应新的用途。这些适应通常能提供最初引入实践时没有预见到的功能和特性。例如，1969 年，英特尔公司（Intel）被委托来设计、制造计算器芯片。该芯片的制造方式与其他硅片一样。不同之处在于，栅极（gates）和电路的布局允许对该芯片进行不同的编程。逻辑现在是随软件而变化，而不是将计算器的处理指令“硬连线”到芯片中。个人电脑源于英特尔公司的特德·霍夫（Ted Hoff），他决定制造一种他称为微处理器的“拓展”芯片。❶ 他当然从来没想过，自己会发起一场新的工业革命。

1963 年，美国政府开始研究开发不产生热量或不需要电力的军用照明装置。研究结果是化学发光——混合化学物质产生的光。这与手电筒完全不同，尽管两者都是便携式照明，但手电筒需要电池。化学发光通过提供一种新方法来启动产生光子的化学反应，拓展了气体放电灯泡（如氖）的功能。如今，发光棒被用于玩具、新奇珠宝、露营、应急照明、建造着陆区以及各种其他用途。❷

我们的激光测绘仪（laser mapper）是更新设计图的一种方式。但是通过创建一个虚拟环境，我们也可以以 CAD 文件作为输出方式提供给建筑师，这

---

❶ Watkins, “Early History of the Personal Computer,” http://www2.sjsu.edu/faculty/watkins/pc.htm（2004 年 9 月 26 日访问）。

❷ OmniGlow, “About OmniGlow,” n. d., http://www.omniglow.com/omniglow/about.shtml（2004 年 9 月 26 日访问）。

为与客户合作设计装修（renovations）提供了一个起点。创建的图像或测绘仪创建并提供了用以比较各种装修选项的基础，这也开辟了新的可能性。例如，室内设计师可以走进一栋大厦，快速地把周围事物形成图像，然后在下次你的商业伙伴或高层次邻居来访时展示，如何改变颜色、沙发或窗帘会看起来令人愉快。既然我们能做到这一点，为什么不把测绘仪拿到外面去。现在它是景观设计师的工具。是不是太可爱了？在伐木或修路之前，用它来管理土地、记录森林怎么样？用它来进行桥梁检查怎么样？

这一讨论有助于解释为什么将你的技术定位为持续性技术是有意义的。当你必须快速进入市场赚钱时，你应当将你的技术定位为持续性技术。你必须快速进入市场的原因多种多样。也许你有一项“跟风”（me too）技术，在其利基中能够维持两三个供应商。例如，你可能真的有一种更好的捕鼠器……或者，也许你只是在向一个抗拒创新的客户群销售，这样的定位有助于将市场壁垒降到最低。

请注意，教育/培训和基础设施差异会影响转换成本，从而影响净效用计算。因此，我们认为激进的维持性创新需要更大的效用才能被采用，因为在净效用计算中有更高的成本。弥补这一点的一个方法是将我们的技术作为服务引入，从而降低转换成本。例如，我们研究了用臭氧替代甲基溴作为线虫的毒剂。线虫通过进入根部杀死草莓等作物。甲基溴是一种对环境有害的杀虫剂。这项新技术是通过将臭氧发生器连接到滴灌系统上，并在线虫还是幼虫的时候就将根部浸泡一天来发挥作用的。其余时间，滴灌系统像往常一样输送水。简单、优雅，但有一点，你必须有一个相当大且昂贵的臭氧发生器。因为甲基溴很便宜，所以需要很长的时间才能回收投资。我们的解决方案是：特许（franchise）现有的租赁设备供应商，由供应商来提供臭氧处理服务。种植者可以以等于或低于甲基溴的价格获得使用权。供应商有新的服务要销售。我们把有机草莓种植者作为最初的客户群（customer base），因为对他们来说，甲基溴从本质上是不可接受的，此外有机农产品的价格很高，这意味着线虫危害的减少将会很快得到回报。

我们曾为用于优化城市供水系统中的流体流动的软件的商业化提供过支持。该系统将优化技术与提供待优化数据的人工智能（AI）方法相结合。AI方法能够使系统适应不同的客户需求和不同的水源（这反过来又需要不同的流速，通过系统来处理它们的过滤和杀菌）。虽然软件解决方案一旦安装就很容易使用，但软件的设置却很困难。由于人工智能还没有渗透到这个领域，将软件作为设计优化程序的服务合同的交钥匙结果来引入比通过由公用事业工程师自己设立的站点许可（site license）来引入要容易。

当激进创新（像上述臭氧的例子）是基于最终使用者已经知道的技术时，它们是最容易推销的。在这个例子中，滴灌系统已经就位。在我们的马蹄铁例子中，液态丙烷锻炉是一项激进创新。由于液态丙烷烤炉已经被广泛使用，因此你可以假设，关于如何启动或维持液态丙烷锻炉，蹄铁匠几乎不需要什么培训。

第二种选择是将该技术定位为当前主流设计的延伸（见图 3.5）。在这种情况下，根据定义，我们不再接受任务的“原样”要求。（如果我们确实接受了“原样”需求，那么就没有理由采用我们的技术，除非它在功能上表现更出色或者具有更好的易用性。但在这种情况下，我们将把它定位为维持性创新。）

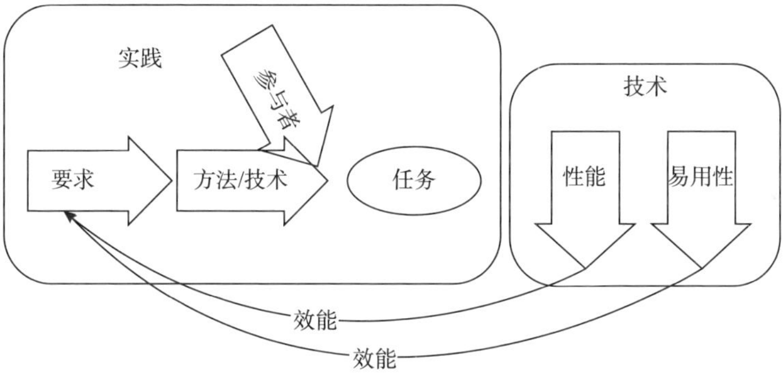

图 3.5 拓展主导设计的技术

拓展技术需要更多的意识培养和教育来帮助最终使用者了解它们的潜在好处。那么，为什么要增加我们的工作难度，并认为衡量标准需要改变，除非：

■ 我们只能在没有任何明显价格优势的情况下满足当前的特征和功能基准；

■ 买家的要求正在改变（或有可能会改变），因此使用当前的要求会使我们走上错误的道路。

但是现在我们有一个问题！如果我们不能用“是什么”来定义效用，我们就需要用“应该是什么”来定义效用。我们需要做的是迎合目标（objectives）或指导实践，这样我们就可以论证当前的方法和技术或产品是不能满足要求的，从而证明改变的合理性。

从买家的角度来看，收购决策又一次起到了至关重要的作用，净效用最大的技术获胜。不同的是，我们没有使用实践中的现有操作作为基准。这次我们对买家说：

> 如果你真的很想达到你的愿景和目标，那是时候修改你的要求了。但是要做到这一点，你必须改变你的活动。这是关于如何做到这一点的，而这些是要使用的指标。

我们正在做的是将我们的技术定位在一个新兴的交叉点上，一方面是其性能、易用性和价格，另一方面是我们最终用户不断变化的需求。我们就像藏身猎鸭掩体后的猎人在等着鸟儿迁徙时飞过。如果它们沿着我们预期的路径飞行，我们晚餐就会有鸭子吃。如果它们没有沿着我们预期的路径飞行，我们就会挨饿。

考虑一下剃刀。在这里愿景（goal）是让脸（或腿）没有毛发，所以目标（objective）是“剃干净毛发”。

1170 年，让－雅克·佩雷特（Jean－Jacques Perret）提出了安全剃刀的概念——在他的例子中，有一个 L 形的木制防护装置，它围绕着刀片，防止刀片进入皮肤太深。在当时，如果你想剃干净毛发，你就得去理发店。理发师那时使用的是由锻钢和木头制成的剃刀。佩雷特的发明不需要新的技术方法——只需要重新考虑如何将现有技术应用于锻造和木材加工。然而，如果没有工业化生产的话，剃刀就是特殊产品（specialty items）。因为理发师是“训练有素的专业人士”，所以这个安全的特征虽然不错，但并不是绝对必要的。

请注意，安全剃刀提供的核心属性是更好的用户界面。用户界面越复杂，最终使用者越有可能需要接受教育和培训才能使用它。因此，简单的界面有助于拓展性创新的早期接受。安全剃刀之所以有效，是因为它使人们更容易避免划伤自己。事实上，你不需要担心会划伤自己，这意味着你可以重新考虑如何来刮干净毛发。你可以通过自己做这件事来节省时间和金钱。

当然，什么会致使界面简单或产品坚固是相对的。我记得是在华盛顿哥伦比亚特区参加一个无人驾驶飞行器会议。我坐在海军陆战队准将卡托（Catto）的旁边。我们刚刚看了美国海军研究实验室（Naval Research Laboratory）正在开发小型便携式无人机的演示。我转向卡托将军，对他说：“那些无人机最好是经过水手验证（sailor－proof），否则它们永远不会被使用。”他笑着回应道，“在我的世界里，水手验证还不够好。我们需要海军陆战队的验证（Marine－proof）”。

直到1880年，坎普夫（Kampfe）兄弟为我们今天所知的安全剃刀申请了美国专利，才改变了这种经济配置。在他们的专利中，刀片被插入只允许刀刃突出的保护装置中。[1] 更重要的是，这种剃刀可以工业化生产，从而降低了成本，使新的客户群即家庭成员和他们的儿子能够买得起。相比之下，一次性刀片是一项激进性的维持创新（radical sustaining innovation），因为它是通过从模板上切下刀片而不是通过锻造来制造的。在吉列（Gillette）于1901年发明一次性刀片之前，所有的刀片都是经过打磨并可以重新使用的。

我们对自然语言处理进行过评估，这种处理是基于一种高效的算法，该算法通过检查参考术语（referential terms）的共同出现来确定单词的含义。"skunk"一词如果出现在关于森林哺乳动物的讨论中时是指臭鼬；如果出现在关于骗子的讨论中则是指卑鄙的人。这项技术的问题是，在我们评估时，它只是一项"跟随"（me－too）技术。将它推向市场的诀窍是建立以药物发现为重点的技术的定制应用。通过提供一组定制的互参（co－references）和用于确定首字母缩略词和化学符号的类似语的子程序，该技术被定位为互联网和数据库搜索引擎的拓展或附加组件。通过提供一套定制的共同参考资料和一个确定缩略语和化学符号类似物的子程序，该技术被定位为互联网和数据库搜索引擎的拓展或附加功能。

将技术定位为拓展性技术是我的首选。拓展性技术可以给客户带来新的好处，如果最终使用者真的想要这些好处，就能让你从竞争对手那里夺取市场份额。由于这些好处对市场来说是新的，你也能够吸引新的客户群，而对于这些客户群，旧的特证和功能组合不能提供足够的净效用来实现购买行为。与此同时，至少有一些特征和功能对于买家和最终使用者来说是熟悉的，从而减少了由于难以意识到这些好处或理解如何使用技术而导致的采用障碍。

将一项拓展性技术的价格定在当前替代品的水平或其水平以下，你就可以将它们说成物有所值。这时"更"是我们的口号（mantra）。

最后一个选择是在最终使用者的目标（goal）正在发生变化的地方寻找机会（图3.6）。在目标发生变化的地方，我们就可以进行全新的再思考。现在一切都可以争夺了。

[1] Marco Migliari, "Shaving with a Hoe: Evolution of the Razor," Stileindustria (May 1995), http://mywebpages.comcast.net/steelbeard1/hoe1.htm（2004年9月26日访问）。

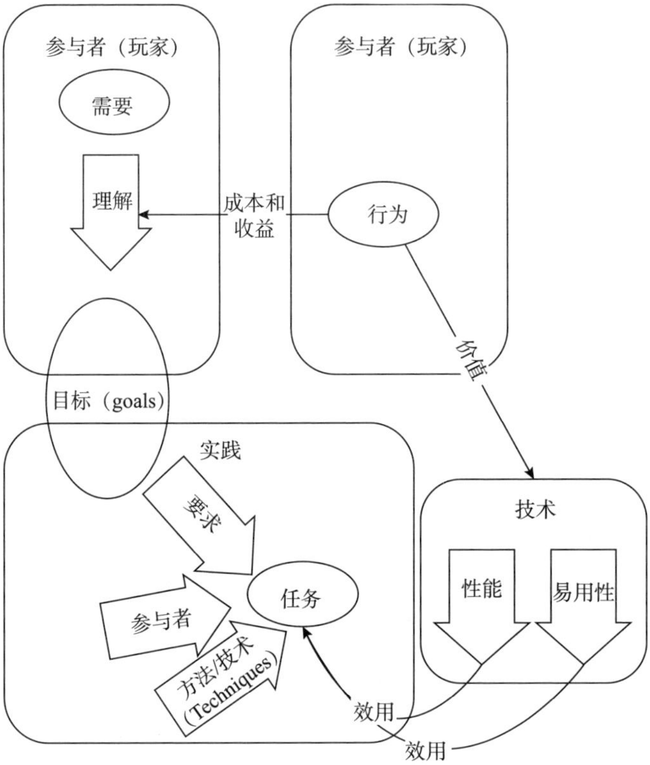

图 3.6　颠覆主导设计的技术

不幸的是——至少从做交易的角度来看——目标的改变打开了潘多拉的盒子。对目标的讨论不可避免地指向道德/伦理问题。这种需求应该得到满足吗？这种需求现在就应该得到满足吗？如果是，那应该如何满足？目的能证明手段的正当性吗？如果我们必须用燃煤电厂发电，我们能负担得起开电动汽车吗？如果你得知在 280 年后，人类继续这样下去，全球变暖将会使北半球变得不适于居住，南半球变暖 40℃，你会怎样想？

颠覆性创新涉及功能和特征的新组合，而不是现在实践中所采用的。这些不可避免地需要改变实践的行为方式，并为参与者提供新的技能或教育。伟哥（Viagra）就是一个例子。将它称为枸橼酸西地那非或 1 –［4 – 乙氧基 – 3 –（6，7 – 二氢 – 1 – 甲基 – 7 – 氧代 – 3 – 丙基 – 1H – 吡唑并［4，3 – d］嘧啶 – 5 – 基）苯磺酰基］– 4 – 甲基哌嗪枸橼酸盐，大多数人从未听说过。它最初是为治疗心绞痛（心肌缺氧）而开发的，但它的其他功能使其成为传统勃起功能障碍治疗方法（如老虎阴茎和犀牛角）的更高性能替代品。

我们在这里感兴趣的是伟哥不是基于性能比较而出售的。它的销售是基于性是美好的，因此伟哥是有益的。换句话说，如果你接受“需要应该得到满足”，那么如果你有勃起问题，你就会采用这项技术，因为它消除了勃起问题。一种感情联系已经建立起来，那就是，如果你想要这些好处并且因为你应该要它们，那么你就会采用这项技术。从根本上说，这不是一种工具性计算（instrumental calculation）。

显然，我们所做的是呼吁“应该是什么”（what should be）。但与拓展性创新不同的是，这次我们向买家提供的是对“美好生活”的梦想。我们为他们的世界如何发展提供了另一种愿景。“梦想”是我们的口号。

OZ 是西佛罗里达大学的大卫·斯蒂尔（David Still）和伦纳德·特姆（Leonard Temme）发明的飞机控制板的显示形式。OZ 是一种基于我们使用周边视觉的方式而彻底重新设计的显示器。模拟试验已经证实，它大大缩短了学习如何使用仪表飞行所需的时间，同时提高了飞行员的成绩，从而提高了安全性。这被称为自人造地平仪以来仪表飞行的最重要的发展。[1] 我们受雇帮助实现 OZ 的商业化。我们发现专业飞行员不喜欢 OZ，因为需要与他们在当前显示界面上接受的训练进行斗争。它太具颠覆性了。

我们的解决方案是将 OZ 作为一种显示技术引入私人航空领域的新客户群，该客户群是围绕实验飞机爱好者建立的。美国联邦航空管理局（FAA）当时正在推出一种新的私人飞机（运动飞机）认证和飞行员（运动飞行员）执照，旨在使飞行几乎像驾驶汽车一样普遍。[2] FAA 指出，现在有 1.5 万多人将获得 FAA 颁发的执照，可以驾驶现有的 1.5 万多架未经认证的超轻型飞机。另外 1.2 万名飞行员和 1.2 万架新飞机将在未来 10 年内获得认证。运动飞行员执照的主要特点是降低了培训要求，不需要医疗证明。相关联的是当前未认证飞机的新证书。因此，这一客户群应该会经历快速增长，这意味着我们不必担心如何克服根深蒂固的培训。运动飞行员执照的局限性意味着这些新来者将不必担心新旧屏幕之间的切换，因为他们无法驾驶传统飞机。通过将这项技术定位为运动飞机的颠覆性技术，我们能够找到有兴趣获得该技术许可的航空电子设备制造商。

让我们退后一步，看看将一项技术定位为颠覆性技术涉及什么。主导设计是实践结构的一部分。当我们使用技术（techniques）、工具、材料等时，我们

---

[1] Adrian Gerold，“OZ：A Revolution in Cockpit Display，” n. d.，http：//www. aviationtoday. com/cgi/av/show_mag. cgi？ pub = av&mon = 1003&file = 1003tech_focus. htm（2004 年 9 月 26 日访问）。

[2] 有关运动飞行的更多信息，参见 http：//www. faa. gov/avr/afs/sportpilot/index. cfm。运动飞行条例于 2004 年 9 月 1 日生效。

逐渐习惯了这些设计的功能和特点，从而对它们产生期待。

当颠覆性技术成功引入时，我们会经历类似于托马斯·库恩（Thomas Kuhn）所称的科学范式转变。❶ 对库恩来说，常规科学（normal science）是一种相对常规的日常活动，科学家在其中复制他们在学生时代学到的工作模式。这些工作模式涉及使用工具来研究自然现象，这些自然现象在知识框架（intellectual frameworks）中具有重要意义，这些知识框架不仅建议如何检验理论，而且还制约了什么被认为是理论。在常规科学中，理论家、实验者和工具制造者的劳动是相互配合的，指导他们活动的知识构架（intellectual constructs）也是相互一致的。这种一致性的模式被称为范式。

随着时间的推移，实验者的工作会产生不易纳入理论的发现。这将引导理论家提出新的想法，进而导致工具制造商创造出新的工具。或者，工具制造商可能会创造出新的工具，引导实验者发现不符合当前理论的数据，从而引导理论家进行思考。显然，顺序无关紧要。重要的是，在某一时刻，出现了根本无法纳入理论的事实，从而导致理论崩溃。

此时，一场科学革命就发生了。每个人都在争论不休，直到某个天才指出通向新的一致性模式的道路，常规科学又重新出现。文艺复兴时期的科学就是一个例子。开普勒、伽利略等人的工作纠正了我们对天空的理解，地球不再是宇宙的中心。到文艺复兴结束时，亚里士多德基于观察的理论已经被牛顿基于数学力学的模式所取代，科学也采用了实证实验的范式。

当然，我们的问题不是科学，而是技术转移策略。那么为什么把一项技术定位为颠覆性的技术？原因很简单：如果该技术不能满足任何当前明确的要求或目标，你必须以不同的方式来审视它。我们需要把它视为实现梦想的一种手段。

我们已经进入了一个需求不太明确的模糊世界。告诉别人他们有一个他们还没有意识到的目标是虚假的。我们能告诉他们的是，考虑到他们认识到，但还没有充分探讨的需求，有些目标对他们来说是有意义的。这些目标可能看起来不直观，但它们是有意义的。古腾堡（Gutenberg）的印刷机是作为将路德（Luther）的《圣经》德文译本带给大众的一种手段而被采用的。但在《圣经》首次印刷时，一般人很少能看懂德文。但是那些觉得需要更接近上帝的人明白为什么他们可能要有一个阅读他们认为是上帝的言语的目标。

❶ 见 Thomas Kuhn, *The Structure of Scientific Revolutions* (Chicago: University of Chicago Press, 1962)。

通过将我们的技术定位为颠覆性技术，我们试图赋予它足够的情感吸引力来克服放弃当前主导设计所固有的转换成本。提出净效用的案例是很难的，因为根据定义，放弃主导设计意味着没有客观的（因而也没有共识的）标准来计算净效用。好消息是，我们并不在乎我们能否进入“美好生活”的主体间（共享）图像。如果性生活是一美事，那么让小家伙变得萎弱就不好了。击个掌：伟哥（Viagra）是一种很有帮助的产品。如果懂得《圣经》是一件好事，那么不能理解拉丁文记录的《圣经》就不好了。感谢上帝：印刷德文《圣经》是个很有帮助的善举。

退一步讲，我们可以看到颠覆性技术的效用预先假定了某种必要性，这种必要性从一开始就使该技术变得有用。没有这种必要性，就没有效用，该技术在经济上是一场灾难（见图 3. 7）。

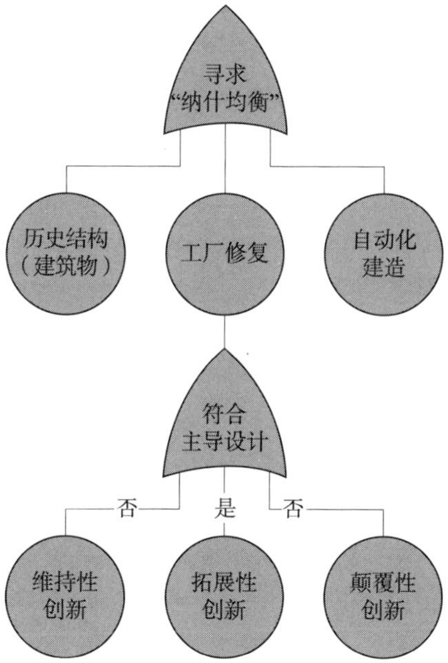

图 3. 7 动机和目标

目 标

我们为什么在乎？商业化的动机指向定位和可行的应用。

对于商业化的动机或标准，我们可以不提供任何建议。这些都取决于技术的所有者。但是，一旦定义了动机或标准，我们就可以使用它们来确定应该优先考虑哪些应用，以及哪种类型的交易工具是可取的。

通常会有多种动机或标准。在这种情况下，有必要弄清楚如何协调和组合它们。其中的一种技术是多属性效用技术（MAUT）。从本质上讲，MAUT 就像决策树，其中列出了若干标准，每个标准都有自己的分支，每个分支都有一个权重。按照每个标准，对每个选项进行评估，看看它的表现如何。如果性能可以用基数等级来衡量，则可以通过将每个得分乘以反映标准重要性的权重并将它们相加来对各种选项进行排序。问题是效用并不总是累加性的。回想一下第 1 章中我们的几碗麦片粥，我们可以很快理解，在吃了几碗之后，下一碗的边际效用开始迅速下降。

简单多属性评级技术（simple multi－attribute rating technique，SMART），是 MAUT 的变种，使用起来相对容易。SMART 仅仅是决策树中节点的子集，它由八个步骤组成：

（1）确定那个（些）将设定标准的决策者。

（2）确定他们的具体标准或目标（objectives）。

（3）确定每个标准用于确定效用、可取性（desirability）、目标达成情况（goal attainment）、目标分层（objective stratification）等的相关尺度。

（4）让他们按照重要性的顺序对标准进行排序。

（5）让他们对每个标准或目标进行评级，并保持排名顺序。

（6）对评分求和，并将每个评分除以该和，以给出标准的权重。

（7）现在估算每个选项在每个标准上的表现，并将该值乘以标准的权重。

（8）将每个选项的结果相加，以确定应该首选哪一个。

大多数人都需要钱（至少作为一个目标），因此让我们把钱作为一个标准来集中讨论。如果我们想要快速赚钱，我们就选择一种可以把自己定位为一个渐进式创新的应用。如果我们能更耐心一点，我们可以争取更大但更长期的收益，并把自己定位为一个拓展性创新。如果我们想赌一把大的，或者没有其他选择，我们可以寻找一个具有巨大市场潜力的、我们可以定位为颠覆性创新的应用。

我们还可以有其他标准。例如，我们可能要选择一个应用作为先导，以它作为良好的跳板来进入技术利基的其他部分。继续我们的激光测距仪示例，让我们以拓展性应用为例，在这里我们可以有利可图地获得市场份额，然后利用这个应用跃进到细分市场的其他部分。工厂装修符合这些标准。

在结束应用选择的讨论之前，我们需要简要地说明一下存在几种可行应用的情况。在这种情况下，我们通常使用两个补充标准在它们之间做出选择。第一个标准是选择有可能提供最高收益的应用，无论如何我们需要对此进行计算。第二个标准是选择最容易进入的应用，即失败和损失风险最低的应用。如果我们使用第一个标准，我们会说我们选择的是收益主导的选项。在后一种情况下，则是风险主导的选项。

显然，应该选择既能获得收益又能以风险为主导的应用。用博弈论（游戏理论）的行话，我们会说这样的应用可能是谢林点（Schelling Points）或焦点，也就是说，在存在两个以上的“纳什均衡”的地方，它们是合适的选择，因为这些线索提示博弈中的玩家，它们更有可能得到实现。所以在有可能找到或建立多个“纳什均衡”的地方，我们要寻找谢林点。

现在我们的目标是：赚钱，进入其他应用，以及初始市场进入应用。接下来问题是：我们要找什么样的交易？我们可以许可、合资、找投资人，进行合作研发，或者就此出售合同研发或其他服务。我们可以做产品销售。这些可能性似乎是无穷无尽的。同样，我们可以使用SMART来评估各种选择，只要我们知道评估选择时使用什么标准。对此我们可以提供一些建议。我们已经走出了动机的领域，进入了实现目标和目的的领域（见图3.8）。

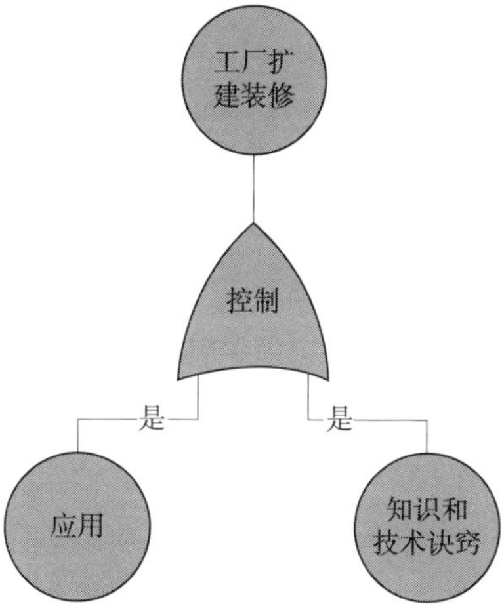

图3.8 实现愿景和目标

理想情况是，商业化工具应当有助于创建“纳什均衡”。交易发生时，至少每一方都觉得交易后的境况会比交易前更好，一方觉得至少不会比交易前更糟。因此，第一个问题是我们应该交易什么，才不会让我们觉得比交易前更糟糕。

让我们做一个思维实验。假设我们是一家像科学应用国际公司（Science Applications International Corporation，SAIC）这样的公司，拥有一台激光测绘仪。我们认识到它的商业效用，并且面临着我们应该如何从这种情况中赚钱的问题。我们对激光测绘仪的知识财产（专利和可能有的商业秘密）的所有权赋予了我们将他人排除在我们地盘之外的权利。这个地盘包括制造、使用、许诺销售或销售技术的权利。那么我们所交易的一系列权利，包括在某种程度上制造、使用、许诺销售或销售这些技术的权利。通过转让这些权利中的任何一项或全部权利，我们也转让了将他人排除在交易中转让的地盘之外的部分或全部权利。

这笔交易的关键是转移对这项技术的某种程度的控制。这种控制可以分为两类。第一类是对技术应用的控制，即对其“制造、使用、许诺销售或销售”的控制。第二类是对这项技术背后的知识和诀窍（know - how）的获取和控制，即知识财产中的知识。显然，为了让交易的另一方实现价值，我们需要转让足够多的无形资产（知识和诀窍）和权利（法定的应用许可），使买方能够实现我们在声明该技术的公平市场价值时为该技术所宣称的价值主张。

通常情况下，一家公司会希望保留对市场的控制权，但如果这样做有商业意义的话，会在其他地方放弃控制权。事实上，当我们受命为激光测绘仪寻找市场时，SAIC 告诉我们其只关注商业应用。该公司保留了对这项技术应用于军事领域的控制权，以及对用于这些应用的具体知识/诀窍的控制权。

在 V. K. 乔利的工作基础上，[1] 我们可以根据他们转移的控制权种类和数量来安排潜在交易工具。

因此，我们可以通过问自己愿意放弃多少控制权来达成交易，来确定我们想要什么样的交易工具。

请注意，图 3.9 轴上的增量并不是精确的区间或万能的。我们不能说我要放弃对应用的 3% 的控制权，看一下这张图表，就得出我们应该有一个合作研发协议（CRADA）而不是一个战略联盟的结论。它所做的只是建议顺序关系，也就是说，转让或出售所有权利与排他许可或建立合资企业等相比，失去全部控制权的可能性更大。

幸运的是，我们可以使用其他标准来帮助我们锁定交易工具。回忆一下，我们想找到最容易的交易。吸收能力的概念，即我们对作为技术基础的科学和/或工程领域的熟悉程度，以及对我们希望进入的市场的熟悉程度。在这里，我们将这个概念应用于我们进行商业化的能力。

让我们来看看它是如何工作的。很明显，与你不知道自己在做什么的情况下相比，在你知道自己在做什么的情况下做交易更容易。领域专业知识（Domain expertise）是指与技术领域相关的知识和诀窍。这里的重点是完成研发

---

[1] V. K. Jolly, *Commercializing New Technologies: Getting from Mind to Market*, Harvard Business School Press, 1997.

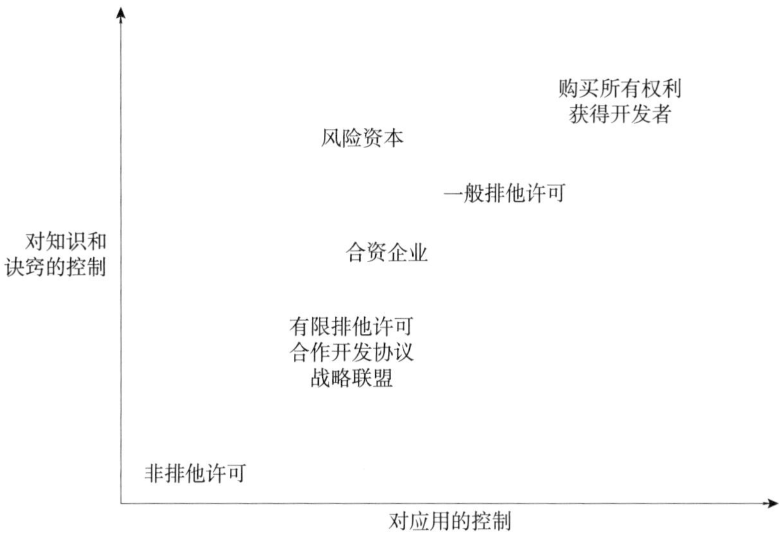

图 3.9　控制与交易工具

和产品开发所需的领域。场境专业知识（Context expertise）与技术应用场景的知识和诀窍有关。这里，场境专业知识的重点是我们为进入市场而选择的应用。

现在，假设我们有很强的领域专业知识。抛开资源问题不谈（我们将在下一步讨论这些问题），如果我们想要收益最大化，我们会希望通过转移尽可能接近成熟期的技术来提高我们在下游收益流中的份额。当然，随着我们从研发进入产品开发，场境专业知识变得越来越重要，因为我们希望最终产品能够真正满足最终使用者的需求，从而具有有吸引力的价值主张（图 3. 10）。

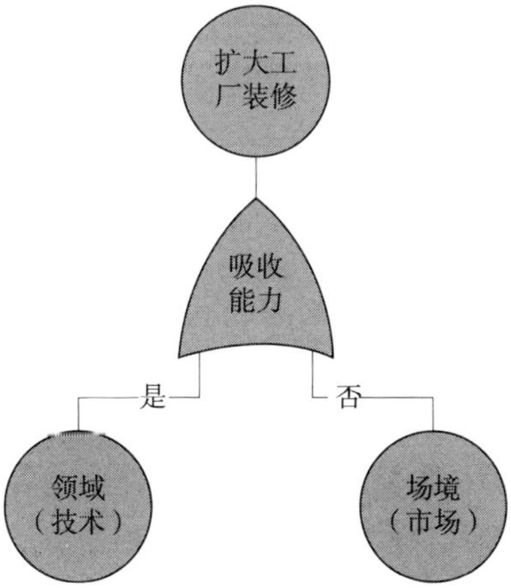

图 3. 10　吸收能力

我们可以用我们的思维实验来说明。这次，假设我们有一个朋友，他叫弗雷德（Fred）。弗雷德是一名大学教授，他开发了一组分形方程，使我们能够更好地显示虚拟现实图像。我们可以利用弗雷德的先进研究结果创建出更好的三维图像。电脑游戏玩家很喜欢他。

弗雷德认为自己很幸运。他当时并不是想弄清楚如何才能制作更好的电脑游戏，他只是在做分形的基础研究。但是现在我们的这位朋友正在发展场境专业知识，因为他开始和在游戏行业的同事们接触。大学技术转移办公室也很高兴，因为为游戏玩家构建开发环境的软件公司对获得弗雷德算法的使用许可很感兴趣。

在技术专业知识水平高但市场专业知识水平低的情况下，许可是有意义的。毫不奇怪，大多数大学技术都是通过这条途径进入市场的，但是其他途径也可能是有意义的。假设弗雷德愿意去参加贸易展，并引导潜在客户谈论他们的需求。咨询当然是一种选项。假设他通过其中的一次会议意识到，他可以为训练飞行员做出更好的仿真模拟。现在军方和飞行模拟器人员对此很感兴趣了。假设他想通过产品开发与我们的技术保持联系。现在合资企业就更有意义了。(合资企业是指交易的每一方都拥有股权的公司。技术开发人员可以获得股权，以换取技术的许可或完全转让所有权利。) 他甚至可以考虑分拆并成立一家公司，因为他的技术能够应用于各种快速发展的领域，这使得它成为风险投资家可能资助的平台技术。

另外，假设我们的朋友是佩吉（Peggy），她是一个承包商。有一天佩吉有了这样的想法，如果她使用弗雷德的算法对我们的旋转激光测距仪的数据进行后处理，她就能缩短生成虚拟现实图像的时间。如果她能近乎实时地生成图像，她就可以用激光测绘仪做更多的事情而不受规划所限。每次客户要求变更整修定单时，她都可以带着激光测绘仪到现场，测绘出目前的工作情况，并生成三维 CAD 文件和相关图像，为评估变更定单的成本提供了依据，也能为确保客户理解他们的要求提供更好的方法。

当然，如果我们是像 SAIC 这样的公司，我们甚至代表第三方。在这种情况下，我们在激光测绘仪方面有很强的领域专业性，但不一定在弗雷德分形算法方面有很强的领域专业性，在工厂改造方面的（背景）专业知识可能更少。我们需要的可能是一个战略联盟，在这个联盟里，我们制造测绘仪并把它们卖给第四方，即建筑行业的一家软件和硬件供应商，后者具有领域专长，能够把弗雷德算法和用于为佩吉这样的人优化产品的背景专长结合在一起。或者，我们最终将我们的技术许可给建筑行业供应商，而后者又将技术再许可给一家为其制造硬件的合同制造公司。

在这个场景中，我并没有试图准确地反映 SAIC 的历史项目。历史准确性不是这里的重点，教学法（pedagogy）才是重点。重要的是，我们可以再次按照领域和场境能力的顺序级别来排列交易工具，以便根据我们的目标（objectives）选择那些最适合我们的交易工具。图 3.11 就是这么做的。它基于爱德华兹（Edwards）和贝里（Berry）开发的熟悉度矩阵（Familiarity Matrix）。❶

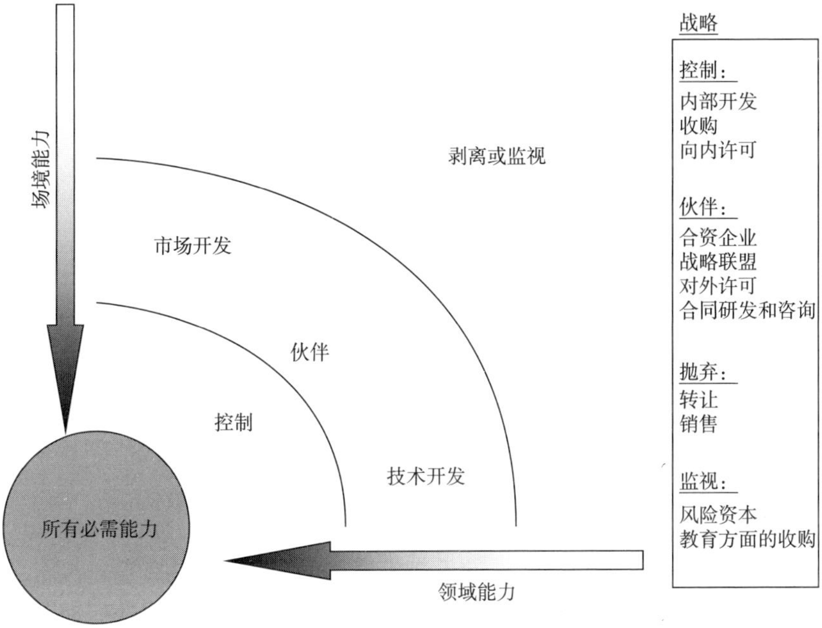

图 3.11 熟悉度矩阵

现在我们有两个标准。我们知道我们愿意交换什么，也知道我们可能有能力做到什么。但是在这些限制条件下，还有一个问题：我们有资源吗？这些资源分为两大类：有形资产和无形资产（见图 3.12）。有形资产是指工厂、设备、土地、银行存款及其他可以拿起或触摸到的东西。无形资产是指无法“触摸”的东西，比如知识财产、信誉和技术诀窍（know－how）。

我们可以再次使用我们的思维实验来说明。假设佩吉为大型咨询工程公司 CM2Hill 工作，她可能拥有非常可观的有形资产和相当不错的无形资产。这意味着她可以选择将弗雷德的算法进行内部许可，并在内部使用这些算法来完成她对发明的开发。现在假设她和她的丈夫有一个叫作“佩吉和比尔工厂整修

❶ Roberts and Berry, “Entering New Business: Selecting Strategies for Success,” *Sloan Management Review* (Spring 1985).

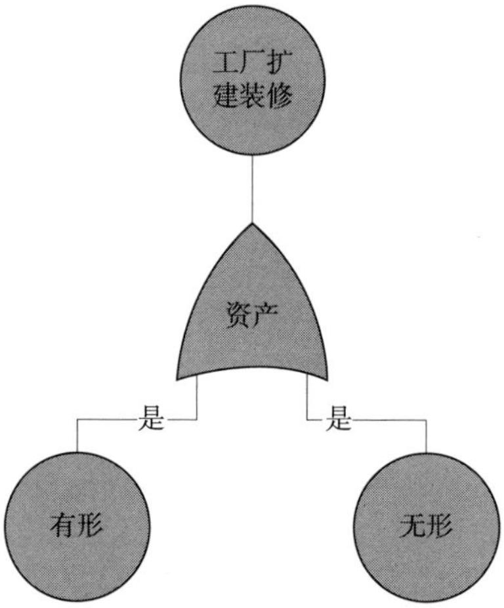

图 3.12 有形和无形资源

店”（Peggy and Bill's Factory Renovation Shop）的小建筑公司。如果她想走一条简单的商业化路线，她可能会把自己的想法卖给她的一家硬件/软件供应商或者一家销售激光测绘仪的公司。那家公司将完成产品开发，并将一个现成的软件卖给佩吉和她的竞争对手。

和以前一样，我们可以在从低到高的顺序标度的图上标出交易工具（见图 3.13）。在梅根茨（Megantz）的工作的基础上[1]，我们可以再一次看到各种交易选项是如何根据开发者的资产组合来安排的。显然，如果我们拥有我们所需要的一切，就没有理由在商业化方面寻求合作伙伴。或者，正如我们的例子所表明的那样，如果我们根本没有资产，我们应该在我们倾家荡产之前卖掉技术，从而获得我们能得到的东西。甚至是合同研发（包括政府资助项目）也可以卖掉，假设我们有足够的知识和技术诀窍（无形资产）来赢得合同。在两者之间，有一系列的选择。

我们现在有三个标准来选择工厂改造技术的商业化工具：控制力、吸收能力和资产。在我们思维实验的例子中，开发技术的大公司可能会用来选择其交易工具的 SMART，最终结果看起来类似于图 3.14。

---

[1] Megantz, *How to License Technology* (Hoboken, NJ: Wiley, 1996).

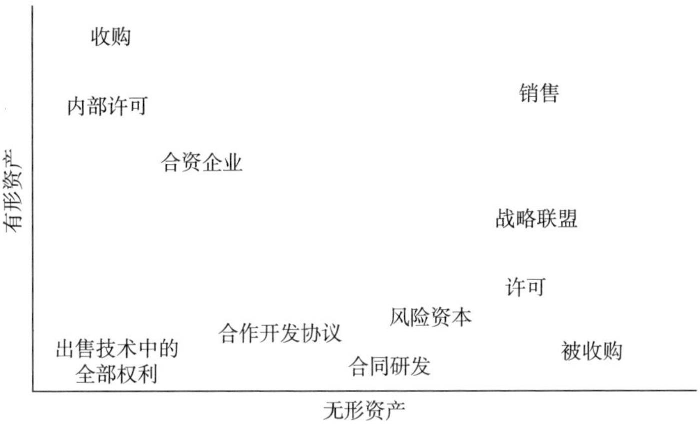

图 3.13 交易工具

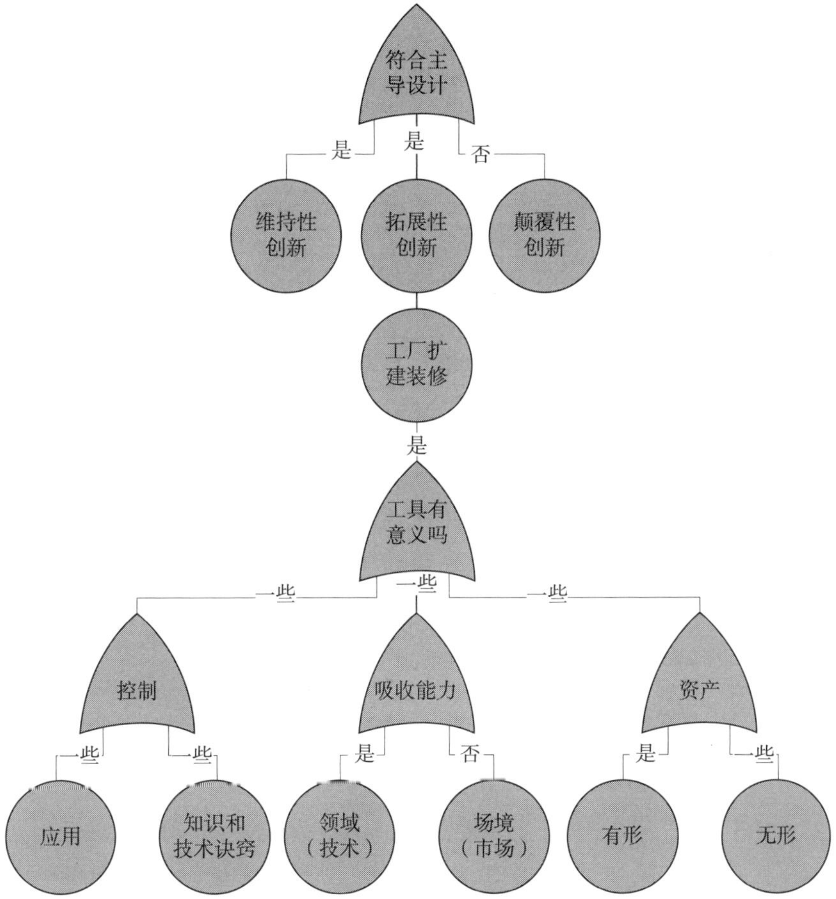

图 3.14 智能交易工具

我们已经选择了一个目标，即通过将我们的激光成像仪定位为拓展性创新来寻求收益最大化。现在，我们可以向管理层提供几种交易工具选项，例如，许可、合资经营或战略联盟。如果我们只想要一种交易工具，我们可以再次检查每个选项，看看哪个可能是收益主导的，哪个可能是风险主导的，以帮助我们进行选择。

请注意，我们在目标设置方面的工作已经使我们走得很远了，远远超越了应用和交易工具。通过识别我们的技术与实践的主导设计之间的关系，我们就可以了解我们需要进行多少教育和认知建设才能让最终使用者欣赏我们的价值主张。通过识别我们在吸收能力和资产方面的优势和劣势，我们明确了我们需要在合作伙伴身上找到的能力和资产。此外，我们的合作伙伴应该认为我们的控制偏好是可以接受的。就激光测绘仪思维实验来说，我们想要的是与一个有实力的合作者进行交易，这样的合作者拥有的丰富场境专业知识（context expertise）、补充知识财产、信誉和其他相关无形资产，这些资产有助于我们的激光测绘仪在工厂改造中适应客户需要，有助于向他们销售激光测绘仪。所以，现在我们知道了我们要找的是什么以及与谁合作。

战　术

我们还是要做成一笔交易。这意味着我们必须找到或创造一种情形，即让一些符合我们标准的买家觉得与我们做交易比不做交易更好（见图 3.15）。

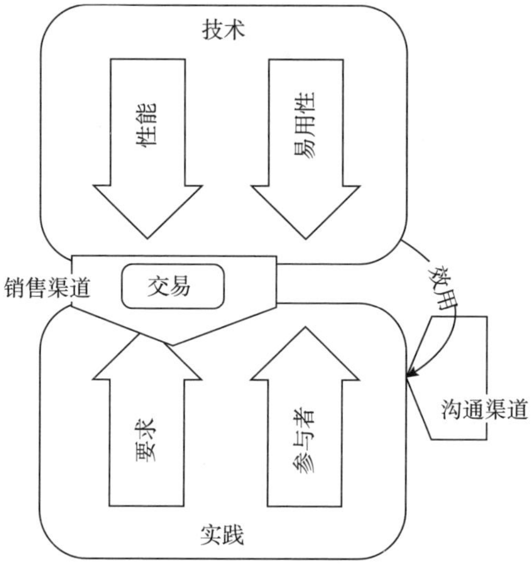

图 3.15　做交易

要达成交易，你需要创造这样一种情形，即：

■ 技术的性能和易用性与实践的要求和参与者的期望一致；

■ 存在沟通渠道，买家意识到这种一致性；

■ 这种一致性：

- 对于买家来说，净效用大于任何其他选项
- 或者，权重太大，以至于买家不对净效用进行比较

■ 存在销售渠道，通过这个渠道可以实现交易；

■ 所有各方都希望并且能够进行交易。

我们需要的是将交易的各个构想体锁定在一起并找到杠杆点来推动它们就位的方法。假设你正在玩拼图游戏，锁定这些拼图碎片的方法是看看它们的契合度，然后将突出的半岛与凹进的海湾拼合起来。在我们的模型中，“契合”是通过效用、价值、成本和收益等关系来实现的。关系将各个构造体契合在一起，因为它们具有共同的属性或具有相互锁定的属性。

与拼图游戏不同，在商业化中，我们可以改变半岛和海湾的形状。如果说关系是我们将各个碎片联系在一起的方式，那么我们可以实施战略的一种方式就是改变我们所控制的关系。举如下几个例子：我们可以做额外的研发来提高我们技术的效用；我们可以通过执行或废除那些强制我们提供或禁止的功能的法规来改变我们的技术给用户带来的成本和收益；我们可以通过与供应链中的上游和下游供应商建立伙伴关系来增加其净效用，从而使使用该技术的基础设施随时可用；我们可以通过操纵其价格来改变其价值；我们可以通过对最终使用者进行培训，让他们了解他们的选项以及这些选项的成本和收益来影响实践的成本/收益，从而为我们的技术建立拉动作用（pull - through）（见图 3. 16）。

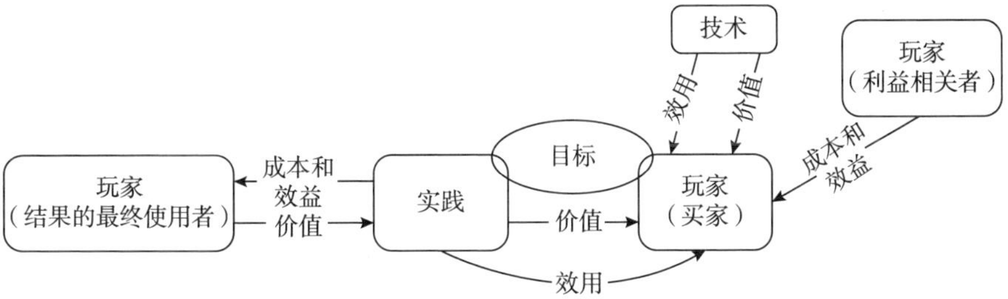

图 3. 16　对最终使用者进行选项教育

但是杠杆点在哪里？只有知道杠杆点在哪里，我们才能知道在哪里进行干预。杠杆点就是市场力量。打个比方，市场力量推动各个构建体（constructs）彼此靠近。更准确地说，市场力量只是一个或多个构建体（constructs）的一

个或多个属性的趋势。

力量可以是反映微观或宏观层面社会趋势的统计趋势。在微观层面，我们指的是影响实践属性的力量；宏观层面的力量影响竞技场（arenas）和市场的属性。这些趋势在我们的模型中表现为属性实例化的概率。比如，回想一下那个有关南部沿海社区退休人员住宅电梯的例子。在那个例子中，财富是买家的一个属性，年龄也是。土地是一种商品，具有价格属性，其反映市场价值和另一种商品的价格，称为抵押。

市场力量要么是可以利用的机会，要么是等待消除（neutralize）的威胁，要么是不相关的。当市场力量通过影响买家和卖家的数量以及他们可能想要的东西来影响交易发生的可能性时，这些市场力量是相关的。对数量的影响是指力量的大小。力量的方向是市场力量是否有可能或多或少地帮助你商业化。积极力量强大意味着销售额可能会大大地增加。你会很开心，然后带着家人去塔希提岛。微弱的积极力量意味着销售额可能会有所增加。也不错，因此可以带着家人去迪士尼乐园玩玩。微弱的消极力量意味着销售额可能会下降。这意味着会出现更多的头痛，早上可能需要点儿阿司匹林。强大的消极力量意味着严重的胃灼热，你将需要抗酸剂。

再举一个例子。如果我知道美国的一般工厂的库存正在老化，并且我也知道对工厂产能的需求正在上升，那么我就可以得出结论：对我的激光测绘仪来说，有可能是一个比没有这些力量更好的机会。这些力量是什么？它们是属性的统计趋势。年龄是实践中使用的基础设施的一个属性。需求是市场的一个属性。需求将供应链中的参与者（players）联系起来。供应链中的上游参与者的需求与下游参与者可以销售的供给相互关联。因此，不断增长的需求会推动供应链中的下游参与者的销售额和产量上升。

老化如果限制了生产能力，它就会抑制满足需求的能力。因此，一旦我有了市场力量，比如，需求正在增长，我就会检查我的实践，看看是否存在满足预期需求的障碍。如果有（例如，设施老化或设施不足）并且需求足够大，我可能会与我向其出售产品的买家建立战略联盟，根据该联盟的条款，他们借给我钱来改造我的工厂，然后我通过降低出售给他们的商品的价格来偿还，直到还清贷款为止。

几年前，我们帮助一家小公司达成了这样的交易，这家公司生产一种聚合物，这种聚合物是一种可控制光线传输的玻璃电气开关涂层。军方希望为飞机的仪表显示面板提供可采用电动开关的玻璃。一家主承包商对我们客户的技术方案很感兴趣，但是在那个时候，这家公司还很年轻，缺乏资源，不能快速扩大工厂规模来满足需求。解决方案是由主承包商贷款给这家公司，作为购买聚合物的一部分的预付款。当产品交付时，通过初期扣除部分聚合物销售价格来偿还本金和利息，直到贷款还清为止。

现在，如果我们要利用市场力量，我们需要两样东西。首先，我们需要一种关系，其中，相关的力量会改变作为这种关系基础的属性。其次，我们需要一个发挥影响力的渠道。如果渠道已经存在，我们需要获得使用权限。如果不存在，我们需要先构建渠道，然后才能进入这些渠道。

为了使市场力量对我们有利，我们需要做的是设计我们的关系，使市场力量的矢量数学对我们有利。我们要利用那些有可能发生的关系，而避免那些不太可能会发生的关系。或者，我们要让我们的竞争对手寻求的那些关系变得不太可能，让那些对他们不利的关系变得更有可能。要实现这一目标，我们的技术定位要能够使我们成为积极力量的受益者，并避免受消极力量的损害。

竞 争

当然，在我们制定我们的战略的时候，或许也有其他人在制定他们的战略。因此，我们面临的部分挑战是，如何设计我们的战术，使之能够抵消（neutralize）来自竞争对手的威胁。

很明显，消除威胁的最好方法是拥有卓越的产品。有一个经常被提起的关于录像带的Betamax和VHS格式的故事。这个故事强调了必须根据客户的需求来定义“卓越”。从技术上讲，Betamax在视频带宽方面的收益更高。然而，Betamax却是一场市场灾难。索尼公司的创始人盛田昭夫（Akio Morita）将这一损失归咎于索尼公司有点限制性的许可计划。相比之下，VHS得到了广泛许可。[1] 但是这种观点忽略了一个关键因素：没有人关心更高的收益率。正如杰克·施菲尔德（Jack Schofield）所正确指出的，至少在我看来，市场失败的关键因素是Betamax最初只能录制一个小时，而这对于录制一部电影来说太短了。因此，当你可以得到录制时间更长的VHS时，为什么还要买Betamax，尤其是在图像质量差异并不是很明显的情况下。[2]

话虽如此，产品由谁销售确实也很重要，这就是所谓的品牌忠诚度。你要

---

[1] Wikipedia, “Betamax,” August 2005, http://en.wikipedia.org/wiki/Betamax（2005年9月11日访问）。

[2] Jack Schofield, “Why VHS Was Better Than Betamax,” *Guardian Unlimited*（January 25, 2003）, http://www.guardian.co.uk/online/comment/story/0, 12449, 881780, 00.html（2005年9月11日访问）。

卖给那些已经有客户的人，如果你能利用他们与客户的联系，就可以使你进入市场更简单。例如，假设你有一种新的用于廉价笔记本电脑的磁盘驱动器。你想制造、销售它。你想把它卖给那些出售笔记本电脑的公司，这样你就可以赚到钱了。毕竟，在一台不卖的机器中的磁盘驱动器不是一个很好的赚钱工具。因此，你转向《个人电脑杂志》(*PC Magazine*)，阅读一些其他出版物，访问各个网站，看看会出现什么。[1] 如果一家公司没有在多个地方出现，那它就不在你最初的目标列表中。

机会之窗或及时之举

市场从来都不是静止的。它总是在变化，因为其中的参与者总是在寻求获得相对于对方的优势。交易涉及公平，但同时也是为了获得相对于竞争对手的优势。

从买家的角度来看，获取技术是出于进攻性或防御性的考虑。进攻性考虑包括：通过率先推出新一代产品获得先发优势；追赶已经推出新一代技术的竞争对手；或者完善产品线以开拓新的客户群。防御性考虑包括：在竞争技术推出之前，消除潜在的竞争技术；通过收购一项技术来对冲你的赌注，如果你当前的技术失败了，这项技术可以用来制造产品；或者得以进一步拓展你的知识产权，使竞争对手更难进入你的领地。

无论是进攻还是防守，获得一项技术都是有成本的。即使你以极低的价格买到它，交易谈判和遵守任何报告要求也是要花钱的。因此，最理想的做法是在你需要它的时候才购买它；或者，如果你要进行对冲，更好的做法则是获得一个期权，让你在需要的时候能够获得它。

换句话说，交易也有机会窗口，就像将新产品引入市场有机会窗口一样。在技术进行商业化时，我们永远不能忽视时间维度。如果我们过早试图做交易，那没人会要。如果我们太迟了，就会错过机会。诀窍是“恰好及时”(just - in - time)。如果你做到了，那么就很可能存在一个“谢林点”(见图 3.17)。

据贝迪医疗公司（BD Medical）总裁加里·科恩（Gary Cohen）称，自20世纪80年代以来，他们已经在安全注射器研发和收购方面花费了6亿多美元。[2] 20世纪80年代，为什么资金会流向制造安全注射器的原因很简单。

---

[1] 例如，见 *PCMag. com*，http://www.pcmag.com/products/0,,qn=Laptops+Notebooks+Value,00.asp（2005年9月11日访问）。

[2] 与作者的电话交谈，2004年12月14日。

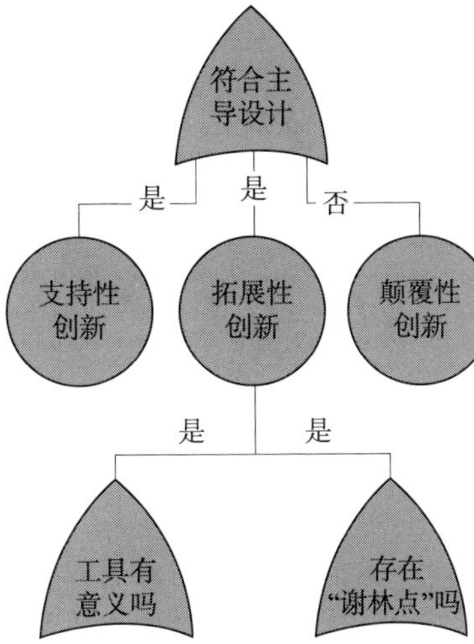

图 3.17 制定策略

1981 年 6 月，美国国立卫生研究院（National Institutes of Health）收治了第一位艾滋病患者。截至 8 月，美国疾病控制中心（Centers for Disease Control）报告了 108 例这种“新疾病”。[1]

做到及时的最简单方法是与下游收购方建立关系，在这种情况下，他们会提前告诉你，他们将会在何时希望得到什么。出于这个原因，与一方的最初交易往往更多地涉及关系建设，而不是零零散散的知识财产。

结 论

关于制定策略有三个关键问题。第一个问题是我们能否至少找到该技术的一种应用。第二个问题是，我们能否找到一种适合我们的交易工具（载体）。第三个问题是，我们是否能找到一种方法，让这个应用中的工具成为另一个参与者的“谢林点”。

第一个问题是通过市场调研来回答的。第二个问题是通过制定我们的目标（objectives）来回答的。第三个问题是通过制定战术使我们能够利用我们在市场调研中所得知的东西来回答的。这些战术的关键是了解如何利用市场力量。我记得在读研究生时，在匈牙利哲学家格奥尔格·卢卡奇（Georg Lukács）的

---

[1] “Timeline, 1981—1988,” June 4, 2001, http://aidshistory.nih.gov/timeline/index.html（2005 年 12 月 18 日访问）。

著作中读到过这样一段话：商人们所做的就是设法弄清楚彩虹将会在哪里击中地球，以便在它击中地球时，他们可以将自己定位在接收金豆子的位置上。[1]

在本章我们完成了对模型的概述。在下一章我们将开始第二部分：市场研究。

---

[1] 我认为这段话出自 Lukács，*Zur Ontologie des gesellschaftlichen Sein—Die Arbeit*，（Luchterhand，Darmstadt，Germany，1973）.

第二部分

市场研究

第4章 寻找客户

引　言

进行市场调研是为了找到问题的答案。问题通常是："我怎样才能从这项技术中赚钱?"

我们的模型告诉我们如何赚钱。首先，要找到一个具有竞争优势的定位。然后，要有好的推出策略（launch tactics）。我们是为了回答"我如何赚钱"而做市场研究，先要询问在哪里可以找到那些愿意购买这项技术的客户。

在本章中，我们将探讨如何找到客户，因为如果你能找到他们，你几乎总是能赚到钱，因为通常会有人为了利益帮助你把一项技术推向市场，从而能从中分一杯羹。

寻找客户的过程分四步。第一步是完全理解这项技术：我们要卖什么？一旦我们确定了我们想要商业化的是什么，我们就能确定哪些实践可以提供应用。接下来，我们要弄清楚在这些实践中谁将是我们技术的最终用户。第四步也是最后一步是找出谁会为最终用户购买我们的技术。一、二，谁需要鞋子；三、四，开门。如果门不存在，我们就造一扇门。

我们要卖什么

一项技术可以被视为一系列的功能、特性和特征组合。我们将更详细地考察其中的每一项内容。

功　能

功能受环境限制。低头看看你的鞋子。来吧，看看它们。如果是夏天，你可能穿一双透气的鞋子。它或许能保护你的脚免受石子和玻璃的伤害，也能避免你的脚趾间沾满被踩烂的虫子和蠕虫的黏液。基本上，你所需要的就是脚下舒适的垫子和将垫子保持在脚上的手段——换句话说，就是凉鞋。

冬天的环境不同，当地上有雪时，你可能想要别的东西。你想让你的双脚保持温暖、干燥。你希望鞋子足够暖和，可以出门，但在室内不要太热。你想要舒适的垫子。

现在，想想你冬季的鞋，假设它们是皮革的。因为雪和泥中的水分会浸透皮革，所以你必须在皮革上涂上或插入一层水分阻挡层，防止水分进入，但要有足够的“透气性”以防止你的脚出汗。

一款可以阻挡水分、保持热量，但让水蒸气通过的半透性阻挡层可能会有所帮助。Gore－tex® 就是这么做的。毫不奇怪，它现在被用在鞋子上。❶

我们的简短示例表明，只有当功能能够与最终用户需求联系起来时，它才有意义。最终用户的性能需求定义了什么东西能满足我们的需求。假设我们希望鞋子能够隔热，那么 Gore－tex® 是不够的。我们需要一种手段来获得更高的 *R* 值。

R 值是热阻的量度。准确地说，它是一种对热流阻力的量度，以华氏度乘以小时乘以平方英尺每英热单位（Btu）计算，或者开氏度（绝对温度）乘以平方米每瓦特计算。❷ *R* 值越高，隔热性能越好。松散的玻璃纤维隔热层的平均 *R* 值约为每英寸 2.7，而聚苯乙烯板的 *R* 值为每英寸 4。❸ 关键是我们可以为鞋子隔热材料设定一个要求（*R* 值），并根据它们与该值的接近程度来评估潜在材料。

当然，我们通常拥有的是一个解决问题的办法。那么，我们怎样才能给我们所拥有的东西找到一个“家”呢？首先是我们要忘记我们认为自己拥有的东西。我们没有技术，而有一系列的功能，即性能。一旦我们给自己的技术贴上标签，我们就倾向于限制我们将会考虑的应用。离题是有帮助的。

---

❶ 为了得到图片，可以将字符串“how Gore－tex works”输入谷歌或其他搜索引擎中。例如，在 http：//www. aabjornsson. se/ARCHIVE/Page_01/archive03. page01/page01. design/design3old. html 有插图（2004 年 10 月 10 日访问）；在 http：//www. tvo. org/iqm/site_contents. html 有视频（2004 年 10 月 10 日访问）。实际上，通过将字符串“how things work”输入搜索引擎中，你几乎可以了解任何事物的工作原理。我喜欢的网站之一是 How Things Work，网址为 http：//howthingswork. virginia. edu/。另一个有用的网站是 Technology and How Things Work，网址为 http：//www. academic－genealogy. com/science. htm，它是一个链接目录。

❷ 因此，另一个观点是：你使用的量度取决于你是在美国还是在世界上的其他地方。

❸ Wisconsin K－12 Energy Education Program，“Energy Use Investigation，” n. d.，www. uwsp. edu/cnr/wcee/keep/Audit/glossary－r－s. htm（2004 年 10 月 10 日访问）。

虽然你想让你的脚保暖，但也不想让它们太热。“更多”并不总是更好——即使获得“更多”不需要额外的成本。如果你的脚太热了，它们会出汗，最后会发臭。最好关注最终用户想要什么，而不是你认为他们应该想要什么，这样你的最终用户就不会认为你的技术很糟糕。

几年前，美国海军水下作战中心（U. S. Navy Undersea Warfare Center）基波特分部（Division Keyport）问我们：“既然冷战已经结束了，除了军用外，你们会用鱼雷靶场（torpedo range）做什么呢?”现在，即使在当时，鱼雷在非军事应用中也没有太多用途。所以，我们很快意识到，我们要商业化的不是鱼雷靶场，而是可以连接传感器的浮动和固定的光纤阵列。连接什么样的传感器并不重要，在水下多深或离水面多高也不重要。我们要找的是那些想要在水中、水面或水面上安装传感器的人。

当时阿拉斯加的冰川湾国家公园（Glacier Bay National Park）出现了一个问题。我记得在西雅图的报纸上读到过有关旅游船进入海湾，鲸鱼和其他海洋生物会离开港湾的情况。噪声正在破坏它们的栖息地。那篇文章称，公园管理局正在寻找解决问题的办法，而不仅是禁止所有人进入，因为后者违背了建立公园的原则。

我们当时做了一些研究。结果发现，这些旅游船在冬季沿着墨西哥海岸航行，而夏季则驶向阿拉斯加。在北上的路上，他们驶过有鱼雷靶场的基地。找到了！应用。我们可以将海军浮动鱼雷靶场带到冰川湾，监测噪声水平，并确定在什么阈值下会对海洋生物产生影响。公园管理局可以允许任何进入海湾的船只或旅游船驶过海军的固定靶场，这样就可以对它们产生的噪声进行分析。我们也可以使用固定阵列或浮动阵列来获得各种小艇的噪声分布（profiles）。简言之，我们可以很好地了解每种类型的游艇和每艘船的水下噪声水平。

如果做到了这一点，公园管理局就可以在每艘船或艇进入海湾时叠加这些噪声分布。当接近阈值时，所有新出现的艇和船都会被禁止，直到有船离开，噪声水平下降；之后，下一艘排队的艇或船可以进入，只要在加入它们的噪声分布后噪声水平仍在阈值之下。

但是还有其他的应用。我最喜欢的是美洲杯赛艇。结果表明，在某些条件下，计算流体动力学的纳维－斯托克斯（Navier－Stokes）方程中的一些假设会失效。这意味着你必须在模拟的基础上进行物理测试，以验证你所设计出的流体中的表面是你想要的。此外，这些方程的计算量很大，难以使用。由于这个原因，也由于制造过程中的小差异，在制造美洲杯赛艇时，物理模型测试被用来补充模型和模拟的使用。事实上，在这个项目进行的时候，竞争对手总是

制造两艘赛艇，然后选择最好的。优化至关重要，因为输赢船只的速度差通常只有 1% ~2% 。❶

我们开始考虑如何使用鱼雷靶场来测试美洲杯赛艇。通过进一步的研究，我们发现，我们可以听到气泡在船体周围流动和破裂的声音。将这些声音与船只的性能相关联，从而提供了一种科学选择优质船体的方法。换句话说，鱼雷靶场可以是全尺寸船只的试验场。

顺便说一下，通过悬挂压力传感器而不是声音传感器，我们的鱼雷靶场成为测量各种渡轮设计的尾流影响的手段。尾流是很重要的，因为它们会破坏墙壁，冲击渡轮航线没有防护的岸线。因此，在购买新一代渡轮时，尽量减少对当地的影响是一个考虑因素。

这个例子表明，要从一项技术跨越到它的应用，我们可以利用它的性能来看看谁可能需要这些性能。为了促进这一过程，我建议以标准国际单位（SIU）来衡量这些性能。

图 4. 1 显示了标准国际单位（SIUs）及其关系❷。

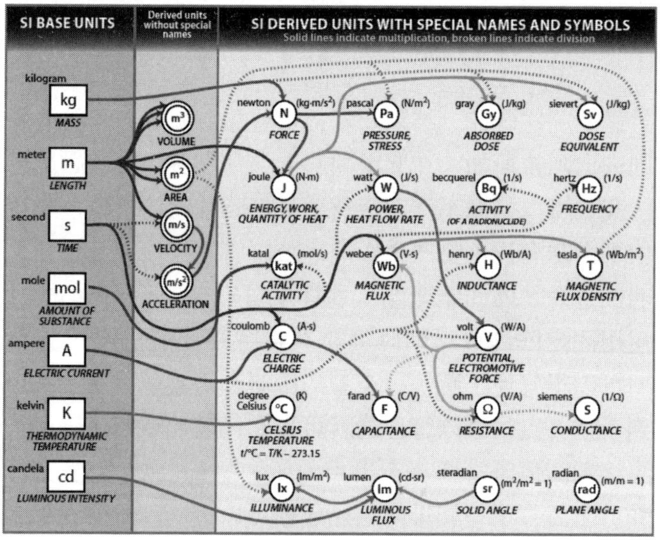

图 4. 1　标准国际单位（SIUs）及其关系

❶ 见 Giovanni Ceccarelli，"On the Approach to Designing an IAAC Yacht，" *MDY*'04，（n. d. ），http：//www. etsin. upm. es/Noticias/mdy06/mdy_04/ponencias/Papers/01 – Ceccarelli/BN% 20（1）. pdf（2005 年 9 月 4 日访问）。

❷ 见 The NIST Reference on Constants，Units，and Uncertainty，"Relationships of the SI Derived Units with Special Names and Symbols and the SI Base Units，" n. d. ，http：//physics. nist. gov/cuu/Units/SIdiagram. html（2004 年 10 月 5 日访问）。

有两个数据点对做决定是很有用的。第一个数据点是这项技术的“潜力”，也就是说，它在任何度量上的最大可行性能是什么。显然，这种潜力受到适用于度量的基本物理定律的限制。例如，制冷技术的冷却潜力不能低于绝对零度。但更相关的是现有技术水平和技术背后的科学基础，因为我们所知道的和能做的限制了我们能够实现的。

第二个数据点是“产量”。产量是当前实现的在该指标上的完成情况。[1]

给定产量和潜力，我们最终得到一个介乎两者之间的范围。这个范围代表我们的技术在该指标上的表现情况，如果我们试图通过研发来优化性能，则这一范围称为“延伸”。我们会问，我们可以在多大程度上延伸我们的技术性能。

当然，产量和潜力或多或少是可以实现的。因为技术是可以反复应用的经过理论验证的技术方案，所以我们还需要确定我们能够在多大程度上重复实现性能。我们想知道：我们能否在鱼雷靶场重复测量船体周围的气泡并且对结果的可复现性充满信心？

我们获得信心的方法是对相关的物理现象的控制。信心取决于我们所拥有的科学与工程知识以及工匠技术诀窍（artisan know - how）的函数。在 1994 年的一篇文章“衡量和管理技术知识”（*Measuring and Managing Technical Knowledge*）中，罗杰·博恩（Roger Bohn）提供了一种阶梯式的量表，即根据对技术中或通过技术被操纵的现象的基本控制来衡量结果的确定性。[2] 这个量表有八个等级，从完全无知到完全理解。等级的变化是依据我们对特定输入变量如何影响预期产出的了解程度。

博恩知识等级

（1）完全无知。即使我们意识到一种现象的存在，我们也不知道它可能有什么用。

（2）意识到。我们知道一种现象存在，并且它可能是相关的，但是我们不知道如何控制或使用它。我们能做的是开始研究它。

（3）测量。我们现在可以精确地测量变量，尽管我们不能控制它们，但是我们可以利用它们。例如，有句谚语说，你不能控制天气，但是下雨的时候

---

[1] Marco Iansiti, *Technology Integration* (Boston: Harvard Business School Press, 1998), 31.

[2] Roger E. Bohn, "Highbeam Research," Sloan Management Review (September 22, 1994), http://www.highbeam.com/library/doc3.asp? DOCID = 1P1: 29037540&num = 1&ctrlInfo = Round8b%3AProd%3ASR%3AResult&ao =（2004 年 10 月 4 日访问）。

你可以把聚会移到室内。在这个等级，我们可以开始用变量进行实验，改变它们来观察它们的控制意义。

（4）平均值的控制。我们现在可以在一系列水平上准确地控制变量，即使不是精确地控制。因此，我们可以控制平均水平，同时接受围绕这个水平的方差。这使我们能够根据我们可以控制的变量的平均值来稳定过程。我们开始对变量进行受控实验，以精确测量它们对过程的影响。

（5）方差控制。现在我们有了足够的控制力，可以精确地将变量固定在我们想要的水平，使其处于数值范围的某个位置。我们处于“食谱”生产的水平，也就是说，有能力遵循一致的烹饪方法——纵然我们可以始终精确地确保产出质量。我们的关注点从控制关键变量转移到如何控制环境因素和变量的相互作用。

（6）过程表征。一旦我们知道变量和环境的相互作用是如何影响结果的，我们就可以开始微调我们的过程，以降低成本并改变我们的产品特性。对产出质量进行反馈控制是可能的，这减少了结果的可变性，从而确保质量更稳定。通过对我们正在积累的技术诀窍知识工程化，并将其与我们对变量和环境的经验关系的了解相结合，我们可以开始对我们的过程建模。

（7）过程的科学模型。我们已经到达了非线性和交互模型的阶段，在这个模型中可以知道这个变量与其他相关变量的影响。使用反馈和一些前馈控制来优化过程变得可行。通过模型实现控制意味着最终我们可以把它交给计算机。我们成为模型的控制者，而不是实际过程的控制者。模拟允许进行那些过于昂贵或危险而无法在实际过程中进行的研究。我们现在可以开始预测那些我们从未面临过的问题。

（8）完整的知识。我们可以完全控制一个过程，我们完全知道如何在需要的时候生产我们想要的东西。简言之，有些是不可能实现的事情。我们最大的希望是通过对这一过程越来越详细的研究来渐进地接近它。

请注意，产量和潜力之间的差异并不意味着技术仍处于研发或不成熟阶段。如果我对保持谷物牛奶低温感兴趣，我并不在乎是否达到摄氏零度，更不用说绝对零度了。但我感兴趣的是你的技术在多大程度上能让我的牛奶保持低温。

然而，在评估潜在应用时，我们确实要考虑成熟度。如果我们不能提供人们现在就会购买的产品、过程或服务，说“今天”有一种应用就没什么意义了。我们真正在寻找的是“明天”的应用，那时我们就会有东西出售了。

我们可以借助技术准备等级（technology readiness levels，TRLs）来衡量一

项技术的成熟度。[1] TRLs 帮助我们掌握距离市场引入还有多远。在从 1 到 9 的顺序等级上，准备水平越低，说明技术离实际应用越远，越不成熟。

技术准备等级（TRLs）[2]

（1）观察和报告的基本原理。在这种最低的技术准备等级上，思想正在从基础研究过渡到应用研究和开发。这种过渡发生在对一项技术的基本特性的论文研究中。

（2）技术概念的形成。在这个等级上，研究让位于发明。应用可能是推测性的，因为没有证据或详细的分析来支持这一假设：该发明将如预期的那样起作用。论文研究仍在进行之中。

（3）概念的分析和实验性关键功能证明。现在进行正式的分析（包括模拟）和实验室研究，以评估已做出的性能预测。重点在于证明概念，即这项技术的关键但独立的要素。

（4）实验室环境中的组件和/或试验板验证。通过集成几个技术元件，创制一种试验板或线路板，以确定这些部件能够一起工作。这种工作台面上的粗制原型验证了技术基础知识的效用。

（5）相关环境中的组件和/或试验板验证。现在，有了具有关键功能的原型，它可以提供"高保真"的实验室集成组件。反过来，该原型可以进行更多的测试，例如在模拟环境中进行测试，比如通过使用喷雾罐和浸泡原型来确定水分的影响。测试可能涉及对阈值进行验证，这些阈值表明该技术可以在相关环境中运行得不错。

（6）相关环境中的系统/子系统模型或原型演示。现在的原型是一个功能齐全的原型或计算机模型，能够在"高保真"实验室环境或模拟操作环境（如压缩舱或环境舱）中进行性能测试。这个等级包括阿尔法（alpha）测试。

（7）操作环境中的系统原型演示。原型现在已经被带出实验室，并交给那些在实际工作条件下工作的最终用户。这是贝塔（beta）测试。在测试结束

---

[1] 关于从 TRLs 到基础研究进展的传统术语的交叉，参见 Houston Advanced Research Center，"Definitions of TRLs for Components and Subsystems/Systems，" n. d.，http：//www. harc. edu/harc/Projects/BlueWater/About/Files/TRLDefinitions. pdf（2004 年 10 月 4 日访问）。这个 PDF 文件还提供了一些例子。有关军事背景下每一等级的完整定义，参见 Acq. osd. mil，"Appendix 6，Technology Readiness Levels and their Definitions，" DOD Deskbook 5000. 2 – R，n. d.，http：//www. acq. osd. mil/actd/FY04/TRL%2050002R. doc（2004 年 10 月 4 日访问）。

[2] 改编自 Technical Support Working Group，"Technology Readiness Levels，" n. d.，www. tswg. gov/tswg/techtrans/TRLDefinitions. pdf（2004 年 10 月 5 日访问）。

时，技术已被证明可以在预期运行条件下以其最终形式进行工作。理想情况下，所测试的是预期的或试生产的配置，以确定技术是否符合设计规范并具有操作效用。这种测试是验收测试的基础。

（8）实际系统完成，并且通过测试和演示运行合格。该技术已经被证明在贝塔测试中是可行的，并已经过调整以解决其中出现的任何问题。几乎在所有情况下，这个 TRL 都代表开发过程的结束。

（9）实际系统，通过成功的实际使用证明。该技术现在已经过渡到最终用户手中。当出现最近一次“错误修复”时，它有可能还涉及贝塔（beta）测试。有时这种错误修复会一直持续下去。

有一个老古的笑话，讲的是一个物理学家、一个化学家和一个经济学家被困在一座荒岛上。一箱罐头食品被冲上岸，他们欣喜若狂，直到他们意识到他们没有开罐器。物理学家说，别担心，我会找到一块石头，计算出击打罐头的力和位置，然后罐头的边缘就会裂开。化学家说，为什么要那么麻烦呀，我可以生火，加热罐子，产生的能量会产生压力，罐头就会爆裂。经济学家惊讶地挠挠头，他说，为什么要担心，让我们认为罐头是打开的。终端用户，就像这个笑话中的经济学家，希望假设一种技术是可行的，即，处在 TRL 8 或 TRL 9 的水平。

在没有测试结果的情况下，宣称 TRL 等级是没有意义的。例如，美国陆军是靴子的主要消费者。假设我们有一种新的材料，我们认为它非常适合高性能运动鞋和靴子。我们可以做一套靴子，拿给陆军去测试。

> “我们在这里痛击靴子，我们要把它们打得稀烂”，美国陆军士兵系统中心（U. S. Army Soldier Systems Center）鞋类项目的项目首席工程师迈克尔·霍尔特（Michael Holthe）说，“它们必须经久耐用，而且能帮助人们完成他们的工作。你能做一种永远都不会坏的靴子，但是你真的无法使用它。这对士兵来说是没有什么用的。”……实验室中的设备被组装起来，以创造一种专门的能力来测试和评估鞋类，并检查隔热性、减振性、压力分布、渗水性、抗弯曲性和动态刚度。霍尔特说：“尽管这些都不能代替现场测试，但是它可以帮助我们了解项目是否在朝着正确的方向发展。我们可以在这里进行预测试，这样就不会浪费时间了。”❶

如果纳蒂克美国陆军士兵系统中心（U. S. Army Soldier Systems Center –

❶ U. S. Army Soldier Systems Center – Natick, “Boots Take a Beating,” April 2, 2003, http://www. natick. army. mil/about/pao/2003/03 –11. htm（2004 年 10 月 11 日访问）。

Natick）同意测试我们的材料，他们将进行一系列测试，以确定我们的材料是否适合靴子的预期环境和条件。一些测试如下：

■ 为了测试弯曲性，使用一台机器沿着靴子的自然弯曲线上下摆动 12 小时，每分钟重复 140 次。为了测试潮湿时的弯曲性和渗漏性，靴子被放置在一个不锈钢罐里，罐里盛有足够盖住脚踝的水。在靴子里放一张纸，如果纸最终变湿，设计就失败了。

■ 为了测试抗冲击性，另一台机器用钢制活塞撞击单独的鞋底夹层或整个制造的靴底系统。这种冲击允许评估冲击衰减、能量回馈和材料变形。这些测试可以计算减速度，减速度用于衡量对冲击被吸收的程度以及停止变形和回弹到其原始形状所需的时间。

■ 鞋内压力是通过将传感器嵌入研究志愿者所穿鞋子的鞋垫来测量的。数据被记录在志愿者佩戴的便携式记录仪上。

■ 隔热性的测量方法是将靴子放在金属托盘中，托盘中装有一个装满沙子的热板。整个鞋底都被沙子覆盖着，将其加热到 150 摄氏度。通过在靴子里放置一个探头，随着时间的推移对温度进行测量。顺便说一下，标准是在 30 分钟内温度增加不超过 22 摄氏度。

完成这样一组测试后，我们的材料将达到 TRL 6 级：相关环境中的系统/子系统模型或原型演示。

我们将在本书的后面部分看到，在将一项技术从实验室转移到实际应用时，成熟度和信心会影响所承担的技术风险水平。了解这种风险很重要，因为风险是评估技术的一个关键因素。将风险分配给能够最好地控制风险的一方对于成功交易至关重要。然而，我们在这里所关心的并不是这一问题，而是我们是否有足够的伸展性（stretch）来适应买家在特定应用中所期望的性能。

特　性

正如我们在第一部分中看到的，性能不足以建立实用性，从而形成竞争优势。技术还必须易于使用。特性是我们可以用来衡量易用性的客观因素，它们解决了人们在应用中使用我们的技术时可能会产生的舒适度问题。

按照托尔纳茨基（Tornatzki）和弗莱施（Fleischer）的观点，我们可以确定几个在各种技术中具有广泛适用性的特性。[1]

■“复杂性”衡量必须集成到该技术中的技术“层”的数量。正在转换

[1] 这里的讨论借鉴了 Louis Tornatzky and Mitchell Fleischer, *The Process of Technological Innovation*, (Lanham, MD: Lexington Books, 1990), 165 ff。

的技术可以是材料、组件、子系统、系统或平台。通常复杂性越低，转换技术越容易。

■“可伸缩性”衡量复制技术以满足市场需求的难易程度。高度可拓展的技术易于被复制（例如软件或塑料杯）。可拓展性与为满足市场需求而需要生产的单位的数量相适应的技术更容易转换。

■“适应性”衡量最终用户调整技术以满足其特定需求的难易程度。通常，在转换技术时，更强的适应性是技术转换时的一个优势。

■“包装”衡量的是为了让最终用户获得技术的实用性，必须为技术提供多少特殊基础设施。培训、无谐波电源和无振动地板是技术可能需要的包装示例。对于转移，大量包装可能是也可能不是问题，这取决于最终用户的能力和资源以及现有的基础设施。当技术并不总是带有全部或部分包装，并且包装不容易获得时，就会出现问题。

■“脆弱性”衡量技术走出实验室后的坚固程度。对可接受的环境操作条件的限制、易损性或崩溃的嵌入式软件是导致脆弱性的因素。

■“可测试性”衡量最终用户测试一项技术以决定获得该技术的难易程度。有两个因素很重要：最终用户测试技术的便利程度，以及进行测试时必定会受到影响的活动集有多大。最具可测试性的技术是那些可以用最少的指令交付给最终用户的技术，并且最终用户能够在不影响或很少影响其当前活动的情况下进行测试。

■“平台关系”衡量该技术与第二种产品（例如，相机与胶片或计算机与软件）集成的紧密程度。

让我们再次以鞋子为例。回想一下关于什么是好的冬季靴子的讨论。我们需要某种东西使鞋子防水以抵挡雪泥，但不会让我们的脚发热。达芬奇研究所（DaVinci Institute）的托马斯·弗雷（Thomas Frey）认为凝胶单元可以提供优于戈尔特克斯（Gore - tex ®）等透气膜的性能。[1] 凝胶单元（gel - cells）是一种膨胀的聚合物凝胶技术，使用微电压来膨胀或收缩凝胶。通过制造具有数百个凝胶单元的鞋，每个凝胶单元都由温度传感器自动控制，而温度传感器又由嵌入式微处理器控制，孔就可以被打开或关闭以保持所需的温度。通过仅部分地打开一个孔，我们就能让水蒸气从鞋内排出，同时防止水扩散到鞋内。另一个好处是凝胶单元还可以通过适当地膨胀或收缩来保持一个均匀的压力，以供使用。例如，下坡时，我们可能会增加压力以防止脚在靴子里滑动，而不是拉

[1] 改编自 Thomas Frey，“Smart Shoes，” *Da Vinci Institute*（2004），http：//www. davinciinstitute. com/page. php？ID = 29（（2004 年 10 月 10 日访问）。

紧鞋带。结果可能是一双非常舒适的鞋子。

但是等一下，请想一想凝胶单元需要的所有包装。我们不仅需要凝胶单元膜，还需要微处理器和电源。如果背包旅行时电池没电了，我们最好有备用电池，否则我们会怀念旧的戈尔特克斯（Gore - tex®）靴子。这是包装问题。此外，我们如何根据自己的喜好对凝胶单元进行编程？突然，我意识到这给我的鞋子增加了一两个层次的复杂性，因此我不确定我是否真的想要这种鞋子。我很清楚如何系紧和松开鞋带，而且我不需要使用手册。

把这双鞋和我的黄蜂牌小型摩托车（Vespa® motor scooter）比较一下。我今年买了一辆摩托车，可以去城里逛逛，因为我真的不需要汽车。我会骑自行车，所以我知道如何使用刹车。我有一辆汽车，所以我知道如何加油和检查电池的液位。我必须学会转动右边的把手来调节油门。不过也就这样了。小型摩托车没有我的汽车复杂，我不需要训练，尽管我以前从未拥有过小型摩托车。难怪随着汽油价格飙升，小型摩托车的销量在节节攀升。❶

请注意，特性像产量一样是可以衡量的。一项技术或多或少是脆弱的，或者需要或多或少的包装。但产量通常是以区间尺度来测量的，而特性是以顺序尺度来测量的。

我们可以使用特性来排除其中的一些应用，不再考虑它们。我们正在寻找的是我们的特性值与通常在应用中发现的特性值之间的不匹配，这种不匹配的方向不太理想。随着我们越来越向不太理想的方向移动，我们很可能会超出该应用中的人们的舒适范围。结果可能会出现进入市场的障碍——假设所有潜在的应用都可提供足够的收入和利润，那么为什么要尝试进入存在障碍的应用而不进入那些不存在障碍的应用呢？

我们为美国农业部做过一个项目，涉及将煤层气生产中的水用于养鱼。这种水是从地下抽出甲烷的副产品。当时，这种水是一种废物，因为将其净化用于农业或其他用途在经济上是不可行的。当时的想法是将这种水净化，用它来养殖北极红点鲑（arctic char）。出售北极红点鲑能够提供必要的附加值，使净化工作在经济上可行。此外，一旦净化完成并含有鱼粪，富含营养的水将非常适合作物灌溉和施肥。

最终用户是牧场主，他们的土地上发现了甲烷。然而，我们的分析发现，养鱼场的运营远比普通牧场的运营复杂得多。此外，如果不及时解决疾病问题，疾病可能会导致产量大幅下降，而牧场主对北极红点鲑一点都不熟悉，因

❶ Balde, "Scooter sales soar in 2004," *Columbia Chronicle Online*, May 17, 2004, http://www.ccchronicle.com/back/2004_spring/2004-05-17/arts5.html（2005 年 12 月 18 日访问）。

此所需的培训（包装）非常多。

我们的解决方案是改变最终用户。最终用户不是牧场主，而是从牧场主那里为他们的设施租赁土地和水的养鱼场经营者。北夏延部落（Northern Cheyenne Tribe）是潜在的有兴趣成为养鱼场经营者的群体之一，因为他们正在为他们的人民寻找工资更高的工作。

特 征

特征是我们作为用户与技术交互以获得性能的方式。它们或多或少让最终用户更容易采用和使用技术。如果我们想穿鞋，我们需要一种方式把鞋穿在脚上，并使它保持在那里。鞋带、拉链、维可牢（Velcro®）尼龙搭扣、按扣和纽扣是提供这种功能的一些替代方法。如果我们的最终用户是一个四岁的孩子，维可牢尼龙搭扣或拉链可能比鞋带更有吸引力。

特征合意性（desirability）取决于最终用户。你觉得微软视窗图形用户界面（Microsoft® Windows® GUI）非常直观、易用，但对于你的80岁祖母来说则是一个谜，完全不能理解。假设我们使用该图形用户界面作为CO_2传感器的读数界面，然后我们把传感器（带有小显示屏）交给在野外工作的人来测量植物的呼吸。如果最终用户是德州农工大学（Texas A&M）的毕业生，他/她可能会觉得该界面直观易用。如果他或她是一个没有受过高中教育的外来务工人员，这个界面可能会不那么直观，并且更难使用。因此，在我们确定一项技术是否适合一种应用之前，我们必须看看谁将使用它。只有这样，我们才能确定技术特征的合意性。

我们可以使用特征来补偿特性上的不匹配。在另一个农业技术项目中，我们的客户发明了一种将信息素与杀虫剂结合起来的方法，这是一种高度特异性的杀死害虫例如松树蛀虫的方法。问题是这种结合方式涉及制造一种非常黏的珠粒。因此，它需要人工施用于树木和其他作物，这使得它无法扩大使用规模用于大型林场。客户意识到的解决方案是为已用于喷洒其他杀虫剂的喷洒器设计一种特殊的喷嘴。这项创新赋予了他们的珠粒能够通过现有设备进行施用的特征。扩大规模的问题通过围绕它进行设计得到解决。

我们受雇帮助寻找喷嘴的设计。我们还开发了一种从空中施放珠粒的方法，该方法使用了战争中空投宣传单的技术以及用于制作糖果纽扣的其他技术。[1] 杀

---

[1] 见 Hans Moonen, "Propaganda Leaflets of the Second World War," 2005, http://members.home.nl/ww2propaganda/spread5.htm（2005年9月4日查阅）和 Old Time Candy Company, "Candy Buttons on Paper Tape," 2005, http://www.oldtimecandy.com/candy-buttons.htm（2005年9月4日查阅）。

虫剂珠粒被涂在生物可降解纸带上，当这些纸带飘向地面时，它们被挂在树枝上。关键是，特性不匹配应该被视为设计问题，而不是阻碍。正如我们将在后面看到的，诀窍是在研发过程中使用并行的工程方法，尽早挑出不匹配的问题，以便及时解决。

产品、过程或服务

从我们的角度来看，当我们寻找一项技术的应用时，无论我们把它概念化为产品、工艺还是服务都是无关紧要的，通常最好保持开放态度。以下的例子可以说明这一点。

假设我发明了一种微加工红外（IR）传感器光学阵列的新方法。工艺技术是一组功能和特征，它们影响产品的制造、生产、分销、销售和处置方式。产品——例如基于红外扫描特征谱线的 CO_2 传感器——是否因为工艺技术而表现得更好，只有当这是产品即传感器所承诺的好处时才是相关的。如果价格低是我们希望从传感器中获得的好处，那么我们制造传感器的方法能够降低劳动力和/或材料成本是有意义的。否则，就没有意义了。

现在，如果我在从事机器制造的业务，我可能会出售这种工艺技术，但是我还有另一种选择。假设我在从事传感器制造的业务，现在我可以选择保留这种技术的专有权，并在内部使用它来改进我自己的产品。现在，我的工艺技术被集成到一种新产品中，这种产品是我以前无法制造的，因为在没有微型机械装置的情况下，我无法制造光学阵列。如果我们是 TSI，一家小型公司，这种传感器由调节到以已知强度在 4.26μm 发射红外光的光源、CO_2 可以进入的感应室、红外阵列探测器、位于红外探测器前面的过滤器（用以消除除了 4.26μm 光之外的进入检测器的所有光）和带有软件的数字信号处理芯片（DSP）组成，该芯片采用比尔定律和感应器的光强度来计算 CO_2 的量，并将结果输出到计算机。通过使用可调谐激光器作为红外光源，我们可以将红外光源的波长移动到大约 2μm 的范围，使我们能够检测到 H_2O、NH_3、NO_2 和 N_2O。❶

使我们的传感器独一无二的是它的探测器，也就是传感器的一个组件。所以如果我们愿意，我们可以把这个组件卖给其他人，让别人把它集成到他们的传感器中。

---

❶ 作为一个例子，请见“NDIR CO_2 Sensing Technology,” TSI，2004，http://www.tsi.com/exposure/appnote/ndir_co2.shtml（2004 年 10 月 11 日访问）。

产品技术和工艺技术存在一种动态张力。产品技术的进步往往离不开工艺技术的进步。或者，新产品技术往往需要新的工艺技术。羊驼毛衣就是一个例子。羊驼毛纤维有充满空气的微小细胞，不仅能够隔热，也有助于将水分从皮肤上吸走。它的天然羊毛脂含量很低，所以它能抵抗太阳辐射，而它的松厚度使它可以防潮。羊驼毛在服装中的应用凸显了产品技术和工艺技术的相互作用。印加人将羊驼毛制成布料，他们称为“上帝的纤维”。然而，直到19世纪中期，它才在欧洲进行大量商业应用，原因是羊驼毛纺纱困难。直到1808年，英国似乎才做到这一点。它被贬为一种难以加工的纤维。事实证明，问题在于人们试图制造的纱线类型：羽纱，一种最初由蚕丝和骆驼毛联合制成的亚洲织物。随着棉经纱的引入，情况发生了变化。在棉经纱存在的情况下，当织物被织造时，一些纱线纵向延伸并与填充纱（也称为纬纱）交织。随着这项技术在英国的布拉德福德镇（Bradford）被采用，它在1936年左右被改进用于纺织羊驼毛。这种改进由布拉德福德的年轻制造商泰特斯·绍特（Titus Salt）推广开来，正如俗话说的那样：“剩下的就是历史了。”其寓意是：没有低成本高效率的生产产品的工艺技术，产品技术的效用是有限的。❶

我们也可以运行一项服务。说一项技术是一项服务，仅仅是说它的转型捆绑了大量的劳动量（见图4.2）。接着我们所举的例子，我可以创办一家公司，拿着我制造的传感器，将租赁、安装和维护 CO_2 传感器作为一项服务。现在，向客户提供的是一种计费劳动。(从这个角度来看，服务只是一种外包的实践。) 尽管是可以变通的，但经验法则是，要实现成功转型，服务比过程需要更多的劳动量，而工艺又比产品需要更多的劳动量。关键因素是在转移过程中需要多少未记录的诀窍，才能按预期使用该技术。

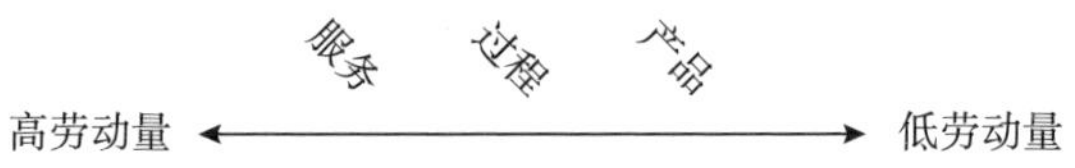

图4.2 高劳动量与低劳动量

从定义我们的技术及传感器的制造方法的角度来看，我们是否将该技术定位为产品、工艺或针对最终用户的服务无关紧要。此时对我们重要的是，根据

---

❶ 该讨论引自 Wikipedia, “Alpaca,” n. d. , http://www. fact - index. com/a/al/alpaca. html; Kelowna Alpaca Farm, “Fibre History,” n. d. , http://www. kelownaalpaca. com/FibreHistory. htm; 以及 Rocky Bay Alpacas, “Alpaca Fiber,” n. d. , http://www. alpacas. co. nz/Fibre. htm (2004年10月10日访问)。

①所提供的功能和②所期望的特性和③所需的特征，我们在如何定位我们的技术方面或多或少有灵活性。只要功能涉及改造物理世界，就可以将技术定位为一种过程，或者将技术嵌入一种产品（被改变的东西），或者将技术作为一种服务出售（其中，我们为别人做改变）。

许多年前，我获得了美国农业部 SBIR 一期和二期的资助拨款，用于开发一个专家系统，使农村经济发展官员找出并支持当地制造商采用新技术。回想起来，这个专家系统在互联网出现之前需要大量的数据，这并不意外。在贝塔（Beta）测试期间，经济发展官员告诉我们，收集所有的那些数据对他们来说太复杂了。好吧，我知道了：这就是你进行贝塔（Beta）测试的原因——在你进入市场之前就得到坏消息。我们决定在内部使用这种算法并销售服务。总而言之：难以使用的产品往往更适合作为服务出售。

寻找应用

技术会在实践中得到应用。走进鞋店，你会很快意识到有礼服鞋、步行鞋、跑鞋、登山鞋、雪地靴和许多其他种类的鞋。这些种类反映了通常情况下的穿鞋实践。

我们可以使用功能来寻找我们的技术可能会适合的潜在实践。我们需要做的就是把一项技术所提供的功能放到像谷歌（Google™）这样的网络浏览器中，然后添加像“问题”（problem）、“需要”（need）或“需求”（requirement）这样的词。我们浏览出现的内容，寻找我们能解决的问题。

实践往往具有主导设计。因此，对于大多数技术来说，找到一个应用就是找到技术可以改进或拓展主导设计的方法。在理想情况下，我们希望找到这样一种实践，在这种实践中，我们的技术不仅优于现有的或新兴的替代技术，而且可以“照原样”应用。❶ 毕竟，如果我们能卖掉现在就拥有的东西，那就简化了交易。但是假设我们不能这么做，别担心，技术不需要“照原样”映射到应用。

回想一下产品和潜在产品之间的区别。在寻找应用时，重要的是我们在不太麻烦的情况下（即，作为“简单的工程问题”）可以获得的可能产品范围。伸展性允许我们将我们的技术视为一组动态的特性和功能，这些特性和功能会随着时间的推移而发展（见图 4.3）。我们甚至可以通过产量的轨迹来衡量伸展度。这些可以根据它们的方向、幅度和变化率（斜率）来定义。这就允许

❶ 竞争技术将在本书的后面部分进行讨论。

我们寻找新兴应用和现有应用，只要我们的技术的相关轨迹在某个时候与最终用户的需求相交。举个例子：假设你是一名凝胶单元膜鞋的旅行推销员，你正在从一个鞋店到另一个鞋店的路上。你买了一台轻便的笔记本电脑，这样你就可以在出差途中继续工作。当你去买它的时候，一个关键的标准是重量。重量越轻，越适合“公路勇士”，因为这样可以减轻负重。这会在你的需求中创建一条映射到性能轨迹的轨迹。（当然，在我们的例子中，只考虑一个需求：重量。在现实生活中，我们通常必须考虑所有的关键需求，因为考虑到最终用户的需求，在所寻求的产品之间往往存在相互作用和权衡。）

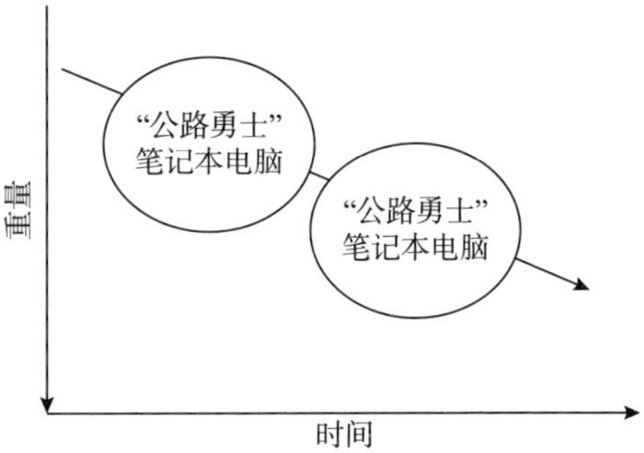

图 4.3　方向、大小和变化率

随着时间的推移，市场也发生着变化，整合冲击着鞋业。现在它的连锁店开在商场里，尽管你还会出差，但是你只会去在芝加哥或纽约或任何地方的公司总部，向一个控制着全美 500 家商店采购的买家推销。你喜欢便携性，但是现在你的工作要求你花更多的时间在家庭办公室而不是在路上。因为你不经常出差，所以你想要一台更像台式机的机器，这样它就能适合你在家庭办公室做的工作，但你仍然可以在需要的时候带着它上路。此外，夏威夷的客户和你的工厂所在的缅因州的时区不同，当你必须在晚上工作以便和夏威夷的客户进行协调时，如果你能把它带回家，那肯定会有所帮助。现在重量是一个不太重要的因素（见图 4.4）。你需要的是便携性，而不牺牲处理能力、文件存储空间、显示器和你已经习惯的其他特征。

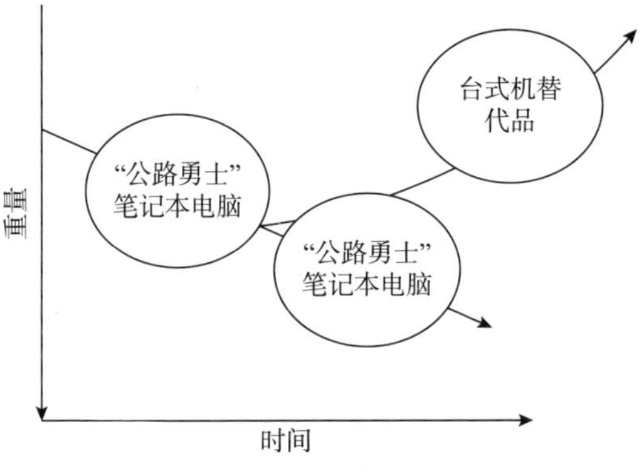

图 4.4　重量和时间

不同的标准导致不同的轨迹是相关的。用营销术语来说，我们所看到的是笔记本电脑分成了两个客户群，常年出差的人想要轻便，很少出差的人想要台式机替代品。实践变了，产品要求就会发生改变。

现在生意很好，你在进行国际旅行，以开拓欧洲和亚洲市场。同你的美国之行一样，这些都是去公司总部拜访买家的短途旅行。你需要与办公室保持联系，但你不是生活在路上。你意识到你不需要一台功能齐全的电脑，包括文字处理、电子表格、演示能力、电子邮件、网络、数据库等你需要的全部功能（见图4.5）。你对自己说，“为什么我要拖着那种台式机替代品？”见鬼，你甚至不希望从前的“公路勇士”回来，因为自从“9·11”恐怖袭击以来，在每个该死的机场安检点，你都必须取出并打开它，以进行扫描检查。高端掌上电脑（PDA）更有意义，因为它能以轻巧的重量为你提供所需的全部功能，而且掌上电脑在你的钱包中就可以进行扫描检查。

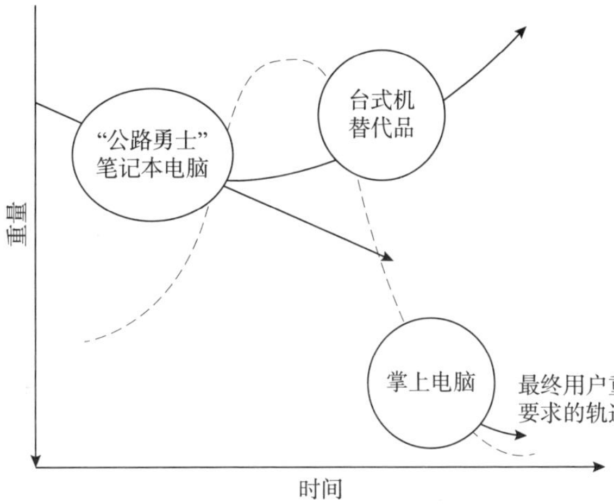

图4.5　最终用户重量要求的轨迹

该示例强调的是，在寻找应用时，既需要考虑实践的变化也需要考虑产品轨迹变化的可能性。实践的变化会改变对需求的追求，这也就意味着要么需要改变相关技术轨迹，要么需要在出现客户细分的情况下将其分为多个轨迹。或者，技术轨迹的变化可以为实践的开展开辟新的可能性，尽管在这种情况下，我们可能必须通过广泛的最终用户意识培养和教育来“建立”市场。

即使你找到了一个潜在的应用，你也未必能利用它。几年前，我对蓝宝石液晶显示器做了一些市场调研。它非常坚固，你可以通过它泵送大量电能。我们遇到了一个很好的应用：计算机生成图像的投影仪。那时，你可以向投影仪输入多少电能是有限制的，因此它们不能在房间里有光的地方使用。

更多的研究显示，德州仪器公司（Texas Instruments）刚刚引入了硅蚀刻镜作为竞争性方案。令人遗憾的是，德州仪器公司的技术方案更胜一筹。有时候，一个应用会因为你不知道如何才能更好或更便宜而消亡。当面对一个在市场上建立起来并拥有强大能力和现金储备的竞争对手时，最好的办法是前往下一个应用……并考虑购买在该市场具有竞争优势的公司的股票。

假设我们仍然找不到应用。同样的，现在也不是惊慌失措的时候，下一步是进行功能分解。再举一个例子：多年前，我们为海军做了一些关于参量吊放声纳（parametric dipping sonar）的工作。参量声纳将两个高频音调撞击在一起，发出非常强的低频声音。❶ 这种声音特别适用于探测沿海地区的小型潜艇和水雷。

现在谁在意呢？显然，海军在意。如果你要驶向危险的地方，知道坏人在哪里，以及他们在哪里给你留下了"惊喜"，这是很好的。但是其他还有谁会关心呢？对参量吊放声纳的需求并不大。你不能用它们钓鱼。当你发出砰的一声，鱼受惊会浮到水面，鲸鱼和其他海洋生物会头疼，这会让环保游说团体抓狂。此外，这确实不是一种对资源负责的捕鱼方式。所以，算了吧，放弃这种应用。你也不会用它来寻找市政公用工程的管道或其他流出物，因为你只需看看地图就能找到它们。你可以用它来搜寻沉船，但那只是一个很小的市场。那你要怎么做呢？

我们做了功能分解，最后得到了一种外壳，一些发射电子器件，一些是接收电子器件，以及一种将接收到的信号传回船只或直升机的方法。当我们更详细地研究这些时，我们意识到参量声纳唯一独特和有趣的地方是它们的发射电子器件——也就是说，如何接收两个高频噪声，将它们撞击在一起，并产生非常集中的强低频噪声。

我们现在有了一个不同的问题，我们想知道谁需要非常强的低频噪声。结果是，有一个叫作声化学的化学领域，❷ 它用声音驱动化学反应。因此，我们产生非常强的低频噪声（功能）的能力可能对那些需要非常强的低频噪声的人有用。

---

❶ 参见 The Library of Congress，THOMAS，"Parametric Airborne Dipping Sonar，" Senate Rpt. 104 – 112—National Defense Authorization（1996），http：//thomas. loc. gov/cgi – bin/cpquery/？ &db _ id = cp104&r_n = sr112. 104&sel = TOC_307930&（2004 年 10 月 11 日访问）。关于图片，另请参见 Sonotech Corporation，"Parametric Array DippingSonar（PADS），" http：//www. sonetechcorp. com/dipping _ sonar. shtml（2004 年 10 月 11 日）。

❷ 见 American Chemical Society，"Sonochemistry，" *Chemistry*（2000，Summer），http：//www. scs. uiuc. edu/suslick/pdf/chemistry. summer00. sonochem. pdf（2005 年 9 月 4 日访问）。

大多数发明都可以转化为多种应用。换句话说，创新涉及使一项发明在实践中有用。然而，如果没有市场调研，我们对最终用户的了解就很少，因此我们首先要从技术的功能方面来定义技术，然后再到处去寻找可以应用该技术的相关实践。

当涉及基础科学或工程突破时，即使把术语输入搜索引擎，也可能很难找到应用。当你在寻找应用领域遇到问题时，头脑风暴是很有帮助的。两个工具是马里奥尼矩阵（Marioni Matrices™）和矛盾矩阵（Contradiction Matrices）。

马里奥尼矩阵（见表4.1）是由唐·马里奥尼（Don Marioni）发明的，他是一名系统工程师，也是远见科技公司（Foresight Science & Technology）的负责人。该矩阵有两个维度。矩阵的顶部是需求列表，是基于第1章中讨论的马斯洛（Maslow）层次结构设计的。纵向维度是一组通用的创造价值的供应链活动，从原材料提取、设计和制造到产品的最终处理。为了进行头脑风暴，你需要先查看两个维度相互作用产生的每个单元格，然后问自己“如何在这里应用我的技术”。❶

表4.1 马里奥尼矩阵*

	食品	住所（Shelter）	衣物	健康	动力（Power）	运输	通信	安全	财务	教育	科学	娱乐	艺术/哲学
原材料提取													
加工工具和技术													
研发（R&D）													
设计和产品开发													
测试、评估、测量和校准													
制造													
包装、分配和物流													
营销、销售和推广													
操作和维护													
处理和循环													

❶ 该矩阵是以其创造者唐·马里奥尼（Don Marioni）命名的，他是远见科技公司的董事会成员［关于该矩阵的讨论，请见 Darrell Mann and Simon DeWulf，“Updating the Contradiction Matrix”。该论文发表于 TRIZCON 2003：Fifth Annual International Conference of Altshuller Institute for TRIZ Studies，Philadelphia，PA，March 16 – 18，2003，http：//www. osaka – gu. ac. jp/php/nakagawa/TRIZ/eTRIZ/epapers/e-2003Papers/eMannDeWulf0303/eMannMatrix030316. html（2004 年 10 月 4 日访问）］。关于更多的信息和示例，请见 *TRIZ Journal* at http：//www. triz – journal. com/matrix/（2004 年 10 月 4 日访问）。

* 原著无表题，系译者所加。原著左上“食品”在第1列第1行，现改为第2列第1行。——译者注

矛盾矩阵是TRIZ中的一个工具，TRIZ是创造性解决问题理论的俄语缩写（Teoriya Resheniya Izobreatatelskikh Zadatch）。TRIZ是由根里奇·阿奇舒勒（Genrich S. Altshuler）发明的，是一种创造发明的工具。它基于这样一个前提，即大多数发明都涉及改进诸如速度、精度、重量等参数（这类似于SUI）的方法，尽管有一些原因使得改进不容易获得，因此对于该领域的从业者来说并不直观。

阿奇舒勒称，对性能改进的需求遇到了物理障碍，这表明改进性能的唯一方法是转向另一个方向，这是技术上的矛盾。一个经常使用的例子是灯泡。灯丝需要烧热才能产生光，但不能热到使灯丝烧掉的程度。另一个例子是将馅料倒入巧克力糖壳中。馅料必须是热的，因为这样倒得快，但它不应太热，否则会融化巧克力。目标是解决矛盾。阿奇舒勒提出了40条原则来制订这样的方案。就灯泡而言，解决矛盾的方案是把灯丝封闭在真空中。

这些原则是：[1]

■ 分割（Segmentation）。将对象分开，使其更容易拆分，或增加分割程度。

■ 取出（Taking out）。将有问题的部分或属性与对象的其余部分分开。

■ 局部属性（Local quality）。将结构从统一改为非统一，对部件进行分工，或者为每个部件的操作创建优化的特殊环境/条件，优化每个零件的操作。

■ 不对称性（Asymmetry）。使对称的对象不对称，反之亦然。

■ 合并（Merging）。使部件结合得更紧密或合并它们，使它们在一起或平行，或使操作更紧密地结合在一起或同时发生（并行）。

■ 普适性（Universality）。通过让其他部件执行它们的功能来消除部件。

■ 嵌套娃娃（Nested doll）。将部件放置在彼此内部或让它们彼此穿过。

■ 抗重（Anti－weight）。将重的对象与举起它们的东西合并，或者通过使重的对象与环境相互作用来补偿重量，从而减轻其重量的影响。

■ 预先反动作（Preliminary anti－action）。创造条件，使有害行为在发生时得到抵消或减轻；或者及早产生应力，抵消以后发生的有害应力。

■ 预先动作（Preliminary action）。在流程中需要改变对象之前，完成改变对象的动作，或者预先安排它们在合适的时间从方便的地方进入流程。

■ 预先缓冲（Beforehand cushioning）。预先为对象的不可靠性能准备解决方案。

---

[1] 基于 on Ellen Domb, "40 Inventive Principles with Examples," *TRIZ Journal* (1996), http: //www.triz－journal.com/archives/1997/07/b/index.html（2004年10月11日访问）。

■ 等势性（Equipotentiality）。在势场，限制可能的位置变化，或消除移动对象的需要。

■ 反转（The other way round）。反转用于解决问题的动作（移动、温度变化等）；使固定部件可移动，或使可移动的部件固定；或者颠倒对象或过程。

■ 球形和曲度（Spheroidality and curvature）。表面或部件使用曲面，而不是矩形；从平面变为球体；从立方体变为球体；使用滚轮、拱形结构等；或者从线性运动和力变为旋转运动和力。

■ 未达到或过度行为（Partial or excessive actions）。同样的东西，使用稍微少一点或稍微多一点。

■ 动态（Dynamics）。允许设计或工艺动态变化，使其更加优化；分割部件，使它们能够相对移动；使刚性对象或工艺可移动和自适应。

■ 另一个维度（Another dimension）。增加自由度或更多的维度，为对象使用多层布置而不是单层，使对象倾斜或以其他方式重新定向对象，使用区域的另一侧来增强能力或功能。

■ 机械振动（Mechanical vibration）。使对象振动或振荡，增加频率，使用共振频率，组合不同领域的振荡（例如，声和电磁振荡）；或者使用压电振动器而不是机械振动器。

■ 周期性动作（Periodic action）。从连续动作转变为脉冲或周期性动作，改变周期性动作的周期幅度或频率，在脉冲之间引入停顿。

■ 有用动作的持续性（Continuity of useful action）。所有部件在任何时候都满负荷工作，消除停机时间或动作的间歇现象。

■ 跳过（Skipping）。以高速度进行过程或动作（尤其是有害或危险的过程或动作）。

■ 变害为利(Blessing in disguise)。利用有害因素产生所希望的积极效果；用一种有害因素抵消另一种有害因素；放大或缩小有害因素，直到它不再有害为止。

■ 反馈（Feedback）。引入过程或动作的反馈回路，改变回路的重要性或影响。

■ 借助中介物（Intermediary）。引入中间载体或过程，或者将对象或过程暂时相互合并。

■ 自助（Self - service）。让对象或过程执行辅助功能，这些辅助功能有助于实现其目的，并且是本身所需要的；寻找废物资源或废料的用途。

■ 复制（Copying）。制作难以获得或昂贵对象的简单、廉价的复制品；用复制品或光学复制品代替实物；改变用于制作光学复制品的波长。

■ 廉价短寿命物品（Cheap short - living objects）。用一堆不太贵的寿命较短的单元设备替换一个单元设备。

■ 机械替代（Mechanical substitution）。使用传感手段代替机械手段来定义边界或对象；用力场代替机械操作；从静态场转移到可移动场，或者从非结构化场转移到结构化场；使用场激发粒子或对象。

■ 气动和液压（Pneumatics and hydraulics）。使用流体而不是固体部件。

■ 柔性外壳和薄膜（Flexible shells and thin films）。使用外壳和薄膜将对象与环境隔离开来。

■ 多孔材料（Porous materials）。使对象多孔或添加多孔成分，或者在存在孔的情况下，使用它们来引入新的物质或功能。

■ 颜色变化（Color change）。更改对象或其环境的颜色或透明度。

■ 同质性（Homogeneity）。用相同的材料或具有相同性质的材料制作两个（或多个）与共同的第三对象交互的对象。

■ 丢弃和恢复（Discarding and recovering）。恢复对象的易耗部件（对象操作的一个特征），或者使已经完成其功能的对象消失或自行消失。

■ 参数变化（Parameter changes）。改变物理状态，改变浓度或稠度，改变柔韧性，改变温度。

■ 相变（Phase transitions）。利用材料相变的方式来实现目标。

■ 热膨胀（Thermal expansion）。换成具有不同热膨胀系数的材料，或修改规程以利用当前材料的热性质。

■ 强氧化剂（Strong oxidants）。用富氧空气或纯氧代替普通空气；利用氧化作用；使用臭氧或将空气或氧气暴露在辐射中。

■ 惰性气氛（Inert atmosphere）。引入惰性环境，或向对象添加惰性材料或部件。

■ 复合材料（Composite materials）。从均匀材料变为复合材料。

在 TRIZ 中，你要观察相互冲突的性能指标之间的交叉点，然后应用这些原则，直到你找到解决方案为止。在我们的语境下，你要做的是观察你的技术性能的交叉点，并询问你通过应用这些原则可以创造哪些优势，从而可以解决哪些问题。这种见解反过来又为寻找应用提供了新的搜索条件。

假设我们仍然找不到应用，还有一个最后的退路。我们看一看构成该技术基础的知识领域，我们在该科学和/或工程领域拥有一套技巧和能力。在我们的红外传感器中，该领域一方面涉及光谱学；另一方面涉及电光器件的设计和制造。将搜索条件“光谱学　电光　需求”（spectroscopy and electro - optic and need）输入搜索引擎，会返回一系列关于超快光谱学的文章，超快光谱学是一个快速发展的物理化学领域。快速发展的原因是我们现在可以使用非常快的激光来实时观察和控制化学反应。当反应物通过过渡态变成产物时，我们可以观察原子位置随时间的变化。我们可以追踪振动能量在分子中的流动。这些能力在从医学到微机械加工的领域都有广泛应用。经验教训是什么？如果其他方法都不奏效，那就用你所学到的知识为你的下一个研发计划找出一个热门领域的紧迫问题。

让我们回顾一下我们所处的位置。在第一部分，我们明白了如何定义我们的技术。现在我们已经采用了该定义，并寻找相关的实践，在这些实践中，有可能它将被应用于人们想要解决的实际问题或他们想要利用的机会。

考虑一下我们的红外传感器，我们搜索人们可能需要的实践。在此过程中，我们发现了大卫·桑德森（David Sundersingh）和大卫·W. 贝尔格（David W. Bearg）于 2003 年 7 月发表的一篇题为“学校室内空气质量（IAQ）：监测二氧化碳水平的重要性”的文章。[1] 他们指出，暴露污染物水平超过在美国国家环保局（EPA）的“国家环境空气质量标准”所接受的水平对于儿童来说需要特别关注。有几个原因：儿童每单位体重呼吸的空气量比成人多；污染物对幼儿的影响通常更大，污染物通常会沉降下来，因此污染物更常见于儿童呼吸的地方，而不是成人呼吸的地方。当然，解决方案是尽量减少污染物，一种方法是保持“适当的通风”。对于什么是“适当的通风”，美国供暖、制冷和空调工程师协会（American Society of Heating, Refrigerating and Air - conditioning Engineers）的标准 62—1999《可接受的室内空气质量的通风方法》（*Ventilation for Acceptable Indoor Air Quality*）对其进行了定义。但是要知道是否在通风，我们必须对它进行测量。根据 ASTM D6245《使用室内二氧化碳浓度评估室内空气质量和通风的标准指南》中的取样指南进行的二氧化碳监测就是其中的一种方法。

我们找到了一个潜在的应用。现在我们只需要使该实践的需求与我们对技术的定义相匹配，以看看它是否有效。我们能测量二氧化碳吗？是的。我们能以足够低的成本安装足够多的传感器来覆盖所有必要的采样点吗？是的。该技术是否成熟到足以满足现有需求？是的。很好，我们有一个应用：学校的暖通空调（HVAC）和室内的总体空气质量。

但为什么就此止步？由于该应用是监测暖通空调（HVAC）系统，那么我

---

[1] David Sundersingh and David Bearg, “Indoor Air Quality in Schools (IAQ): The Importance of Monitoring Carbon Dioxide Levels,” *Design Share* (n. d.), http://www.designshare.com/Research/Sundersingh/IAQ_Monitoring.htm（2004 年 10 月 11 日访问）。

们如何增强功能？TRIZ 有一个原则叫作“预先反动作”。通过将我们的传感器连接在反馈回路中，我们可以在空气开始变酸时增加通风。使用“自助”意味着我们可以调整传感器来监测特定的污染物，甚至是由恐怖分子释放的潜在毒素和化学物质。换句话说，一旦我们找到了一个应用，我们就可以看看这个实践中的趋势，以便弄清楚如何提高我们技术的竞争力。如果这些趋势不是很明显，我们可以利用 TRIZ 思考出可能的改进，然后在网上搜索以证实或证伪它们的可取性。我们在《传感器在线》（*Sensor Online*）上看到一篇题为“用二氧化碳传感器改善室内气象”的文章，该文章讨论了红外传感器及其效用。[1] 它和其他信息源证实了应用的存在。

我们的性能规格非常符合商业供热、通风和空调（HVAC）行业的需求，特别适合于需要控制通风（DCV）的系统中。CO_2 传感器的应用将是在 CO_2 水平过高时激活 HVAC 系统中的新鲜空气入口。每个人都有使用这种技术的经济动机——HVAC 制造商可以通过向他们的系统销售这种改进的产品来赚钱，而建筑物的所有者可以通过仅在必要时向系统注入新鲜空气来降低能源支出，使得这种应用非常有吸引力，如果它有价格竞争力的话，会推动对这种技术的需求。

我们如何判断它是否有价格竞争力？

首先，鉴于美国材料试验学会（ASTM）的标准，我们知道市场上已经有了竞争性的 CO_2 传感器，我们可以以它们为基准进行对比。对“HVAC and CO_2”的快速搜索显示霍尼韦尔（Honeywell）和德州仪器（Texas Instruments）是其中两个竞争对手，于是我们可以找出其设备的价格。其次，我们可以查看相关领域的场合中实际使用的各种传感器（或其他等效技术）的价格，以确定给定性能的典型价格。例如，此时的问题是其他的哪些传感器被连接到作为学校和其他非住宅建筑 HVAC 系统的反馈子系统。显而易见的选择是恒温器。作为首次概算，我们可以用复杂恒温器的性价比作为基准，计算出可能出现的价格冲击（sticker shock）的量级。

接下来，假设有足够的数据，我们可以绘制竞争性方案的性价比图，我们可以很好地了解是否存在我们可以获得产品优势的未被占领的空间。

在图 4.6 中，产品 1 以适中的价格提供适中的性能水平；产品 2 以更高的价格提供更高的性能水平。产品 1 和产品 2 之间的圆形区域代表未服务的产品区域；买家可能需要比产品 1 性能更好的技术，但不需要产品 2 的高性能。因

---

[1] Scoot Lindblom, “Improving Indoor Weather with Carbon Dioxide Sensors,” *Sensors* (July 2004), http: //www. sensorsmag. com/articles/0704/35/main. shtml（2014 年 10 月 11 日访问）。

此，他们不愿意支付产品 2 的价格。

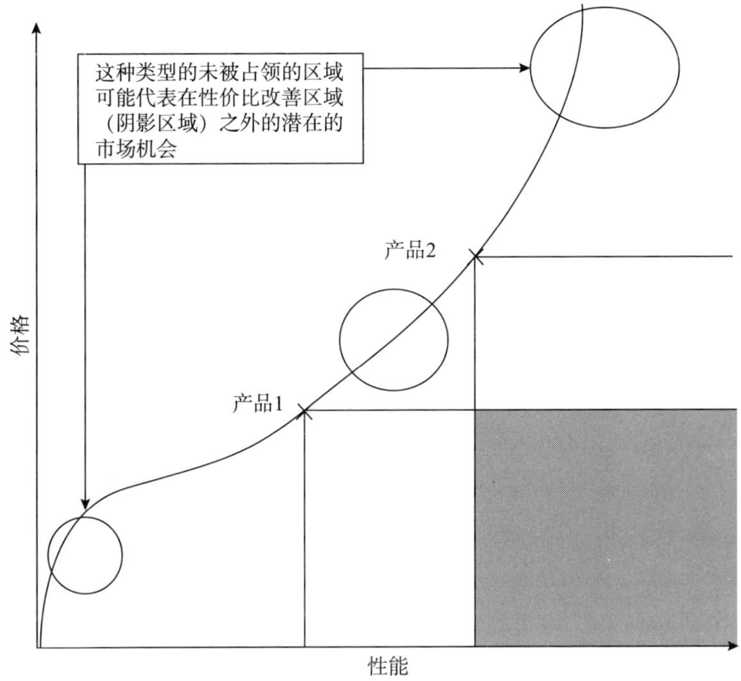

图 4.6　未被占领的位置

我们已经用圆圈表示出了一些可能的产品布局区域。与产品 1 或产品 2 相比，进入这些区域中的任何一个都提供了一些优势，无论是价格、性能还是两者兼有。虽然技术并不总是能够进入没有服务的区域，但是你希望远离那些你没有竞争优势的非常拥挤的区域，例如产品 1 和产品 2 都提供服务的交叉阴影矩形区域。

所有这些都是说，一旦我们找到了一个应用，我们就要聚焦于是什么让这个实践的参与者满意，这样他们就会想要我们的技术。我们要修改我们的技术，重新校准其产出，以提高我们满足最终用户的精确需求（或预期的需求轨迹）的能力。如果可能的话，我们还要提供一些功能延伸或者改进技术的特征以提高其易用性。用营销术语来说，我们所做的已经从技术推动转变为建立市场拉动。我们已经实现了市场导向。

但还有更多。随着现金流通过渗透这一应用而建立，我们也可以渗透到其他应用。因此现在我们想知道还能在哪里使用我们的 CO_2 传感器。在谷歌（Google™）中输入字符串“CO_2 sensor”将出现约 4.2 万个命中结果。浏览前 20 个命中结果，可以发现一系列潜在应用，包括：车辆燃烧副产物检测；周围空气质量的环境监测；人员安全检测；灭火系统检测；生物医学呼吸监测；以及我们的新朋友 HVAC 系统中的 CO_2 检测。我们的传感器技术有潜力在所有这些应用中提供优势。

寻找客户

客户就是真正购买技术的人。在通常情况下，这个客户是一个组织。在这个组织中，有两个与我们相关的关键角色。第一个是最终用户，第二个是买家。

最终用户

那些实际接触和使用我们技术的人是我们的最终用户。这些人是我们发现的实践的参与者。通过确定这些角色，我们可以很好地了解他们是谁，从而进一步完善我们对所销售的产品的定义。

我们通过精确观察我们的技术如何被使用，为什么会被使用，使用频率，以及谁在实际使用来识别最终用户。我们想知道的是，实际使用技术的人会把采用我们的技术作为优先事项吗？如果他们这样做了，我们就产生了拉动（pull－through)。如果采用我们的技术不是他们的优先事项，我们至少希望他们会认为该技术是可取的。

拉动是产品优势的明显标志，它存在于最终用户非常喜欢一种产品、过程或服务，以至于他们对某项好的产品有需求，给买家带来了购买的压力。我曾经遇到过一个很好的例子，当然，现在我想写它，但我找不到了。所以，我只能给你讲这个故事。不管这个故事是真是假，我们都应当采取诗意的态度，因为它阐明了我想表达的观点。

一家卡车制造商发现其市场份额和销售额在下降。它研究了市场数据和趋势，得出了一个惊人的发现，许多卡车司机都是女性。现在，你让任何一位女性朋友站在任何一位男性朋友旁边，你会立刻发现女性的身体与男性的身体不同。这是灵感的关键，因为在那之前，卡车是为适应男性身体设计的。卡车司机工作时间很长，很难受，所以舒适很重要。后来，卡车制造商重新设计了座椅，改变了方向盘的高度，并对驾驶室做了许多其他的改变，最终出品了一款“女士卡车”。她们驾驶着它环游全国，在每个卡车站都停几天车。很快，所有的女士都在谈论这种卡车。因此，当卡车运输公司为他们的车队购买新车时，这些女司机鼓励她们的公司为她们购买更舒适、更高效的车辆。她们向雇主施压，雇主于是就购买。

这就是拉动。最终用户通过向买家施压来拉动商品销售（见图 4.7）。当存在或建立了沟通渠道时，它就能发挥作用；这些渠道可用于创造最终用户对产品的需求，然后将这种需求从最终用户传递给买家。

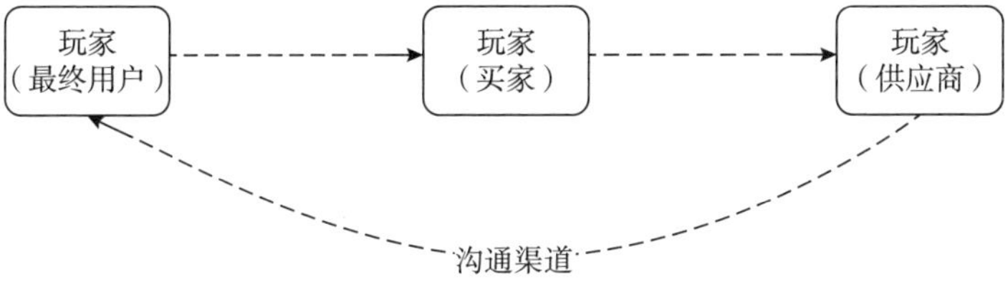

图 4.7 拉动（pull – through）

另一个例子是：麦当劳（McDonald）像其他汉堡连锁店一样出售汉堡、薯条和饮料。但使它在市场上占据优势的是，管理层很早就意识到他们最好的客户是孩子们。孩子要吃麦当劳，父母很难拒绝。因此，麦当劳将产品打包成快乐套餐，并把玩具放在里面来吸引孩子。孩子想要快乐套餐，父母希望孩子们停止抱怨，这就是拉动。❶

现在，要从市场导向走向拉动，我们需要了解最终用户想要什么。就我们在此的目的而言，最终用户想要的可以归结为两个方面。首先，技术必须能完成这项工作。其次，它需要被认为是合意的和值得拥有的。在所有其他条件相同的情况下，对于最终用户来说，当技术能产生效果（即具有必要的功能），易于使用（即具有良好的特性和特征）并且不威胁他们的工作时，就会产生合意性。易用性通常取决于一项技术与用户技能和能力的紧密程度。

这次，让我们使用一个农业方面的例子来说明。白霉病对于种植大豆的农民是个问题，它会杀死作物，导致每英亩 15 蒲式耳或更多的损失。霉菌可以用杀真菌剂来控制，但是化学药品会使成本升高。幸运的是，杀真菌剂通常是不必要的，引起白霉的真菌油菜菌核病菌（*Sclerotinia sclerotiorium*）只在湿度过高的年份出现。一般来说，在 6 月下旬至 7 月中旬的两周时间里平均降水量为 3 英寸时，菌核病菌（*Sclerotinia*）开始发芽。因此，在旱季或通过晚种植通常可以避免白霉病。

“通常”只能到此为止。我们评估了一个计算机项目的商业潜力，该项目结合了遥感数据、天气分析和预报、作物和冠层建模，为菌核病菌孢子浓度的

---

❶ 见 Nahas，“Mid Market Strategies，” *Trailer Body Builder*（March 1，2001），http：//trailer – bodybuilders. com/mag/trucks_mid_market_strategies/（2004 年 10 月 11 日访问）。

现场评估创造了一个经济工具，从而为何时施用杀真菌剂提供了更精确的指导。这样的项目符合名为精准农业的运动。精准农业涉及使用高科技精确控制农业投入，以提高生产率、降低对环境的不利影响、降低成本。

很明显，如果你没有精准农业的培训、没有计算机和传感器基础设施，这个软件项目就不太容易运用。对开发者来说幸运的是，在我们做评估的时候，农业正在迅速变化。接受过大学教育的农民越来越多，尤其是在大型农场，农民拥有两年或四年制学位成为常态，大型农场最有可能采用这一项目，因为在规模经济的情况下，这一项目的收益更大。也是在那个时候，根据国家农业统计局（National Agricultural Statistics Service）的数据，拥有或租用电脑的农民人数占 50%，而且还在增长。接入互联网的农场数量为 43%，而且还在增长。换句话说，在约三十年前，这项技术对大多数农民来说很难使用，但今天，技术、能力和基础设施已经到位。但是，尽管当时 50% 的农场有电脑，但只有 29% 的农场将电脑用于农场经营。

可以做些什么来提高易用性呢？正如我们已经看到的，一个答案是关注于特征。显然，一个类似视窗（Windows®）的屏幕将有助于使软件的操作更加直观，原因是农业商业软件的主导设计是个人使用软件。这种用户界面的实际设计有时被称为接口标准，这类似于可以使一个设备连接到另一个设备的标准。

通过了解最终用户目前从事的工作，以及他们所接受的培训、教育和体验，就可以了解他们在采用和适应新技术以满足他们的需求时的舒适区。这种适应技术的能力被称为吸收能力，这在上一章中有简要介绍。吸收能力对于最终用户来说，就像延伸能力对于技术一样。

吸收能力分为两类。第一类是关于科学、工程和技术的特定领域的吸收能力。要将传感器安装到暖通空调（HVAC）系统中，最终用户需要了解一些电子学、暖通空调（HVAC）系统等方面的知识。这类吸收能力被称为领域能力（domain capacity），因为它指的是知识领域。另一类涉及与最终用户工作场所（arena）相关的知识、诀窍和技能，称为情境吸收能力（context absorptive capacity）。

场所是实践发生的社会经济环境。让我们假设传感器的功能很好地反映了多区域大型建筑中的空气循环需求。我们的 CO_2 传感器可以应用于许多场所，包括医院、工厂、住宅、大学、酒店、学校和办公楼，这仅仅是其中的几个例子。即使暖通空调（HVAC）系统的主导设计适用于所有这些系统，每个环境也可能有独特的变体。例如，医院可能需要过滤一些病房的空气，以防止疾病传播。学校的校长可能希望教室在寒冷和流感季节比其他时候有更高的空气流量。最终用户对这些独特方面的理解对于使技术适应实践可能很重要。场所的影响可以是微观层面的（在本例中与特定医院相关联），也可以是宏观层面的（与一般医院建筑相关联）。两者都可以以类似于市场力量运作的方式影响最终用户的功能和特征偏好。

了解应用场所使我们能够粗略地估计市场规模。棒球比赛的座位销售受到体育场大小的限制。同样，我们可以根据场所的大小来估计技术市场的规模。如果我们能确定场所中有多少建筑，多区域的比例可能是多少，它们的平均大小，以及每平方英尺或平方米的传感器数量，我们就能估计出总的潜在市场规模。通过观察场所趋势，例如旧建筑的翻新或新建筑的增长速度，我们也可以对市场渗透率有个初步了解。如果我们想根据机构数量来确定市场规模，我们可以在美国人口普查局（U. S. Census Bureau）的制造商普查和年度调查中找到这些数据。

概览就到此为止，现在让我们看一看当我们有一笔交易要做时，这是如何工作的。继续以我们的红外传感器作为例子，因为该传感器用于监测多区域建筑中的新鲜空气循环以确保空气质量，供暖、空调和制冷技师和安装人员是我们的最终用户。他们是安装、操作和维护暖通空调（HVAC）系统的人。如果我们切换到鞋楦机（shoe lasting machine），我们的最终用户将会是从事裁剪和缝纫操作的生产工人。

要了解更多的有关我们最终用户的信息，我们可以搜索美国劳工部（U. S. Department of Labor）的《职业前景手册》。（其他工业化国家也有类似的资源。）谈谈你工作中的税金吧！这个在线资源能够告诉我们关于最终用户的所有信息，包括他们工作的性质，工作条件，就业情况、培训、其他资格和晋升，就业前景，收入，相关职业，以及附加信息的资源。

看看我们暖通空调（HVAC）CO_2 传感器的最终用户，我们发现这些人往往受过良好的教育。他们越来越多地毕业于为期 6 个月到 2 年的课程，在这些课程中，他们学习理论、设计、设备构造和电子学，同时还学习如何安装、维护和修理设备。这些课程在中等和中等以上技术和贸易学校、初级和社区学院以及武装部队中教授。另一种途径是学徒培训。因此，我们可以得出结论，最终用户具有良好的领域吸收能力，应该能够使用我们的技术——特别是考虑到劳工部（Department of Labor）指出，暖通空调（HVAC）设备正变得越来越复杂。[1]

---

[1] 见 U. S. Department of Labor, Bureau of Labor Statistics, "Heating, Air-Conditioning, and Refrigeration Mechanics and Installers," *Occupational Outlook Handbook*, 2004-05 *Edition* (March 21, 2004), http://www.bls.gov/oco/ocos192.htm（2004 年 10 月 11 日访问）。

同样重要的是，劳工部认为场所趋势鼓励暖通空调（HVAC）技师和安装人员看好我们技术。例如，我们的最终用户越来越多地为大型组织工作，他们是内部员工，或者是作为供应商的工作人员，他们根据服务合同定期为特定客户提供供暖、空调和制冷工作。这种长期关系鼓励他们考虑提高暖通空调（HVAC）系统的效率。

预计2012年全年所有职业的就业增长速度将高于平均水平，这是由于经济增长刺激了对新的住宅、商业和工业气候控制系统的需求，而能源价格上涨的环境刺激了对来自节能设备的成本节约的需求。因此，没有人担心安装这些设备会让自己失业。相反，使用更复杂的控制系统将会越来越成为这项工作的正常部分。（能源成本也鼓励改造或更换旧系统以提高效率。）因此，环境吸收能力将使最终用户易于接受这样的节能设备。由于我们的技术为这些人创造了更多的工作，他们在电子学方面的培训使他们能够轻松安装和维护这些传感器，因此可能会出现拉动现象。

> 如果我们销售一些供最终用户个人使用的东西，比如护目镜，《职业前景手册》中关于职业工人数量的数据可以为我们估计市场规模提供依据。

将这些最终用户与下一代鞋楦机（shoe lasting machine）的用户进行比较。劳工部指出，就我们的目的而言，服装行业包括鞋子：“大多数生产工人都接受过这方面的在职培训。虽然高中文凭不是必需的，但一些雇主更喜欢高中文凭。基本的数学和计算机技能对用计算机控制的机器的操作员来说很重要。”❶换句话说，这是一支没有为高新技术设备做好充足准备的劳动力队伍。此外，至少对一般服装行业来说，缝纫是最后剩下的没有自动化的功能之一。劳动力可能缺乏领域能力。幸运的是，职业学校确实有技术培训基础设施，但要通过培训可能需要那些已经长期荒疏的教育技能。因此，新技术和最终用户的能力之间可能存在不匹配，这种不匹配会增加采用成本。在这种情况下，用户界面至关重要。如果它被设计得简单和万无一失，则可以减少一些包装采用成本（培训）。

同样，我们可以从鼓励或阻碍采用的趋势得到一些启示。事实证明，先进技术是避免外包的一种方式，因为一方面服装业仍然是劳动密集型的，另一方面，该行业越来越多地将工厂转移到劳动力成本较低的国家。（一个含义是，这项技术应该聚焦于全球市场，而不是国内市场。这意味着，除其他事项外，培训需要使用更多的语言而不仅是英语。）为了竞争，那些留下来的工厂正被

---

❶ 见 Bureau of Labor Statistics, “Apparel Manufacturing,” *Career Guide to Industries*, 2004－05 *Edition*（February 27, 2004）, http://www.bls.gov/oco/cg/cgs007.htm（2004年10月11日访问）。

推向越来越高的自动化水平。因此，可以预期，其他工人至多只能对新技术持矛盾情感，因为新技术可能会夺走一些工作，但也可能是留住其他工作的唯一办法。

买 家

最终用户实际使用技术，他们寻求的是效用。买家购买技术，他们寻求的是价值。正如我们所见，净效用大致相当于一项技术的净价值。

一旦我们找到了最终用户，找到买家就相对简单了。他们要么是最终用户，要么是为他们购买产品的人。尤其是在大型组织中，购买者通常不是使用者。相反，他们有正式头衔，如“买家”“合同官员”或“采购专家”。此外，采购中可能涉及多名人员和角色，例如监视官员（gatekeeper），他们的工作是监视组织外部的环境，寻找感兴趣的商品。然而，出于我们的目的，我们通常需要的是为买家和监视官员牵线搭桥的决策者。这个人拥有像首席执行官（CEO）、业务开发或营销副总裁或产品线经理这样的头衔。

数年前，我有一个前中情局特工为我工作。他告诉我，他接受的教导是，服务员和秘书是获取信息最有用的人。现在我还没有想出如何从服务员那里得到关于高科技客户的有用信息，但是秘书的确很有用。要在公司或政府机构找到合适的谈话对象，拿起电话，打电话，找老板的秘书，友好地打招呼，说明你在做一些市场调研，并询问秘书你应该和谁谈话。

我们可以将买家的“理想类型”或构想体（construct）分为四种。[1]

■ 价格型买家。价格和交货时间是唯一的标准，因此重视低价报价。由于价格和交货是标准，购买决定可以由采购经理、集中采购部门或其他非技术人员做出。

■ 价值型买家。总生命周期成本的最佳价值是关键标准，因此，重视优化价值函数，包括功能、质量、供应条件、安全性、进货价格和使用成本、监管风险等。由于决策过程中涉及许多因素，因此团队通常会就采购决策提供建议。团队成员代表技术、财务、质量保证、物流和买家的其他组织，这些组织负责管理采购决策函数中反映的业务领域。

■ 可得性买家。熟悉度和即时可得性是关键标准，因此重视购买已知产

[1] 这些类型主要来自乔利（Jolly）对帕斯卡尔·莱考迪尔（Pascal Lecordier）著作（第 139 页）的讨论。同样，我们遵循马克斯·韦伯（Max Weber）的用法，在这种用法中，理想类型或构想体是基于观察的概念化，但旨在强调使比较成为可能的特征。

品或从已知供应商那里购买。此时，价格（有时是寿命成本）是一个阈值问题，也就是说，有一个不能超过的价格上限，或者有一个必须至少达到的成本下限。因为产品安装人员（正规的支持承包商、增值经销商或分销商）既知道操作又知道什么产品是可得到的，所以他或她会对购买决策有很大影响。

■ 技术性能买家。性能和技术形象是关键标准，因此在购买决策中，重视的是服务和技术支持。价格和/或寿命成本是一个“模糊”制约因素。在某种程度上，技术性能可能会花费太多，但总的来说，技术“越棒”越好。因为产品工程师或安装人员最熟悉可替代产品的性能，所以他们会影响购买决策。

哪种类型的买家是相关的，往往反映出买家所在的组织的策略：

■ 大宗商品公司倾向于在价格领先地位方面进行竞争，因为一家公司的产品和下一家竞争对手的产品实际上没有任何区别。他们主要强调制造和运营，他们通常是价格型买家。菲尔普斯·道奇（Phelps Dodge）和韦耶尔豪泽（Weyerhauser）就是例子。像史泰博（Staples）和西尔斯（Sears）等零售公司也是例子。

■ 多样化产品公司倾向于在差异化方面竞争，即针对每个客户群提供其产品系列的变体。由于他们提供的产品种类繁多，他们倾向于强调营销和研发以维持产品流。他们往往是价值型买家，宝洁（P&G）公司和通用汽车（General Motors）公司就是例子。

■ 小众企业倾向于在焦点策略方面进行竞争，也就是说，他们试图对客户需求做出非常积极的响应。他们的座右铭是“爱客户”，因为他们通过提供客户所寻求的东西来生存。他们往往是技术性能买家，通用动力（General Dynamics）公司和德尔菲（General Dynamics）公司就是例子。服务公司，比如我自己的公司，远见科技公司（Foresight Science & Technology）专门从事技术转让，或乐通（RotoRooter）公司也是这样的例子。

■ 性能型买家是以推动技术发展为基础进行销售的专业公司。通常这些公司是组件或子系统供应商，但有时也会出现在消费类市场。无论他们在哪里竞争，他们都在寻找能接受下一个伟大事物的技术迷。不同于那些追求市场驱动的聚焦战略的公司，这些公司是那些“如果我们建造它，他们就会到来”的人，这些人通过利用利基沟通渠道来创造发明和建立市场。性能推动溢价定价。这类公司和产品的例子有迪恩卡门（Dean Kamen）公司的赛格威

(Segway™) 和苹果公司的 IPod™。❶

■ 一些支持设备的服务公司也在"访问"方面展开竞争，即在接入客户的能力方面进行竞争。他们到场并解决问题，让他们的客户感觉不到什么麻烦(或者你带着设备到他们那里去修理)。由于这个原因，他们倾向于是可得性买家，因为供应问题意味着延迟，这意味着让他们的客户感到头疼。服务公司的例子有优利系统（Unisys）和迈达斯（Midas）公司。

策略的类型并不是硬性的或一成不变的，也存在混合类型。例如，电子商务公司倾向于在接入和差异化两方面进行竞争，也就是说，在与他们进行交易以获得广泛的商品的便利性方面进行竞争。他们通常是可得性买家，因为运营的关键是从订单到交付的流程效率。亚马逊（Amazon）和易趣（eBay）公司就是例子。

我们可以用两个表（见表 4.2、表 4.3）来总结这一讨论。表 4.2 显示了根据销售的产品和客户群规模，有可能采取的策略类型。

表 4.2　客户群规模与销售策略

	商品类产品	特殊产品
多样化的客户群	价格领先	多样化
狭窄的客户群	接近进入	聚焦

表 4.3 显示了根据公司的战略，我们预期的买家类型。

表 4.3　公司战略与买家类型

战　略	买 家 类 型
价格领先	价格
多样化	价值
接近进入	可得性
聚焦	技术性能

我们也可以根据买家可能购买的时间来对他们进行分类。不同的买家群体在技术的产品生命周期的不同阶段进入市场。(请注意，这种分类对发布策略有影响，因为它指出每组买家可能会监视不同的沟通渠道，并受不同消息内容的影响。)

埃弗雷特·罗杰斯（Everett Rogers）在他的开创性著作《创新的扩

❶ 见 the Segway scooters at Segway Inc.，http://www.segway.com/。关于如何打造自己的踏板车，见 Trevor Blackwell，"Building a Balancing Scooter，" n.d.，http://www.tlb.org/scooter.html。

散》（*Diffusion of Innovations*）中将买家分为五类：革新者、早期采用者、早期多数者、晚期多数者和落后者，并对他们的分布进行了估计（见图4.8）。[1]这些类别被描述为理想类型。从商业化或其他转化的角度来看，罗杰斯的前两种理想类型包含了对市场进入感兴趣的买家。

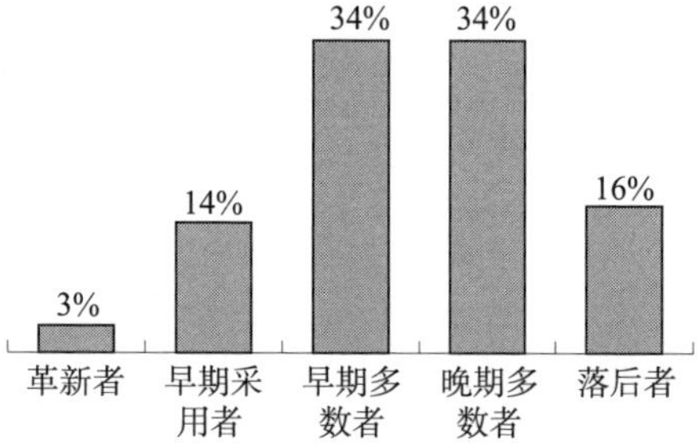

图4.8　五类买家

罗杰斯说，“革新者”是技术迷，他们乐于尝试任何看似有用的东西。[2]他们通常是第一批尝试创新的人。他们的交流模式和朋友关系涉及一群具有相似趋向的创新者组成的小团体。他们必须有足够的财力来承担技术失效造成的损失。他们还必须有能力理解和应用复杂的技术知识，因为作为第一个采用人，他们经常尝试尚未完全准备好进行一般商业应用的创新。他们是世界性的，因为他们监视着来自世界各地的各种各样的发展，并与地理上分布广泛的志趣相投的人交流。这类买家的缺点是，他们在市场上得不到很好的尊重，因为他们以尝试几乎任何东西而闻名（即在别人眼里会冒疯狂的风险），因此，他们采用一项技术不一定会鼓励他人也采用。

“早期采用者”是那些拥有运营策略的用户，这些策略包括使用“前沿”技术成为所在行业的领导者。对于我们达成交易的目的，这一群体至关重要。与刚刚讨论的那些“技术宅”（techno - weenies）不同，这些人很受尊重，经常充当意见领袖。[3] 他们不那么国际化，更像早期多数和晚期多数中的下游买家。他们拥有明智的决策程序，可以做出权衡风险和不确定性与预期收益的采用策略。因此，他们的采用降低了创新效用的不确定性。潜在采用者会向早期采用者寻求有关采用创新的建议、信息和/或模式。

就我们在这里的目的而言，只要注意如果我们的技术可以支持或拓展主导

---

[1] Everett Rogers, *Diffusion of Innovations*, 4th ed. (Free Press, 1995), 262.
[2] Everett Rogers, *Diffusion of Innovations*, 4th ed. (Free Press, 1995), 263.
[3] 同上，第264页。

设计，我们就要将目标锁定在早期采用者身上。这意味着我们要“瞄准”那些具有早期采用者特征的购买组织。原因是我们可以更快地进入“起飞”阶段。当累积销售曲线的斜率突然上升时，就会出现起飞（见图 4.9）。根据我的经验，起飞通常出现在市场渗透率为 5% ~10% 的阶段，尽管一些研究将上限推回到 20%。锁定早期采用者的原因是他们是意见领袖。另外，如果技术颠覆了主导设计，革新者往往具有最佳销售机会。

购买标准与买家在采用序列上的位置是一致的。革新者倾向于关注技术性能，而早期采用者则关注最佳价值。在序列中靠后的买家倾向于关注价格和可得性。

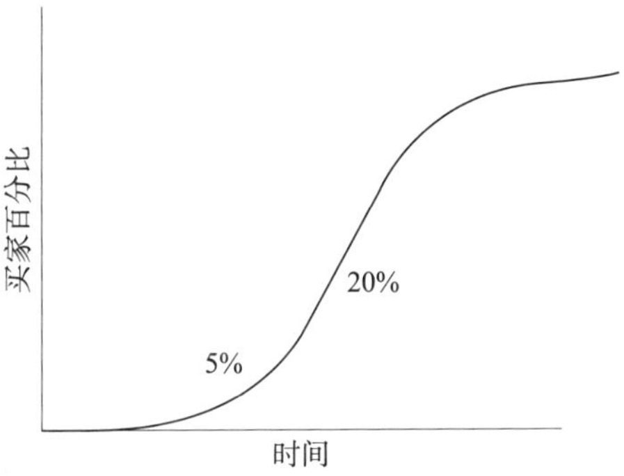

图 4.9 “起飞”

结　论

我们知道，人们倾向于购买可以提供净价值的商品。这意味着我们的技术必须提供以下四项因素之一：

■ 更好的性能——性能超过了当前产品的能力，并且在一定程度上利用了资源，会产生更好的结果。

■ 更低的成本——减少了劳动力、能源、资源和其他消耗品；降低了购买价格；或者两者兼而有之。

■ 更容易使用——用户界面更简单，因此运用创新所需的技能或培训更少。

■ 以上这些因素的某种组合。

我们可以使用我们的技术所提供的功能来帮助我们寻找那些可能存在应用的实践。通过检查我们技术的特点和特性，可以深入了解我们能提供的技术是否是潜在的最终用户所寻求的。

假设我们能提供人们想要的好处，那人们至少应该有购买我们技术的潜在兴趣。这种兴趣是否起作用反映了实践的优先性以及解决问题或利用机会对于最终用户及其老板的重要性。

购买还取决于另一件事。它取决于购买者对技术要求的舒适度，以及对他们承担与购买和实施技术相关的费用的能力的估计。

正如埃里克·维亚尔多特（Eric Viardot）所指出的，高科技成功的关键在于理解客户价值。他认为这一价值体现在：①社会文化、心理、个人和社会学因素；②环境因素，如政治环境、经济形势、需求水平、竞争等；③个人因素，如风险承受能力、对技术的迷恋、声望；④使用它们所产生的经济利益，这对于非消费品是最重要的。[1]

要点：要点是有的，如果你想卖技术，就要谈技术。

附录A　知识产权

如果不对知识产权进行必要的讨论，任何关于技术转移的书都是不完整的。因此，我们开始这一讨论吧。

知识产权是由具有商业价值的创造性想法和表达方式组成的，可以像财产权一样受到法律保护。知识产权不同于代表知识产权的有形和实物体现。例如，歌曲中的音乐编曲（表达）就是知识产权。版权是保护这种表达的法律手段。消费者购买包含该歌曲的乐队光盘；换句话说，他们购买受保护表达的体现。保护意味着没有人可以录制这首歌，除非作曲家（版权所有者）同意。

知识产权包括专利、商标、版权、掩模和商业秘密。在美国，专利和商标由美国商务部所属的美国专利商标局处理。版权和掩模由国会图书馆的版权办公室处理。商业秘密无须注册，而是通过诉讼得到保护。

知识产权是技术商业化的一个重要方面，因为它在法律上保护你的财产用于销售、许可、合资或其他交易。法律保护意味着你拥有“地盘”。它给予你法律上的垄断，使你能够阻止他人使用或实施你的发明或创造。地盘给你市场竞争优势，因为你现在可以根据垄断地位给你的商品定价（从而获取溢价）。

专利、商标或版权的授予保证了你在权利有效期内对所有其他人的垄断。商业秘密是不同的。它们可以保护你免受他人窃取你的想法或创作的侵害，但

---

[1] Eric Viardot, *Successful Marketing Strategy for High Tech Firms*, 2nd ed.（Boston: Artech House Publishers, 1998）, 63.

它们并不能保护你免受独立发明的侵犯。

本附录旨在引导你了解各种形式的知识产权和知识产权保护。

专 利

专利是由美国联邦政府或外国政府授予的，赋予专利持有人排除他人在授予专利的国家制造、使用或销售专利持有人的发明的权利。一般来说，专利从首次申请之日起有效期为20年。

在美国，专利被授予之前，发明人必须证明他/她的发明是新的（独一无二的）并且是非显而易见的。

■ 要想成为“新的”发明，该发明必须既不是已知的，也不是其他美国人已经做出的。该发明也不能在所主张的做出该发明的日期之前已经获得专利权或出现在出版物中。

■“非显而易见”是参照在本发明申请时对在相关技术领域具有普通技能的人员而言显而易见的事实来确定的。“普通技能”可能因技术领域不同而有所不同。例如，对于在专业行业高速发展的更为复杂的技术，一个人的技能水平在日常生活中被认为是很高的，但在该技术领域仍然被认为是“普通的”。非显而易见性是通过审查在先的专利、技术出版物和正在进行的非秘密工作来确定的。

那么，什么可以获得专利呢？1980年最高法院具有里程碑意义的案例 *Diamond v. Chakrabarty* 支持了对基因工程细菌的权利要求。为了支持这一观点，最高法院将《美国法典》第35编第101条解释为“任何人发明或发现了任何新的且有用的过程、机器、制造物或组合物，或其任何新的且有用的改进，都可以因此而获得专利，但必须符合本条款的条件和要求”。❶

重要的是要认识到不同的规则适用于不同的国家。在美国，从首次公开、使用、发表或销售一项发明算起，你有一年的时间来提交专利申请（申请提交后通常需要18~24个月才能获得专利）。当不止一个人或团体认为自己是发明人时，专利属于那个能够证明他们是第一个提出这个想法的人或团体。在美国以外，规则是不同的*。通常，发明必须在公开披露、使用、出版或销售之前申请专利。如果发生争议，优先权属于第一个申请专利的人或团体，而不管实际上谁是发明人。

---

❶ *Diamond v. Chakrabarty*, 447 U.S. 303 (1980), http://www.cs.virginia.edu/~jones/tmp352/projects98/group13/genelegal2.html（2004年10月11日查阅）。

* 目前，美国专利申请也采取先申请制。——译者注

在美国有三种不同类型的专利：实用专利、设计专利和植物专利。实用专利和设计专利是最常见的。

根据美国专利商标局专利定义如下：

■ 实用专利："颁发给新且有用的工艺、机器、制造物或组合物的发明，或者其新的且有用的改进，它通常允许其所有人在从专利申请提交之日起多达20年的时间内排除他人制造、使用或销售该发明，但需支付维持费。美国专利商标局近年来颁发的专利文件中，大约90%是实用专利；实用专利也称为发明专利。"❶

■ 设计专利："外观设计由体现在或应用于制造品的视觉装饰特征组成。由于设计表现在外观上，因此，设计专利申请的主题可以涉及物品的外形或形状、应用于物品的表面装饰或者外形与表面装饰的组合。表面装饰的设计与应用它的物品是不可分割的，并且不能单独存在。它必须是一个应用于制造品的确切的表面装饰图案。"❷

■ 植物专利："颁发给一种新且独特的、发明的或发现的无性繁殖植物，包括栽培的芽变［原文如此］、突变体、杂交植物和新发现的籽苗，但块茎繁殖植物或非栽培状态下发现的植物除外，它允许其所有人在从专利申请提交之日起多达20年的时间内排除他人制造、使用或销售该植物。植物专利不需要支付维持费。"❸

请注意，软件可以同时受实用专利和设计专利的保护。实用专利可以保护软件"机器"，软件"机器"是作为做某事的硬件/软件系统的一部分发挥作用的代码。数学公式（算法）本身被视为自然的一部分，因此不能获得专利，因为它们不是被发明而是被发现的。设计专利可以保护视觉特征，例如屏幕或监视器的外观［如GUI（图形用户界面）的情况］。

商业秘密

商业秘密是只有其所有人和有必要向他们透露的雇员知道的计划、工艺、工具、机械装置或化合物。对于商业秘密，不需要填写表格或注册。只要它是保密的，它就是一种受保护的财产，所有人可以起诉那些窃取它的人，并要求

---

❶ U. S. Patent and Trademark Office, "Types of Patents," June 1, 2000, http://www.uspto.gov/go/taf/patdesc.htm（2004年10月11日访问）。

❷ U. S. Patent and Trademark Office, "A Guide to Filing a Design Patent Application," October 11, 2004, http://www.uspto.gov/web/offices/pac/design/definition.html#difference（2004年10月11日访问）。

❸ U. S. Patent and Trademark Office, "Types of Patents," June 1, 2000 http://www.uspto.gov/go/taf/patdesc.htm（2004年10月11日访问）。

赔偿损失。

就同一项发明，你不能同时拥有专利和商业秘密，因为它们是相互排斥的。专利一旦颁发，就会被公布，任何人都可以查阅。当不希望公开披露时，商业秘密保护是首选。在美国最著名的商业秘密或许是可口可乐的配方。

商　标

商标可以用来保护用于识别你的技术或其他产品及服务的字词、名称、符号、图案（devices）或它们的任意组合。商标标识符使它们区别于其他人出售的类似商品。商标保护产品标识符，服务标记保护服务标识符。如果商标在美国专利商标局注册，使用符号®；如果未注册，则使用符号™。只要商标在商业中积极使用，商标保护就可以维持。

虽然商标并不保护底层的技术，但是在主注册簿（Principal Register）上拥有联邦商标注册具有几个优势。最重要的优势如下：

■ 向公众发出建设性通知，告知你对该商标所有权的主张；

■ 建立你对该商标所有权的法律推定和注册人在全国范围内、在注册中所列商品上和/或服务中使用该商标的排他权（如果有诉讼，这一点很重要）；

■ 让你能够在联邦法院提起诉讼，以强制行使你对该商标的权利；

■ 为你提供在国外注册的基础（如果是美国注册的话）；

■ 防止进口外国侵权商品（如果是在美国注册并在美国海关总署备案的话）。

版权和掩模（MASKS）

版权是对所书写或所创作的东西拥有的权利，它可以包括软件代码以及书籍和音乐。它赋予持有人复制、出版和出售这些文学作品的排他权，期限为作者的寿命加上 70 年。受保护的是思想的表达形式，而不是底层的思想。在美国，在具体表达一种思想时如果在表述中添加了符号©、所有者的姓名和首次出版的年份（例如，“© Foresight Science & Technology，2004”），就会自动授予版权。标题、短语和口号不受版权法保护，但它们有可能受商标法保护（例如，“Avis：We Try Harder”®）。

在法庭上对侵权者行使这项权利需要向美国版权局（U. S. Copyright Office）注册，美国版权局是国会图书馆的一部分。如果在首次出版之日起三个月内进行注册，就可以在对侵权人的诉讼中获得法定损害赔偿和律师费的权利。

掩模是通过 1984 年《半导体保护法》（*Semiconductor Protection Act*）建立的一种用于半导体产品的版权保护形式。掩模或“掩模作品”指的是一系列相关图像（images），这些图像定义了半导体芯片上的或从半导体芯片上移除的金属、绝缘体或半导体材料的三维图案。掩模作品的保护期限最长为10年，从掩模作品注册或在世界任何地方商业化使用的最早日期算起。

[关于掩模的更多信息的一个很好的来源是斯坦福大学图书馆的斯坦福版权和合理使用（Stanford Copyright & Fair Use）信息网站。请见 http：//fairuse. stanford. edu/primary_materials/codes/92chap9. html。]

IP 控制

既然我们已经讨论了知识产权的基本形式，让我们来讨论一下知识产权保护。把握好你的知识产权组合对于保护你的商业化技术至关重要；为此，知识产权审计可能是实现这一目标的一种有效的策略。

全面的知识产权审计包括：检查公司追踪员工所产生的创意的系统、确定需要保护哪些创意、选择适当的法律保护以及实施这种保护。它还检查公司的知识产权组合，以确保所有重要的创意都得到充分的保护，并且资源不浪费在保护不重要的创意上。这些审计几乎总是在有资格的律师的帮助下进行的。

三条经验法则是：

（1）检查与现有知识产权相关的所有文件、申请和注册。这种检查应评估资料的充分性，包括创意的产生和测试的背景信息、所有正式文件的准确性、维持费缴纳记录、实际许可和尝试许可记录以及任何诉讼。

（2）评估整个公司的系统运行情况，以确保新的创意/发明得到记录和保护。会计工作或市场营销以及研发实验室中可能存在保护不足或未保护的问题。因此，全面审计将检查公司运营情况，例如员工聘用、解聘或离职的处理，出版，激励程序和供应商协议，保存实验室笔记、制定保密协议和不竞争契约的程序，以及新产品设计过程。

（3）检查公司与环境的关系，特别是与供应商、客户、顾问、外部研究赞助商、大学、投资者以及竞争对手的关系。除了被许可方或许可方和研究合作伙伴外，通过将这些群体包括在内，就可以确定存在潜在的破坏性泄露或未建立公司对财产的所有权的领域。

在正常操作期间，应为每项潜在发明准备一份正式的披露文件。在审计过程中，应检查并酌情更新这些公开文件。应仔细检查以确保每项发明都有足够的文件记录。

对于每项发明，基本审计格式包括对以下内容的描述：

■ 技术及其潜在用途；

■ 基础科学和工程知识及其所基于的诀窍（know-how）；

■ 当前的所有人、他们在财产中的份额以及他们权利要求的依据；
■ 该技术的简要历史，用以确定其创造和发展的相关日期；
■ 详述发明（包括图样、设计或实验结果）和相关日期的笔记本；
■ 当前的知识产权保护和期望的知识产权保护；
■ 从当前保护转到期望的保护所需的步骤，包括任务、时机的选择、资源和费用。

我们建议咨询你的知识产权顾问，以确保你的公开文件足以满足你的需求。

审计需要定期进行，以确保这些做法保持不变。通常建议每五年审计一次。此外，审计应由在相关技术领域有经验的知识产权律师来准备、参与或审查。

除了你的知识产权组合，你还需要保护你的文件。在这一部分中，我们给出三种方法：公开、材料转移协议和保密协议。

“公开文件”是发明的全面、专有文件，因此它是非常重要的。一份好的公开文件集合了支持获得发明专利或版权的数据。它明确了当出现发明或创造时，发明人是谁，发明或创造了什么，以及原始发明或创造行为存在的证据。

许多大学和联邦实验室将他们的公开文件表格放在网上，为开发你自己的表格提供模板。[1] 但是，我们提醒你，你准备的任何草案在使用前都应该经过你的知识产权律师的审查。

将研究材料从你这里转移到另一个研究机构或从另一个研究机构转移到你这里都是具有法律意义的重要事件，应当伴随着签订“材料转移协议”（MTA）。MTA 明确了谁拥有这些材料以及通过使用这些材料获得的任何研究结果的所有权。与公开文件一样，大学和联邦实验室的例子提供了指导。[2] 但是，我们再次提醒你，你准备的任何草案在使用前都应当经过你的知识产权律师的审查。

“保密协议”用于保持对机密信息或发明的控制，同时允许他人的有限访问，以便他们可以确定是否对该技术感兴趣。保密协议保护商业秘密。因此，

---

❶ 例如：坦普尔大学（Temple University）（http：//www. patents. temple. edu/docs/ID_guidelines. doc）和威斯康星大学麦迪逊分校（University of Wisconsin at Madison）（http：//www. warf. ws/uploads/media/20011128124730196_Microsoft_Word_ – _IDR2001final. pdf）。

❷ 例如：位于橡树岭国家实验室（Oak Ridge National Laboratory）的鼠遗传研究室（Mouse Genetic Research Facility）的 MTA（http：//lsd. ornl. gov/mouse/mta. htmlx）和国家标准与技术研究院（National Institutes for Standards and Technology）的 MTA（http：//patapsco. nist. gov/ts/220/external/forms/incomingmta. pdf）。

它们只保护特定的信息和技术不被接收者使用。他们不保护信息或技术不被未签署保密协议的其他人使用或发现。

保密协议可以是独立的法律文件，也可以作为条款纳入其他协议，如许可、销售、雇佣或咨询协议和期权。保密协议应该具有法律约束力，这意味着它们需要签署。出于这个原因，纸件最适合，尽管传真也很常见。保密协议通常不长，可能只有一页，尽管许多人使用多页正式文件。

当然，潜在的接收方没有义务签署保密协议。如果出现这种情况，还有其他选择。打电话给法律部门、许可证办公室（in – licensing office）、并购办公室或总裁办公室，可能会找到有权取消“不保密”政策的人。你也可以透露它做了什么，而不透露它是如何做的。但是需要警告的是：除非已经获得专利，否则在没有保密协议的情况下不要透露任何有关你的技术是如何工作的细节。

保密协议，也称为不公开协议，为技术和信息提供了一种周密的保护形式。[1] 这种保护不是防止一般意义上的盗用，而是有效防止已签署保密协议的财产接收方的不正确使用。特定的保密协议应针对所披露的特定技术、接收方的组织和业务所有权以及必要的评估、测试和传播的性质和范围进行量身定制。如果评估结果表明接收方缺乏兴趣，则应说明具体步骤。

要记住的最重要的一点是，在签署保密协议之前，千万不要泄露技术、详细性能或其他类似信息背后的“秘诀”。要想在协议签署前激发接收方对技术或信息的兴趣，就要说它是做什么的，但不要说它是如何实现的。

我们重申，你为保密协议或其他法律文件准备的任何草案都应经过你的知识产权律师的审阅。

形成和保护你的知识产权组合是你的技术成功商业化的基本组成部分。通过这样做，你可以获得处置知识产权的权利，并防止他人使用你的知识产权，从而在市场中获得显著的竞争优势。

---

[1] 同样，大学和联邦实验室的例子很容易找到。例如，俄勒冈大学的是在 http：//www. uoregon. edu/ ~ techtran/docs/CONFAGMT. pdf；堪萨斯州的是在 http：//www. ksu. edu/research/forms/preaward/confidential. pdf。此外，在网上还可以找到律师事务所和其他供应商的一些商业实例。

第 5 章
竞争技术

引　言

回想一下，在本书的导言中我们曾说过，新产品、新工艺或新服务成功的最重要因素是竞争优势。竞争优势意味着一种技术与其他技术相比能更好地满足最终用户的需求。要是有可能，你希望这是你的技术。你如此渴望获得竞争优势，以至于你不惜重新设计你的技术；如果你不能获得竞争优势，就去寻找另一个进入市场的利基吧。

不管你的技术有多出色，都会有竞争。或早或迟，每个人迟早都会有竞争，而且在通常情况下用不了多久就会出现竞争：你的发明越出色，就越能刺激模仿者。有人想出了如何围绕专利进行设计；有人对其进行逆向工程，并开始在知识产权执法不严格的国家制造仿制品；有人想出了如何采用其他技术方法来提供同等的性能。竞争是如此普遍，以至于我在上课时经常玩一个游戏。我会向人们发起挑战，让他们给我指出一种没有竞争的技术。这样就形成了一个非常好的讲授时机……

在这一章中，我们将学习如何进行市场竞争研究。我们关心如下四个问题：

■ 我们的技术是多余的吗？这项技术只是对某人已经发明的东西的重复发明吗？还有哪些技术可以与这项技术竞争？也就是说，还能如何创造出最终用户想要的性能、易用性和价格的组合？

■ 与我们现在的主导设计相比，竞争技术的地位如何？竞争技术是渐进的、激进的、适应性的还是颠覆性的创新？如果竞争技术是破坏性的，主导设计的稳定性如何？最终用户的哪些需求趋势可能会有助于或阻碍各种替代品？

■ 谁在销售这些替代品？我们的竞争对手是市场上的成熟企业还是新进入者？我们的竞争对手是大公司还是财力雄厚的公司，是资源有限的小公司，还是濒临破产的公司？

■ 最后一个问题是：还有谁可能成为竞争对手？还有谁在开发相关技术？竞争性研发的中心是在大学和政府实验室吗？是在小公司还是行业外的公司？或是在成熟企业那里？

冗 余

对竞争的分析从最终用户需求开始。驱动我们技术要求的最终用户需求同样也驱动着我们竞争对手的技术要求。因此，我们要做的第一件事是重新审视技术的价格、性能和易用性指标，并将它们作为寻找竞争对手的基准。

我们将讨论在哪里可以找到有竞争力的技术。现在只要我们检索专利、研发数据库、参考期刊、灰色文献、行业文献、商业报刊等就够了。（灰色文献指的是政府研发报告、以前的论文等。之所以称为灰色，是因为这种文献并不是经过同行评议的印刷文献。相反，它是以书面形式提交、拍照并储存在缩微胶片上的东西。当你从微缩胶片上打印一份报告时，它的背景是灰色的。因此称为灰色文献。）

一般来说，我们关心两种类型的竞争：用类似的方式实现我们正在做的事情；用其他方式实现我们正在做的事情。

第一种类型关注的焦点是还有谁在用类似的技术方法追求类似的需求。这至关重要，因为如果我们找到了它，如果我们或竞争对手获得了专利或版权，那么我们或竞争对手可能侵权。

请回想一下，拥有某项技术专利的一方可以排除他人在未经许可的情况下制造、使用、销售或许诺销售的行为。在美国，专利法保护首先发明的人。因此，如果我们发现某项专利和我们的技术一样，但是我们可以证明我们先发明了该技术，我们可以发起诉讼侵权。在欧洲和世界其他地方，情况就不同了。在这些地方是申请优先。因此，不管我们什么时候发明的，如果我们不及时在相关国家提出专利申请，我们就可能侵权。当然，如果我们不是首先做出发明的人，我们也可能在美国侵权。*

财务影响是巨大的。如果我们有专利，我们可以追查所有侵权者，并要求

* 从2013年3月16日开始，美国也变成“先申请制”国家，即，就同样的发明而言，将专利授予首先提出申请的发明人。——译者注

他们从我们这里获得许可。这种方式被称为主张许可（assertion licensing）。杰罗姆·莱梅尔森（Jerome Lemelson）声称自己是机器视觉的发明人，随着一家接着一家公司与其达成庭外和解，他通过这种方式赚了数百万美元，直到与康耐视（Cognex）公司走上法庭为止，法官发现有 14 项关键专利权利要求在专利权利懈怠（prosecution laches）的抗辩之下是不能执行的，专利权利懈怠意味着在追求权利方面存在不合理的延误或懈怠。❶

仅仅因为你有专利并不意味着你可以实施它。假设你拥有活动翻板式桌子的专利。现在，假设别人有桌子的专利。在不制造桌子的情况下，你无法制造活动翻板式桌子，因此你需要获得桌子专利的许可或再许可（sublicense）才能实施你的专利。这就是所谓的堆叠（stacking）。

当你必须获得他人的专利许可来为你的专利做许可交易时，就会出现专利费堆叠。重叠的专利越多，就越难获得利润，因为更多的专利费会流向其他人。一些人认为，堆叠会因此而阻碍技术创新。在制药和生物技术领域，这往往是一个问题；在这些领域，公司之间通过交叉许可以避免侵权。❷ 另外，如果你是专利持有人，堆叠也可以对你有利。

几年前，在为一家小公司所做的项目中，我们检查了所有的引用该公司的专利作为现有技术的专利。然后，我们检查了那些引用我们客户的专利作为现有技术的公司的产品，以确定哪些产品需要专利许可才能实施这些公司自己的技术。这导致了一系列主张许可交易。

如果有人在追求同样的技术方法，一旦我们弄清楚是谁，我们就可以在专利律师的帮助下确定我们拥有什么样的知识产权。例如，我们无数次发现大学和联邦实验室的发明公开在商业上毫无价值，因为在发明者不知道的情况下，别人已经公开了这项发明。

我最喜欢的一个已经发明的技术的例子涉及一种算法，该算法利用几何公式能够计算出用于安防的多个摄像机的最佳位置，这样就可以用最少的摄像机获得最佳的覆盖范围。发明者是一位教授，他认为没有这样的算法用于摄像机。他说得没错，我们找不到任何这样的算法用于摄像机。但是我们确

---

❶ 见 Goodman，“Legal Machine Helped Inventor Gain Wealth,” *Red Nova*（August 23，2005），http：//www. rednova. com/news/science/216929/legal_machine_helped_inventor_gain_wealth/（2005 年 9 月 14 日访问）。

❷ 见 News－medical. net，“Solutions to Royalty Stacking Issues a Top Priority in Pharmaceutical and Biotechnology Sectors,” *Pharmaceutical News*（January 31，2005），http：//www. news－medical. net/？id＝7570（2005 年 9 月 14 日访问）。

实找到了同样的公式，它用来解决一个所谓的“画廊守卫问题”。这个问题是如何在艺术画廊中设置警卫，以尽可能少的警卫获得最佳的覆盖范围。听起来是不是很熟悉？听起来很明显吗？设置警卫与设置用于安防的摄像机没有太大区别。当你用摄像机代替警卫时，你会使用相同的算法来设置，这是容易理解的。有趣的是，我们的教授从未听说过“画廊守卫问题”。他自己发明了这个算法——这是一个令人印象深刻的技术成就，但在商业上却无关紧要。（当然，这也指出，仅仅因为一项技术在商业上没有价值，并不意味着这项技术是糟糕的科学或工程。）

请注意，仅仅因为有人在追求类似的技术方法，并不一定意味着我们或他们在侵权。尽管如此，这些竞争对手仍然是潜在的威胁。例如，另一项技术是更容易使用还是更便宜？如果是的话，它可能比我们有竞争优势。

理解这一原则的一个非常好的方法是访问美国专利商标局的专利服务器（网址为 www. uspto. gov），检索“spork”一词。“spork”是“勺叉”（spoon - fork）。它有一个像勺子一样的凹形部分，但末端是尖叉。勺叉通常由设计专利涵盖。勺叉有很多。现在输入检索词“tunable IR diode”（可调红外二极管）。这些是实用专利，但也有很多。你必须仔细阅读权利要求才能区分。专利中最重要的是权利要求。权利要求定义了你所拥有的东西。

我们也对完成同样事情的其他方法感兴趣，因为这些技术也是潜在的威胁。我们想知道的是其他可以获得类似性能的方法的范围，以及这些方法可能的易用性和价格。

我们可以将我们的技术以及竞争对手的技术的性能、易用性和价格标在一张带有标准化值的图表上。我们还可以标出基线，也就是最终用户需要。在图 5.1 中，我们有七个性能指标。它们是什么现在无关紧要。

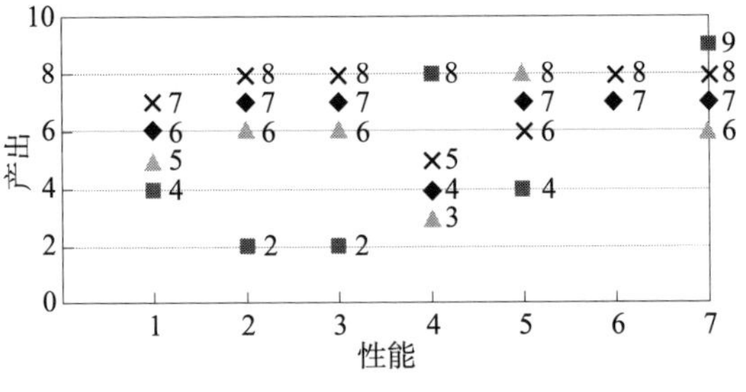

图 5.1　最终用户需求

图 5.1 复制了第 1 章的部分图形。在此图中，在指标 4 上，数字 7 代表基

线。通过观察我们的技术以及竞争对手的技术与数字 7 位置的差距，我们就可以了解我们的竞争力有多大。当然，如果我们低于基线，我们就不走运了，除非我们能够以某种方式将我们的技术性能延伸到基线。如果我们在基线之上，问题就变成了权衡取舍。我们的技术更贵、更难以使用，还是提供了更多价值?

在所有条件相同的情况下，我们可以分三步找到初始竞争优势。首先，我们确定出谁处于基线上或高于基线。接下来，我们确定谁与基线聚集得最紧密，因为他们最符合需求。最后，我们确定是否有人通过在某些指标上表现出色同时在其他指标上没有任何损失来“将价值留在桌面上”（leaving value on the table）。

通过这种分析，我们现在可以确定我们是否是多余的。如果我们最终低于“竞争范围”（competitive range），也就是说，如果我们不如处于基线上或高于基线的竞争对手，我们就是多余的。（如果我们能改进我们的技术，我们仍然能够竞争。）如果有竞争对手“将价值留在桌面上”，而我们却没有，这是另一种我们最终可能会成为多余的方式。

与主导设计的关系

假设任何一组最终用户都只有一组要求是错误的。对特定技术的要求受到现实生活中人们的全部相关需求的影响，而不仅仅是一小组抽象标准。正如我们所看到的，相关需求往往反映将使用技术的实践，这意味着参与这些实践的动机、实践行为的范式、实践中技术的主导设计以及人们为这些实践带来和在这些实践中发展的技能和能力。根据实践中的情况和谁是最终用户，不同的要求成为决定因素，因为决定采取哪种技术的标准取决于该技术与实践的主导设计和范式的关系。

让我们做一个思维实验。杰克·凯鲁亚克（Jack Kerouac）的一首诗中有一句是这样写的，“倾听沙漠的叹息”。凯鲁亚克是“反传统一代”的伟大小说家。他的书《在路上》（*On the Road*）为一代作家打开了一扇大门，他们以独特的美国情感探索现代作风的失范，这种情感与空间、荒野和城市内外变迁紧密相连。不太为人所知的是，凯鲁亚克、加里·斯奈德（Gary Snyder）和菲利普·维伦（Philip Whalen）（其他的著名反传统一代成员）是北瀑布（North Cascades）地区的火灾观察员。正如约翰·苏特（John Suiter）在《山顶上的诗人》（*Poets on the Peak*）中所描述的那样，20 世纪 50 年代火灾观察的主导设计如此吸引反传统一代人的原因是它提供了一种通往与世隔绝的西北荒野的方式。它提供了一个以绝对的方式体验他们自己和世界的机会。在与世隔绝的群山中的火灾观察塔小屋内，人们听到一只手的拍打的声音和沙漠的叹息。

现在，假设我们是国家林业局（National Forest Service），我们的任务是尽快发现并控制火灾。假设，因为组织命令和火灾观察的动机，我们今年的目标是更快地报告潜在的火灾。但是，命令只是实际最终用户要求中的一个因素。现在，把凯鲁亚克、斯奈德和维伦投入画面。我们是林业局管理人员，我们去野外对“反传统一代”说，“嘿，伙计们，我们刚刚听说中情局有一些叫作悉通（sitcom）的东西，我们正在考虑买一些给你们用。不管你是在小屋里还是在路上，都能打电话给我们。这比我们现在使用的电话有了很大的进步，因为现在你可以在小路上跑来跑去查看情况，也可以坐在小屋里与我们保持联系”。

对于反传统一代来说，无线电设备可能是喜忧参半。一方面，它是一种比电话更好的报告火灾的方式，而且他们热爱荒野，可能不想看到荒野燃烧。此外，他们还有工作做，并且签了合同做这份工作。另一方面，野外便携式悉通（sitcom）无线电设备使你几乎在任何地方都可以被联系到，这意味着管理层中的混蛋可以随时联系到你，命令你做各种傻事，这肯定会减少你的禅宗冥想和诗歌写作时间。因此，我们觉得他们的最终用户对悉通（sitcom）无线电设备的要求可能包括控制何时可以传输的能力。

假设我们走到他们面前说，“嘿，伙计们，我们刚刚听说美国空军正在开发一种叫作前视红外（forward looking infrared，FLIR）系统的小玩意儿。它所做的是扫描视界寻找热源。如果它看到了热源，它会自动发出潜在危险警告，并在小屋里发出警报，这样你就可以拿出双筒望远镜来查看。很酷吧？”

请注意，FLIR 系统或许不需要火灾观察员控制何时可以传输的要求。禅宗冥想很好，但是森林被烧毁是打断冥想时刻的一个好理由。另外，由于这个系统一直开着，你可以稍微放松一点，从而为写诗创造更多的机会而不是更少。

换句话说，根据最终用户的动机和范式，以及他们形成行为模式的方式，在考虑到这些因素与主导设计的交互作用，购买商品优先考虑的要求会因技术方法运作方式不同而不同。在这里，我们有两种非常不同的方式来解决一个共同的问题——加速火灾的发现和报告。让我们进一步讨论这一问题。

美国过于依赖外国石油，最终用户的要求是降低依赖性。其中一种方式是采用太阳能、风能、潮汐能和其他可再生能源。另一种方式是建造核电站。不幸的是，核能发电本身需要非常高辐射的材料，并且必须非常认真地处理这些材料。安全性成为最终用户需求的优先考虑因素，而对于可再生能源而言并不是这样，因为这些设备本身没有大规模破坏性潜力。

我们看到的是在给定一组相同需求的情况下，要求会因技术的不同而有两种不同的方式。

在第一种方式中，技术运作方式不同，这种差异对最终用户的“潜在性”需求有不同的影响。我们所说的潜在性需求是指那些在最初设定的需求集合中没有被明确表达出来的需求。在我们的思维实验中，它就是管理。不出意外，这种现象最常见于一个人为另一个人购买商品的情况，比如，当公司或政府采购活动是官僚机构独立于最终用户的一部分职责时。

另一种方式是，当一项技术有一些内在的东西使其比竞争对手更具风险或更难采用时，因为它需要改变技术的主导设计和/或实践中的行为范式，在这种情况下，我们不会考虑潜在性需求和要求。核电厂降低风险的需要明确表达为要求。事实上，在美国有一个特殊的机构，即核管理委员会（Nuclear Regulatory Commission），之所以存在这一机构正是因为核电厂风险异常高且不容忽视。

让我们回到创新的种类，假定现在有一个主导设计。假设我们的技术是一种渐进式创新，而所有其他技术都是适应性创新。悉通（sitcom）无线电设备是一种适应性创新。一部更好的电话应该是渐进式创新。适应性创新的新功能增加了触发潜在性需求和出现新要求的可能性。告诉我，你可以随时打扰我，如果我是一个“反传统一代”的诗人，归隐山中进行禅修就更难实现了。我在想，“我为什么要接受这份工作？”

现在，假设我有一项激进的技术，比如核能发电或潮汐发电。事实上，它是一种不同的技术方法，这意味着我必须要问，“要使它在我的实践中发挥作用，什么是必要的？”因为我不能简单地臆断它会发挥作用。我必须考虑不同的“包装”，如培训或采用新的基础设施。换句话说，易用性问题是不能回避的。

最后，让我们看看 FLIR，这项技术具有颠覆性。它正在改变技术的主导设计和行为的范式。从前，人类火灾观察员是发现火灾的主要资源，而现在火灾观察员的工作是确保 FLIR 运作正常，然后再确认其发现。人类（凯鲁亚克、斯奈德、维伦）现在是这台机器的助手——具有讽刺意味的是，考虑到他们最初到那里的动机，这对他们来说是件好事。

关于竞争优势，这一讨论告诉了我们什么？在技术不提高进入壁垒的地方，竞争优势可能会较大。在我们的这些例子中，壁垒总是被故意涉及易用性。对于渐进式创新，很少有这样的壁垒，它不要求我们改变作为实践者的行为，也不要求我们学习如何使用新技术。适应性创新和激进性创新确实会带来一些易用性问题，因为要利用新的功能或应用新的技术方法，意味着有些事情正在发生改变，而变化意味着我们这些实践者必须学会做一些不同的事情。颠覆性创新是未知数，如果它们导致一种更符合我们动机的新的主导设计和行为范式转变，那就太好了，所有人全力支持！如果它们让我们所做的改变与我们从事或参与实践的动机相反，那就不太好。

我们现在可以进一步分析。我们将竞争范围内的所有技术都考虑在内，看看哪些技术可能是最容易采用的。这些技术现在是竞争优势持有者的竞争者。

一旦我们说“关注最容易采用的技术”，与主导设计相关的另外两个因素就开始发挥作用：基础设施和供应链。

使用一项技术需要基础设施。除非我们能找到水，否则我们不能把核电站建造在沙漠中，因为没有水，我们无法冷却反应堆。如果我们已经在从河流或地下含水层抽水，那么技术采用起来就比较容易了。同样，如果我们找不到存放废料的地方，一段时间后，建造新的反应堆会越来越难。[1]

供应链是将技术转化为产品、过程和服务所必需的。我以前有个同事，叫斯坦·戈达德（Stan Goddard），他为我工作。斯坦是一名退休工程师，他在巴特尔（Battelle）公司度过了职业生涯，在那里他的工作是模拟自己是苏联工程师，找出干掉美国坦克的方法。斯坦曾经说过，“依靠战略材料的技术很难商业化”。这反映了他的冷战倾向。

斯坦指的是国防国家储备中心（Defense National Stockpile Center）管理的材料。该中心是国防后勤局（Defense Logistics Agency）的一部分。它的使命是确保对来自国外的战略和关键材料进行安全、可靠且环境无害的管理，这些材料是战争所必需的。[2] 斯坦的观点是，如果你的技术需要这些材料中的一种，如果战争爆发，你可能会停业，因为你的供应链将会中断。

如今，我们并不太担心对外国的依赖性……直到我们想起使用廉价的石油，石油又会影响许多化学品、塑料等的价格。因此，如果你的技术正通向对价格非常敏感的经济领域的市场，而你无法控制一些供应品的成本，那么，是时候考虑期权或对冲合约了。例如，财务状况良好的航空公司通常使用对冲合约，以在一定程度上减轻燃油价格变动的影响。[3]

---

[1] 见 Wald, “A New Vision for Nuclear Waste,” *Technology Review* (December 2004), www. technologyreview. com/articles/04/12/wald1204. asp? p = 0（2005 年 9 月 15 日访问）。

[2] 见 https: //www. dnsc. dla. mil/default. asp（2005 年 9 月 15 日访问）。

[3] Alexander, “Fuel Prices Have Airlines Watching Their Weight,” *Washington Post*, September 10, 2005, www. washingtonpost. com/wp - dyn/content/article/2005/09/09/AR2005090902018. html（2005 年 9 月 15 日访问）；和 Ang, “Aviation Sector'sGrapple with Soaring Fuel Prices,” *The Star*, September 12, 2005（2005 年 9 月 15 日访问）。

谁在销售？

另一个因素是谁在销售该技术、包含该技术的商品或者用该技术制造的商品。这个问题的核心是品牌忠诚度以及你如何建立和维护品牌忠诚度。品牌忠诚度指的是买家再次购买某个品牌的倾向。显然，重复提供具有竞争优势的产品是建立品牌忠诚度的一种方式。如果买方认为卖方将会提供有竞争力的产品，就会简化购买决策。为了建立品牌忠诚度，供应商注重于让买家了解其商品，并让买家了解其优越的价值主张。品牌广告是用来加强过去的积极联想。

就我们这里的目的而言，如何建立品牌忠诚度不如确定它是否存在重要。显然，通过调查或采访专家可以确定谁拥有品牌忠诚度，但其他指标包括公司名称和产品名称在商业新闻和一般媒体文章中的良好形象，以及在新闻组、博客和列表服务器（listservers）中的良好形象；出现在重点评论文章和“编辑选萃”中。

约翰·埃利斯（John Ellis）为理解品牌忠诚度提供了一个很好的比喻。他指出，这类似于在计算机网络上，他认为竞争对手想要做的是保持联系，并始终与客户保持联系。原因很简单，购买应该是一种重复的、习惯性的活动，就像每天早上买报纸一样，而不是每次都去地摊淘宝。❶

卓越的品牌忠诚度会带来商誉。商誉是一种无形资产，代表供应商因企业获得的优势或名气而收取的高于市场价格的溢价（premium）。溢价代表了公司高于其有形资产和其他无形资产的价值的增量价值。在品牌忠诚度很高的情况下，不仅购买行为会继续，而且销售商品还可以收取“额外费用”。

有时，即使没有实质性的竞争优势基础，广告也可以创造商誉。如果你对这种现象不清楚，可以走进任何一家超市或药店看看牙膏。阅读一下牙膏的组成成分并看看是哪家公司生产的，你会发现，同一家公司以不同价格销售的不同品牌的牙膏的成分相同。他们有自己的高端品牌和折扣品牌。这和人们为什么购买悍马车的原因没什么不同，如果你想要一辆锃光瓦亮和一尘不染的 4 × 4 的车，你就会这样做。（试着在伊拉克找一辆一尘不染的悍马吧。购买悍马供用户使用的唯一理由是为了表明你能够支付溢价，所以你能够拥有一辆悍

---

❶ 见 Ellis，“Customers Expect More Than a Coupon from P&G，” *Fast Company*（April 2001），http：//www.fastcompany.com/magazine/45/jellis.html（2005年9月15日访问）。

马。哇，即使没有实质内容，广告也能用来创造商誉。哎哟!)

雄厚的财力很重要，因为钱可以用来购买品牌忠诚度。钱不仅可以购买广告，还可以购买更好的市场研究和产品开发，以及卓越的营销、制造和客户支持。

规模很重要，因为它提供了动力，这种动力可以（至少在一段时间内）用来压倒破坏品牌忠诚度的行为的影响。(因此可以说，规模并不重要，重要的是你如何运用它。) 例如，尽管戴尔公司保留了一家高服务公司的声誉，但许多文章指出，戴尔公司对技术支持外包的规划非常糟糕，以至于收到了如此多的关于客户服务糟糕的投诉以及粗鲁的评论，并决定将技术支持转移回美国。尽管如此，它拆分客户支持业务的方式仍在继续削弱公司的实力，在某种程度上，如果客户服务得不到修复，将会破坏公司的声誉，从而损害品牌忠诚度。❶

品牌忠诚度表明，由于技术本身的特定价格、性能和易用性指标的外在因素，客户/供应商的互动已经成功地增加了一个供应商的商品的净效用。它指出，与购买交易及其之后相关的成本和易用性因素会影响竞争对手塑造有关其产品优势的认知的能力。容易获得服务的产品确实比难以得到服务的产品表现更好。因此，当竞争优势难以确定时，与供应商相关的次要因素将会脱颖而出，从而确定谁具有竞争优势。

谁将出现?

因为技术会随着时间的推移而变化，我们不能只看现在的替代品，我们还必须考虑未来的替代品。可以在各种各样的资源中找到关于新兴技术以及创造和开发这些技术的参与者的数据。通过根据 TRL 或它们所反映的开发过程阶段对这些来源的命中结果进行分类，我们可以使用过去和当前信息的文献计量分析来预测未来可能面临的竞争。

考虑一个简单的线性过程，即从基础研究到应用研究，再到早期工程开发，并行工程，再到生产和销售。基础研究的数据源包括 Current Contents 数据库、学术期刊、专业协会报告、论文摘要和其他基础研究数据库等资源。应用

❶ Bizbrim, “Dell Outsourcing—Latest News,” n. d. , www. bizbrim. com/outsourcing/dell – outsourcing. htm（2005 年 9 月 15 日访问）；以及 Comment. CIO. com, “Dell Outsourcing,” *CIO*（June 1, 2003）, http：//comment. cio. com/comments/19119. html（2005 年 9 月 15 日访问）；Kouviles, “How Not to Outsource Global Business Processes,” *Olin School of Business*（Spring 2005）, http：//www. olin. wustl. edu/discovery/feature. cfm? sid = 545&pg = 1（2005 年 9 月 15 日访问）。

研究的数据源包括政府研发的数据库（也可以在其中找到一些基础研究）、专利数据库等。随着我们进入早期工程开发，我们会获得更多的专利，以及学术会议上的应用途径，等等。并行工程资源包括贸易性出版物中的文章、侧重于市场或工业部门的时事通讯，有时还包括商业报刊。产品和销售文章出现在贸易性出版物、商业报刊和一般媒体上。

请注意，这些来源是说明性的，这里没有硬性规定。但是我们可以说，不同的部门将技术从人们的头脑转移到市场中的时间期限是不同的；通过观察信息开始出现的时间以及技术发展所处的阶段，我们可以大概了解一项技术离进入市场还有多远。

图 5.2 反映了三个假设的竞争情报项目的文献计量分析。在每种情况下，我们都计算与某项技术相关的命中数（hits），并记载作为作者、专利受让人、政府资助获得者等的隶属机构的特定公司。左上角的第一张图描绘了一项技术正在走向市场。我们可以看到一个大学/工业中心所进行的工作的参考文献，这正如运营该中心的相关公司和大学的员工共同撰写的文章所示。后来我们在技术协会会议上看到了专利申请和论文，以及联邦研发奖。再后来，我们在贸易性报刊上发现了文章和更多的介绍。最后，我们在时事通讯和商业媒体上发现了文章。由此看来一项技术正在走向市场。

第二张图中的模式截然不同。在这种情况下，我们看到的是一个项目开始向前推进，然后就消亡了。事实上，最后一点工程开发表明，这是一个想坚持下去而拒绝消亡的项目。

最后一张图显示一项技术已经走向市场，并且已经推出了产品，而我们可以追踪研发计划向下一代产品的转移。

时　间

对于投资一项技术的公司或其他方来说，他们需要投资回报率（ROI）。他们想要多少回报是一个经验性问题。因为投资回报率是购买、许可或以其他方式获得技术的临界标准，所以投资回报率又被称为预期最低回报率。如果你不能超过它，就不会有交易发生。

投资回报率需要在某一段时间内获得。请注意，我的经验表明，5 年通常是一个合理的时间段，但这也是一个经验问题。对于一家公司或一个行业，要弄清楚合理时间段，可以咨询专家和其他在行的人。

从竞争优势的角度来看，我们需要认识到，我们只对那些能够夺走业务或淹没（swamp）我们的产品生命周期的替代品感兴趣，由此破坏我们

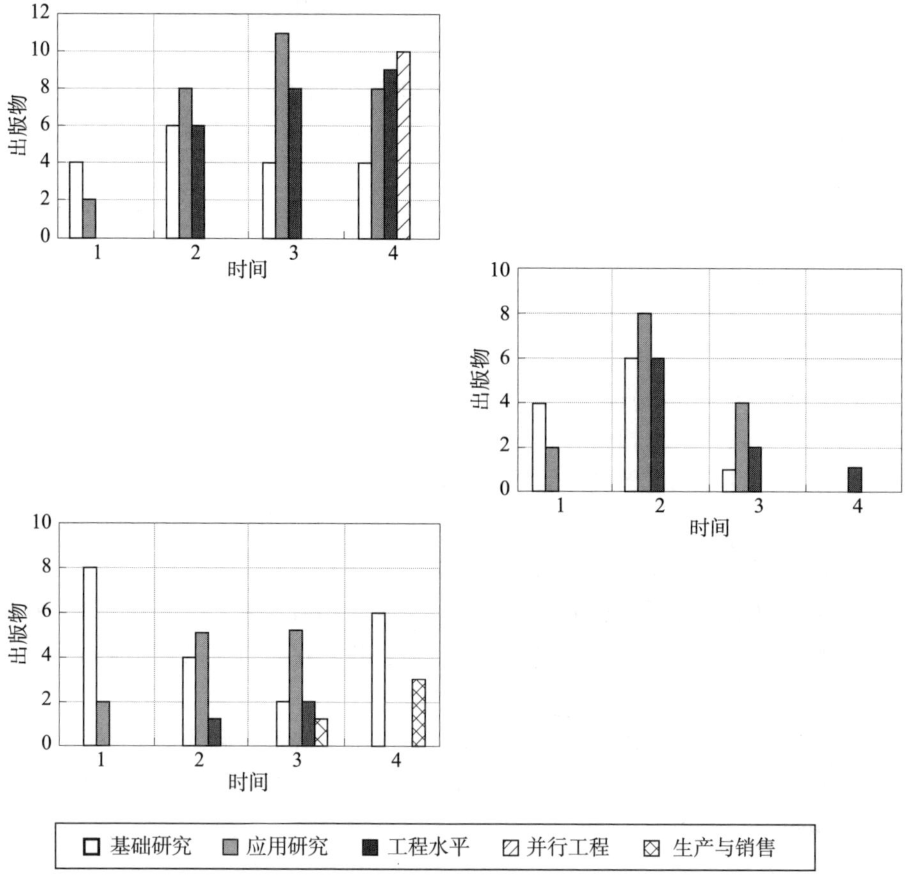

图 5.2　文献计量分析

获得必要投资回报的能力。图 5.3 描述了产品生命周期。[1] 如图所示，在周期的某个时刻，因为市场饱和，购买下降到替代品水平，需要新产品或产品延伸。

抢夺业务的替代品使我们可以销售的产品数量减少。它影响曲线下的面积，但我们仍然有一条曲线。一个淹没（swamp）我们的产品会在某个时刻切断这条曲线。这意味着我们的产品无法通过产品生命周期。

为了理解一项技术如何导致我们的销售量降低，我们必须牢记技术和市场的发展都是动态的。最终用户要求会随着时间的推移而变化，各个竞争对手的收益也是如此。

---

[1] Lynn Ellis, *Evaluation of R&D Processes* (Norwood, MA: Artech House, 1997), 30.

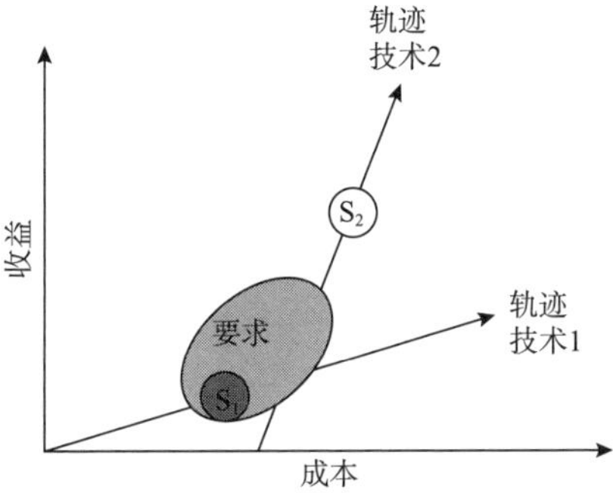

图 5.3　最终用户要求

在图 5.4 中，圆圈代表最终用户需求。S_1 和 S_2 表示两种技术。请注意，虽然 S_1 和 S_2 最初都在竞争范围内，但随着时间的推移，如果继续发展，它们的成本轨迹将使它们的成本对最终用户来说过于昂贵。S_2 已经超出了该客户群的成本要求。一个例子是美国海军的新型 DD（x）驱逐舰，能力强高，但价格太昂贵。正如前海军参谋长凡尔纳·克拉克（Vern Clark）在 2005 年 4 月告诉国会的那样，造船费用急剧上升，已经失控。海军已经从预期购买 24 艘 DD（x）驱逐舰降为购买 5 艘。❶

图 5.5 中的情况则不同。在这里，S_1 最初是有竞争力的，而 S_2 是没有竞争力的。然而，随着时间的推移，S_2 变得更具竞争力，超过了 S_1 的收益。这种模式经常见于激进技术。可以使用另一个军事例子。随着大型飞机进入伊拉克领空，它们可能会受到使用红外传感器的热追踪导弹（heat seeking missile）的攻击。最初的反制措施包括发射闪光弹来欺骗导弹。现在，正在推出能力更强的新一代技术，这种技术是基于使用激光来使热追踪头（heat seeker）失去判断能力。❷

---

❶ Arabe, "Can Plans for a 21st Century Navy Remain Afloat?" *Industrial Market Trends* (April 26, 2005), http: //news. thomasnet. com/IMT/archives/2005/04/can_plans_for_a. html (2005 年 9 月 15 日访问)。

❷ Pike, "Large Aircraft Infrared Countermeasures (LAIRCM)," April 27, 2005, http: //www. globalsecurity. org/military/systems/aircraft/systems/laircm. htm (2005 年 9 月 15 日访问)。

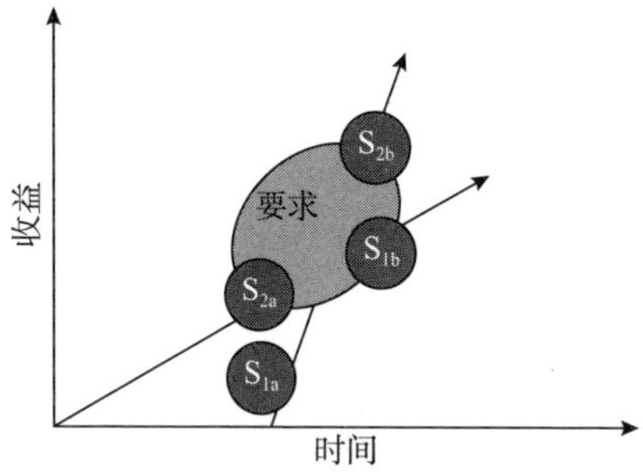

图 5.4　激进技术变得有竞争力

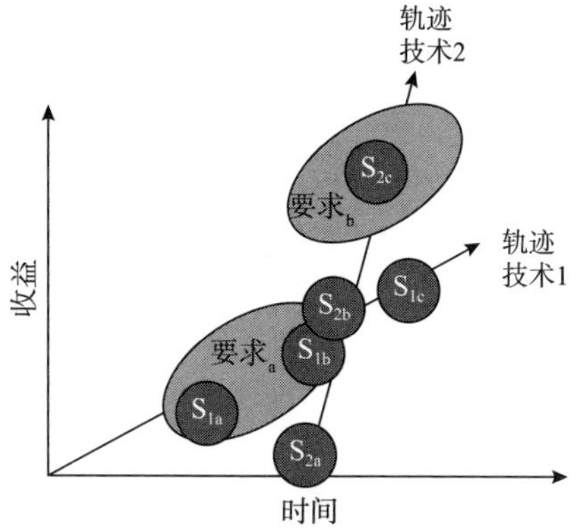

图 5.5　技术不再具有竞争力

图5.6中的最后一个例子描述了另一种情况。在这里，最终用户需求发生了变化，使得过去具有竞争力的技术不再具有竞争力了。航天飞机就是一个很好的例子。最初，它被设计成一个低成本的、可重复使用的空间访问系统。正如先锋航天公司（Pioneer Astronautics）的罗伯特·祖布林（Robert Zubrin）所说，它是在前空间站时代建造的，当时美国需要一个“温尼巴格房车”（Winnebago）——本质上是一个可以自己进出轨道的空间站。现在既然我们有了空间站，我们就还需要别的东西。一方面，我们需要重载（heavy lift），另一方面，我们需要小型的宇航员运送工具。航天飞机对于前者来说太小，对于后者来说太大。[1] 鉴于布什政府宣布的在月球和火星上建立基地的目标，航天飞机不再是可行的系统。

在每种情况下，竞争优势都是，随着时间的推移，收益、成本或易用性与需求之间的相互作用的函数。时间是至关重要的，因为要想在市场上取得成功，一项技术不能是短期的奇迹（昙花一现）。它的销售时间必须足够长，以赚取足够的利润来证明开发和商业化的成本是合理的。

如前所述，“淹没”是另一种威胁，它威胁到是否有足够的时间从一个产品的生命周期中获得投资回报（ROI）。造成淹没的原因有多种。有时，推出了一种新的技术，从而淘汰了我们正在销售的商品。其他时候，可能会出现其他因素，如之前在军事关键战略材料场景中所讨论的。不管怎样，重要的是我们不能安然度过产品的生命周期，因为它被提前打断了。这就像坐在划过湖面的独木舟上，突然一个混蛋驾驶着高速摩托艇向你冲过来，从你身边掠过，把

---

[1] Zubin, “No Time to Cut and Run,” *St. Petersburg Times*, February 9, 2003, http://chapters.marssociety.org/usa/il/no%20time%20to%20cut%20and%20run.doc（2005年9月15日访问）。

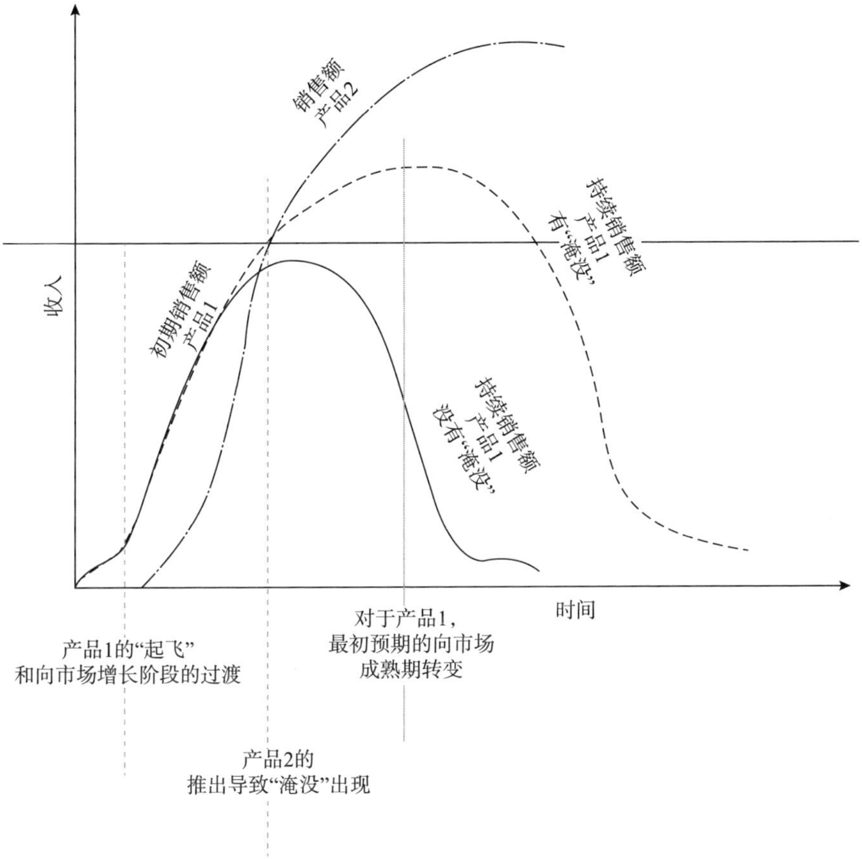

图 5.6 "淹没"（Swamping）

你抛到摩托艇的尾流中，然后把独木舟灌满水。你可能不会死，但是你肯定得努力划才能乘着被灌了水的独木舟上岸。

请注意，淹没本身并不是短生命周期的函数。计算机芯片产业具有很短的生命周期，但已经适应了这样的短生命周期。淹没是一个问题，因为它不可预见地缩短了商品的销售时间。

结　论

竞争存在于可以找到替代品的地方，这些替代品可以减少或淹没基于、利用或体现你的技术的商品的销售。为了影响销售，这些替代品必须能够满足最终用户的需求。通常，它们会利用现有的基础设施，但一项技术可能具有极大的吸引力，从而拉动对基础设施的投资。替代品还必须能够拥有供应链，否则就无法被制造出来。

我们可以根据最终用户需求来对替代品进行比较，以发现哪些商品或技术具有竞争优势。当多个竞争对手处在竞争范围内时，品牌忠诚度等次要的关注点的重要性就会增加。

重要的是要始终牢记，技术和市场都是动态的。因此，我们总是关注一段时间，以确定我们的技术是否能够在足够长的时间内保持竞争优势，以满足我们的目标、购买者的目标以及那些以许可、合资、投资或其他方式与我们合作将技术商业化的人的目标。

第 *6* 章 市　场

引　言

市场是买卖双方进行交易的地方。在本章中，我们将集中讨论市场的两个特殊方面：市场壁垒（market barriers）和市场力（量）（market forces）。市场壁垒增加了市场的稳定性，它帮助我们了解客户和他们的购买偏好是如何被锁定并变得抗拒改变的。市场力给市场注入了动力，它帮助我们了解客户和他们的购买偏好是如何随着时间的推移而变化的，从而为我们如何将今天的技术定位为未来的销售提供线索。

市场壁垒和市场力是在牛顿运动定律“巴斯塔底化”（bastardization）基础上的变通。牛顿运动定律建立在两个概念上：物体的质量和力。这些定律描述了它们的相互作用。这些定律是为物理对象设计的，而不是为社会对象设计的，因此我们使用了“巴斯塔底化”一词。

牛顿第一定律指出，如果物体所受的净力是平衡的，那么如果该物体是静止的，它将保持静止状态；如果该物体是运动的，它将保持恒定的运动状态。净力*是所有力的矢量和。这条定律叫作惯性定律。

根据牛顿模型，市场壁垒是质量的模拟。市场壁垒使得市场力很难改变市场行为。更准确地说，购买模式是对象。壁垒是这些模式的一个属性，对于部分或全部特定的客户群，它可以在某个特定的时间段内将我们锁定在市场之外。这些壁垒由支持这些模式并赋予它们“质量”的因素组成。市场力是趋势；市场壁垒则不同，它们是事实。要么有壁垒，要么没有壁垒。只有在确认

* 或称合力。——译者注

一个壁垒存在之后，谈论该壁垒多大才有意义。

牛顿第二定律指出，如果作用力不平衡，那么物体的加速度取决于作用在物体上的净力和物体的质量。该定律指出：物体因受力而产生的加速度与净力的方向相同，与净力的大小成正比，与物体的质量成反比。

力（净）= 质量 × 加速度

既然如此，什么是市场力？和大多数其他社会现象一样，在商业化中很难找到经验性的因果关系。我们所发现的是统计趋势，我们可以以或大或小的置信度来描述这些统计趋势。市场力只是影响经济交易的社会统计趋势。就像一个朝向传感器的电子波，市场力是以一定方向和大小与购买行为发生碰撞的统计概率，对我们来说，只要我们认识到大小和方向都可能随着时间的推移而变化，我们就可以将其视为一个矢量。对于什么是市场力，需要进行现实检验吗？如果你不能测量它，它就不是一种市场力。

回想一下，在上一章中我们讨论过，仅仅说某项技术有客户是不够的。在该项技术成熟到可以销售的时候，这些客户必须愿意购买。然而，当人们研究市场时，往往对这些市场是否会发展和变化以及如何发展和变化的研究并不严谨。在预测未来购买行为和对当前行为进行推断时，对于市场壁垒和市场力的分析是严谨的关键。如牛顿物理学中所述，可以使静止的物体（这里是购买模式）进入运动状态，但是它需要施加足够的力（这里是市场力）来克服质量的惯性（维持购买模式的壁垒）。

理解了市场壁垒和市场力，我们现在就可以估计可寻址市场的总规模和我们可能获得的份额。对份额的估计是初步的，因为我们仍然需要更详细地考虑具体的竞争对手以及我们可能与谁合作，但只要我们将竞争视为一种壁垒加以研究，就会使我们进入常规的棒球场（general ball park）。

在本章中，我们试图理解什么是市场力和市场壁垒，这样我们就可以识别、研究并量化它们。我们使用这些信息来帮助我们初步估计市场规模和我们能够获得的份额。在本书的第三部分，我们将探讨如何利用市场力来克服市场壁垒。

市场壁垒（障碍）

市场壁垒的作用是确保成功进入或扩张市场的概率低于 50%。这一结果可以通过三种基本方式实现：禁止获得商品；对于买家的采纳，可以使净效用计算结果为负值；阻止卖家进入市场。当涉及净效用的情况时，有两种可能性：要么商品被视为不合意，要么被视为不如一种或多种替代品合意。

我们可以根据限制市场进入或扩张的方式来对壁垒进行分类。显然，要成为壁垒，该因素必须影响市场交易中的三个组成部分之一：买家、卖家或交易对象（见图6.1）。我们利用隆胸技术来说明壁垒的一些运行方式。

图6.1 市场交易的组成部分

乳房植入物于1960年左右首次在美国上市，在1976年对《食品、药物和化妆品法案》修正案进行了修改之前，增加了必须证明医疗器具安全有效的要求。硅酮被认为是无生物活性的，并且没有有害影响。然而，由于几项研究报告了结缔组织疾病和癌症的病例，美国食品药品监督管理局（FDA）于1992年将硅胶乳房植入物的使用限制在涉及乳房再造的受控临床试验的范围内。[1] 通过这一行动，FDA极大地限制了谁被允许成为买家。

对许多女性来说，对健康的不利影响使植入物让人难以忍受，或者不如替代品那么合意。乳房植入物的早期历史涉及多种材料的使用。注入乳房的石蜡会引起一系列并发症。取而代之的是玻璃和象牙球。[2] 这些植入物会引起感染。如今，有确凿的数据表明硅胶与呼吸系统癌症和脑癌等健康危害的增加有关——这无疑值得我们停下来重新考虑一下。[3] FDA还列出了其他不利影响。[4]

请注意，上述监管与健康壁垒以不同的方式运行。在前一种情况下，壁垒通过禁止客户群（不在乳房再造临床试验中的妇女）购买某种商品来限制人们获得这种商品。在后一种情况下，壁垒确保净效用计算结果为负值。然而，这两个因素都是壁垒，因为它们都限制了谁将成为买家。

壁垒的第三种运作模式也很常见。壁垒可能会确保任何净效用计算结果都是不利的。这种模式是超竞争（hypercompetition）的基础，在这种情况下，一个竞争对手通过大幅降价或其他掠夺性行为来为其他竞争对手设置壁垒。（微软公司多年来因超竞争而臭名昭著。）想想看，美国每年约有35万个植入物，约占全球需求的60%。根据硅胶植入物的巴西制造商西里迈德（Silimed）的

---

[1] 见 National Cancer Institute，"National Cancer Institute Breast Implant Study，" September 22，2004，http：//www. nci. nih. gov/newscenter/siliconefactsheet（2005年9月5日访问）。

[2] A Board Certified Plastic Surgeon Resource，"History of Breast Implants，" 2005，http：//www. aboardcertifiedplasticsurgeonresource. com/breast_implants/history. html（2005年9月5日访问）。

[3] National Cancer Institute，"Breast Implant Study."

[4] U. S. Food and Drug Administration，"FDA Breast Implant Handbook，" 2004，http：//www. fda. gov/cdrh/breastimplants/handbook2004/specificissues. html（2005年9月6日访问）。

说法，该行业充满了残酷的竞争。[1] 在2005年7月不列颠哥伦比亚省彭蒂克顿的一家酒吧举办的比赛中也出现了超竞争。为了吸引更多的生意，这家酒吧举办了一场比赛，36名参赛者在这场比赛中追逐得到一套免费的乳房植入物，包括隆胸手术。[2] ［如果这听起来很怪诞，有点疯狂，那就想想改头换面（extreme make – over）真人秀吧。］

请注意，第四种运作模式是限制可以销售或提供给任何人进行销售的东西。知识财产（IP）权是提高这种壁垒的一种方式，因为它们限制了其他参与者可以制造、使用、销售或许诺销售的东西。布拉瓦（Brava）是一种基于定期、持续地应用温和的抽吸的丰胸系统。[3] 抽吸由特殊胸罩中的微处理器控制单元提供。有11项专利和1项待决专利申请被用来保护IP和限制竞争。因此，竞争对手要销售类似的产品，就必须找到规避这些专利的方法，或者宣告这些专利无效。

显然，法规和标准也可以以这种模式运行。例如，美国食品药品监督管理局（FDA）禁止销售用于丰胸的医疗器械，如果这些医疗器械不能支持其提出的主张的话。

限制销售的壁垒可能会以其他方式出现。如果竞争对手比你的技术更能满足最终用户的需求，那么竞争对手可能是一种壁垒。事实上，有时竞争对手甚至未必真的是更好，只要它被认为是更好就可以了。对特定公司的品牌忠诚度和好感以及受人尊敬的人士或出版物的观点都会促成这样的认知。

基于处方雌激素的激素疗法可用于丰胸。当然，高剂量的雌激素可能会致癌。因此，业界的一部分草药产品公司声称，他们通过使用植物雌激素（一种刺激新的乳房组织生长的非激素类的植物雌激素）获得了类似雌激素的效果，并且没有风险。

在这些药丸中混合了多种植物提取物。一些网站声称拥有可以提供客观比较的有效性调查数据。当然，这些研究很可能是伪造的，因为消费者实验室（Consumer Labs）没有发现可以通过使用膳食补充剂来丰胸的科学证据。[4] 美国食品药品监督管理局（FDA）得出的结论是，这些产品不太可能有效。此

---

[1] Chinadaily. com, "Boom in Busts," Shanghi Star, April 10, 2003, http://app1. chinadaily. com. cn/star/2003/0410/fe21 – 1. html（2005年9月5日访问）。

[2] Amy Carmichael, "Women Spin Wheel for Free Breast Implants at B. C. Nightclub," The Cannon (July 25, 2005), http://www. thecannon. ca/news_details. php? id = 2167（2005年9月5日访问）。

[3] 见 the Brava web site at http://www. brava. com/home. asp（2005年9月5日访问）。

[4] Consumer Labs, "Review Article: Breast Enhancement Supplements," April 16, 2002, http://www. consumerlab. com/results/besupp. asp（2005年9月5日访问）.

外，如果它们真的有效，那么它们很可能会导致乳腺癌，因为像雌激素一样，导致乳房增生的因素会增加患乳腺癌的风险。[1] 尽管如此，它们可能会影响那些愿意购买补充剂的人购买的东西。

如果对草药植物雌激素的混合物的比较看起来太深奥，请考虑一下编辑从《个人电脑杂志》（*PC Magazine*）或 CNET 等资源选择电脑硬件和软件的情况。基本原则是一样的。评级低的竞争对手在销售他们的产品时会遇到困难，因为评级低是进入市场的障碍。

第五种运作模式是限制谁可以销售。就布拉瓦（Brava）而言，销售是通过经授权的布拉瓦系统医师进行的，用简单明了的话来说，经授权的布拉瓦系统医师就是指有销售该系统的许可证的人。在大多数司法管辖区，当涉及公共健康和安全时，都要求具有销售许可证。例如，密歇根州要求几乎每家食品企业在商业经营、供应甚至向公众提供食品之前都必须获得许可证。[2]

我们的回顾证实，壁垒可以按照其影响的交易的组成部分进行分类。我们研究的是哪种技术真的不重要。可以使用与隆胸相同的方法来对计算机软件进行研究。重要的是找出各种因素是否会抑制以及何时（以及多长时间）可能会抑制你向已确定的客户销售技术的能力。

通常，识别采用现有技术所面临的壁垒可以指出使你的技术具有吸引力的因素。

2000 年，我们受美国国家环保局（EPA）的委托，为一种用于配制替代性黏合剂的方法寻找应用，所述替代性黏合剂可以代替基于挥发性有机化合物（VOCs）和有害空气污染物（HAPs）的黏合剂、填缝料和密封剂。该方法使用市售单体将单体/聚合物混合物配制成双组分黏合剂。黏度、工作时间、黏结强度和成本是关键参数。迄今为止的研发结果表明，这项拟议工作所产生的黏合剂与溶剂基黏合剂相比具有成本竞争力，原因是：其收缩率小于含水或含溶剂的黏合剂；耐热性和流动阻力好于热熔胶；并且可以用在热敏基底上。所有配方都涉及一个系统，在这个系统中非挥发性单体既作为载体（替代溶剂）又是黏合剂。聚合反应是通过多种固化方法发生的，包括

---

[1] U. S. Food and Drug Administration, "Herbal Medicines and Breast Cancer Risk," updated May 26, 2005, http://envirocancer.cornell.edu/factsheet/diet/fs53.herbal.cfm（2005 年 9 月 6 日访问）；另参见 Sorokin, "Clinical Trials of Phytoestrogens for Breast Cancer," February 5, 2004, http://nccam.nih.gov/research/concepts/consider/phytoestrogen.htm（2005 年 12 月 19 日访问）。

[2] Michigan Department of Agriculture, "Who Needs a License to Sell Food?" 2005, http://www.michigan.gov/mda/0, 1607, 7-125-1569-11869—, 00.html（2005 年 9 月 5 日访问）。

紫外线、可见光、环氧胺固化和氧化还原反应等。我们在二次木材加工中找到了应用。该行业是黏合剂的主要用户，当时的消费价值约为 16 亿美元。二次木材加工业包括家具制造、办公室与厨房家具、泡沫和层压工业。出于性能原因，制造商仍在继续使用大量溶剂型黏合剂。

对我们的分析至关重要的是，没有支持采用“绿色”黏合剂的市场力。黏合剂行业作为一个整体，已经采用了“绿色”无溶剂方法。因此，我们必须找到一个地方，在这个地方需要比现有的性能更好的性能。

我们的一名工作人员与林产品协会黏合剂小组（Forest Products Society's Adhesive Group）主席进行了交谈。他同意溶剂问题已经在很大程度上通过技术（水溶胶和热熔胶）得到解决，但是“绿色”黏合剂的性能仍然是一个问题。我们还从木材行业新闻组和列表服务器等资源中发现了一些传闻，这些传闻的信息也有同样的说法。黏合速度是一个经常被提及的问题。鉴于这些数据，以及 EPA 的这项技术可以被延伸从而提供快速固化这一事实，我们能够在木制品行业找到愿意同时作为测试地点和顾问参与并行工程的合作伙伴。在他们的帮助下，我们确定了 23 个设计参数来指导后续的研发。虽然林业行业中有许多环保型黏合剂，但新推出的水性黏合剂和热熔黏合剂都存在一些问题。以下这些参数是采用现有“绿色”黏合剂的技术壁垒：①固化慢；②翘曲；③在冻/融条件下不稳定；④分层；⑤起雾；⑥黏合剂在泵和调节器中分解；⑦需要额外的设备，例如背衬板，以吸收多余的水；⑧需要额外的热或蒸发辅助设备。此外，当家具是通过烘箱来加速蒸发时，额外的生产考虑因素可能是不利的：⑨现有设备的更新改造；⑩由于水的蓄热能力而增加烘箱的容量；⑪由于较长的蒸发时间而使得烘烤速度减慢；⑫烘箱干燥对基材的损坏；⑬额外的能源成本；⑭产生污泥而不是挥发性有机化合物（VOCs）或有害空气污染物（HAPs）；⑮清洁烘箱需要更多的时间；⑯需要更多的维护劳动力；⑰持续监测黏合剂混合物的黏度。此外，⑱水溶胶可能无法通过易燃性测试。热熔胶，即在使用前要加热的黏合剂，也被广泛使用，因为高温增加了黏度，从而消除或减少了对溶剂的需求。与水基黏合剂一样，热熔胶也有一些缺点：⑲在较高温度下剪切强度较低；⑳可能发生胶凝化；㉑工人真的有可能会被烧伤；㉒货架期或贮存期短；以及㉓需要专门的热熔设备。竞争技术的局限都为既不需要热也不需要水来固化的黏合剂配方提供了极好的机会。

通常在网络搜索引擎中输入应用的名称和字符串“barriers to entry”（市场进入壁垒）就足以让你开始研究。例如，将“breast augmentation”（隆胸）和

"barriers to entry" 输入谷歌中，结果就会出现大卫·塔伦蒂诺（David Tarantino）的一篇文章。❶ 这篇文章从营销策略和整容手术的市场进入壁垒的角度讨论了隆胸问题。塔伦蒂诺用迈克尔·波特（Michael Porter）的"五力"分析来梳理壁垒和克服这些壁垒的策略。（波特的"五力"包括：新进入者的威胁；替代服务的威胁；买家的议价能力；供应商的议价能力；竞争对手之间的竞争。）健康产业制造商协会（Health Industry Manufacturers Association）的会长于1999年向美国国家科技委员会（National Science and Technology Council）的技术委员会提交的一份报告强调，对诉讼的担忧是乳房和其他医疗植入物进入美国市场的壁垒。❷

当找到壁垒时，我认为将它们输入表6.1是有用的。这些数据是基于最初的网络搜索的结果对于硅胶乳房植入物壁垒的初始看法。

表6.1 对于壁垒的初始看法

植入物进入市场的壁垒	影响买方	影响卖方	影响销售的商品	适用期	权 重
知识产权		×	×	直到2020年	高
规则	×	×	×	1992年（现行）	高
标准		×	×	不确定	低
竞争	×	×		2000年以后	中
权威观点			×	无限期	高
不利影响	×			无限期	中
责任（liability）	×	×	×	无限期	低（一旦FDA批准后）

请注意，该表中的最后一列是因子在高、中、低顺序等级上的权重。权重代表我们觉得该壁垒对我们自己的硅胶乳房植入物进入市场的能力可能产生的影响的程度。权重（质量）越高，克服壁垒所需的净市场力就越强。

还要注意，因为这些是初始数据，所以对它们进行核对很重要。通常，如果数据是来自二次来源，那么将其与原始来源［例如，来自FDA、NIH（国立卫生研究院）、大学或私营部门的一些专家］进行核对是有意义的。（和我们的大多数示例一样，你不必同意这些数据条目，重要的是理解所使用的方法。）

---

❶ David Tarantino, "Developing a Marketing Strategy—Nuts and Bolts of Business," Physician Executive (January - February 2003), www.findarticles.com/p/articles/mi_m0843/is_1_29/ai_96500904.

❷ Pamela Bailey, "Priorities for Federal Innovation Reform," September 17, 1999, http://www.ostp.gov/html/rand/summit/MedicalReformHIMA.doc（2005年9月5日访问）。

市场力（量）

我们可以根据市场力量如何影响市场交易来对它们进行分类。请回想一下交易的基本结构：我们有买家、卖家和交易。因此，与壁垒一样，一种力量必须影响买家、卖家或交易的内容才能对交易产生影响。相关市场力量将影响交易的这些组成部分或要素之一。

我们先看一下那些影响谁是市场交易的参与者（player）以及有多少参与者的力量（见图6.2）。一方面，参与者力量是宏观层面的驱动力，因为它们会影响有多少人参与到一项实践中。在这个层面上，市场力量驱使人们进入或离开市场（arena）。换句话说，宏观层面的力量影响市场规模。另一方面，取决于哪些属性受到影响，参与者市场力量可能是微观驱动力，因为技能和吸收能力的变化会影响在特定实践中使用一种技术而不是另一种技术的意愿和兴趣。因此，微观层面的力量影响市场份额。

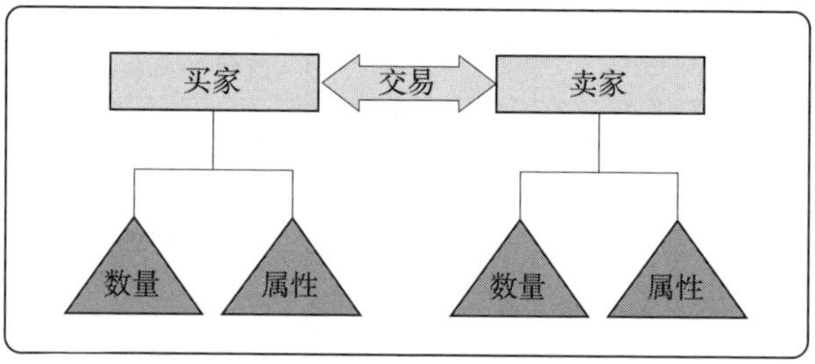

图6.2　确定参与者的数量

我们为美国疾病控制中心（Centers for Disease Control）评估了一种预防癌症的新药，以确定是否应该为该药申请专利。新药中的化合物是天然存在的，是从植物中提取的。在研究中发现，它能阻止肿瘤的扩散，还可以抑制癌细胞的生长，减少化学诱导的皮肤肿瘤的大小和发生率。此外，使用裸鼠的体内研究表明，它能显著抑制恶性肿瘤的侵袭和转移。问题是由于竞争造成了市场壁垒。市场空间被在化学上相关的化合物所挤占。

尽管有这个壁垒，我们还是建议为这种化合物申请专利，原因是消费者对植物性药物需求急剧增长。植物源药物的市场正在增长。根据商业通讯公司（Business Communications Company）2003年的一份报告，全球植物源药物的销售额预计将从2001年的137亿美元飙升至2007年的188亿美元。[1]此外，我们发现的数据表明，植物源药物可能会占据很大的市场份额，会夺取现有合成药物多达30%的市场份额。除了患者消费植物性药物的这一趋势外，还有强大的市场力量支持制药公司积极开发植物性药物。我们发现的数据表明，在1980年，排名前250位的制药公司中没有一家有涉及高等植物的研究活动，但是到了20世纪90年代初，其中超过一半的公司已经引入了这类项目。事实上，美国国立卫生研究院（National Institute of Health）也在美国国家癌症研究所（National Cancer Institute）设立了一个天然产物分部。一句话：这些市场力量支持采用植物源药物来代替现有的合成药物，如果植物源药物能够实现那些承诺的治疗和较低副作用的效果的话。市场力量表明，由竞争造成的壁垒是可以被克服的，因此申请专利是合理的。

在本章中，我们通过把买家和卖家称为参与者来简化我们的讨论。然而，重要的是要记住，买家和卖家可能是由多个参与者组成的组织。到目前为止，我们已经涉及了买家的三个角色：最终使用者、实际进行采购的人和最终决策者。我们的讨论适用于所有这些角色。同样，在卖家当中也有营销者或交易者、开发商和决策者。同样，我们的讨论是一般性的。现在限定词已经说完了，让我们看看这是如何运作的。

在我们对市场力量的讨论中，我们将引入一个新的例子：轮胎。为了提高牵引力并减少振动，充气轮胎由密封了空气的橡胶或其他弹性体组成。它是由苏格兰工程师罗伯特·汤姆森（Robert W. Thomson）于1845年发明的。但是与拉链的情况一样，最初的发明并没有流行起来。当时，车轮是由实心橡胶制成的，这种实心橡胶是采用查尔斯·古德伊尔（Charles Goodyear）发明的硫化工艺制成的。实心橡胶轮胎能够吸收振动、抗割伤和磨损——这对于当时运输货物的土路的质量而言是很重要的，而且它们足够坚固，可以承受重载。[2]实心橡胶轮胎是对传统木制或金属制货车车轮的巨大改进。因此，早期的充气轮胎是一个“在寻找问题”的技术方案。

1888年，苏格兰的约翰·博伊德·邓禄普（John Boyd Dunlop）重复发明了充气轮胎。（邓禄普当时声称并不知道汤姆森的发明。）这一次充气轮胎确

---

❶ 见Nutrasolutions. com，“Plant - Derived Drug Sales Climbing,” March 1，2003，http：//www. nutrasolutions. com/CDA/ArticleInformation/news/news_item/0，1273，112869，00. html。

❷ Mary Bellis，“History of Tires，” About （2005），http：//inventors. about. com/library/inventors/bltires. htm（2005年9月5日访问）。

实流行起来了。这是为什么呢?❶

所不同的是自行车——轮胎的另一种用途。对于自行车来说,实心橡胶轮胎较为沉重,骑起来也不舒服。充气轮胎显然更胜一筹。现代自行车是欧内斯特·米绍(Ernest Michaux)于1861年发明的(他所发明的踏板和曲柄仍然是我们今天使用的踏板和曲柄的基础),因此在1845年并没有什么骑自行车的人。事实上,自行车这个名字直到1869年才开始使用。❷

换句话说,我们可以追踪到骑自行车的人数量的增加,买家(骑自行车的人)的属性是推动对“更好”轮胎需求的上升的市场力量,其中“更好”意味着更轻、更减振和骑行更平稳。对于充气轮胎的销售来说,骑车人数量的增加是一个积极的市场力量,其增长幅度相当于自行车销量的增长。骑车人越多,我们可以预期充气轮胎的销量就越大。

随着时间的推移,其他市场力量开始发挥作用。1908年,亨利·福特(Henry Ford)推出了T型车。很明显,汽车的增长推动了更多的轮胎销售。但是对充气轮胎销售的影响并不存在。事实上,安德烈·米其林(André Michelin)早在1895年就已经在汽车上安装了充气轮胎,但是这项创新直到1911年才流行起来,这一年菲利普·施特劳斯(Philip Strauss)发明了一种由实心橡胶外胎和充气内胎组合而成的轮胎。[无内胎轮胎是固特异轮胎公司的P. W. 利奇菲尔德(P. W. Litchfield)于1903年发明的,但直到1954年才成功销售。]❸

在美国农业部的资助下,我们支持了一种用于保存图书和档案资料的简单、具有成本效益的脱酸方法的商业化。原稿可以在存储点进行处理,例如图书馆、档案馆或储存设施。关键的创新是开发一种不需要使用液体或复杂机械设备的工艺,并且可以在普通办公室工作环境中进行,而不需要经过专门培训的人员。

这项技术有一个明确的基础驱动因素。根据美国国会图书馆的说法,一本书或手稿越旧,通常保存得越好。超过150年的纸基材料在许多情况下比那些不到50年的材料的状态更好。原因是纸张中较长的纤维素链比较短的

❶❷ Mary Bellis, “History of Tires,” About (2005), http://inventors.about.com/library/inventors/bltires.htm (2005年9月5日访问)。

❸ Continental AG, “The History of General Tire from 1915 Up to Now,” 2005, www.conti-online.com/generator/www/com/en/generaltire/automobile/themes/history/ctwl_history_en.html (2005年9月5日访问)。

纤维素链更强韧、更柔软。纤维素链越长，纸张就越能承受住酸和其他滥用的降解剂的侵蚀，而不会显示出明显的磨损迹象。早期的纸张，如19世纪中叶以前的纸张，是由棉和亚麻碎布制成的，这使得它们依旧坚固耐用，尤其是如果它们在不太热或不太潮湿的条件下妥善储存的话。现代纸张大多是以新闻纸为基础的，由于纤维素链较短，新闻纸的使用寿命相对较短。此外，存在湿气的情况下，制造过程中使用的明矾会产生硫酸。酸也是从污染物中吸收。新闻纸尤其脆弱，这可以从旧报纸和书籍的褐色、易碎边缘中看出。❶

我们可以看到，采用这项技术有几个基础驱动因素。纸纤维的改变、造纸方式的改变以及日益严重的污染都使得长期储存必须进行脱酸。此外，纸张的使用量在20世纪中叶激增，随着时间的推移，产生了越来越需要处理的材料。我们还可以猜测，这些驱动因素只在有限的时间内产生作用，因为现在纸质文档几乎完全被电子存储所取代。

要想让充气轮胎销量飙升，需要铺设好的道路。直到20世纪初，土路一直是一种常态。缺乏铺面道路是采用充气轮胎的市场障碍。用沥青铺路的一个障碍是材料供应和成本（见图6.3）。美国使用的所有沥青几乎都来自委内瑞拉的特立尼达湖和贝尔穆德兹湖的天然资源。然而，到1907年，精制沥青的产量超过了天然沥青的进口量。美国国内沥青产量的增加是帮助克服铺面道路短缺的市场力量。随着美国国产沥青的出现，这一市场障碍被消除了，公路建设飞速发展（建设速度的提高是一种市场力量），汽车充气轮胎成为标准设备。❷

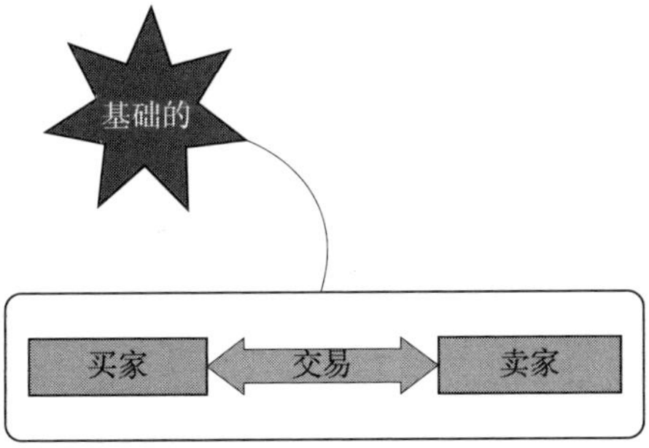

图6.3 交易障碍

❶ 见 Library of Congress, "The Deterioration and Preservation of Paper: Some Essential Facts," *Preservation* (July 19, 2002), www. loc. gov/preserv/deterioratebrochure. html（2005年9月6日访问）。

❷ National Asphalt Paving Association," History of Asphalt," 2004, http://www. hotmix. org/history. php（2005年9月5日访问）。

随着越来越多的沥青公路的修建，对加强沥青公路建设的需求也在增长。美国国会直到1916年才通过《联邦援助道路法案》（*Federal – Aid Road Act*），该法案为公路改善提供资金，以使“农民摆脱困境”。《1921年联邦公路法案》（*Federal Highway Act of 1921*）获得通过，该法案为修建铺面公路提供资金，从而创建了联邦公路系统（Federal Highway System）。该法案意味着适合充气轮胎的道路更多。（后来，无内胎轮胎的采用也涉及类似的动力。）艾森豪威尔签署的《1956年联邦援助高速公路法案》（*Federal – Aid Highway Act of 1956*），构建了州际高速公路，再加上影响速度的汽车技术的进步，从而推动了无内胎轮胎的销售。❶

这一讨论增加了另一种市场力量——基础设施力量（infrastructure forces）。基础设施力量是通过促进或阻碍买家通过其购买获得净效用的能力来减轻或增加对市场上提供的商品销售的限制。它们很重要，因为它们有助于克服采用技术的障碍。因此，它们可以影响宏观层面，即活跃在某个领域（arena）中的人数；它们也可以影响微观层面，即人们将选择哪些选项来进行这个领域（arena）中的具体实践。事实上，促使农村买家进入自行车市场的一个因素是，联邦政府在1893年设立了道路调查办公室（Office of Road Inquiry），预算为1万美元，其工作是鼓励农村道路发展，以改善货车、长途汽车和自行车在土路上的行驶。❷

《联邦援助道路法案》并没有产生很大的影响，原因是该法案通过后不久美国就加入了第一次世界大战。因此，联邦政府的慷慨之举不得不等待更好的时机，这一时机随着“咆哮的二十年代”而到来。所产生的财富使得政府能够向公路局（旧称“道路调查局”）拨款，以建设《联邦公路法案》所要求的双车道铺面公路。

该讨论强调，影响货币的力量是另一类驱动因素。经济状况和商业周期的变化会影响货币的数量和可供购买的数量。

请注意，基础设施力量和经济力量对市场有另一种影响（见图6.4）。它们还可以刺激新的卖家进入市场。

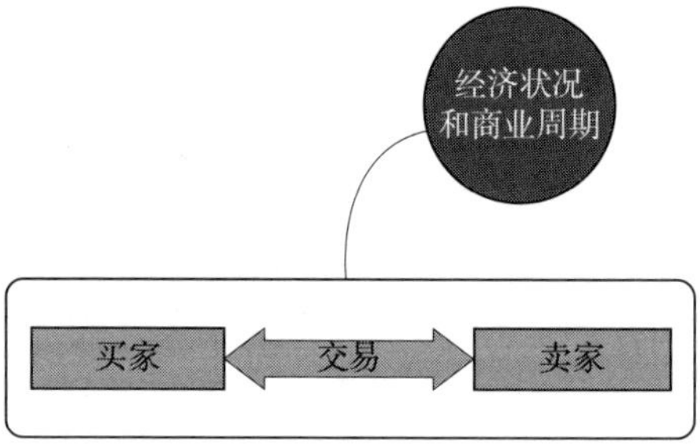

图6.4　宏观层面的力量

❶ About, “How the Wheels Got Turning,” *A Historical Perspective on American Roads* (2005), http://inventors.about.com/library/inventors/blcar3.htm（2005年9月5日访问）。

❷ 同上。

例如，到1915年通用轮胎公司（General Tire）成立时，已有300多家公司生产轮胎，❶ 这是汽车销量的快速增长的证明——汽车是支撑轮胎需求所需的基础设施的关键部分。

随着行业的发展，买家趋向于寻求不同类型的技术，这样做一方面是为了满足市场需求，另一方面是为了降低劳动力和其他成本。❷ 图6.5描绘了行业在产品系列开发与利用的不同阶段的这些关系。（产品系列的例子包括实心橡胶轮胎、充气轮胎和子午线轮胎。）

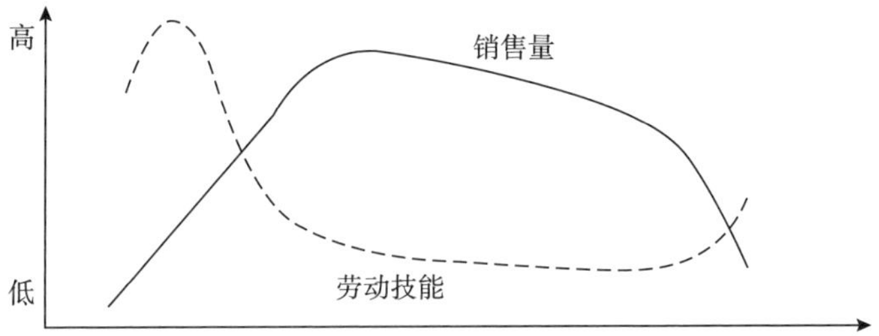

引入期	成长期	成熟期	衰退/瓦解期
开创性产品	主导设计	普通产品	新的功能
产品创新多	方法创新更多	(非专利产品)	产品创新多
需求日益增长	需求日益稳定	方法创新多	新的需求
容量低	容量较高	需求稳定	市场趋同
专有焦点	标准焦点	容量非常高	新的市场
新进入者很多	失败(倒闭)的很多	成本焦点	新的竞争
标准之战	并购	稳定玩家(参与者)	进入市场的壁垒降低
	规模之战	合并和剥离	新的商业模式
		供应商之战	

图6.5 产品系列（product family）开发与利用阶段

显然，另一类市场力量是那些影响市场上销售的替代品数量和种类的力量。按照种类，我们指的是技术趋势和工业领域在定价和所提供的功能、特性及特征方面的趋势。这些力量与替代产品的开发有关，因此我们将其称为发展力量（见图6.6）。

经常被引用的发展力量的例子是标准和法规，尽管如我们所见，标准和法规本身并不是力量。原因是标准或法规本身并不影响市场交易。作为独立的规则，标准或法规是市场壁垒。遵循标准的程度或压力实际上才是力量。这种对

❶ 见Continental AG，"The History of General Tire from 1915 Up to Now." http：//www.conti－online.com/generator/www/com/en/generaltire/automobile/themes/history/ctwl_history_en.html，（2005年9月5日）。

❷ 本讨论借鉴了阿伯纳西（Abernathy）和厄特巴克（Utterback）的工作。如需更进一步的概述，请参见Utterback，*Mastering the Dynamics of Innovation*（Boston：Harvard Business School Press，1994）。

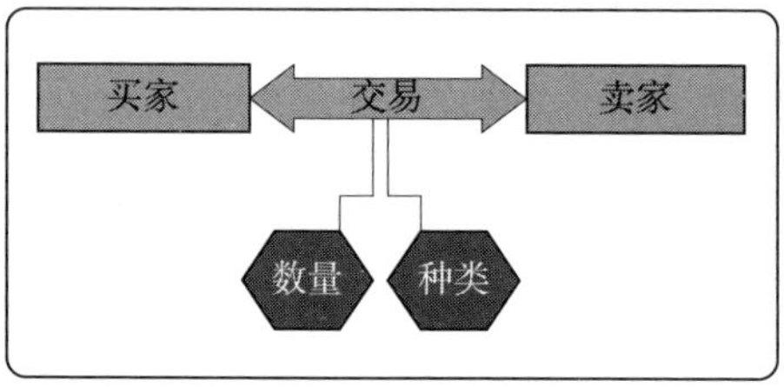

图 6.6　量化交易

行动或行为的需求在法规方面更加明确，因为我们习惯于说有些法规是强制性的，而其他法规则不然，这意味着它们可以被安全地忽略。在描述或预测市场动态时，我们衡量的是法规颁布数量的增加或其他一些指标，即说明这种标准或法规应认真对待。

漏气保用轮胎（flat - run tires）的出现说明了这一点。在轮胎发生穿孔、深切或其他损坏的情况下，漏气保用轮胎可以在零压力下使用，能够以正常速度行驶足够长的距离从而到达修理站。“防穿刺”轮胎至少从 1892 年就获得了专利保护。到 1934 年，固特异有了一个逐渐泄气而不是爆裂的内胎。固特异的自支撑型轮胎（self - supporting tire）于 1978 年推出。1996 年，米其林推出了一种使用实心内轮支撑的轮胎，在其支撑下，无压轮胎可以安全行驶一段距离。但是这种轮胎从未成为主流。

2001 年，桥水公司（Bridgewater）旗下的凡士通公司（Firestone）遭受了一系列轮胎爆裂和相关的死亡事故，使轮胎安全问题成为公众关注的焦点。该公司的轮胎召回可能是美国历史上规模最大的召回。轮胎召回的增加是一股重大的市场力量，导致自支撑型轮胎以及其他轮胎技术的市场供应扩大。

作为对公众不满的回应，美国国会于 2000 年通过了《交通工具召回的强化责任和文件法案》(TREAD)。[1] 该法案和相关的公众压力反过来又刺激了轮胎技术的进一步创新，因为实施该法的可能性很大。例如，TREAD 要求在 2006 年之前在所有美国汽车和轻型卡车上都要安装轮胎压力监测系统 (TPMS)。[2] 对轮胎安全性的不满也提供了推动漏气保用轮胎广泛商业推广所需的动力。古德里奇（BF Goodrich）、普利司通、邓禄普、凡士通、固特异、

---

❶ CBS News, “Yet Another Recall For Firestone,” January 2, 2001, http: //www. cbsnews. com/stories/2001/01/02/national/main260774. shtml（2005 年 9 月 5 日访问）。

❷ Desai, Chance, and Ozawa, “Steering Safer Wheels for America's Motorists,” *RFDesign*（2004）, http: //rfdesign. com/mag/406rfdf4. pdf（2005 年 9 月 5 日访问）。

锦湖、米其林、倍耐力和优科豪马现在都出售自支撑型漏气保用轮胎。❶

与壁垒一样，我们可以创建一个简单的表格用于记录市场研究期间收集的市场力量数据。我们想知道这个力量是什么，它的作用方向是什么，它有多大，以及它在什么时期起作用。

估计市场规模

我们可以通过四种方式来估计总的可寻址市场规模：查找销售硬数据；使用可比较数据；根据用户数量和购买频率来推算销售量；或者从总的市场规模数据进行解析。

计算市场规模最简单的方法是找到给出市场规模的数据。据美国食品药品监督管理局（FDA）称，在整个20世纪90年代，尽管存在公认的危险，乳房植入物（breast implants）数量都呈上升趋势。图6.7提供了1992年至1999年期间美国植入手术数量的信息。❷ 如果我们对这一时期的手术市场感兴趣，我们不必进行进一步研究。如果我们想要更多的近期数据，我们可以看看FDA的网站，该网站报道的美国整形外科医师协会（American Society of Plastic Surgeons）的数据显示，2003年有近25.5万例丰胸植入手术，几乎是1998年的2倍。另有6.8万名妇女因癌症或其他疾病接受乳房切除术后的乳房植入重建。

我们可以用这些数据推断未来。经验法则是，你可以向前预测多少时段就可以回溯多少时段。我们可以绘制曲线（也可能是直线），然后根据市场壁垒和市场力量对它进行调整。例如，1992年，FDA要求除了一些情况外一律暂停硅胶植入物。因此，如果我们预测其销售量，我们必须考虑到这样一个事实，即FDA的要求构成了一个壁垒，使购买偏向盐基植入物（saline - based implants）。

当然，为了根据过去的数据预测多年的市场规模，我们需要一个增长率。复合年增长率（CAGR）常用来估算增长。CAGR是一个平滑的增长率，意味着年增长率是恒定的。CAGR的计算方法如下：

$$\text{CAGR} = (\text{结束值}/\text{开始值})^{(1/n\text{年})} - 1$$

---

❶ Tire Track, “Flat - Run Tires,” 2005, http://www.tirerack.com/tires/tiretech/techpage.jsp?techid=56（2005年9月5日访问）。

❷ 见“Making an Informed Decision about Breast Implants,” *FDA Consumer Magazine*, September - October 2004, http://www.fda.gov/fdac/features/2004/504_implants.html（2005年9月7日访问）。

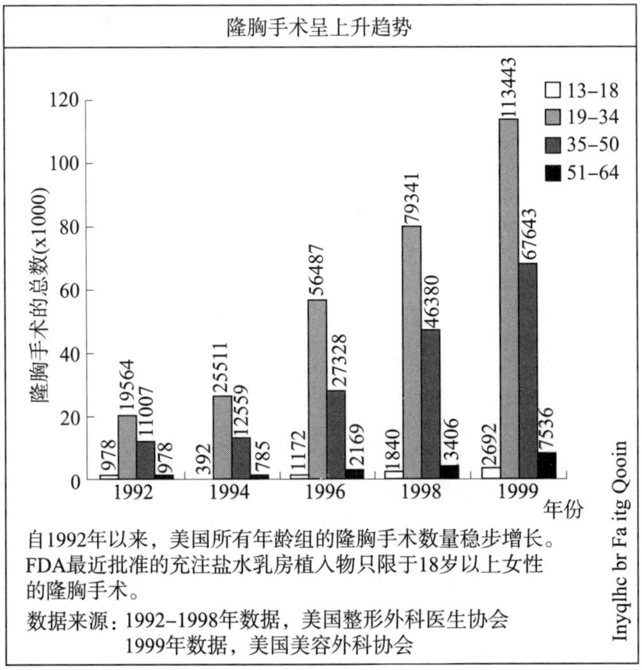

图 6.7　隆胸手术呈上升趋势

换言之，我们取总增长率的 n 次方根。这里 n 是我们计算增长期间的年数。[1] 如果预测是以货币而不是单位来计的，要注意通货膨胀会产生误导性结果。

下一个最简单的方法是找到可对比（comparable）数据。例如，如果我们知道在美国销售的汽车轮胎的数量，并且我们已经开发了一种用于汽车轮胎的胎压监测表，那么销售的汽车轮胎的数量就代表我们自己和所有竞争对手可以销售的胎压监测表的总数。同样，如果我们想知道一种新的养殖鱼［比如北极红点鲑（arctic char）］的市场规模，我们可以以另一种类似的养殖鱼（比如罗非鱼）为基准，然后调整这些数字，以考虑北极红点鲑和罗非鱼之间的差异。

同样，我们必须考虑壁垒和力量。根据美国运输部（U. S. Department of Transportation）的数据，仅从商业车队来看，大约 7. 08% 的轮胎充气不足 20 磅/平方英寸或更多，而只有 44. 15% 的轮胎在其目标压力 ±5 磅/平方英寸的范围内。其主要后果是轮胎磨损增加、轮胎寿命缩短、燃油经济性变差以及更

❶ Answers. com, "Compound Average Growth Rate," n. d. , http://www. answers. com/topic/compound - annual - growth - rate - cagr（2005 年 9 月 6 日访问）。

多的道路交通事故。在研究了这些后果的经济影响后，美国运输部得出结论，“对于典型的 TL 或 LTL 运营商来说，轮胎充气不当会使每辆拖车 - 挂车（tractor - trailer）组合每年增加约 750 美元的总运营成本。其他类型车队的成本损失也差不多，大约从 600 美元到 800 美元不等。”❶ 因此，很明显，成本是推动采用轮胎气压监测系统的一种力量。事实上，美国运输部发现“轮胎充气维护实践与车队规模密切相关”，❷ 这让我们预计，即使没有法规要求，较大的车队也将成为轮胎气压监控系统的早期采用者，因为对于较大的车队，成本节约的影响更为明显。

根据用户数量来推算市场规模也是非常直接的方法。根据美国国家环保局（EPA）的数据，目前美国道路上的汽车大约有 1.95 亿辆。每辆车四个轮胎，这样市场规模就是 7.8 亿条轮胎。❸ 但是这个规模较低，因为没有考虑到轮胎磨损后的更换购买。美国国家环保局（EPA）告诉我们，美国司机每天行驶 63 亿英里，但是我们估计市场规模的真正需要是每辆车在一段时间内的平均行驶里程数，以此来估算因磨损而导致的更换购买。获得更换轮胎数量的另一种方法是跟踪汽车的年销量，假设这些轮胎是新的，然后假设大约五年到七年后它们需要更换，这是对何时需要更换轮胎的常见估计。❹

推算时，大概的规则是找到一个你可以使用的可靠数字，无论是组件、子系统、系统还是平台。估计每件已知商品你将销售的件数，然后算一算。换言之，如果每层楼平均需要三个传感器，商业建筑的平均层数是四层，并且有 1/2 万亿商业建筑，那么传感器的数量（不包括替换单元）计算如下。

$$3 \times 4 \times 1/2 \text{ 万亿}$$

在进行市场评估时，通常很难获得所有客户群的可靠数据。例如，我们知道牵引车 - 拖车车队在维持轮胎压力方面有很好的跟踪记录，并且有可能通过采用改进压力控制的系统获得很大的经济效益。乡村音乐迷都知道大型卡车是拖挂车*，总共 18 个轮子。（拖挂车的拖车通常有 3 根车轴。前轴或“转向”轴有两个轮子，两个后驱动轴是双轮，共 10 个轮子。剩下的 8 个轮胎在拖挂

---

❶ Lang, “Tech Brief: Commercial Motor Vehicle Tire Pressure Sensors,” July, 2005, http://www.fmcsa.dot.gov/facts - research/briefs/tire - pressure - sensors.htm（2005 年 9 月 7 日访问）。

❷ 同上。

❸ U.S. Environmental Protection Agency, “A Consumer Guide to Auto Emission Inspection and Maintenance Programs,” updated February 1, 2005, www.epa.gov/otaq/cfa - air.htm（2005 年 9 月 6 日访问）。

❹ Eckert, “When Are Tires Too Old?” *InService* (March 8, 2005), http://inserviceextra.firechief.com/ar/firefighting_tires_old/(2005 年 9 月 6 日访问)。

* semi，semi 同 tractor - trailor，即拖挂车。——译者注

车上。)

根据美国普查局的数据，我们发现2002年大约有9000万辆具有三轴或三轴以上的拖车行驶在公路上，比1997年的数量增加了约24%。[1] 其中有些牵引一辆挂车，有些牵引两辆，有些牵引三辆。现在让我们简单地假设，不管有多少挂车，每辆拖挂车只有一套轮胎压力监测系统（TPMS）。这意味着，如果我们销售轮胎压力监测系统，假设每辆卡车都经过改装的话，2002年就有9000万套TPMS的潜在市场。显然，我们低估了市场。我们没有计算新进入车队的卡车。除非联邦法规有规定，否则我们也不能假设所有的卡车都会有TPMS，所以让我们保守一点。为了便于讨论，让我们假设在接下来的五年里只有四分之一的卡车会装TPMS，这样大约可以销售2250万套TPMS，还是相当不错的。

用第二个数据源来检查你的市场规模的估计总是明智的。据《传感器杂志》（*Sensors Magazine*）报道，一旦联邦法规生效（估计在2006年），TPMS的销量将激增至每年约1亿至1.5亿套。[2] 因此，针对美国拖挂车，销售2250万套TPMS车似乎是可信的。

TPMS的价格从20美元到几百美元不等，这取决于系统的复杂程度。[3] 在一项成本效益分析中，美国国家公路运输安全管理局（National Highway Transportation Safety Administration）使用的价格为每套约48美元到69美元。因此，为了容易计算，让我们取每套50美元。这意味着，我们初步估计，未来五年，美国国内拖挂车TPMS的可寻址市场总额约为11.25亿美元。哈哈，假设我们正在许可我们的TPMS技术。(实际上，如果市场在2006年爆发，我们在许可方面就晚了些，但我们会坚持使用这个到目前为止的例子。假设许可费在2%～5%之间，就用2%吧。算一算，结果还不错吧！

这种分析被称为阈值分析。我们正在寻找的是一个门槛水平，超过这个门槛，市场进入是值得的。一旦我们有了它，其他多出来的就是利润。我们可以用任何一种计算市场规模的方法来进行阈值分析。

评估市场规模的最后一种方法是找到一个已知的市场规模并进行解析。这

---

[1] U. S. Census, "*Vehicle Inventory and Use Survey*," Table 2a., 2002 Economic Census (December 2004), http://www.census.gov/prod/ec02/ec02tv - us.pdf（2005年9月7日访问）。

[2] Mnif, "A Smart Tire Pressure Monitoring System," *Sensors Magazine* (November2001), http://www.sensorsmag.com/articles/1101/index.htm（2005年9月7日访问）。

[3] Truckworld.com, "Pressure Eyes," *Truck World Online* (July 23, 2003), http://www.truckworld.com/How - To - Tech/03 - tire_pressure/03 - pressure_2.html（2005年9月7日访问）。

种方法充满了危险，因为当你对橙子进行市场研究时，你必须非常小心不要数苹果。

假设我们在一所大学，史密斯教授刚刚开发了一种新的数字 X 光图像分析算法，它可以显著改善乳房 X 光照相的结果。我们正希望进行阈值市场分析，因为我们需要对市场规模有一些了解以确定申请这项发明的专利或版权是否有意义。

我们记得我们有关于植入乳房女性数量的市场数据。美国国家癌症研究所（National Cancer Institute）估计，自 1962 年乳房植入物首次上市以来，美国有 150 万至 200 万名妇女接受过乳房植入手术。[1] 2004 年的一份研究报告发现，接受过乳房植入手术的妇女中，筛查性乳房 X 光检查漏掉了 55% 的乳腺癌。[2] 这意味着，如果这项发明能够检测出植入手术后的癌症，大约有 8 万名妇女将从中受益。（我们之所以这么说，是因为我们既没有考虑已经发生的死亡，也没有考虑移除植入物的女性的人数。）同一份研究报告称，37% 没有乳房植入物的女性没有患癌症，因此市场可能会更大。

在美国，一次乳腺筛查的成本大约是 100 美元。[3] 同样，为了便于讨论，假设史密斯算法的专利使用费是使用它的患者治疗费用的 1%。以植入患者为例，假设每隔一年进行一次筛查，我们两年的平均年收入为 4 万美元。这足够让一个孩子在那一年读完一所高档私立大学，或者为实验室雇用一名博士后和一名兼职学生。另外，它还可以拯救生命。所有这一切都是美好的事情。

当然，我们必须根据买家来调整可寻址市场的总量。在第 5 章中，我们已经看到，不同类型的买家会在不同的时间进入市场。如果我们的技术没有主导性的设计，而且市场也不成熟，那么也许只有创新者进入，在这个时候，总的可寻址市场受到限制，大概只有最终累积销售额的 3%。[实际百分比是一个经验问题，但是埃弗雷特·罗杰斯（Everett Rodgers）和其他人所做的工作允许我们做出初步估计。] 此外，市场壁垒可能会进一步减少这一数字，而市场力量可能会在任何给定的时间点增加或减少买家，这具体取决于市场力量的净方向和大小。

---

❶ National Cancer Institute，"National Cancer Institute Breast Implant Study." http：//www. nci. nih. gov/newscenter/siliconefactsheet.

❷ Gardner，"Breast Implants Can Mar Mammo Detection，" January 27，2004，http：//www. hon. ch/News/HSN/517133. html（2005 年 9 月 7 日访问）。

❸ Imaginis：The Breast Health Resource，"Mammographic Screening is Key to the Early Detection of Breast Cancer，" September 2004，http：//imaginis. com/breasthealth/screening. asp#cost（2005 年 9 月 7 日访问）。

我们还必须根据我们引入的创新类型来调整总的可寻址市场。回想一下，在第3章中，我们对不同类型的创新进行了区分。通过观察创新是否引入了新的特性或功能，以及它是否使用了市场上已知的或市场上新的技术方法，我们可以创建一个四单元矩阵（见表6.2）。

表6.2　四单元矩阵

	现有功能的收益更高	新功能
建立在现有技术方法的基础上	渐进创新	适应性创新
新的技术方法	激进创新	颠覆性创新

创新的类型会影响新的买家是否会进入市场（见表6.3），从而影响总的可寻址市场的规模。

表6.3　创新类型与买家

	重新分配客户	引入新的客户
渐进创新	X	
适应性创新	X	X
激进创新	X	
颠覆性创新		X

最后，我们注意到，适应性创新和激进创新往往需要更多的意识培养和教育，以使人们了解其好处，因此销售量的“起飞”要晚于渐进创新。颠覆性创新需要实践方式的转变，因此它们通常会带来最大的市场进入挑战，而且需要更长的时间才能“起飞”。无论是激进技术还是适应性技术，是否经历延迟都是基于参与者的市场力量的影响。颠覆性技术通常经历的延迟是放弃主导设计而造成的市场壁垒的结果。

图6.8只是说明了这一现象，并不是为了反映真实的数据。

问题的关键在于，我们可以根据新买家是否会进入市场、何时买家可能会因为客户群（创新者、早期采用者等）的分布而进行购买，以及到达销售量“起飞”可能需要的时间长短来调整最初总的可寻址市场规模的估计值。通过理解什么样的市场力量可能是相关的，以及它们如何帮助克服存在的壁垒，我们可以对市场将如何构建做出有根据的推测。

令人遗憾的是，不可能为估计市场规模提供任何硬性规则。像许多其他社会现象一样，市场也有偶然性，因为我们是人，正如那句古老的谚语所说：“品味是无法解释的。”更准确地说，市场规模是有关购买行为的可能结果的概率分布。没有实证研究，我们无法猜测这种分布的形状，也无法猜测它会受

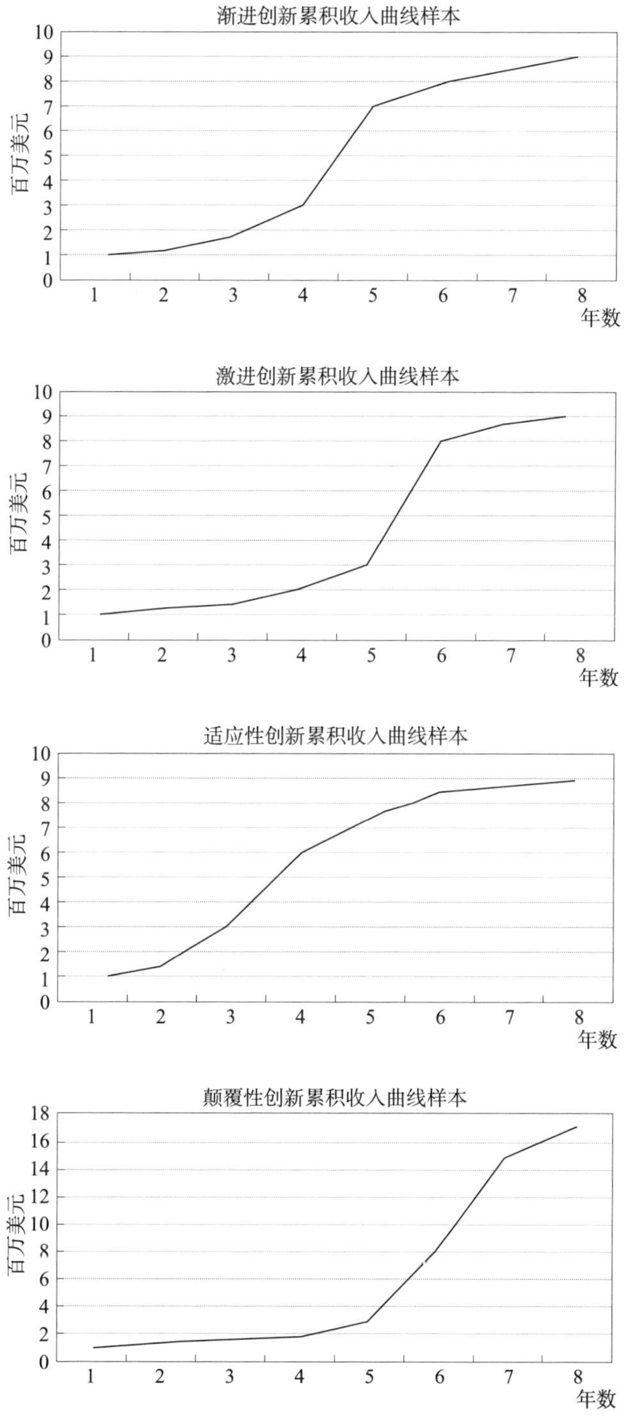

图 6.8 创新类型和收入预测

到哪些壁垒和力量的影响。通过实证研究，我们可以限定我们的假设并做出一些猜测。然后可以将这些猜测提供给其他人，看看他们是当面嘲笑我们还是说，“是的，这听起来很有道理”。顺便说一句，这种测试就是社会科学家所说的“表面效度”（face validity）——它通过了“严肃诚信测试”（straight face test）吗？

现在我确信会有人说，“哇！这是估计市场规模的一种非常快速但很不合理的方法”。当然了，他们是对的。但是要做非常详细的市场规模估计，费用是非常高的，而在商业化中，我们必须考虑市场研究与技术的费用效益比。对于像史密斯算法这样的低价值技术来说，花5000～10000美元来估计市场规模是不值得的。花四五千美元买一份弗里多尼亚（Freedonia）或高德纳（Gartner）或弗若斯特·沙利文（Frost&Sullivan）公司的市场研究报告是不值得的。所需要的只是深度足够的评估，从而证明向前走的合理性，并向潜在的商业化伙伴（被许可方、联盟伙伴、风险资本家等）解释他们可以期望挣到多少钱。然后，如果有利益的话，你可以决定是否投资做详细的市场评估来支持更详细的估值。（我们将在第10章中讨论估值。）

为了获得总的可寻址市场规模的可信度，我们可以使用专家小组来支持我们的严肃诚信测试（straight face test）。我们给三至七位专家打电话，把我们的最佳估计告诉他们。我们问他们，这个估计听起来是否合理，如果合理，为什么合理，如果不合理，为什么不合理。我们请求他们给出他们的估计。通常当你给三个人打电话时，你会开始看到答案的模式。我们对从专家那里得到的估计值进行平均，并根据给出的解释调整该平均值；与我们自己的估计的偏差让我们知道我们的估计的可信度有多大。

现在只需要注意，在进行详细的估算时可以使用同样的基本方法，变化的是收集数据的方式和你获得的数据量。你可以进行逐年估算，而不是快速的CAGR、直线或指数外推。你可以通过研究竞争对手的销售历史、与专家的访谈、对潜在客户的调查、更广泛的文献检索、试销等来收集你的逐年评估数据。但不可避免的是，迟早你得做出假设。任何市场研究的诀窍都是完全清楚你所做的假设、证明这些假设的合理性，并表明你得出的结论的可信度水平。而且，如果有人不喜欢这些假设，他们总是可以用自己的假设代替。

估计市场份额

市场份额是指特定产品、过程或服务的销售额与该产品、过程或商品在一个地区（县、州等）和领域（arena）（或所有邻域）的总销售额的比率。它通常以占总的可寻址市场规模的百分比来表示。估计市场份额总是有点碰运气，除非你是在为一个行业或利基市场的主要参与者估计市场份额。

截至2004年，全球轮胎市场的销售额约为800亿美元。❶ 有超过150多家公司占了该销售额的大部分，其中11家大公司的销售额均超过10亿美元。

现在，假设你正试图计算出你要许可的轮胎内薄膜气压计（in - tire thin film air pressure gauge）的市场份额。很明显，市场份额会因你许可给谁而有所不同。假设你把它授权给米其林公司。米其林公司是世界上最大的轮胎制造商。因此，你可能会获得他们的市场份额数据。但是，如果你认为你只能把你的气压计许可给行业内的几个小公司呢。显然，获得市场份额最佳估计的一种方法是向他们询问。有时你可以在证券交易委员会（Securities and Exchange Commission）的文件中找到它，或者在其他需要向政府机构提交的文件中找到它。

有时候我们能做的最好的事情就是计算出大公司的份额，从总数中减去该份额，估计出小公司的数量，然后在小公司之间平分所剩余的份额。为了便于讨论，假设50家公司占了400亿美元，其余的400亿美元则分给剩下的100家轮胎公司。如果我们打算进入该市场，在没有任何其他数据的情况下，我们可以假设我们最终也能获得50%的1%，即大约0.05%*的市场份额。有时候我们很幸运，可以找到一些感兴趣国家的数据。例如，斯洛伐克共和国的轮胎和橡胶公司斗牛士（Matador）在2003年占有英国轮胎市场的1.9%。❷

请注意，你通常可以通过像Hoovers（*www.hoovers.com*）、Dun&Bradstreet（*www.DnB.com*）或Corptech（*www.corptech.com*）这样的数据库来获得较大竞争对手的基本市场份额数据。问题是，这些数据通常只对上市公司是可靠的，即使对上市公司来说，安然公司（Enron）等一系列丑闻也必定使我们踌躇不前。

一种更为可靠的估计市场份额的方法是打电话给那些活跃在行业领域中的，销售与你有竞争的产品、工艺或服务的公司。你向每个竞争对手的销售代表询问他们的市场份额。我们聚焦于销售人员，因为他们的工作就是把公司说

---

❶ Davis, "Global Tire Industry Hits $80 Billion in Sales; High - Performance Tires, Growth in China are Key Factors in Success," *Automotive News* (October 4, 2004), http://www.highbeam.com/library/doc3.asp? DOCID = 1G1: 123070607&num = 1&ao = &FreePremium = BOTH&login = 1&ctrlInfo = Round16%3AProdCtrl%3ALogIn%3A LogIn（2005年9月7日访问）。

* 原书为0.05%，根据前文数据计算值为0.5%。——译者注

❷ lovakspectator.sk, "Tire - Maker Matador Expands to UK," *The Slovak Spectator* (September 6, 2004), http://www.slovakspectator.sk/clanok - 17181.html（2005年9月7日访问）。

得天花乱坠，通常他们是最容易探听出数据的人。如果他们回答不了我们的问题，我们就必须向上找更高层级的销售和营销人员，询问产品线经理（product line manager）或管理层。

通常情况下，我们可以采访大部分或所有的参与者，因为在大多数工业领域，竞争对手并不是很多，尤其是如果我们只关注那些看起来是主要参与者的竞争对手的话。我们很少看到必须给 25 ~ 100 家公司打电话的情况，对于更成熟的行业领域，我们通常可以给更少的公司打电话。电话采访效果最好，因为它允许我们探索获得共享数据的各种方式，这些方式包括单位出货量（unit shipments）和销售收入。在采访中，我们还会调查他们认为谁占有有意义的市场份额，并询问他们对这一份额可能是多少的最佳估计。

请注意，销售人员可能不知道有关数据，甚至可能故意误导你。通常情况下，如果你承诺与受访者分享你收集的所有信息，你会获得更完整、更准确的数据。你也可以将一家公司的回复与其他公司提供的关于他们份额的估计进行比较。如果你能得到价格数据，你可以用每单位平均价格乘以单位销售额，看看它是否与访谈期间提供的份额数据相符。

当前的市场份额分布应该等于 100% 的市场份额。一旦获得对竞争对手当前市场份额的初步估计，就可以看一看你所确定的市场壁垒和市场力量。这些信息都为你或你的技术进入该市场时如何调整这些份额提供了线索。

在进行调整时，要注意其他人也可能进入该市场。例如，有机固态照明有望为一般照明用途提供低成本、长寿命、低能耗的白光。许多大大小小的公司，加上实验室都在接受这一领域的联邦研发资金（见 http：//www. netl. doe. gov/ssl/pro_current_organic. htm）。看着受资助人（awardees）名单，我们很快意识到几家公司正准备进入照明市场。

其中的一些公司目前在生产更传统的灯泡，其他的一些公司则不然。如果我们有兴趣估算其中一家小公司（比如 Maxdem 或通用显示器公司）能够抢占的份额，我们就不能只简单地计算出当前灯泡制造商的市场份额，并为感兴趣的技术切出一块份额。我们还必须考虑到，在这个网页上列出的其他小公司也在寻求渗入该市场，并有可能同时抢占市场份额。此外，我们需要认识到，我们在美国能源部（DoE）网站上看到的只是美国政府资助的受资助人。我们还必须考虑其他没有获得 DoE 资助的美国国内公司可能抢占的份额，以及外国竞争对手可能抢占的份额。

不管你最终得到的数字是多少，你仍然必须弄清楚从哪里入手来估计你的市场份额。如前所述，第一步是弄清楚谁可能会与你合作，或者你努力想成为什么样的人。通过使用他们的市场份额，你就有了一个估计你的市场份额的起点。如果你是非独家许可，该起点可能涉及将来自多个公司的份额相加。与市场规模的情况一样，你可以拿着这个最好的估计，然后打电话给三到七位专家，询问他们这个估计是否合理。通常情况下，当你给五个人打了电话后，你会开始在答案中看到一种模式。（再次建议，问问专家为什么他们做出这样的估计。）

结 论

在本章中我们已经看到，估计市场规模和份额的关键是确定现在谁在特定的市场利基中，以及当前的购买模式是什么。即使我们的技术是全新的——即使类似于《星际迷航》（*Star Trek*）中的运输工具——我们也总能找到一种可以使用的类似技术。然后，我们一方面根据市场壁垒和市场力量，另一方面根据我们自己和竞争对手的类似行为来调整这种模式。如果使用的是一种类似技术，则必须进行其他调整，以反映我们涉及的是这种技术，而不是那种技术。

市场壁垒是使购买模式僵化的因素，它们可以通过研究可能发生交易的买家和卖家以及他们可能交易的商品来识别。我们寻找那些将买家（客户群）从市场中排除、限制可以销售的商品或者阻止卖家竞争的因素。

市场力量是将买家或卖家吸引到市场中或将他们驱逐出市场的统计趋势。市场力量也可以影响商品的种类和销售的商品数量。与渐进式创新相比，基于玩家的力量是通常伴随着激进性和适应性创新的销售量“起飞”滞后的原因。改进这种做法的需要是导致破坏性技术“起飞”滞后的一个障碍。

第三部分

策　略

第 7 章 为最终用户定位技术

引 言

战略的制定可以看作一个任务序列，包括三个步骤。第一步是弄清楚我们如何销售包含我们技术的产品、过程或服务。定位（positioning）为我们提供了一个目标状态、一幅成功进入市场的图景以及它可能发生的时间。一旦我们有了这幅图景，我们就可以看看我们现在所处的位置，然后问我们必须做什么才能到达这一定位，这是第二步。答案给出了我们的启动策略（launch tactics）。第三步，根据我们的能力，通过观察我们需要做什么来推出一个产品、过程或服务，我们可以弄清楚在这个过程中我们需要什么样的帮助。这是弄清楚我们想与谁做交易的关键。

任何技术都有两种可能的客户。一种客户是最终用户，即真正使用技术并用它来完成一项实践的人。另一种可能的客户是目标客户，即许可、投资、合资、加入战略联盟的人，不管是什么人，都是为了通过将技术推向市场来赚钱。

本章的重点是如何为最终用户定位我们的技术。在第 8 章，我们将讨论推出策略。第 9 章将着眼于目标客户，即那些帮助我们进入市场的人。

我们暂且假设这项技术是成熟的。一旦技术准备妥当、可以上市销售，我们所关心的就是如何销售它。毕竟，没有销售，就没有钱，也就没有人对许可、投资、合作等感兴趣。

想象一下一个时空连续体——我们的地球。现在它上面覆盖着一张社会经济地图——显示了随着时间的推移地球上的商品、产业和人员在地球上的流动。最后，添加一张知识和技能（know - how）地图。现在拿起图钉，闭上眼睛，把它按进去，看看图钉落在哪里。它落在了一个位置。你能在那里卖什么？或者，假设图钉是你的技术，你可以选择把它按在你想要的任何一个地方，只要这个地方是未来的地方。定位就是决定图钉放在哪里。一般来说，选择位置比闭着眼睛把图钉按进去要好。后者有时会导致把图钉按向你自己，谁也不想被一项技术所困。

那么我们如何放置图钉呢？这取决于图钉是什么。“technology”（技术）一词的词根是希腊语“technikos”，意思是艺术的、熟练的、有技巧的，并引申为一种根据技巧规则、以系统的方式完成的活动。❶ 这种有技巧的方法是通过“logos”（逻各斯）传播的，logos 是 ology”（学）的词根。logos 的意思是：叙述；进行计算、推算；建立联系、对应关系、比例关系；并提供解释、意见和表达。把它们放在一起，我们就有了关于精确、熟练应用技巧的方式的解释。Technikos logos，即 technolog（技术）是一种有人已经想好了并向我们解释过的方式，所以我们也可以应用它。

技术是一种经过验证的解决方案，这个“解决方案”不是抽象的。在《艺术与技术》（*Art and Technics*）一书中，刘易斯·芒福德（Lewis Mumford）引用了爱默生（Emerson）的一句话：生活不仅仅是要把戏、玩技巧。芒福德指出，technikos 存在于因果界。Technikos 是一种我们自我创造的方式，因为其经过验证的解决方案使我们能够更有能力实现我们的梦想、意图和价值。❷ 只要我们尊重我们所使用的材料的性质和我们所使用的工艺过程，我们就可以把这些水烧开来泡茶，或者把这块燧石切成薄片，做成箭镞，用它来为我们猎取晚餐。

定位就是将技术展示给那些想要该技术提供的结果和解决方案的最终用户。我们如何定位取决于我们想要什么样的结果，这反映了我们需要解决什么样的问题。正如我们将看到的，关键在于消费品、工业品和公共产品之间的区别。工业品的定位是根据赚钱的潜力；消费品的定位是根据创造快乐的潜力；公共产品的定位是根据降低风险的潜力。正如我们已经看到的，我们可以使用性能、易用性和价格来衡量一项技术在实现这些方面的效用。

“起飞”

我们的目标是定位“起飞”的技术。“起飞”通常发生在 5% ~20% 的市

---

❶ Liddell and Scott, A Greek - English Lexicon (Oxford: Clarendon Press, 1940), http://www.foreignword.com/Tools/dictsrch.asp? p = files/f_40_66.htm（2005 年 1 月 17 日访问）。

❷ Mumford, “The Tool and the Object,” Art and Technics (New York: Columbia University Press, 1952).

场渗透率之间，当获得的市场渗透率足够大时，S 曲线开始加速，斜率陡然向上。斜率反映了购买人数的激增。通常口碑会有助于刺激销售。

要达到 5% ~20% 的市场渗透率，我们需要的不仅仅是创新者作为买家。那些技术控、书呆子和极客，他们会因为下一个最好的东西很酷、很牛、令人惊叹而购买，这些人的数量还不足以启动“起飞”。我们需要让更多的主流买家对我们的产品感到兴奋。我们需要那些“意见领袖”来谈论我们的产品以及为什么你应该购买它。

这些意见领袖在许多地方都有，有些是商贸出版社的编辑或作家，有些是社团和行业协会的官员或委员。还有一些人，这些人通常是最重要的人，当他们购买某种东西的时候，你会想，“嗯，如果玛丽买的话，也许我也应该考虑买一个。毕竟，她是个相当聪明的人”。

用罗杰斯（Rodgers）的术语来说，我们想要的是早期采用者的兴奋和购买。(通常他们是“最佳价值”买家，他们想要性能好、易用性好、价格实惠的产品；然而“通常”并不意味着“总是”。正如我们将看到的，这一切都取决于技术的实际定位。) 聚焦于早期采用者意味着我们可以利用相同的定位将技术迷和主流买家吸引到我们的客户基础群（customer base）中，因为如果我们宣传我们的性能和易用性，我们将会得到创新者的青睐；如果我们提供的技术价格低于他们预期的价格，他们就不会抱怨。与此同时，对于那些关注价格的后来采用者，我们的价值主张（value proposition）也很有吸引力。随着越来越多的买家进入市场，产量不得不增加，学习曲线优势和经济性开始发挥作用，价格就会下降。

要点：在所有条件相同的情况下，将新技术定位在早期采用者身上。

魅力（UMPF）

然而，这里有一个“但是”。如果没有某种情感上的“umpf”，就没有去获取技术的动机，无论这项技术的收益和结果有多么优异。这种“umpf”可以是任何东西，例如拉链。拉链是一种将两片织物或其他柔韧的材料结合在一起的更快、更安全、更便宜的方法。1851 年，伊莱亚斯·豪（Elias Howe）被授予第一个拉链式闭合装置的专利，他还发明了缝纫机。[1] 被伊莱亚斯·豪称为“自动连续闭合装置”的“拉链”在美国内战前工业化期间像是雅典娜从

[1] 见 Mary Bellis, “History of the Zipper,” About（2005）, http://inventors.about.com/library/weekly/aa082497.htm（2005 年 1 月 14 日访问）。

宙斯的脑袋里出来一样。它最早在20世纪30年代被广泛采用，至今仍在使用。例如，美国佐治亚州梅肯市的YKK工厂每天生产700万条拉链。该厂生产的拉链有1500种款式，超过427种颜色。[1]

拉链的效用由其作为紧固件的性能、价格和易用性限定。

但是，作为消费者，是什么让我们“想”使用拉链？例如，柏拉图会因消费本身而拒绝消费。他会说，技术越能帮助我们过上“美好”的生活，越有必要使用这项技术，毕竟“美好”的生活是唯一值得过的生活。我们不必如此哲学化。对于我们的目的来说，无论谁购买了这项技术，只要觉得它会让他们的生活更“值得”就足够了——而无论“值得”是如何定义的。

在分属于每个人个人的意义上，什么是“值得的”是主观性的。尽管如此，它也可以是共享的。这种共享的主观性，我们称为主体间性（inter - subjectivity），它使我们能够做出关于特定技术是否会有“umpf”的预测。

试想一下，如果你在日落时分站在大峡谷的南缘会发生什么。被那一幕所打动，你或许会说“太美了”。你抬头一看，一群来自世界各地的陌生人一边点头一边说“是的，的确如此”。Umpf。现在试想一下，当你去听摇滚音乐会，音乐很好听的时候会发生什么。每个人都跟着节拍跳动。Umpf。（我曾经在《科学新闻》（*Science News*）上读到过，人类和萤火虫是仅有的两种不需要每一节拍都听指挥就能让它们的节奏同步的动物。）[2]

价值主张可以获得umpf。它们应该展示一项技术在价格、性能和易用性指标上的竞争优势，但它们还应该做得更多。一个好的例子可以向人们解释为什么会有umpf。例如，我们最近为美国农业部做了一个项目，该项目涉及一种基于稻草和其他草基的保温材料，这种材料也作为板、梁和面板的强度结构。这种材料具有诱人的价格、性能和易用性。但是它的umpf来自这样一个事实，那就是它可以建造一所房子而不用任何木头或金属。（稻草板和梁用灰泥包裹。）这一umpf吸引了美国的生态学家。然而，最大的umpf出现在森林被砍伐的第三世界国家。

让我们回到拉链的例子。1893年，惠特科姆·贾德森（Whitcom Judson）提出了一种改进伊莱亚斯·豪的紧固件的方法，贾德森同时也是“气动街道铁路”（Pneumatic Street Railway）的发明人。他将他的专利发明称为“锁扣”

---

[1] How Stuff Works, “Why Do Most Zippers Say YKK on the Pull - Tab?” 1998 - 2005, http://home.howstuffworks.com/question469.htm（2005年1月17日访问）。

[2] Milas, “U.S. Fireflies Flashing in Unison,” *Science News* (March 13, 1999).

(Clasp Locker)。它使用了锁眼和钩子。“锁扣”是第一个商业化销售的拉链前身，最初进入的市场利基是鞋子。它是在芝加哥世界博览会上推出的，但在市场上遭到惨败。没有 umpf。

在 1913 年，通用紧固件公司（Universal Fastener Company）的首席设计师、电气工程师吉德昂·逊德巴克（Gideon Sundback）灵光一现，把该锁扣重新概念化为一个平稳滑动的装置。他增加了紧固元件的数量，并增加了齿的开度，这样通过在两边之间拉动的滑块就可以把两边引导、紧扣到一起。反向拉动滑块，滑块就顺畅地把两边分开。

像贾德森的失败一样，这种新的迭代也进入了鞋类市场。B. F. 古德里奇（B. F. Goodrich）将它用于一种新的胶靴系列。古德里奇将这项发明重新命名为“zipper”（拉链），并作为其广告的一部分。（这个名字从此固定下来——这无疑说明了为一项技术取一个聪明的名字对商业营销具有潜在的好处。）到 1917 年，它被用于鞋类、烟草袋和美国海军防风夹克——虽然不是令人瞩目的成功，但 umpf 足以在奇特的小利基中产生正的现金流，这种拉链能够很好地满足这些小利基的独特性能要求。

然后，在 1928 年，一切都变了。裙摆上升到膝盖，连衣裙变得更合身了，服装变得更加诱人。女人喜欢这样的造型，男人也喜欢。[1] 啊，快乐。消费品的 umpf。快乐是值得的，问问任何享乐主义者。

这种新的、外观合身的喇叭裙（lapper - style dress）衣服扣子需要一个连续的搭接装置（lap），它通常沿着衣服的左侧接缝向上延伸。20 世纪 20 年代的大多数衣服都使用纽扣，尽管也发现了按扣、钩和钩眼。这些选项都没有创造出优雅、贴身、平滑流畅的线条。

正是在这种背景下，拉链得到它的 umpf。如果你想要看起来雅致、时尚，在 20 世纪 30 年代，拉链能以难以置信的低价为你提供比任何其他紧扣法选项都更好的选择（见图 7.1）。隐含的理由是这样的：穿上任何一件连衣裙；扣上纽扣；接着要打开纽扣；扣子会被拉伸；一个扣子可能会突然崩开。如果穿着者稍微有一点肥胖或松弛，你可以想象，会有一些赘肉从合身的连衣裙的纽扣间露出，因为这些纽扣并不完全合身。

---

[1] 这一讨论基于两个主要来源：Carol Nolan，“Ladies Fashions of the Nineteen - Hundred Twenties” and “Ladies Fashions of the Nineteen - Hundred Thirties,” *Women's Fashion History*，Southern California Lindy Society（1996 - 2003），http：//www. lindyhopping. com/fashionhist. html（accessed January 17，2005）；and Pauline Weston Thomas，“1930s Fashion History - Stylish Thirties,” *Fashion - Era. com*（2001 - 2004），http：//www. fashion - era. com/stylish_thirties. htm#The percent20Zip（2005 年 1 月 17 日访问）。

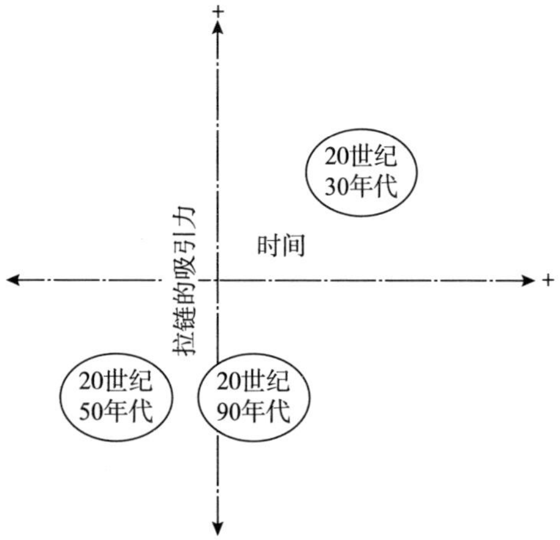

图 7.1　拉链的时间线

现在用拉链来做同样的事情！你不能把裙子拆开。拉链不会突然崩开，因为它分散了力，而不是把力集中在钮扣线上。拉链使缝线变得平滑，（最坏的情况下）形成一个更离散的凸起。选择你的指标：拉伸强度、变形能力、平均故障间隔时间——拉链很有吸引力。但是（总是有但是）更重要的是，如果你有，你也会很有吸引力。Umpf。

当然，必须有人让人们意识到拉链可以用于具有 umpf 的衣服。这个人就是意大利女装设计师艾尔莎·夏帕瑞丽（Elsa Schiaparelli），她使拉链成为女人想要的东西。

用我们的行话来说，夏帕瑞丽是一位意见领袖。她与马塞尔·杜尚（Marcel Duchamp）、曼·雷（Marcel Duchamp）、萨尔瓦多·达利（Salvador Dali）、让·考克托（Jean Cocteau）、克里斯蒂安·贝拉德（Christian Berard）和弗朗西斯·皮卡比亚（Francis Picabia）等现代艺术家交往。她的布料和配饰都是由合伙人为她设计的。她为好莱坞年轻女明星和其他有钱有势的名人设计了高级定制的短款合身套装或夹克，搭配黑色礼服裙。她加入了蓝绿色、鲜粉红色或风信子蓝等色彩，创造了一种替代品，可以替代薇欧奈公司（Vionnet）生产的粉彩雪纺绸，风靡一时。

作为现代主义者，夏帕瑞丽喜欢拉链，它当时是新锐时髦的。（Umpf。）她在衣服上放了彩色塑料拉链，把装饰性和功用结合起来，结果是轰动性的。夏帕瑞丽把拉链作为设计元素加入衣服中，从而推广了拉链。这项技术真的变得非常漂亮。Umpf。

夏帕瑞丽是 umpf 大师。她还为玛琳·黛德丽（Marlene Dietrich）设计了男性化的宽肩套装，在整个好莱坞被广泛效仿。在第二次世界大战之前，夏帕瑞丽和另一位 umpf 大师香奈儿（Chanel）是顶级设计师名誉的强力竞争者。但作为意大利民族主义者和法西斯主义者的支持者，战争爆发时，她不得不逃离，让香奈儿来主宰设计。

当然，一方面是社会经济背景，另一方面是文化背景，两方面都会影响维持 umpf 的能力。它们会提供支持或削弱价值主张的宏观背景。

拉链作为一种产品的“起飞”正值经济基础和文化导向都具备的时候。在经济上，美国服装业当时正转向大规模地生产大众服装。在发明拉链产品的同时，逊德巴克（Sundback）还发明了制造拉链的机器。分销渠道，尤其是购物中心正在扩张，这样消费者就可以随时购买到成衣。线条更简单，比如喇叭裙（flapper dress），便于自动化生产，在接缝处安装拉链效果很好。在文化上，现代主义作为一种审美趋势出现在从建筑到时尚的应用艺术中。人造丝等化学工程织物的推出，为织物提供了新的悬垂感和手感，并加强了向由拉链促成的现代主义转变的贡献。这是一种新的服装风格，不同于当地女裁缝所做的东西。它是大众好莱坞。因此，拉链需求快速扩大的文化与经济基础已经就位。

总而言之，给一项技术定位就是创建一个能引起最终用户和买家共鸣的价值主张。

目 标

umpf 从哪里来？一如既往，我们从最终用户开始，也就是那些实际使用技术的人。既然我们在做市场调研，这些人就不再是韦伯式的理想类型（Weberian ideal type）。他们是有血有肉的人，就像那个在街上上了公交车、在健身房里挥汗如雨的男人和那个在慢跑的女人。无论你的技术还能做什么，如果它要具有 umpf，它必须能改善他们的生活。否则，他们有什么动机去采用它？

还记得我们关于希望生活有价值（值得）的讨论吗？这里又提到了。至少在我们谈论技术的时候，我们几乎总是谈论有目的的应用。我们不会无缘无故就打开炉子。我们想要有一定意义的东西。比如，泡茶的热水，或者煸炒，诸如此类。因为技术是经过验证的解决方案，所以它对于有明确目标的（也就是说，完全有目的的）活动是有用的，无论出于什么原因，我们都希望它能够在这样的活动中起作用。

这种“无论什么原因”通常被称为目标（goal）。目标是考虑我们需求的结果。一旦我们明白了我们真正想要的是什么，我们就可以设定目标，将这些目标转化为小目标（objective），再设计任务序列，并为实现这些目标所需的技能、知识、工具与方法以及材料设定操作要求。换句话说，我们可以发展各种实践。或者，如果我们从事一项实践，我们可以问我们活动的目的是什么。

OK，也许老板会说，“嘿，从现在开始就用这个吧”。因此你需要两种umpf：一种是防止他们破坏引进你的技术的努力；另一种是让老板愿意为他们埋单。当我们涉及工业品时，这种情况经常发生。对于老板而言，umpf是赚钱。对工人而言，umpf是一个更好的工作环境（即更舒适、更高薪、更安全）。

目标存在于关系基础和人的能力中。因此，我们可以通过研究实践中存在哪些基础和能力来推断umpf的来源。一如既往，此时举例说明会有所助益。

在美国的殖民地，有两种基本的卫生保健范式。一种是基于专业精神，另一种是基于民间传统。

第一种范式起源于公元1000年左右的萨莱诺医学院（Salerno School of Medicine）。[1] 希腊人认为宇宙由土、空气、水和火四种基本元素组成。根据这种观点，早期医学认为身体包括痰（土）、黑胆汁（水）、黄胆汁（空气）和血（火）四种“体液”。只要这些体液处于平衡，身体就是健康的。当它们失衡时，就有必要通过出血、灌肠等来恢复平衡。不幸的是，因为这所医学院认为每个人都有一种主导性的体液，所以保持平衡有时是具有挑战性和致命的。

在我们的讨论中，需要突出强调这一范式的三个方面。首先，身体的自然状态被认为是健康的，因此医疗的目标是恢复健康，因为健康的人不需要医生。其次，医生作为一名专业人员拥有大量的技术和知识/诀窍（know-how），这是外行人士所不具备的。最后，由于知识/诀窍和技术的不均衡，恢复健康意味着去看医生。正如柏拉图在《理想国》（*The Republic*）中指出的，与其他匠人一样，医生除了治疗的艺术之外，还必须实践赚钱的艺术。卫生保健与支付能力密切相关，卫生保健是“医疗保健”，即在医疗专业人员监督下进行的保健。

另一种范式是一种基于民间传说的范式。在殖民时期，许多人一生中从未接受过医生的治疗。分娩是一项集体活动，由助产士主持。草药和其他当地植

---

[1] 见 Wellness Directory of Minnesota, “The History of Medicine in America,” 2003, http://www.mnwelldir.org/docs/history/history01.htm（2005年1月18日访问）。

物由家庭成员或邻居采集、准备，以制成治疗药剂。当时已经有草药、根茎的目录和自助书籍。例如，早在 1652 年，尼古拉斯 · 库尔佩珀（Nicolas Culpeper）博士在英国出版了《英国医生》（*The English Physician*），其描述了大约300 种草药及其医学用途。他还出版了《英国助产士》（*The English Midwife*），内容涉及分娩和儿童保育。但是还有其他的信息资源，当地人有自己的一套药用草本植物，其中许多草药的特性是欧洲医生不知道的。

在第二种范式中，身体的自然状态要么变得越来越健康，要么变得越来越不健康。如果我们喝甘菊茶来镇定神经，这并不意味着我们有“疾病”。我们的目的是保持和调节身体，以便让它变得更加健康。在这种范式中，知识和诀窍（know - how）被更广泛地散布。本地知识发挥了一定作用。最后，恢复健康不需要经济交易。家庭成员，尤其是女性家庭成员，帮助其他家庭成员；邻居帮助邻居。卫生保健是“社区保健”（community care）。

现在，让我们以一项技术为例，通过观察基础设施和那些将实际使用这项技术的人的能力来定位它。我们的技术是一个专家系统，它可以为家庭预防保健的最佳做法提供建议。它是在一所拥有强大家庭医学（family practice）项目的一流医学院开发的。

这个专家系统的工作方式是你在电脑上回答一系列问题。这些问题旨在引导你通过一个基于生活方式和症状的决策树，确定更好地保持健康的方法。该决策树反映了训练有素的专业人员如何处理信息，并得出反映家庭医生（family practitioners）共识做法的结论。现在，umpf 在哪里？

很明显，在殖民时期的美国没有什么 umpf——如果你不能使用它，要拥有很多 umpf 就有点难了（见图 7.2）。用比较学术一点儿的话来说，在 17 世纪和 18 世纪，缺乏计算基础设施。[很可能有些人能够理解什么是专家系统，并且有能力开发这种系统。例如，发明电池的本杰明 · 富兰克林（Benjamin Franklin），在他家里确实有电。但是即使富兰克林也可能会对如何在标准键盘上键入你的信息乃至对如何调整显示屏的对比度茫然不知所措，因为两者当时都不存在。]

但是，还有另一个原因造成没有什么 umpf。直到第一次世界大战，在美国出生的婴儿中有十分之一在一岁前死亡。❶ 如果你生活在基于日常现实的假设中，你的一些孩子会死亡，那么一个专家系统来防止这种情况发生是没有什么意义的，因为你不会相信它会起作用。这样的知识也许属于上帝，而不是医

❶ Population Reference Bureau, “A Century of Progress in U. S. Infant and Child Survival,” 2005, http://www.prb.org/AmeristatTemplate.cfm? Section = Mortality1&template = /ContentManagement/ContentDisplay.cfm&ContentID = 7912（2005 年 1 月 21 日访问）。

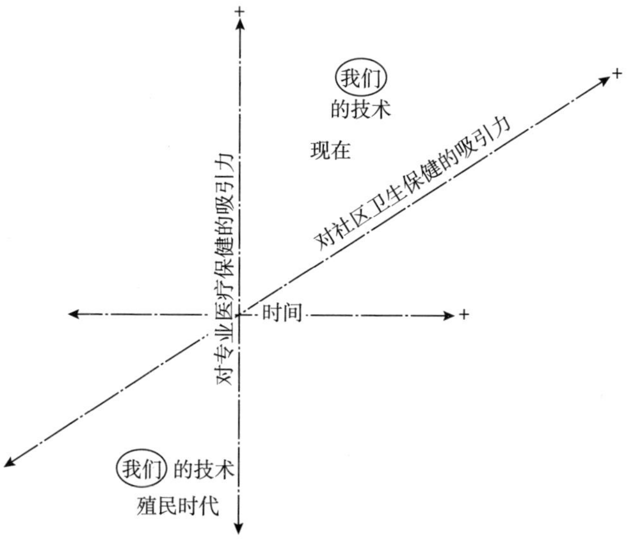

图 7.2　基础设施和能力

生。在弄清病因之前，传染性呼吸道疾病如肺炎和流感，胃肠疾病如腹泻、肠炎和肠溃疡，以及肺结核都是你希望不要带走你的婴儿的疾病。从医生的角度来看，这一系统也是没有意义的，因为没有知识领域作为制定规则的基础。购买一个这样的系统只是浪费钱而已。

现在，把同样的技术放在2005年，这项技术的吸引力就完全不同了。发生了什么变化？显而易见的因素是医学知识的进步导致婴儿死亡率的显著下降。知识的力量现在被认为是理所当然的。

在过去，疾病的自然史已显示出因果关系链。对于急性疾病，这些因果关系链通常很短，并且很容易被打断。对于今天的慢性病，它们要长得多，也复杂得多。它们通常涉及延续半生的行为模式。这些模式则部分由基因构成决定，部分由家庭和社会环境决定。对这些因果关系链的研究既需要观察又需要社会调查方法。打破这些因果关系链需要利用宣传或大众教育。到目前为止，最有效的教育手段是来自受人尊敬的人士的口头宣传。❶

此外，计算基础设施现在已经存在。电脑很容易买到。我们可以假设，任何阅读这本书的人都使用过互联网，并且知道即时获取有关土豚或卫生保健的

---

❶ Taylor, "The Natural History of Preventive Medicine, or Breaking the Chains of Causation," *British Medical Journal* (September 27, 1980), http://www.ncbi.nlm.nih.gov/entrez/query.fcgi?cmd=Retrieve&db=pubmed&dopt=Abstract&list_uids=7000280（2005年1月20日访问）。

信息是什么感觉。

结果是，在过去的 100 年里，对于消费者和医师来说，做出“理性的决定”（informed decision，有根据的决定）的含义已经发生了变化。法律和经济理论中神话般的理性人士过去在运用其理性时往往面临限制，原因是缺乏获取信息的途径和分析的时间。现在，其后代们因没有时间浏览信息而受到限制，因此他们希望获得更好的分析工具。实际上，理性行为的含义已经发生了变化。

现在让我们再来推断一下，我们在哪里可以找到 umpf，使我们的专家系统的价值陈述有说服力。我们知道许多儿童死亡和疾病的主要原因都在我们的控制之下，或者至少在我们的影响之下。我们知道网上有免费的数据，可以帮助我们了解对儿童健康的威胁以及如何应对这些威胁。因为我们爱我们的孩子，所以我们要在孩子的健康方面理性行事。因此，帮助我们筛选信息的工具是有意义的。谁想让孩子生病？Umpf。

竞争优势

好的，我们有了 umpf。但是我们仍然需要竞争优势。我们如何找到竞争优势所在？

回顾我们所处的位置：目标驱动的活动是有目的的。当目标驱动的活动被重复时，我们称之为实践。在实践的部分任务序列是重复的情况下，实践为技术提供了机会。在这种情况下，为了提高生产率，开发方法和工具即“技之术”（technikos logos）是有意义的。

当我还是个孩子的时候，你走进医生的办公室，接待员身后的墙上挂满了图表。如今，这些图表可以放在光盘上。从 2005 年 1 月起，大型诊所和医院中 50% 的医生使用电子健康记录（Electronic Health Records，EHR）系统。[1] EHR 使跟踪患者症状、诊断和治疗变得更加容易，还能够准备账单信息，还具有其他一些可以提高医疗机构工作效率的好处。

布莱克福特·米德尔顿（Blackford Middleton）博士是伙伴医疗保健公司（Partners Healthcare）的信息技术领导力中心（Center for IT Leadership）的主席、临床信息学研发部（Clinical Informatics R&D）的主任，也是哈佛医学院布里格姆妇女医院（Brigham & Women's Hospital）的医学助理教授，根据他的

---

[1] Grant Gross，“Lack of Standards Hinders Electronic Health Records，” *Infoworld*（January 10，2005），http：//www. infoworld. com/article/05/01/10/HNlackofstandards_1. html（2005 年 1 月 20 日访问）。

说法，节省的费用很大，参与的医生数量也在增加。在他做的一项研究中，账单错误占采用 EHR 节省费用的 13%，而账单采集（billing capture）增加占另外 14%，图表提取和抄写节省均占 5%，放射学节省占 15%，药物节省占 29%，等等。假设有 50 名医生和 14.4% 的资本成本，每个医生 5 年的净回报会高达 108100 美元。❶ 只要赚钱是医疗集团的目标，EHRs 就有可能具有 umpf。

患者也受益，据《普罗维登斯杂志》（*Providence Journal*）报道，在伊利诺伊州印第安纳波利斯市和加利福尼亚州圣巴巴拉市试用的电子医疗记录系统导致医疗失误大幅下降。❷（当然，这将会降低出现医疗过失的概率，也会降低医疗事故保险成本。）

EHRs 在美国变得如此重要，以至于各种组织都试图通过制定标准、认证程序和其他质量保证机制来抢占地盘——这无疑标志着主导设计正在巩固。其中包括：美国儿科学会医学信息学工作组，该工作组发布了《儿科医疗记录系统的特殊要求》❸；医疗保健信息技术认证委员会，该委员会负责签发电子健康记录（EHR）证书❹；以及美国家庭医师学会健康信息技术中心，该中心发布了 EHR 评论。❺

在设计我们的儿科预防最佳实践专家系统时，我们可以利用 EHRs 来建议如何获得竞争优势。我们需要的大部分信息已经在 EHRs 中了。此外，任何一个负责任的医生都希望获取患者提供的信息，以便得到更好的诊断数据。由于我们根据 EHR 的特征和功能为我们的技术建模，所以我们可以说，EHR 的设计“主导”了我们的设计决策。因此，我们称其为主导设计。

主导地位是一项技术在执行任务序列中的中心性地位的结果。这种中心性意味着，在设计体现你的技术的产品、过程或服务时，你必须将它考虑在内。同时，主导地位并不意味着该项技术无处不在。以 EHRs 为例，尽管有经济和

---

❶ Middleton, “Models of Cost Savings Enabled by EHR,” *Healthcare Conference Administrators* (n. d.), www. ehcca. com/presentations/cahealthit2/middleton. ppt（2005 年 1 月 20 日访问）。

❷ “Electronic Medical Records,” *Providence Journal*, January 11, 2005, http://www. projo. com/opinion/editorials/content/projo_20050111_edrecor. 16f4a7. html（2005 年 1 月 18 日访问）。

❸ “Special Requirements for Electronic Medical Record Systems in Pediatrics,” *Pediatrics* (August 2, 2001), http://aappolicy. aappublications. org/cgi/reprint pediatrics; 108/2/513. pdf（2004 年 11 月 14 日访问）。

❹ AAFP. org, “Commission Appointed to Study Certification of Health IT Products,” September 10, 2004, http://www. aafp. org/x29217. xml（2004 年 11 月 14 日访问）。

❺ AAFP's Center For Health Information Technology, “Current Projects,” August 9, 2004, http://www. centerforhit. org/x10. xml（2004 年 11 月 14 日访问）。

患者护理方面的好处，EHRs 的市场渗透已经放缓。成本和缺乏标准是市场扩张的两大障碍。由纸质记录系统转换为 EHR，每位医生的成本在 1 万美元到 3 万美元之间。❶ 如果采用的系统后来不符合最终出现的标准，转换就可能会有风险。因此，按照医疗保健信息管理系统协会（Healthcare Information Management Systems Society）医疗主任马克·莱维特（Mark Leavitt）博士的说法，90% 以上的医生人数少于 50 人的医疗诊所根本没有充分利用信息技术，这并不令人奇怪。❷

然而，技术设计的采用要成为主导，应得到强大市场力量的支持。来自政府和私人保险公司要求降低医疗费用的压力越来越大，就是这样一种驱动因素。例如，马萨诸塞州的 34 个主要交付系统和保险公司正在通过马萨诸塞州电子健康合作组织（Massachusetts eHealth Collaborative）合作，以建立一个全州范围的医疗信息系统。该系统旨在促进临床信息系统的实施，包括电子病历（electronic medical records）、临床决策支持和数据交换应用。马萨诸塞州蓝十字和蓝盾协会（Blue Cross and Blue Shield of Massachusetts）将提供 5000 万美元用于资助试点项目。❸ 同时，联邦政府也在推动采用 EHRs 和相关信息技术工具，作为其国家卫生信息技术计划（National Health Information Technology Initiative）的一部分。总统通过行政命令设立了国家卫生信息技术协调办公室（National Coordinator for Health Information Technology）。❹ 该办公室公布了一个战略行动框架，以确保在下一个十年的中期采用可互操作的 EHRs。此外，联合健康信息计划（Consolidated Health Informatics Initiative）还为涉及临床健康信息电子交换的 20 个领域发布了标准，联邦政府将采用这些标准。其他法规要求卫生和公众服务部（Department of Health and Human Services）颁布电子处方标准并开展试点项目。甚至连资金也开始向支持采用 EHRs 方向流动。因此，有理由预期，EHRs 的应用会出现另一个市场扩张的高峰。

---

❶ Projo. com, "Electronic Medical Records," *Providence Journal*, January 11, 2005, http://www. projo. com/opinion/editorials/content/projo_20050111_edrecor. 16f4a7. html（2005 年 1 月 18 日访问）。

❷ Grant Gross, "Lack of Standards Hinders Electronic Health Records," *Infoworld* (January 10, 2005), http://www. infoworld. com/article/05/01/10/HNlackofstandards_1. html（2005 年 1 月 20 日访问）。

❸ Healthdatamanagement. com, "Massachusetts Plans Statewide Network," *Health Data Management* (December 20, 2004), http://www. healthdatamanagement. com/html/PortalStory. cfm? type = vend&DID = 12211（2005 年 1 月 20 日访问）。

❹ This discussion based on Paul Smith, "Electronic Health Records and the National Health Information Infrastructure," *Find Law* (2004), http://library. lp. findlaw. com/articles/file/00010/009765/title/Subject/topic/Health_Medicare/filename/health_1_1163（2005 年 1 月 21 日访问）。

性　能

现在让我们继续讨论我们的技术，即用于家庭预防保健的专家系统。

我们可以利用政府要求采用 EHRs 的压力，把我们的技术定位为 EHRs 的一种适应性技术，也就是说，作为 EHRs 的扩展，可提供附加功能并提高成本效益。举个例子，假设你想为孩子安排一次体检，电话里的接待员让你到网上填写一份预约表。这个专家系统会弹出表单，收集医生想要的任何信息，并自动上传到 EHRs。(或者，当你到达时，你可以在诊所的触摸屏平板电脑上填写。)

这种定位意味着强调性能特征，以便获得竞争优势。根据美国儿科委员会（American Board of Pediatrics）信息技术主任托比·范德马克（Toby Vandermark）的说法，❶ 像我们这样的软件必须能在微软视窗（Microsoft Windows）操作系统中工作。由于许多电子管理和电子健康记录系统都使用 SQL 和 Oracle 数据库系统，因此该软件也应当能够轻松集成到存储在这些程序中的现有系统中。美国儿科学会（American Academy of Pediatrics）的健康政策分析师丽贝卡·马歇尔（Rebecca Marshall）❷ 补充说，该软件必须易于适应不同诊所的程序。适应性的一部分是使集成到医疗保健提供商当前的软件和硬件基础设施中变得容易。

最后我们的设计是，EHRs 的数据与我们的专家系统相连接，由患者来输入补充数据。我们可以预期，登录后，该系统会检查患者的 EHRs 并调取任何相关数据。这些信息可能会以复选框的形式呈现，这样就可以记录患者采取了特定行为来批准还是修改这些数据。基于 EHRs 中的这些数据，该系统随后会按照其规则要求请求补充数据。如果这些数据触发了表明有健康问题的结论，专家系统就会给护士发送一份副本，护士会审查这些数据并安排血液检查等。该系统会提议进行一些检验，这些检验有助于解决医疗保健团队和患者面临的问题的测试。关键数据会自动上传到 EHRs。该系统会生成建议，这些建议或者直接发送给患者，或者在适当的情况下，在发送给患者之前，先发送给护士或医生进行检阅、批准。

事实上，我们的专家系统不再是独立的系统，而是家庭医疗团队（family practice groups）使用的 EHRs 的附加组件和前端。我们的价值主张可以是，

---

❶ 2004 年 11 月 26 日与远见科技公司（Foresight Science & Technology）的维奈·塔库尔（Vinay Thakur）的私人通信。

❷ 同上。

它通过以下方式提供提高 EHRs 投资收益率的功能：①直接获取患者数据；②支持医疗保健团队的决策；③通过加强家庭对儿科医疗保健的参与来提供更好的患者治疗效果。

如果上述医疗实践的做法是一种经济活动，我们还可以看看其中存在的价值链和供应环节（见图 7.3）。这些价值链中的其他地方的实践也为特定任务序列中的实践者如何行动以及拥有什么技能和能力创造了期望——只要我们能够确定哪些输入必须转换成哪些输出。例如，我们的医疗专家系统是医疗实践操作（医疗业务）的工具。

图 7.3　价值链和供应

图 7.4 是我们一直在讨论的医疗专家系统的工作流程环境。因为医生的诊所希望获得工作报酬，所以向保险公司（或政府机构）提交发票的要求推动了记录保存（record keeping）。这一要求反过来又推动了一些必须在患者就诊时收集的数据项（姓名：____________）。同时，医生也需要数据来进行诊断，因此这一数据要求也会影响在就诊过程中所寻求的数据（哪里疼，琼斯太太?）。另一个影响因素是对治疗的要求（你现在正在服用什么药物?）。换句话说，从工作流程后续的数据需求到患者数据获取表单存在一个因果反向链。在每一步，一个实践的输出就是另一个实践的输入。

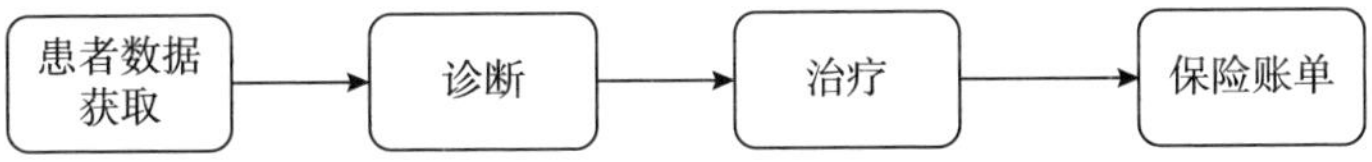

图 7.4　工作流程中的反向链

以拉链为例，拉链一旦离开工厂，就会被送到服装制造商那里（供应链关系），服装制造商会将其整合到产品中，然后将产品送到零售店。当我们离开供应链或价值链时，约束就会消失，因为黑匣子不是一个创造那些将被他人所用的输出的过程。相反，这种输出的只是享受……快乐。这件服装卖给了你、你的女朋友、你的妻子，不管是谁。尽管货币易手，使之成为一种经济交易，但消费者的交易却导致了一种非经济用途。输出现在可能被用于休闲活动，比如，出去参加舞会。尽管如此，我们仍然可以根据效能（资源使用）、功效（结果和质量的可靠性）或其他的一些效用衡量指标来衡量拉链作为一种衣服穿着工具的可取性（desirability），并将其与纽扣、按扣或维可牢（Velcro®）尼龙搭扣相比较。只有当我们审视品味时，我们才会失去“客观的”比较。

易用性

那些实际使用我们专家系统或使用我们拉链的人并没有像西北海达*部落的创世神话中描述的那样突然从蛤壳中爬出。❶ 他们有从其他环境中学到的技能和吸收能力。如果我们知道他们过去和现在进行的活动是什么，我们就能在一定程度上有把握地预测这些特征。就我们所关心的技术转移而言，我们最感兴趣的活动是那些我们的技术可以在其中成为“经过验证的解决方案”的活动。

技能和吸收能力限制了哪些特征可以提供易用性。难以理解或使用的技术可能不太有吸引力。一如既往，举个例子会有助于理解。图 7.5 标出了不同时期的医生在儿科卫生保健方面的计算机技能和吸收能力。诚然，这种进程是粗略的，但是可以看到，20 世纪 60 年代的医生比殖民时期的普通美国医生懂得多，并且拥有更好的计算机技能，这是有道理的。

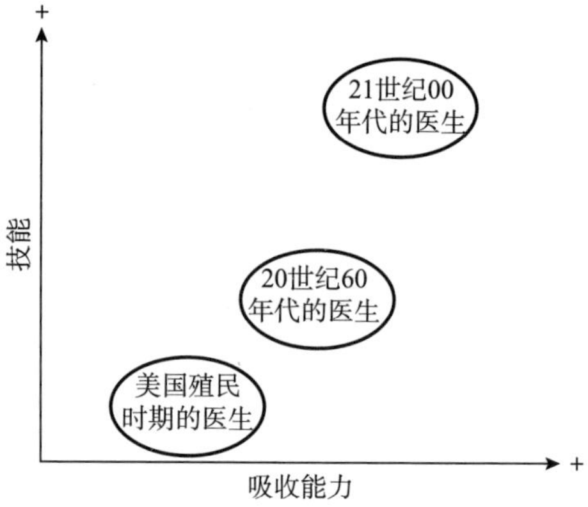

图 7.5　吸收能力

技能、能力等的精确组合是一个经验问题。然而，只要有主导设计，我们就能基于我们的最终用户从事相关实践的环境做出有根据的猜测。我们之所以能做出这样的猜测，是因为主导设计明确了那个可以将输入转化成输出的“黑匣子”中的内容。如果我们了解它所需要的技能和能力，我们就可以假定这些技能和能力存在于使用相关技术的实践参与者之中。

我们现在可以阐明对我们最终用户的技能、吸收能力等的组合进行有根据

* 原文为 Haidi，应为 Haida。——译者注

❶ Eldrbarry, “Raven Finds the First Men” 1997, http://www.eldrbarry.net/rabb/rvn/first.htm (2005 年 1 月 24 日访问)。

猜测的基础。我们所做的是观察当前的组合，并预测其在时间上延续的可能性。这种可能性是以下因素的函数：①活动的目的发生改变从而改变所寻求的结果，这种可能性的大小；②主导设计的特点和变化速度，在现有输入情况下（令人遗憾的是，现有输入变化速度使事情变得复杂），它会影响成功运行现有技术所需的组合；③参与者（玩家）最初带入实践的技能、能力等。结果是一个矢量场，该矢量场制约了我们所关注的实践参与者的技能、能力和其他与输出相关的属性的演变。其对它们的作用就像重力场对穿过太阳系的宇宙飞船的作用一样。行星的引力牵引着飞船，影响它的飞行方向和速度。在这一点上，作用原理基本相同。图 7.6 说明了这种情况。

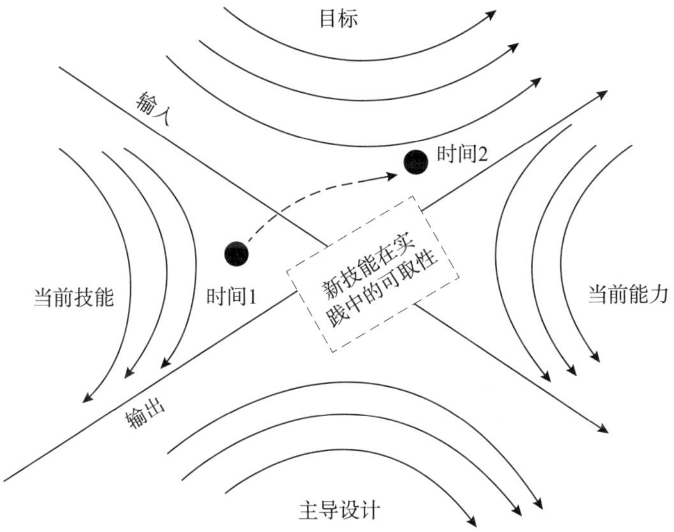

图 7.6　市场力场

另一方面，我们也注意到，特定技术对特定实践中的最终用户的吸引力和主导设计的稳定性，受制于将使用该技术的参与者的属性的轨迹和变化速度以及在价值链和供应链中的实践之间发生的交易。

当市场力场迫使技能、能力等向有利于我们技术的方向发展时，易用性不太可能成为进入市场的障碍（见图 7.7）。即使参与者的这些属性正在改变，但只要改变方向正确、速度适当，这个结论仍然成立。我们当然可以设想这样一种情况：随着时间的推移，技能和能力发生了变化，以前被认为很难使用的新技术现在实际上比目前使用的技术更容易使用。

实践中的参与者影响到哪些易用性特性能够提供竞争优势（见图 7.8）。做账单的人有一定的技能。如果是在 1950 年，他们可以打字、在病人的记录

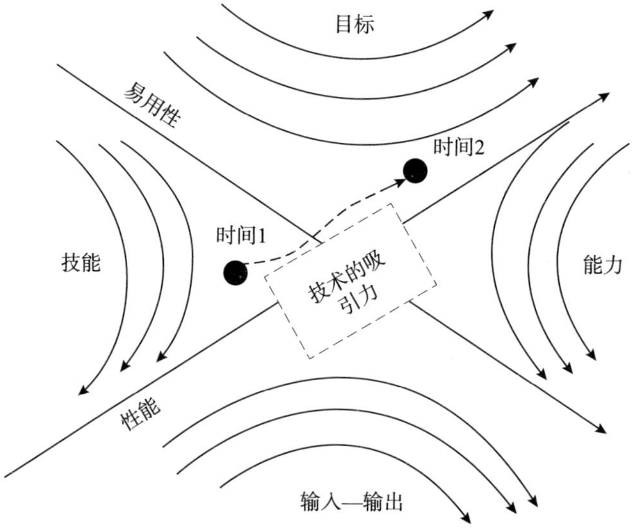

图 7.7 有利的力场方向

中储存一份副本、将一份副本寄给病人，并将原件邮寄给保险公司。如果是在2005 年，他们可以查找记录、更新记录，然后点击“发送”，这样就可以将信息通过互联网传播出去。

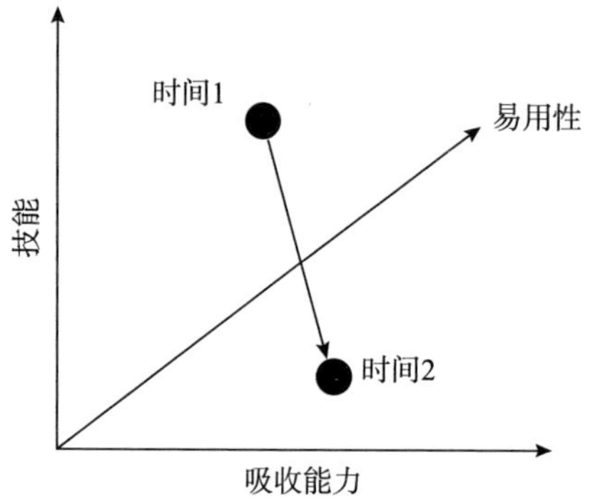

图 7.8 技能集

现在，让我们看一看我们的专家系统。如果是在 1950 年，让病人以电子方式输入大量数据并不会有什么功用，因为价值链上没有人能够使用这些数据。因此，我们的专家系统面临着进入市场的障碍。一部分障碍是培训诊所工作人员计算机知识的成本，另一部分障碍来自购买机器的成本。

让我们回到 2004 年。回想一下，即使在 2004 年，在医生少于 50 人的医疗诊所中，90% 以上根本没有充分利用信息技术。让我们假设计算机知识不是问题，并进一步假设成本也不是问题。障碍是什么？障碍是医生如何进行诊断和治疗。如果医生习惯于看一张纸，电子数据的作用就会降低。如果医生不认为病人自我诊断活动有价值，那为什么要鼓励他们进行自我诊断。用波特（Porter）价值链的语言来说，运营的方式是对入场物流（inbound logistics）及基础设施实施方式的约束。换句话说，组织价值链中每个实践的范式都或多或少地对其他实践的技能、能力和态度具有价值（见图 7.9）。

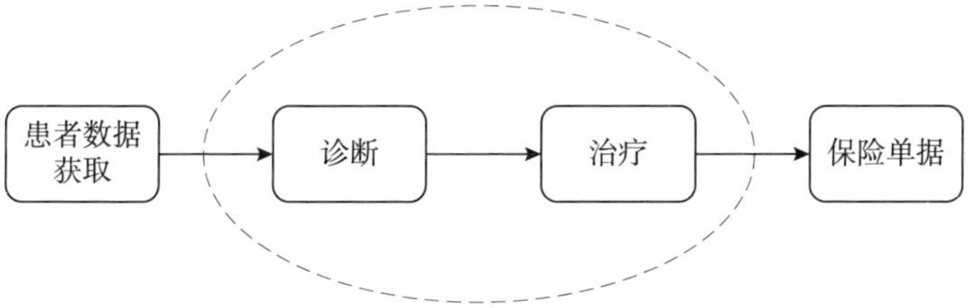

图 7.9　入场物流（inbound logistics）和约束

让我们返回到现在。一方面，预防保健现在被认为和专业医学的治疗一样重要——这是一种范式的改变。因此，更加强调让患者更容易地参与到他们自己的医疗保健中来，但不会增加专业医疗保健团队的负担，也就是不增加其成本。这种转变也意味着获取和处理预防数据的能力日益成为医生和护士知识领域的一部分。另一方面，医疗记录（即病历）保存越来越电子化，电子健康记录（电子病历，Electronic Health Record）已经成为医疗实践管理的主导设计，使得掌握计算机技能越来越普及。

价　格

在确定价格时，需要考虑三个因素：可比产品（comparables），应用该技术的实践产生的价值，以及价签震惊。让我们依次看看每个因素是如何应用的。

第一个因素是可比产品。我去超市买麦片，大多数麦片每盒 3 ~ 5 美元，过道中间有一盒为 7 美元。你一定想知道是什么让它如此特别。

我们已经讨论了客户细分。所以，7 美元一盒可能很贵，因为它是有机食品。它很贵，也许是因为它是由阿尔萨斯一个小镇的小厨房里的精巧厨师制作的。随便啦。重点是可比产品是由我们想买的东西来定义的。如果我们喜欢 Cheerios® 麦圈，我们可能会比较商店自有品牌和有机圆形燕麦品牌。这与专家系统或其他任何东西没有什么不同。

这里的关键点是，我们需要查看具有同等性能和特征组合的商品。需要注意两点。首先要注意，可比产品不必以相同的方式获得那些性能和特征，甚至不必使用与你的技术相同的技术方法。如果我想乘坐公共交通工具从普罗维登斯到波士顿，我可以乘飞机、公共汽车或火车。每种方式都是其他方式的竞争者。其次还要注意，什么是可比产品有时是由实践定义的。就我们的专家系统而言，核电厂损害评估专家系统的成本可能无关紧要。相关的是医学专家系统，特别是儿科或家庭诊所（family practice）的专家系统。

通过网上搜索，我们发现 http：//www. computer. privateweb. at/judith/index. html，[1] 它列出了许多专家系统。DiagnosisPro™用于家庭诊所。它由梅德科技公司（Medtech）制造，单个用户副本售价约为 100 美元，机构许可售价约为 1000 美元。还可以找到其他基准，通过观察平均值和偏差范围，我们可以很好地了解人们可能会如何响应我们设定的价格。

请注意，纸基诊断系统可能会受到关注，这取决于相关医生。这些纸基诊断系统可能便宜得多。在我做的一些网络搜索中，它们的价格似乎在 10～40 美元。但这是误导，因为你首先得进行检查，以确保医生在没有额外成本的情况下可以复制它们。然后，你还必须考虑处理数据并将其输入纸质或电子病历中所花费的时间。

希望你开始怀疑定价有多种变化形式，包括购买价格和生命周期成本。如果生命周期成本较低，那么购买价格可能会较高。我们说“可能会”较高，是因为我们必须考虑到实践经济学和价签震惊。如果我作为一名针灸师，一年仅挣 4 万美元，那我在购买一件价值 5000 美元的设备之前要好好考虑一番。如果我在儿科诊所一年赚 50 万美元，那 5000 美元似乎没有那么可怕。

因此，我们看到第一个因素即价格，根据第二个因素即活动产生的利润或净值，假设了一个可行的定价范围。我的孩子已经长大了，已很长时间不需要儿科医生了，而我离成为祖母还有好多年的时间，因此我不了解现在看一次儿科医生要花多少钱。但是我最近去看了牙医，检查和清洗花了大约 175 美元。因此，以这样的价格，当牙科保健师说她的老板有最新的数字射线照相系统时，我并不感到惊讶。在商业实践中，较高价值的活动可以支持较高定价的产品技术，如果该技术有助于获得更高利润的话。

让我们转向过程技术和实践经济学。如果产量非常高并且设备可提供规模经济，例如纸张等商品的生产，则高生产量活动可以支持高价格生产设备。（造纸是世界上资本最密集的产业之一。）一般来说，网络经济、规模经济或范围经济越大，买家就越愿意为生产技术支付高于缺乏这些经济的技术的目前定价的溢

---

[1] Computer. privateweb. at（2005 年 8 月 30 日访问）。

价。毕竟，这一切都是为了利润。如果我能降低成本，我就能赚更多的钱。

按照桑德森（Sanderson）和乌祖梅里（Uzumeri）在《管理产品系列》（*Managing Product Families*）中的观点，我们可以沿着两个连续体（continuum）来放置实践，具体取决于产出的特点：产出的多样性和变化速率。在任何给定的时间，实践都可以放在图 7.10 中。旁边的图表描绘了儿科医生的位置，我们想向他们销售我们的专家系统。儿科医生倾向于看到各种各样的问题，从而提供一系列的服务。随着医学知识的进步和人群偏好的变化，他们提供的服务确实会随着时间的推移而变化，但是这些变化不会太快。通过查看实践在这张图上的位置，我们可以对哪种过程技术将具有最高的价值做出很有根据的猜测。对于产生许多产品的实践，提供范围经济的技术将具有吸引力，而对于商品类（commodity - like）的生产来说，提供规模经济的技术更具吸引力。前者的一个例子是将芯片嵌入印刷电路板的技术，后者的一个例子是用于铝生产的更好的阳极。然而，即使产出的种类水平很低，随着变化速率的增加，范围经济也变得更加相关。对于种类水平低但变化速率高的产品，设计技术尤其具有吸引力，如 CAD /CAM 和芯片设计库。在产出的种类水平和变化速率都高的情况下，提供网络经济的技术很有吸引力，因为它们允许在引入新产品的同时利用现有的产品和基础设施。一个例子是药物发现技术，如基于基因组学的药物发现。也可以对产品技术进行类似的分析。因此，如果我们希望特定实践的参与者为商品支付的价格处于较高位置，那么了解我们为他们提供多少杠杆才能收回支付给我们的钱将会是有所帮助的。

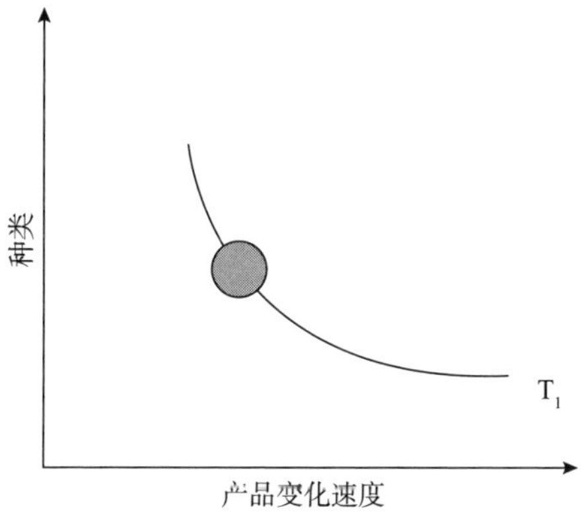

图 7.10 输出的种类和变化速度

我们曾受邀找出嵌入式芯片处理技术的专利使用费率。专利使用费率是一种价格，过程技术的专利使用费率通常根据使用该过程生产的产品的销售收入来计算。

这项技术的作用是将有源和无源元件放置在印刷电路板内部而不是表面。这会增加可靠性，便于小型化，并能在手机等高频设备中实现更好的性能。该客户声称，这项技术将使采用者的利润从行业平均水平4%左右飙升至35%左右。印刷电路板行业的专家当时对此感到不可思议。

现在，有很多构建专利使用费的方法。最常用的方法是根据净销售额收取专利使用费，净销售额即总收入减去折扣和回报。如果我购买这项技术，并且以4%的利润运行，如果这项技术不能像承诺的那样发挥作用，我就会有大问题了。我的利润率没有多少弹性。

另一种众所周知的方法是根据毛利收取专利使用费，毛利即收入减去所售商品的成本（生产和销售产品的费用）。我们建议根据这种计算方式来确定费率。原因是它使“我无法相信”这一论点失效。如果这项技术不能增加利润，我们的客户就赚得很少。然而，如果它兑现了承诺，他们会赚得很多。如果买家仍然心存疑虑，客户总是可以退让，从超过买家当前利润率的毛利中拿走更大的份额。

请注意，通常还会有前期费用，以补偿咨询和技术诀窍的转移，从而缩短采用过程中的学习曲线。该案例中也收取这样的费用。当时退让的立场是放弃该费用，但提高专利使用费率。换句话说，风险越大，费率越高。

让我们回到儿科医生的话题，EHRs似乎非常适合儿科医生的活动，因为它提供了范围经济，加上像我们的专家系统这样的附件，可以适应变化。利用底层EHRs的能力提供了网络经济。

掌握实践经济学的另一个方法是询问投资者收回投资成本需要多长时间。在所有其他条件相同的情况下，不到一年的时间内就可以收回投资成本的技术，其价值通常高于需要多年才能收回投资成本的技术，原因是货币的时间价值。不利的一面是，很快收回投资成本的投资比那些需要较长时间才能收回投资成本的投资回报率低。请比较一下银行储蓄存款账户的利息与15年期公司债券的利息。

所以现在我们在计算数字，我们说，“好吧，考虑到市场，这个价格似乎是公平的，我可以从中赚钱，并且买得起”。我会买吗？嗯，我们还要考虑价签震惊。我总是对年轻女性花钱买名牌牛仔裤感到惊讶。当然，我买得起。也许我穿上名牌牛仔裤，我的顾客会说，“哇，你看起来很成功，我要雇用你”。

但是要花 100 多美元买一条蓝色牛仔裤……没门！

同样，戈登·贝尔（Gordon Bell）指出，我们倾向于用具有同等性能的其他商品来评估技术。他认为有七个价格等级：[1]

（1）10 美元：腕表和钱包电脑；

（2）100 美元：袖珍/掌上电脑；

（3）1000 美元：便携式计算机；

（4）1 万美元：个人电脑；

（5）10 万美元：部门计算机；

（6）100 万美元：分区计算机；

（7）1000 万美元：中央总部或中央实验室计算机。

当你跳过几个数量级时，通常会发生价签震惊。回到名牌牛仔裤，比如我习惯花 30 美元或 40 美元买牛仔裤。好吧，也许我会花 60 美元买那些让我看起来匀称、合身、成功的牛仔裤。但是 100 美元让我跃入了另一个数量级。（“啊哈，”你会说。“这就是为什么这么多东西都是 99.99 美元。”）

因此定价是一个与可比产品进行对比的问题，确保从实践的经济性来看价格是合理的，并避免价签震惊。定价必须考虑客户细分的情况来进行调整。

时 间

在离开对竞争优势的讨论之前，重要的是要注意到，实践会随着时间的推移而改变，因此，使拥有竞争优势成为可能的因素也会改变。图 7.11 是先前介绍的图形的简化版本。正如我们已经讨论过的，随着时间的推移，产品的主导设计出现，之后产品创新速率会下降（它是什么），方法创新速率会上升（如何制造它）。这里，我们要研究一下这种互动的结果，看看是什么在实践中使一项技术对买家有吸引力。

图 7.11 追踪了市场开发、销售量和劳动技能之间的相互作用。通过研究该图，我们可以得出一些有趣的结论。随着市场的成熟，主导设计的出现意味着方法创新更受关注，因为目标是提高产量。相应地，应当采取措施（并且通常也是如此）使产品标准化和简化，以便更容易实现生产的经济性。我父亲曾经告诉我，他毕业后的第一份工程师工作是为西尔凡尼亚公司（Sylvania）从收音机中拆取零件。

---

[1] Bell, “Bell’s Seven Price Tiers,” *Computer Industry Laws, Heuristics and Class Formation: Why computers Are Like They Are*, (n. d.), http://www.americanhistory.si.edu/csr/comphist/montic/bell/tsld012.htm（2004 年 10 月 17 日访问）。

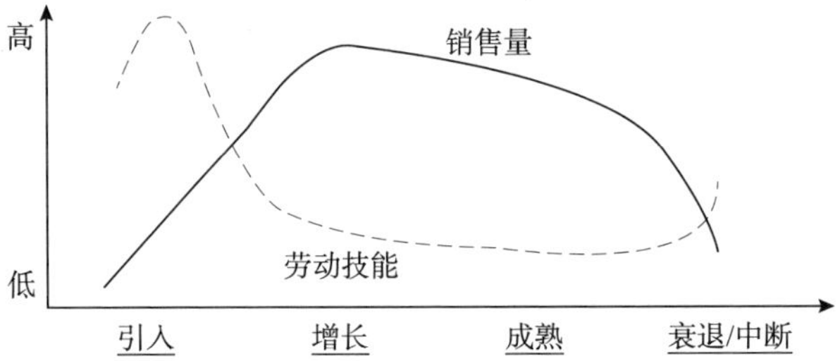

图 7.11　销售量与劳动技能之间的关系

同样，随着为了满足需求而雇用更多的人，工作人员通常也会发生变化。早期，因为不存在专门的机器，需要能工巧匠来制造产品。后来，产量更大了，说明有必要购买专门的工艺技术。但是这样的机器和软件意味着技能的核心在某种程度上从工匠转移到了机器上。只有在衰退的市场中，技能再次变得更为重要，因为随着机器的老化并且不值得再投资购买大批量设备，必须有人知道如何制造产品。

我们强调，市场不一定从一个阶段线性地发展到下一个阶段。然而，时间让我们意识到，构成竞争优势的是一个移动目标（moving target）。

机会之窗

我们现在可以推断出什么样的性能、易用性特征和价格将帮助我们获得竞争优势。但是我们应当在什么时候引入我们的技术呢？

机会之窗是指可以将一项新技术引入市场利基（market niche）的时期。当我们的技术将被引入的直接实践（immediate practice）或嵌入该实践的更大的价值与供应链发生变化时，机会之窗就打开了。

市场力量就是在这种情况下发挥作用的。正如我们将在第 8 章中看到的，市场力量影响参与者属性的分布。此时发生什么来创造机会之窗？

首先，医疗事故成本飙升。如果充分了解情况的患者对自己的医疗保健更加负责，医生身上神圣行为的负担就会相应地减轻。此外，如果一个专家系统能够提供一个领域的集体智慧，那么使用该系统就是对失误的防御。此外，咨询作为另一数据源的专家系统是医生作为一个理性人正在努力避免过失的表现。受影响的属性是风险规避，即一种态度。

其次，随着预防性保健成为医疗实践操作中被接受的一部分，医生的目标也随之改变。预防性医疗保健所关注的是避免潜在的问题，而不是避免复发或缓解病情，因此适合于“远程医疗”，因为这时没有要检查的症状或要进行的身体检查。由于目标是在需要传统专业医疗干预很久之前就改变行为，因此诊所中的其他人可以在预防性病例管理中发挥主导作用。患者可以登录系统、填写数据，并被引导到其他资源，以更好地理解如何避免未来可能出现的问题。护士或社会工作者可以收到数据和建议的副本，对其进行检查，并决定是否应该用其他资源或电子邮件/电话询问来答复——就像现在消费者的电脑修复最初是一项服务台活动一样。即使患者远在另一个大陆，如果关切如何避免在当地发现的健康危害，在线交互形式也可以提供预防性保健。

请注意，打开机会之窗的变化不一定发生在将引入技术的实践中。例如，如果保险公司需要诊断和治疗过程中的电子文档，这将促使在检查室内使用硬件和软件，有助于克服传统的基于纸张的做法对我们的专家系统构成的进入障碍。计算机知识、使用电子数据的意愿等将会成为更受重视的技能、能力和态度，从而改变价值链上的实践环境，并打开机会之窗。

国家卫生信息技术倡议（*National Health Information Technology Initiative*）是联邦政府为此所做的努力。在 2004 年 4 月 27 日发布的行政命令中，布什总统呼吁在 10 年内广泛使用卫生信息技术。国立卫生研究院（NIH）指出：

> 这一愿景可以通过使医疗保健行业以消费者为中心、信息丰富来实现，其中无论在何时何地提供医疗保健，都可以得到良好决策所需的信息……无论消费者和临床医生在何时何地需要这些信息，也无论这些信息最初是从哪里收集的，他们都可以获得这些信息。先进决策支持工具有助于确定最适合特定患者的治疗方案，以帮助减少不必要的治疗，并确保预防程序，这两者都会带来更好的结果。药物将通过计算机系统订购；计算机系统可消除手写错误，并自动检查剂量是否过高或过低。信息工具还会搜索与其他药物的有害相互作用和过敏反应。处方将会与健康计划的处方集进行核对；处方药物的自付费用将与替代药物进行比较。临床医生可以随时容易地获得患者信息，并帮助患者改善自己的护理。[1]

这种变化如此确定，以至于下一代医生正在借助这些信息工具接受培训。例如，在杜克大学，掌上电脑中已经安装了病人监护（PatientKeeper）软件，

---

[1] U. S. Department of Health and Human Services，“Health IT Strategic Framework，Vision for Consumer－centric and Information－rich Health Care，” July 23，2004，http：//www. hhs. gov/onchit/framework/hitframework/visionforconsumer. html（2004 年 11 月 14 日访问）。

使护理人员可以即时无线访问患者数据。❶

图 7.12 所显示的是，我们实际上有一个代沟，它与你成长过程中是否使用电脑有关。我们的专家系统符合在互联网上长大的一代人的计算机技能和期望。这很重要，因为它降低了最终用户采用的风险。

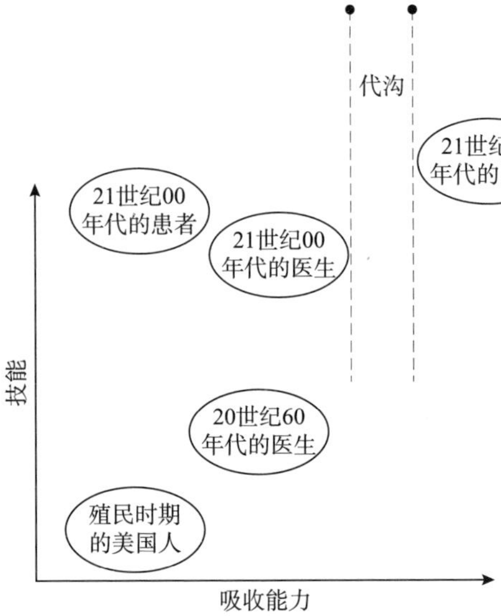

图 7.12　计算机使用代沟

请回想一下，风险是对你所采取的行动感到懊悔的可能性，风险是我们的价值主张令人厌恶的可能性。我记得有一次和我的孩子、父母和祖母一起在国家航空航天博物馆参观，当时我的祖母快 100 岁了。讲解员被她的故事迷住了。她记得在报纸上读到过关于莱特兄弟飞行的消息，她记得她第一次见到飞机的情形。在离开博物馆的路上，我的儿子被这样一个事实迷住了：我的祖母记得一个没有飞机的世界。然后她告诉他有关汽车的事。她记得读过关于汽车发明的书，并回忆起她第一次看到汽车的情形。我的儿子感到非常震惊。

我猜想我的孙子们在听到没有电脑的世界的故事时会很惊讶。在玩电子游戏和用即时通信软件做作业的环境中长大的孩子们现在正在医学院读书。他们在学校接受过计算机技能训练，并对上网感到很舒适，他们童年的经历

❶ Michael Sciannamea, "Duke Caregivers Leveraging PDAs for Patient Care," *The Telemedicine Log* (October 6, 2004), http://telemedicine.weblogsinc.com/entry/1805781712401103/ (2004 年 11 月 14 日访问)。

为医学领域的重大范式转变提供了"空间"（Spielraum）（字面意思是"游戏室"——译者注）。因此，风险是与参与者的属性联系在一起的，而这些属性可能与要引入我们技术的实践毫无关系。

当然，就像窗户打开一样，它们也会关闭。这里有四个关键因素。第一，改变竞争格局的新技术。回到我们的拉链例子，维可牢（Velcro®）尼龙搭扣就是一种改变竞争格局的技术。第二，饱和会在某个时刻出现。当每个人都购买了以后，显然机会窗口就关上了。第三，当供应商足够多并且需求放缓时，进入市场的机会就会减少。第四，正如实践范式的变化可以打开机会窗口一样，它们也可以关闭窗口。在航空业，美国国内航空业从中心辐射型航线的转变，关闭了 747 之类的大型客机的机会之窗，同时也扩大了小型飞机的机会之窗，以满足地区航空公司的需求。

价值主张

价值主张是价值陈述的战略框架。价值陈述是修辞，它告诉买家为什么要购买。价值主张是价值陈述的理由，它提供了一个视角，应当从这个视角来看待技术，且在这个视角内价值陈述是讲得通的。因此，它既相对于其竞争对手来给技术定位，又建议寻求技术商业化的公司应该如何确定其价值创造活动的方向。

莱格伦齐（Legrenzi）、吉罗托（Girotto）和约翰逊 - 莱尔德（Johnson - Laird）认为，决策的初始规范是作为受试者寻求的信息和其最终决策的焦点，他们往往会忽略初始规范中没有包括的其他因素——这些因素在其他情况下很可能会影响其决策。[1] 因此，为了利用机会之窗，我们必须以这样一种方式来定位我们的技术，即说服最终用户关注那些对我们有利而对竞争对手不利的因素。

我们可以为价值主张确定出至少四个逻辑上不同的因素，尽管用于特定技术的价值主张中的精确组合是一个与最终用户和买家想要什么以及你的竞争技术相关的经验问题。

"成本领先"（Cost leadership）是将竞争优势建立在价格基础上的。这里的关键往往是利用规模经济。通过先发优势可以获得暂时的成本领先地位，这

---

[1] P. Legrenzi, V. Girotto, and P. N. Johnson - Laird, "Focusing in Reasoning and Decision Making," *Reasoning and Decision Making*, *Cognition Special Issue* (New York: Elsevier Science Publishers, 1993).

意味着作为制造、销售和支持一种产品的第一个竞争者，你可能会更早获得关于如何最佳地完成这些任务的技窍（know - how）。在通常情况下，学习曲线优势与不断增长的销售量相关，因此，如果后来的进入者能够更快地增加销售量，那么先发优势可能会丧失。工艺技术创新通常与渐进的产品技术创新相结合，以实现成本领先。工艺创新致力于专业化的大批量生产。渐进创新之所以具有吸引力，是因为它不会使在工艺技术方面的投资废弃。主要产品或服务系列的转变要经过精心规划。人民快运（Peoples Express）和后来的西南航空公司（Southwest Airlines）就是这种战略的例子。（请注意，成本领先有时与针对竞争对手的超竞争、掠夺性做法相结合。另外也要注意，成本领先并非总是有效的，人民快运就破产了。）

“差异化”涉及开发一系列服务或特征，以比竞争对手更好地满足不同终端用户的需求。它通过构建“平台”技术来为不同的客户细分群体提供不同的价格/性能组合，从而获得竞争优势。差异化产品或服务系列是一个主题的一系列变化。例如含氟牙膏、含氟控垢牙膏、含氟小苏打牙膏、含氟增白牙膏等。换句话说，不同的客户细分群体通过变化的产品来满足他们的需求，这些产品的变化反映了该客户细分群体的需求如何影响主导设计。差异化也可以通过产品的包装来实现。更好的交付、保修和增强的客户服务和维修服务可以满足不同终端用户的需求，宝洁公司（Procter & Gamble）就是采用这种战略的公司之一。适应性创新与工艺创新结合常用来获得可持续的优势。利用范围经济也是一种常见的策略。

“聚焦”是一种基于对买家和最终用户具体需求的密切关注的策略。这是一种与客户保持密切联系的方式，因此所销售的产品、工艺或服务都经过精心开发，以符合某一客户群体的性能要求和期望特征。“聚焦”战略可以被视为“深深地爱他们”。适应性和激进式产品创新比工艺创新更重要。只要对客户的价值贡献是明确的，创新往往更注重易用性和性能而不是价格。例如，Nextel 公司就是使用这种方法的一个例子，它将这种方式用于其面向商业的内部对讲机。网络外部性（network externalities）可以作为削减成本的一种策略。

“快速响应”是率先找出满足新出现的最终用户需求的方法的战略。这种战略在处于萌芽期的市场很有效，能够向少量客户销售。一方面，主导设计不存在，另一方面，最终用户的需求在不断变化。所提供的产品和/或服务数量庞大且变化迅速，因此在市场稳定之前，锁定并大量投资给定的产品或服务设计是不明智的。在主导设计的生命周期即将结束，而替代技术可能能够进入并抢占市场份额的情况下，快速响应也是有效的。无论哪种情况，竞争优势都在于敏捷，这样你就可以改变你销售的产品或服务以满足不断变化的客户需求。

像 CH2M Hill 这样的工程咨询公司有时会采用这一方式，如果他们的工具包中还没有客户需要的东西，他们会为客户定制设计。产品创新能力（通常是颠覆性创新能力）是至关重要的。

如表 7.1 所示，由于主导设计与进入市场的新买家的技能和能力的相互作用，不同的市场阶段适合采用不同的战略：

■ 在尚处于萌芽阶段的初期市场，由于主导设计在不断变化，买家可能没有稳定的要求，因此快速响应或聚焦战略是有用的。

■ 当市场进入成长期时，买家数量仍然相对较少。随着主导设计的出现，聚焦战略可用于为特定细分市场提供最佳价值。聚焦战略很有吸引力，因为新用户通常缺乏从技术中获取最大价值的方法和技术，因为主导设计仍然是新的。供应商在传播技术诀窍（know - how）方面发挥着关键作用。培训、服务等可以提升价值，因为它们降低了采用成本，并加快了学习曲线的进度。以后，随着新用户的大量涌入，引入了可定义的客户细分，可以使用差异化战略来尝试为这些客户细分市场提供最佳价值。

■ 随着所提供的商品趋同于主导设计的特征和功能，买家现在可以找到其他的技术诀窍（know - how）来源。一个很好的例子是“傻瓜”系列计算机软件手册。随着像商品一样的技术越来越多以及技术诀窍越来越容易获得，价格变得越来越重要。差异化作为一种分割不同客户细分价值主张的一种方式仍然很有吸引力，但现在它也可以用来改变标价，以对不同客户细分市场中的相同商品制定不同价格的方式。[曾在百货公司和折扣商场购买过拉夫劳伦（Ralph Lauren）牌服装的人都能凭直觉理解这一点。] 这种配置可鼓励更多的买家进入市场。然而，在某个时刻，新买家的进入将放缓，市场增长减速，市场开始震荡洗牌。

■ 最后，随着市场进入成熟期，差异化和价格使较大的参与者能够利用规模经济和范围经济或网络外部性。较小的参与者只能作为利基参与者，专注于未得到充分服务的客户细分群体，只有这样才能发展壮大。

表 7.1　市场阶段和策略

	价格领先	差异化	聚焦	快速响应
萌芽期			×	×
增长期		×	×	
震荡洗牌期	×	×	×	
成熟期	×	×	×	
衰退期		×	×	

小公司可以通过专注于太小而不能吸引大公司兴趣的客户细分群体在震荡中生存下来。矢量网络分析仪就是一个例子。矢量网络分析仪是测试和分析波的电子计量工具，它们跟踪信号的相位、频率和振幅。非线性矢量网络分析仪增加了分析这些波的非线性信号分量的能力。只有非线性分析仪才能提供电路中发生的全部情况，它们能同时显示基频和谐波。目前，对于用于移动电话基站的非线性分析仪的需求有限，因为带宽封装不够紧密，不需要注意波的非线性分量。因此，只有莫里微波公司（Maury Microwave）一家公司生产这种分析仪。该公司以其创始人的名字命名，他从安捷伦（Agilent）分离出来，并拥有其发明许可。对于这种规模的公司来说，这些设备的市场太小了。尽管这样，我们预期在未来的某个时候，带宽将变得如此紧张，以至于非线性分析仪将成为一项蓬勃发展的业务。我们在做这些分析仪的超导延迟电路项目时与一位专家交谈过，他认为，到时候“要小心”。安捷伦公司将撤回其技术，并与其他一些大公司一起进入该市场。教训：如果你要采取聚焦战略，商誉和足够大的客户基础对于在震荡洗牌中生存下来和获得被收购的选择权是至关重要的。

结　论

定位就是确定你的技术可以做什么与最终用户需要什么之间的交集。我们已经看到，第一步是弄清楚是什么激发了购买行为，是什么赋予了产品、过程或服务“umpf”。当 umpf 清晰时，我们可以把重点放在如何增加商品对买家吸引力这一工具性考虑上。这项活动的关键一方面是了解相关实践中使用的主导设计，另一方面是了解实践本身在适应市场需求和社会经济变化时发生的情况。

如果我们做对了功课，我们最终会把我们的技术定位在纳什均衡，这是一种奇妙的省钱方式，我们会把技术定位在买家买比不买更有意义的地方。市场是动态的，因此这种定位可能会随着时间的推移而改变，但我们希望找到一个平衡点，该平衡点可能会“从最初进入市场之日起”至少持续五年。

设定五年的原因是，大多数商界人士的眼界都不超过五年。他们需要给股东显示良好的收益，给自己带来丰厚的奖金。如果一项技术在引入市场后的五年内没有盈利，它盈利的可能性就会变得非常小。

附录 A　技术资料

利用网络搜索建立和检验假设

网络搜索与其说是一门科学，不如说是一门艺术。一方面，要知道该搜索什么的问题，另一方面是搜索词的使用问题。

我们要搜索的内容是由我们所问的问题驱动的。这项技术有竞争性机会吗？它有竞争力吗？目标存在吗？专利文献中是否有技术可使这项技术变得多余或将其淹没？我们试图对人们的特定技能、能力和态度做出假设，以便对初始进入的可行市场利基做出更普遍的假设。

在做假设的时候，先用积极的方式来表达你的假设，然后再设法证伪它们。[1] 例如，这项技术满足这些需求的能力是独一无二的。现在我们可以搜索产品、专利和研发文献，看看我们能否证伪我们的假设。

在建立假设的过程中，我们将概念和关系从我们的模型中提取出来，并把它们“实施”（operationalizing）到技术的特定科学工程领域和/或应用环境中。能够从模型中导出的一组概念（以及它们之间的关系）构成了一个本体，或者模型中描述的一个存在结构。图 7A. 1 给出了一个部分示例。为了建立假设，我们从本体中提取概念，并使用在相关的特定领域或语境中发现的术语来对它们进行实例化。一旦做到了这一点，我们就可以开始构建那些让我们能够证实或证伪我们的假设的搜索词和搜索策略。

我们为海军水面作战中心卡登洛克分部（Naval Surface Warfare Center, Carderock Division）研究了磁约束尺蠖电机（magneto - restrictive inchworm motor）的市场。在这样的电机中，磁场中会有一根杆延伸。当磁场被移除时，这根杆会收缩。我们假设它会对汽车制动有用。在图 7A. 2 中，这一假设被用来构建一组基于图 7A. 1 所示的概念本体片段的搜索词。

请注意，我们最初选择的搜索词可能没有用，原因有三：

（1）该术语的同义词可能更适合搜索；

（2）一个更通用或更具体的术语可能更适合搜索；

---

[1] 这种方法是公开波普式的。无论什么样的哲学论点，它对于评估技术都非常有用，因为最终我们希望解决方案能够像承诺的那样一次又一次地发挥作用。最好把标准定得高些。见 Karl R. Popper, “Science as Falsification,” 1963, http: //www. stephenjaygould. org/ctrl/popper_falsification. html（2005 年 1 月 24 日访问）。

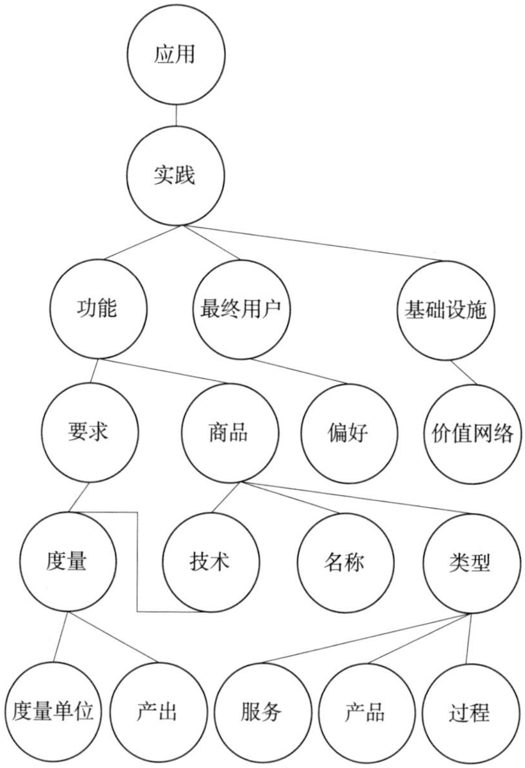

图 7A.1　评估应用的概念图

（3）该概念的实例可能不会出现在网络上。

如果最后一个选项存在，则由于缺乏数据，该假设不能被检验。在另外两种情况下，都有简单明了的解决方案。

要找到已知术语的新术语，有几个资源是有用的。我通常从 WordNet ®（http：//www. cogsci. princeton. edu/ ~ wn/）开始。它是一个由普林斯顿认知科学实验室开发的具有同义词集的在线词典。❶

如果我仍然没有找到我需要的词，我会在网上搜索常见问题（Frequently Asked Questions，FAQ）和词汇表（glossary）。为此，我会在谷歌（Google™）中使用字符串：名称或术语 and（词汇表 or FAQ or“常见问题”）；谷歌恰好是我现在最喜欢的搜索引擎。如果我寻找的同义词是一个度量单位，我会访问 http：//physics. nist. gov/cuu/Units/index. html 并搜索相关的标准国际单位。

❶ “About WordNet,” n. d. , http：//www. cogsci. princeton. edu/ ~ wn/（2005 年 1 月 23 日访问）。

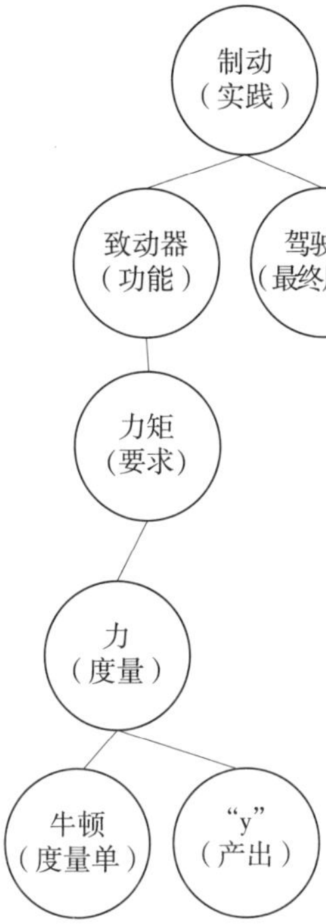

图 7A. 2　概念图实例化

通过采访来检验假设

拉里·卡哈纳（Larry Kahaner）是《商业周刊》的记者。他曾指出，一个很好的经验法则是，用第一手来源（访谈）数据检查第二手来源数据，并用第二手来源数据检查主要来源数据。❶

在进行采访时，有两个关键技巧可以让事情变得更容易。首先，只采访那些可能知道你想了解什么的人。做到这一点的方法是找到那些其工作本身就了解你在寻找的数据的人。

如果要问存在什么样的产品或服务，就给销售人员打电话。他们会知道自己的产品和竞争对手的产品。如果要问市场有多大，就给行业协会和政府官员打电话，他们会追踪这些数据，以便用于会员服务、监管或税收。市场数据的另一个来源是作为互补商品供应商的公司的销售主管。

如果要问存在哪些竞争技术、它们是如何工作的，以及它们的竞争力有多大，就打电话给在该领域拥有大量专利组合的大学－工业中心以及联邦和非营

---

❶ Larry Kahaner，*Competitive Intelligence*（New York：Touchstone，1997），56.

利性实验室的科学家和工程师。

需要联系的最重要的人是那些可能会购买你所拥有的技术的最终用户。如果你找不到他们，那就去找那些已经购买或考虑购买竞争技术之一的人。

另外，那些来自最相关委员会和/或小组委员会的贸易和专业会员也会提供对最终用户需求的见解。

（仅供参考：如果你提出要求，竞争对手的营销人员通常愿意提供性能和价格信息。只说你是在按经理的要求收集用于产品比较的信息，不要说你是竞争对手，但是如果被问到，不要说谎。）

无论你给谁打电话，都必须事先做两件事：

（1）知道你想了解什么；

（2）你将向每个人提供什么，作为向你提供信息的激励。

计划你的采访，这样你就可以在10分钟或更短的时间内收集到你想了解的一切。如果收集你所需的信息可能需要更长的时间，那么你就把调查分成两次或两次以上的采访，并且每次采访都针对向其寻求数据的公司中的不同人员。

激励措施通常是技术的非机密性描述。在你想起这些人是守门人（gatekeeper）之前，你可能觉得这不会有什么用。他们的工作定义的一部分是跟上发展的步伐，如果你的技术成功商业化，他们可能会大赚一笔。

进行采访的方法有两种：调查或案例研究。案例研究方法对于大多数早期商业化市场研究更有用，它可以作为一种“快而粗”的研究，但如果负责任地进行的话，也可以作为科学上有效的研究。

在案例研究访谈中，需要收集的数据已经提前确定。每个数据项都有助于回答一个问题，如何分析每个项目来回答这个问题也是已知的。采访明细表只不过是一个数据收集表格，采访者用它来确保所有相关的数据项都已收集。培根（Bacon）和巴特勒（Butler）认为，通常三到六次精心挑选的采访能够解决所有关键问题，并为随后的商业化活动提供指导。❶ 这与我们在远见科技公司（Foresight Science & Technology）的经验相吻合。

如果进行采访的人不止一个，则他们应该事先进行协调，并讨论他们将收集哪些数据、为什么收集这些数据以及他们将如何描述他们将做的工作。这有助于确保向每个受访者提供相同的陈述，从而增强将一次采访的结果与另一次采访的结果进行比较的能力。

---

❶ Bacon and Butler, *Planned Innovation* (New York: The Free Press, 1998), 83.

附录 B 展示你的技术

无论你打算如何将技术商业化，以下三种情况之一决定了在展示你的技术时要披露多少信息：

（1）保密协议之前；

（2）保密协议之后（但在交易之前）；

（3）交易之后（完全执行合同）。

保密协议之前

当你开始向感兴趣的人推销你的技术时，你应该准备一份关于该技术及其对预期市场的好处的高层次、非机密性描述，从非机密摘要的角度来考虑，比如那些出现在专利和技术论文开头部分的摘要。措辞应当足够简单，以便几乎任何人都能理解，因为在很多情况下，这种披露的最初读者不一定与你处于相同的技术背景。例如："一种新的手机集成电路芯片技术，它可以制造体积更小、功耗更低、价格更便宜的手机。基本概念类似于拿一个 1 瓦的灯泡和 10 瓦的灯泡，而有效地获得 100 瓦灯泡的功率。"此类非机密性描述可能包括任何相关专利、已发表的论文、摘要以及网站信息和新闻稿的标识信息。如果您打算通过电子方式分发这些信息，则要确保这些信息能够以文本形式放入电子邮件的正文，因为许多电子邮件收件人目前会删除任何包含附件的身份不明的电子邮件，以防止其电脑被讨厌的病毒感染。

保密协议之后（但在交易之前）

一旦一方表示有兴趣了解更多的有关该技术的信息，并且双方已签署了正式的保密协议，则需要对该技术进行更详细的描述，通常为正式的 PPT 演示（可能还包括现场技术讨论和设施参观）。这里的诀窍是提供足够的信息来吸引相关方与你达成交易以获取技术，但不要提供太多的信息，使他无法自己复制它，也不能在没有你帮助的情况下尝试复制。一般来说，不讨论"怎么做"，而讨论"是什么""在哪里""为什么"和"谁在乎"。如果你对是否应该披露某些信息感到有疑虑，谨慎的做法是不要披露这些信息，除非有明确要求；即使这样，如果你对此感到不安，也不要披露这些信息。如果他要求看到专利，而这些专利已经被发布，那么披露这些信息是可以的，因为反正这些信息都可以在美国专利局的网站（www. uspto. gov）上免费获得。

向投资人展示

在介于保密协议之前展示与保密协议之后展示之间，是向投资者展示的理想之地。如果你正在寻找风险投资家或天使投资人，那么你需要准备商业案例和执行摘要。如果没有做过商业或商业化计划，就很难写出执行摘要。一个完整的商业化计划可能会包括很多通常为保密协议之后展示保留的信息。但大多数投资人在对一项他们感兴趣的技术进行尽职调查之前不会签署保密协议。因为只有很小一部分新的商业提案实际上是由风险资本家资助的（根据一个消息显示，不到1%的被审查提案），竞争极其激烈。因此难题来了——该怎么办？答案是使用一个不应超过两三页长的执行摘要作为对潜在投资人的最初展示资料。如果投资人要求查看更多信息和/或完整的商业案例，要求先签署保密协议是合适的。显然，执行摘要需要在高层次上回答“是什么”“在哪里”“为什么”和“谁在乎”等问题，并且必须以一种能吸引读者注意力的方式呈现，这样你才能得到想要的反馈。

交易之后（完全执行合同）

在双方签署了适当的技术转移或投资协议后，对方将期望你有一个完整的技术转移包（请注意：这不一定适用于专利许可协议，因为在那样的情况下，你只是给予他们“侵权”而不受惩罚的权利）。在这种技术转移包中包含许多项目，其中包括（但不必限于）相关书面材料、专利申请文件、非专利技术诀窍、实验室笔记本、手册和图纸，以及相关认证、许可证、批准书、未决专利申请、销售预测、预计收益表、制造成本表、现有客户和目标客户列表以及任何其他相关协议的清单。“只有”当交易各方签署了适当的协议后才能交付这种技术转移包。

第 8 章 推出策略

引 言

如果人们不知道你的商品，他们是不会购买的。如果他们不喜欢你的商品，即使知道也不会购买。这些常识性的观察构成了第 8 章的问题。我们需要以一种足以刺激购买的有说服力的方式，让最终用户了解你的商品的竞争优势。

我们将使用两种工具来帮助制定推出策略，即 SWOT 和 4P。SWOT 代表优势（strengths）、劣势（weakness）、机会（opportunities）和威胁（threats）。我们用 SWOT 来弄清楚 4P 应该是什么。4P 代表产品（product）、价格（price）、推销（promotion）和渠道（place）。4P 就是推出策略。

产品就是正在出售的东西。它可能是一种产品、过程或服务。它可能是一个独立的商品，也可能是一个包括保修、融资、升级等在内的一揽子方案。

价格是向买方收取的费用。价格可能是一次付清，就像你去商店买一件新衬衫或上衣一样。或者可以随着时间的推移而支付，就像你每月支付水电费一样。就技术而言，随着时间而进行的支付通常与专利许可相关，称为专利技术使用费。

推销是如何让最终用户和买家了解该技术以及如何购买该技术。定位为确定推销内容提供了战略框架或视角。

渠道就是你如何把产品交到最终用户手中。它包括将它从点 A 带到点 B，并在点 B 投入使用。

正如我们将看到的，虽然本章的重点是找出向最终用户销售的推出策略，但是在此过程中，我们也制定了选择商业化伙伴的标准。我们想要的伙伴是一个拥有补充我们能力的“选手”，这样我们才可能追求4P。如果我们在一个合作伙伴身上找不到我们需要的东西，那么我们就需要多个伙伴联合起来。例如，假设你要推出一种新的生产设备。其中一个伙伴是合同制造商，可以生产产品；另一个伙伴可能是销售代表机构，负责销售产品；而第三个伙伴是合同维修运营商，可以在设备损坏的情况下提供服务。所有这些合作伙伴都会有助于为他们的活动提供资金，或者资金可能来自第三方，如投资人或银行。

在继续制定推出策略前请注意一点。如果你上过商学院，你可能会觉得这里的介绍有点奇怪。你将不得不进行塞缪尔·柯勒律治（Samuel Coleridge）所说的“自愿中止怀疑”。❶ 如果定位是为了找到我们可以在哪里放置我们的商品的纳什均衡（Nash Equilibriums），那么推出策略就是如何实现定位。商学院的方法已经为此做了调整。

SWOT 分析

SWOT 是一种组织我们收集的市场研究数据并进行整理的方法，目的是得到行动结果。SWOT 所做的就是帮助我们找出4P。我们用它们从我们所做的研究中提取行动意义。

我们可以用固态照明为例来说明 SWOT 的使用。

固态照明将会很受欢迎，发光二极管（LED）几乎不耗电，它们可以使用数年之久。有机发光二极管（OLED）可以通过将荧光体（或其他材料）涂在一块玻璃或塑料上来制造。然后，这个基板可以被切割成任何你想要的形状。如果基板是塑料的，它甚至可以是柔性的。

与传统的 LED 相比，OLED 的制造成本要低得多，因为发光层可以使用简单的喷墨印刷法以阵列形式沉积在基板上。结果是一种图形彩色显示，可用于电视屏幕、计算机显示器或普通照明。与传统 LED 相比，OLED 产生的图像更亮，可以从更宽的角度观看。此外，OLED 比液晶显示器（LCD）需要的能量更少，因为 LCD 像电压控制的半透明百叶窗，而 OLED 是不需要背光的发光体。作为家用或其他建筑照明，OLED 可以提供漫射的环境光源，而无机 LED 是点光源。总的来说，这是一个有吸引力的价值主张。

随着产量的增加，OLED 的供应链也在发展。例如，一些半导体制造商正在为 OLED 偏置电源提供功率转换器集成电路（IC），从而使原始设备制造商

---

❶ 米斯（Meese）夫人是我的一位高中英语老师，她喜欢《古舟子咏》（*Rime of the Ancient Mariner*），她让我们记住它和柯勒律治的其他名言。这确实有点难。

(OEM) 的设计人员在设计显示功率子系统时具有灵活性。接下来将推出为 OLED 功率控制器严格优化的功率转换器集成电路。❶

美国照明约占世界照明的三分之一。美国能源部在 2003 年得出结论，如果把白炽灯和荧光灯换成 OLED 和 LED，可以在 25 年内节省超过 765 千兆瓦的能量，并且不再需要建造 133 座新的 1000 兆瓦发电站。❷ 根据信息显示学会 (Society for Information Display) 的数据，全球 OLED 市场从 2003 年的 2.51 亿美元增长到一年后的 4.08 亿美元。到 2008 年，估计数额从最低的 30 亿美元到最高的 80 亿美元不等。❸

当然，涨潮并不意味着所有的船都会上浮。存在各种各样的市场进入障碍。一个障碍是竞争，大公司已经在玩了。其中包括三星、先锋和柯达等家喻户晓的品牌，以及日显 (RiTdisplay)、友达光电 (AU Optronics, AUO)、泰科光电 (teco Optronics)、联宗光电 (Lightronik) 和台湾的悠景科技 (Univision Technology) 等不太知名的新兴公司。❹ 因此，如果你是一家将创新材料商业化的小公司，你必须考虑是合作更好还是单干更好。另一个障碍是技术突破。目前制造 OLED 的方法包括气相沉积小分子 (small vapor deposited molecules)、聚合物、荧光发射器、磷光发射器。一种新技术——量子点 (半导体纳米粒子) 可能会取代所有这些下转换发光材料 (luminescent down - converting materials)。另外，无论是量子点还是其他任何材料都没有普通照明所需的高照度寿命。因此，你必须谨慎挑选你的应用，并争取快速进入市场，以便在大家都将技术推向更高性能的时候保持自己的市场份额。美国能源部强调的其他障碍包括规模化制造。目前还不清楚如何使用卷对卷连续印刷来制造无缺陷的大面积 OLED。作为封装 OLED 并将其连接到电源的方法，防潮同时又能透光地封装材料仍然是一个挑战。❺

SWOT 是我们用来组织数据的工具，以便提炼出推出策略，使我们能够利用内部能力和市场力量来克服进入市场的障碍。做 SWOT 分析有四个步骤。

---

❶ Joshua Israelsohn, "Organic - LED Graphics Displays Are Taking on LCDs for Image Quality and Low - Power Operation," *EDN* (November 24, 2004), http: //www. edn. com/article/CA480492. html (2005 年 10 月 7 日访问)。

❷ Milan Stolka, "OLEDs for General Illumination," March 2003, http: //www. nrel. gov/ncpv_prm/pdfs/33586039. pdf (2005 年 10 月 7 日访问)。

❸ Wikipedia, "Organic Light - Emitting Diode," October 7, 2005, http: //en. wikipedia. org/wiki/OLED, (2005 年 10 月 7 日访问)。

❹ Anita Li, "Taiwanese Vendors Focus on AMOLED Products," *Nikkei ElectronicsAsia* (May 2005), http: //neasia. nikkeibp. com/neasiaarchivedetail/001111 (2005 年 10 月 7 日访问)。

❺ Stolka, "OLEDs for General Illumination."

1. 选择定位

实际上我们在第7章已经做了定位。但是如果你跳过了那一章，你必须在这里做。因此，这是一个简短的版本。

定位是找到我们的技术比其他技术更适合最终用户需求的地方。这样一来，我们就可以获得竞争优势。如果我们的技术没有竞争优势，我们就有大问题了。在这种情况下，我们必须停下来，先弄清楚如何获得竞争优势，然后再做SWOT分析。

SWOT由我们将如何定位这项技术来引导，而这项技术又由最终用户将如何触摸、品尝、闻、听和/或看它来引导。所以，就像指引海上水手的北极星一样，最终用户的需求是我们的北极星，我们航行的路线会让最终用户意识到我们拥有他们想要的东西。

定位的一个关键是了解我们的技术如何与实践中的主导设计相符合。就OLED来说，定位面临的挑战是，只专注于普通照明，还是通过寻求性能、易用性和成本要求不太高的临时应用来进入市场。大多数供应商已选择进入市场，结果是几家公司争夺电脑和设备显示器。一个重点领域是手机。OLED的几个特征使它们对于手机很有吸引力，以至于OLED可以在未来几年主导手机显示器。它们不需要背光照明，因此可以延长电池时间。随着手机转向摄像手机，它们的宽广可视角度很有吸引力。此外，手机价格昂贵，因此使用OLED代替LCD的增量成本可以忽略。最后，由于消费者倾向于在一年内更换手机，而且手机并不总是开着，因此目前有限的10000小时左右的使用寿命对该应用的影响比其他应用要小。[1]

2. 确定优势和劣势

优势和劣势是组织内在的因素。它们是我们可以控制的因素，尽管实施控制可能需要在解决问题上投入资金。我们关心的主要因素是技术和我们的组织。对于技术方面，我们通常关心技术的成熟度及其性能、易用性和价格。对于我们的组织，我们想知道我们是否有能力进入市场，以及我们是否有那种可以进行交易的人员。

我们可以控制我们技术的成熟度和规格。假设我们的技术是一项突破，就像量子点可以用于白光OLED一样，优势。假设我们已经获得了这种材料的专

[1] Neil Savage, "Going Organic," *OE Magazine* (November 2003), http://oemagazine.com/fromTheMagazine/nov03/prodtrends.html（2005年10月8日访问）。

利，优势。假设我们有一组拓展专利（extending patent），它们覆盖了低价制造和应用这种材料的方法，优势。假设我们与国内外一些顶尖大学合作，以进一步改进这项技术，优势。假设我们已经在运行有限的产品，优势。假设我们有了一些对高价值应用（比如手机显示器）感到满意的客户，优势。

让我们改变一下场景。现在，假设我们知道我们的技术还不够成熟，不足以与手机显示器竞争，劣势。我们必须聘请工程师来弥补这一劣势，使其更加成熟，投入资金。假设我们使用聚合物，但发现我们无法让蓝色照射足够长的时间。只有红色和绿色，我们不能发出白光，劣势。我们必须重新投入研发，重新进行设计，投入资金。假设另一个问题是，尽管我们可以在实验室进行批量生产，但在卷对卷印刷中，我们会遇到质量问题，无法得到一致的厚度，劣势。投更多的资金。

优势使销售更容易。劣势使销售更困难。当然，优势不是免费的。通常，它们来自过去明智的资金投入。尽管如此，如果你关注的是未来，你背后有沉没成本（sunk cost）比前面有重大支出要好。

组织因素也是如此。嘿，我们需要一个更好的实验室，劣势，投入资金。嘿，人们认为我们的首席执行官是个天才，优势。哎哟，他们认为我们的首席执行官是个混蛋，劣势，换掉他。花钱聘请那个建立了 OLED 业务的了不起的女人。她同意入伙了吗？优势。品牌忠诚度和商誉怎么样？优势。劳动力、原材料、部件、组件等的渠道怎么样？优势。供应链问题怎么样？劣势。

通常被忽视的一个关键优势是创始人或倡导人的个性。在通用电气的 OLED 故事中，杜加尔（Duggal）的倡导至关重要。石油冻（petroleum jelly）的故事也凸显了这一点。石油冻是罗伯特·奥古斯都·切塞布罗（Robert Augustus Chesebrough）于 1859 年发明的。当在宾夕法尼亚发现石油时，这位化学家决定前往油田寻找他的财富。他发现工人在伤口上涂一种叫作杆蜡（rod wax）的东西代替绷带来止血和帮助治愈伤口，它还可以帮助烧伤愈合得更快。杆蜡是一种石蜡状的薄层，它聚集在泵杆上，导致钻机冻结直到被移除。他开发了一种干净的杆蜡，他称之为石油冻。

研发确定了产品：石油冻。这项专利于 1872 年获得授权。但是其商业化面临明显的劣势，既没有产品意识，也没有成熟的分销和销售渠道可以利用。单靠专利形式的知识财产不足以销售一种无人知晓自己是否需要的产品。

切塞布罗作为企业家的个性是关键优势。切塞布罗在产品开发过程中把自己当成实验对象，为了测试愈合性能，他将自己割伤、烧伤。面对人们对产品缺乏认识的现状，切塞布罗采用低价销售与面对面推销相结合的方式来建立需求。他开车进行药品巡回展，采用“万灵油推销员”的策略，沿途推销自己的产品。他走遍了纽约州，分发免费样品并亲自演示产品。6个月之后，他有12辆货车用于分发（销售）产品。❶ 几年之内，每分钟售出1罐石油冻。

随着内战后美国经济的工业化，商标成为重要的企业资源。到1905年，美国国会通过了《商标法》。切塞布罗用商标来补充他的专利知识财产，以推广该产品。有传言称，凡士林（Vaseline）这个名字是在开发阶段出现的，当他把实验室的每个烧杯里装满了产品后，他开始用妻子的花瓶（vase）制作石油冻。在“花瓶”上加一个流行的医学术语“线”（line），让他有了自己的商标和定位：医用石油产品，“凡士林”（Vaseline）石油冻。然而，拥有该商标的联合利华表示，凡士林（Vaseline）是由表示水的德文“Wasser”（水）与表示油的希腊文“elaion”组合而成的。❷ 1877年，凡士林（Vaseline）被注册为商标。❸ 无论来源如何，该商标本身就是一种优势，因为它给产品起了一个名字，使人们不再把注意力放在你在自己身上抹油这件事上。

切塞布罗的公司最初是一家煤油制造商，但在1881年后，完全转向生产凡士林，从而利用了其知识财产。这一转变使切塞布罗得以一跃成为全球销售商，并为凡士林建立了强大的市场主导地位。❹ 后来，1870年标准石油公司（Standard Oil）的出现对切塞布罗制造公司（Chesebrough Manufacturing）构成了新的威胁。到1878年，洛克菲勒已经锁定了大约80%的国内炼油产能。作为回应，切塞布罗在1882年将他的公司纳入标准石油托拉斯（Standard Oil Trust），采用合作的方式来应对潜在的供应链问题。

3. 确定机会和威胁

机会和威胁是我们无法控制的环境因素，我们通过考察市场力量、障碍以

---

❶ Vaseline. biography. ms, “Petroleum Jelly,” *Biography. ms*, n. d. , http://vaseline. biography. ms/（2005年109日访问）。

❷ Unilever, “Vaseline,” 2005, http://www. unilever. co. uk/ourbrands/personalcare/vaseline. asp（2005年109日访问）。

❸ 同上。

❹ Harvard Business School, “Robert A. Chesebrough,” n. d. , http://www. hbs. edu/leadership/database/leaders/144/（2005年10月8日访问）。

及竞争来发现它们。

与有劣势的情况不同，对于威胁，我们不能仅靠投钱就能让它们消失。我们无法仅仅通过向威胁扔钱来对抗威胁，正因为如此，才使得威胁变得如此阴险。我们所能做的就是设法在利用机会的同时利用我们的优势来抵消威胁，以此来对抗它们。

亚瑟·西卡德（Arthur Sicard）发明了吹雪机。他在加拿大魁北克农村长大，18 岁时第一次看到脱粒机，那是一种农业设备，通过旋转的叶片来采收小麦。西卡德把这个点子应用于道路积雪的问题上。不幸的是，由于机器陷入雪堆里无法工作，他早期的尝试失败了。他被大家认为是个疯子。他离开家，搬到了蒙特利尔，在那里经历了更多的试验和磨难。1925 年一场大风暴后，他驾驶着一辆卡车，卡车的车身上装有一个辅助电机，为两个旋转叶片提供动力，叶片的后面有一个长长的喷射滑槽来喷雪。在这种情况下，促成机会的关键因素是环境，利用这个机会的优势是一项成熟的技术。到 1927 年，欧特蒙镇已经买了一台吹雪机；几十年之内，这项发明就在全世界范围内得到了应用。[1]

通用电气公司进入 OLED 市场也凸显了优势可以用来克服威胁和利用机会，尽管在这里雄厚的财力和组织影响力比知识财产更重要。

正是对竞争的恐惧促使通用电气公司进入 OLED 市场。通用电气公司研发部门的化学家阿尼尔·杜加尔（Anil Duggal）意识到，在某种程度上，OLED 将取代传统的白炽灯和荧光灯。他认为机会和威胁并存，这取决于通用电气公司是引领技术发展还是紧随技术发展。他能说服实验室的经理们支持一项计划，后来得到了商业项目经理格雷格·钱伯斯（Greg Chambers）的支持。在钱伯斯的帮助下，通用电气公司从美国能源部获得了一笔资助款，通过引入另一个收入流来帮助抵消 OLED 开发的成本，从而刺激了 OLED 的发展。换句话说，美国能源部的资助项目提供了一个可以利用的机会，因为先前内部资助的工作创造了继续工作的优势。

然后，在 2001 年，一位新的公司首席执行官从杰克·韦尔奇（Jack Welch）手中接过通用电气公司的领导权，由于所涉及的风险，杰克·韦尔奇对投资激进的新技术不太热衷。杰弗里·伊梅尔特（Jeffrey Immelt）重申了通用电气公司对创新的关注。杜加尔和钱伯斯努力为 OLED 建立内部支持，从而

---

[1] Gilson Snowblower Shop, "Who Invented the Snowblower?" January 1, 2004, http://home.gwi.net/~spectrum/snowhistory.html#History（2005 年 1 月 9 日访问）。

创造了额外的组织优势来补充他们的技术优势。组织优势源于将研发与营销联系起来。(在向伊梅尔特寻求支持的时候，钱伯斯说，他告诉高层管理人员，“通用电气公司应该每隔一百年左右发明一种新的灯泡”。)❶

处理机会和威胁的一种方法是使用迈克尔·波特（Michael Porter）的五力模型。网络上到处都是关于“波特五力”的讨论，因此我们在这里只对它们进行简单的讨论。❷

这些力是：供应商的议价能力（根深蒂固的竞争）；买家的议价能力（这里是指最终用户）；替代品的威胁（这里是指替代技术）；新进入者的威胁（这里是指你和其他新进入者）；以及有竞争力的竞争。尽管波特的表达经常被批评为过于静态，但对我们来说，这不是什么问题，因为我们把它作为一种启发式工具来使用，因此可以通过记住我们所看到的是动态画面的快照来进行补偿。

供应商和买家的议价能力是相互关联的。一般来说，一方的合并和集中程度（寡头垄断或独占度）越高，另一方就越弱。集中度是指最大的 4 家、8 家、20 家、50 家公司占产出的百分比。对美国经济而言，这一数据由美国人口普查局（Bureau of Census）报告，网址为 http：//www. census. gov/epcd/www/concentration. html。

同样，对于商品或销售，一方越依赖另一方，也就是说，所占百分比越高，依赖方就越弱。国防工业是一个典型的例子：美国主要承包商异常地依赖美国政府。曾有一位波音公司的高级主管告诉我，几年前作为多元化的举措，波音公司想收购贝克特尔公司（Bechtel）。美国空军部长打电话给波音公司总裁，说“不行”。当波音公司总裁抱怨时，空军部长只是简单地说，“好吧，那我们就把我们的业务转到别处”。就这样阻止了那笔交易。

影响相对实力的其他因素是买家和卖家的垂直整合，因为这降低了依赖性、替代品（产品或客户）的可得性以及为实体生存而购买或出售的东西的关键性。

替代品的威胁随价格和可得性而变化。在其他条件相同的情况下，一个行业的替代品越多，价格竞争就越有可能出现。正如我们已经看到的，替代品不需要基于相同的技术，只要它们能够提供等同的功能即可。

---

❶ Ryan Underwood, “Lighting the GE Way,” *Fast Company* 85 (August 2004), http：//www. fastcompany. com/magazine/85/ge. html（2005 年 10 月 8 日访问）。

❷ Quick MBA. com, “Porter's Five Forces,” 2004, http：//www. quickmba. com/strategy/porter. shtml（2005 年 10 月 9 日访问）。

最大的威胁通常来自激进技术和颠覆性技术，因为它们改变了价格弹性模式，即在价格成比例变化的情况下，需求量也成比例变化。

例如，当价格上涨时，需求量通常会下降。但是考虑一下文字处理器代替打字机的情况。这项新技术带来了如此巨大的节省，同时提高了劳动生产率和效率，以至于需求随着价格的上涨而上升。同样，宽带的费用比拨号上网高，但家庭对宽带接入的需求却在增长。

可得性反映了产品的变更率。通常，一个行业的产品变更率反映该行业的购买模式。老牌供应商（Established vendors）会适应产品的变更率并规划替代产品，以配合购买周期。然而，替代品的可得性也取决于工业部门在多大程度上是技术的净进口者，以及工业部门对创新的开放程度。一个行业进口得越多，对创新越友好，新技术的利用率就越容易随着其他地方的进步而提高，因为技术替代品更容易从意想不到的地方进入该领域。

我们已经讨论了进入障碍。波特模型中经常提到的障碍包括专利和其他知识产权、政府管制、受限的分销渠道、需要能够负担得起大型或昂贵的设施来满足市场需求，以及品牌切换的困难（例如从 Windows® 平台跳到 Unix 平台）。

这四个因素会影响第五个因素，即行业中的竞争或竞争的残酷程度。影响竞争的因素包括一个行业中的企业数量（企业越多通常意味着竞争越多）、市场增长放缓（震荡）、该行业对相关企业的高度战略重要性、要求竞争者以接近产能生产的高固定成本、低转换成本（这意味着购买者可以很容易地用一种产品替代另一种产品）、存储成本高或非常容易腐烂的物品（这意味着库存必须快速周转）以及高退出壁垒（这导致企业在陷入困境、不得不竞争时要更加激烈地竞争）。退出壁垒包括难以出售的专业资产、一项与其他业务部门整合的业务（这使得它们很难在不受不利影响的情况下出售），以及高昂的退出成本，例如需要支付养老金或被解雇的工人的再安置费用。

4. 看看交叉点

通常我们只需要每个类别中的三到四个因素。我们要聚焦于重要的因素上，而不是某个详尽的类别。事实上，我们要做的是一个特别的敏感性分析，只选择那些可能对结果有重大影响的因素。一旦我们确定了这些优势、劣势、机会和威胁（见表 8.1），我们就可以弄清楚如何推出这项技术。

回想一下，4P 代表产品、价格、推销和渠道。要确定推出策略，我们只需观察这些因素的交叉点，并得出我们如何实施 4P 中的一个或多个 P 的结论。让我们看看这是如何运作的。假设我们正在为普通白光照明市场定位一项 OLED 创新。

表 8.1 优势、劣势、机会和威胁

	优势：有效用的 OLED；强大的知识产权；可以进行分批生产	劣势：没有很可靠的规模生产
机会：快速增长的市场		
威胁：来自美国和亚洲主要公司的竞争；美国能源部资助初创企业竞争对手		

现在我们看看相交的单元格。这里总是有一点点偶然因素，因为我们所拥有的只是一个启发式工具。对于使用哪个单元格来处理 4P 中的哪一个 P，并没有固定的顺序；关于如何找到可接受的、用来推出向最终用户销售的产品、工艺或服务的方案，也没有任何“公式”可循。

我们无法摆脱这样一个基本现实：我们正在实践一门不完美的科学。所有要指导我们的是一致性的算法，即根据我们在市场调研期间收集的数据，我们提出的方案是否与这些数据相符。如果是的话，选择一个最有意义的方案——不管你如何确定这个方案。否则，我们唯一的指导就是确保我们已经解决了 4P 中所有的四个 P，并且我们解决它们的方式可以弥补我们的劣势，可以消除我们的威胁，使得我们认为我们确实能销售某种东西。

下面是一个例子。为了便于讨论，让我们假设我们的技术是一种量子点材料，我们将自己制造这种材料，目标是“高端”应用。这类公司的一个例子是纳米系统公司（Nanosys，Inc.），该公司拥有麻省理工学院的美国专利 No. 6,890,777 和 No. 6,914,265 “量子点白色和彩色发光二极管”（Quantum Dot White and Colored Light Emitting Diodes）的独家许可。这些专利涵盖了使用半导体量子点使荧光体向下变频以发射白光和彩色光的技术。尽管纳米系统公司似乎是针对显示器的，但由于所需的寿命较短，这项技术可以应用于下游的普通照明。Evident Technologies 等公司专注于这一市场，它们利用了纽约州能源研究和发展局（New York State Energy Research and Development Authority）提供的资金。[1]

[1] Evident Technologies, “Evident Technologies Receives NYSERDA Funds for High - Efficiency Lighting Products and Demonstrations,” June 2004, http://www.evidenttech.com/resource-center/resources/Evident%20Technologies%20Collateral%20and%20Articles/Evident%20Product%20Collateral/Press%20Releases/quantum-dot-led-pr.pdf（2005 年 10 月 8 日访问）；和 http://www.evidenttech.com/applications/quantum-dot-ssl.php，2005（2005 年 10 月 8 日访问）。

在表 8.2 中，我们将重点讨论像 Evident Technologies 这样的公司是如何进入普通家庭照明市场的。在下面的例子中，我们将关注像柯达（Kodak）这样的公司如何进入相同的市场。我们的目的不是准确地反映历史，我们使用这两个例子完全是为了说明问题。

表 8.2 优势、劣势、机会和威胁分析

	优势：有效用的 OLED，强大的知识产权，可以进行批量生产	劣势：没有很可靠的规模生产
机会：快速增长的市场	“产品和价格”：最初的照明产品是高端设计照明，由于设计是由美学因素驱动的，所以以高价出售。客户是富有的房主，关键的利益相关者是室内设计师。为了提高设计质量，要从凯特·斯派德（Kate Spade）或王薇薇（Vera Wang）等顶级设计师那里获得商标许可。远离像拉尔夫·劳伦（Ralph Lauren）等过度使用的设计师。 随着市场的发展，如果你保留你帮助开发的设计中的权利，以及将商标用于更大批量产品的能力，你就可以为更主流的建筑和家庭开发一个产品系列，就像你现在可以在家得宝（Home Depot）购买拉夫·劳伦涂料一样。这种艺术风格的产品系列可以用来将你与家庭照明领域出现的其他竞争对手区分开来	“推销”：最初对设计师的关注让你在市场上有一个高档产品，它的定价有助于建立现金流。推销应该强调设计展览和高端且流行的杂志，例如《建筑文摘》（*Architectural Digest*），以及向更富有的读者展示新技术的杂志，例如《史密森尼》（*Smithsonian*）。 假设这种策略是有意义的，最初是分批生产的，而更主流的系列则采用卷对卷的连续生产。随着销售的增长和需求开始超过分批生产的能力，你将有很好的条件进行首次公开募股，以便为制造技术提供资金，并建立大规模生产设施，让你跟上需求。请注意，对于投资者来说，你需要把自己宣传成在为他们提供一个现在正在销售的成熟的方案。首次公开募股的重点是，募集的资金是用于扩张，而不是像那些不太先进的竞争对手那样用于市场进入
威胁：来自美国和亚洲主要公司的竞争；能源部资助初创企业竞争对手	“推销”：启动一场针对室内设计师的、以“明天的照明”为主题的大型活动。因此重点是“热门”的时尚设计师，而不是陈旧的标准。利用先发优势建立品牌忠诚度，这样设计师就会为你的照明设计规格。出席美国室内设计师协会（American Society of Interior Designers）和国际室内设计协会（International Interior Design Association）的会议。 通过大力追查侵权者，宣传你将保护你的知识产权地位。这将建立产品的神秘性，并使竞争对手望而却步。由于你的定位在高端到中端的范围，请考虑何时开始向低端制造商发放许可材料，尽管可以销售的产品必须仔细界定	“渠道”：如果产品可以是塑料的，它应该是一个非常轻的产品，因此可以考虑通过航空快递直接发送。一个优势是你可以提供第二天交货服务。重要的是，提供及时交货是有意义的，这样就不必事先储存产品单元。 考虑一些刺激大家认识产品的方法，比如向设计师和期刊编辑提供免费样品，这些样品可以放在他们自己的办公室里进行普通照明。 服务可以在新单元发货时通过提货来处理，使您能够使用“无忧”服务来帮助建立品牌忠诚度。显然，严格的质量控制至关重要，因为 OLED 应当非常坚固。你可能需要考虑在运输中为产品单元设计特殊的包装

如果我们的定位或因素发生变化，我们最终会得到不同的建议。我们使用相同的因素，但是这一次，如前所述，我们将非常宽泛地以柯达为例（见表8.3）。柯达在20世纪70年代末发明了OLED材料，并在20世纪80年代末申请了这些材料的专利。该领域有150多项柯达专利。柯达一直侧重于许可，但也一直在建设生产能力，重点放在显示器和标牌上，因为这可以利用公司的卷对卷生产专长。❶ 不幸的是，在提高OLED产量的同时降低制造成本的难度超出了预期。更糟糕的是，与无机LED和LCD相比，这些材料的寿命相对较短。❷

表8.3 优势、劣势、机会和威胁分析

	优势：有效用的OLED，强大的知识产权，可以进行批量生产	劣势：没有很可靠的规模生产
机会：快速增长的市场	推销：一方面扩大你与工程师和产品线经理的关系，另一方面扩大你与授权主管（in - licensing）的关系，以此提升自己作为OLED许可的信息交换中心或渠道。积极参与产品开发管理协会（Product Development Management Association）、许可主管协会（Licensing Executives Society）等，这是与新的相关公司建立联系的一种方式	产品：要销售的产品实际上是知识财产（IP），这是过去的重点所在。[例如，今年5月，日本富士电气控股有限公司（Fuji Electric Holdings Co. Ltd.）获得了柯达公司的技术许可以开发自己的全色OLED显示器。❸ 富士公司与其他15家大公司一起获得了柯达的OLED技术许可。] 为了将业务扩展到普通照明领域，你的技术管道必须重新填充。一种实现方法是从产品技术转向工艺技术，因为似乎可以普遍应用卷对卷（roll - to - roll）和其他OLED工艺。这有助于解决阻碍整个行业的核心问题。在内部或通过与三洋（Sanyo）的现有合资企业，都可以追求这种可能与新兴的有源矩阵40英寸非晶硅显示器和14英寸溶液处理显示器有关的工艺技术

❶ Eastman Kodak, "Display and Components Group," n. d. http://media. corporate - ir . net/media_files/IROL/11/115911/reports/display. pdf（2005年10月8日访问）。

❷ John Latta, "Dice Roll Gamble in OLED—Lowering Expectations," *Wave Report* (March 1 - 3, 2005), http://www. wave - report. com/conference_reports/2005/DisplaySearch2005. htm（2005年10月8日访问）。

❸ "Fuji Licenses Kodak OLED Technology," *Electronic News* (May 23, 2005), http://www. reed - electronics. com/electronicnews/article/CA603347. html（2005年10月8日访问）。

续表

	优势：有效用的 OLED，强大的知识产权，可以进行批量生产	劣势：没有很可靠的规模生产
威胁：来自美国和亚洲主要公司的竞争；能源部资助初创企业竞争对手	产品：随着新材料和新设备的引入，竞争只会加剧。美国能源部小企业创新研究项目（DoE Small Business Innovation Research Program）就是一个寻找更适合一般照明的新材料技术（以及可能的工艺）的例子。考虑利用早期的“第三阶段”（Phase Ⅲ）合作获得技术。通过利用美国能源部和其他联邦机构资助的研究，可以增加更先进的设备配置和获得更好的材料，以对抗来自亚洲和其他竞争对手的威胁。这些技术可以补充你的产品线，以补充下一代工艺改进许可。然后，你可以将它作为独立的工艺技术进行许可，也可以将其与材料子许可捆绑在一起	价格：随着专利在 2007 年到期，[1] 是时候利用现有的核心专利来获取你所能获得的一切了。 与此同时，更好的工艺技术提供了下游选择，即重新专注于制造，而不是将许可作为收入来源。假设你可以对工艺进行重大改进，考虑使用毛利而不是净销售额作为计算专利费的基础。如果你使用自己的通用工艺技术（如卷对卷）为自己的产品制造显示器，计算节省费用的能力应该会更好。（2003 年，柯达公司宣布将在其 EasyShare LS633 数码相机上使用其 OLED 品牌 NuVue[2]。）这种使用也证明了该技术的价值，增加了可从许可中获得的价值

我们再次强调，这里的 SWOT 完全是说明性的，我们并没有试图准确反映任何公司的实际战略。然而，我们可以注意到，这两个例子所强调的重点是截然不同的。

第一个例子侧重于推销，原因是像 Evident 这样的公司还没有进入市场。要进入市场，它们必须出现在某人的雷达屏幕上。他们需要找到一种方法，从已经在销售产品的大公司的激烈竞争中迅速获得立足点。通常，技术本身还不足以做到这一点，尤其是在像 OLED 这样快速发展的领域。因此，松散地遵循切塞布罗的方法，用商标 IP 来补充产品 IP，以建立竞争优势和品牌忠诚度。这种作为技术创新者的定位与面向能够支付溢价的非常狭窄的客户群的聚焦战

[1] Bill Roberts，“Big Bucks from Little Screens，” *Electronic Business*（November 1，2004），http：//www. reed – electronics. com/eb – mag/article/CA475428？text = big + bucks + from + little + screens（2005 年 10 月 8 日访问）。

[2] Jack Mason，“Kodak and Dupont Launch an OLED Brand Land Grab，” *Small Times*（July 17，2003），http：//www. smalltimes. com/document_display. cfm？section_id = 46&document_id = 6368（2005 年 10 月 8 日访问）。

略相关联。

第二个例子强调寻找新产品，这是主要的推出策略问题，原因是柯达已经在市场上站稳了脚跟。面临的挑战是如何重新获得技术领先地位，以继续追求其战略推动力和定位，并将其定位为向该市场的制造商提供通用照明 OLED 技术的供应商，就像其向显示器制造商许可技术一样。这种作为技术验证者和经纪人的定位与面向更广泛的客户群的差异化战略相关联，便于使其成为一个信息交换中心。

展望：推出策略和寻找目标

到目前为止，我们的推出策略集中在如何向最终用户销售上。这些推出策略提供了进入市场的途径。一旦我们有了可信的策略，就可以合理地论证我们的技术是有价值的。原因很简单，价值只存在于可以获得收入的地方，现在我们可以解释这些收入是如何获得的。

一旦我们有了实现收入的途径，在选择许可、风险投资、合资企业等目标时，这个途径指向事实上的谢林点（Schelling point）。原因很简单。通过检查我们的 4P，就能发现我们能力薄弱的地方。就像拼图上凹进的地方，这些弱点（劣势）指出了我们希望目标拥有的优势。此外，目标必须是一个能够帮助我们实现我们所选择的途径的参与者，但在某些关键领域，该参与者很弱而我们很强大，尤其是在技术方面。

虽然没有简单的公式，但常识确实适用。因此，如果你处于这样一个位置，即你拥有所需的全部资产，拥有强大的知识产权保护，并且几乎没有竞争，那么由你自己将这项技术推向市场是明智的，因为这样你就可以获得该技术产生的全部收入流。如果你没有所需的资产，但是有强大的知识产权地位并且竞争对手很少，合作是明智的。在你缺乏资产，但拥有有竞争力的知识产权而竞争对手很多的情况下，许可看起来越来越有吸引力，因为许可能够让你快速地将知识产权货币化。

在审视我们资产的弱点时，总有两个因素在起作用。一方面是我们的吸收能力。我们有足够的产品和工艺技术熟悉度（领域能力）和市场熟悉度（情境能力）来生产、销售、分销和支持那些将体现或使用我们的技术的商品和服务吗？另一方面是我们的能力和资源。我们有互补的资产（能力、财力和人力）来实现它吗？（见图 8.1。）

第一个因素，即吸收能力，与组织实力（优势）密切相关。因此，我们在任一方面的劣势越大，我们就越有可能需要帮助才能成功进入市场，除非我们有非常雄厚的财力，在这种情况下，我们可以购买我们需要的能力。

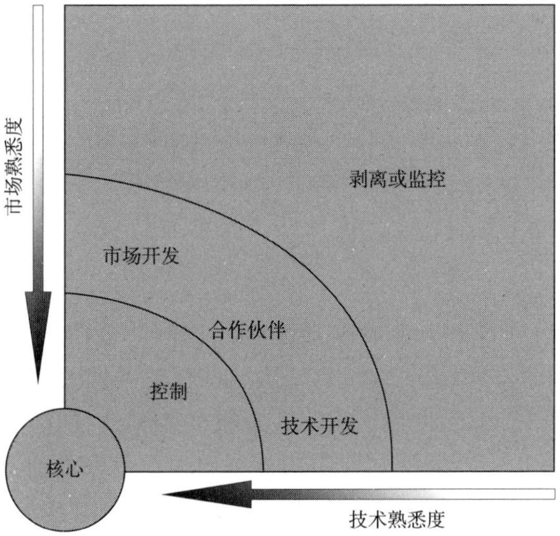

图 8.1　技术熟悉度与市场熟悉度

或者，在缺乏能力和财力的情况下，寻找能够将技术推向市场的合作伙伴是更明智的。在财力确实雄厚的情况下，可以通过收购人员、其他公司和/或补充技术来加强技术和核心竞争力。横向整合兼并就是很好的例子。例如，美国最大的鸡肉生产商泰森公司（Tyson）收购了美国最大的牛肉生产商 IBP，因为这两家公司使用了相似的分销和营销渠道，因此强大的市场熟悉度（背景能力）使得在跨越产品系列（领域能力）的同时获得协同效应成为可能。类似的逻辑也适用于惠普（Hewlett Packard）与康柏（Compaq）的合并，其中既存在市场的协同效应，也有技术的协同效应。❶

表 8.4 改编自梅甘茨（Megantz）的《如何许可技术》（*How to License Technology*），它描述了这些选择。❷

表 8.4　强弱匹配的选择

	弱的补充资产	强的补充资产
强的技术地位	向外许可技术；合资企业；战略联盟或以风险资本来收购资产	制造并销售

❶ 见 University of Arkansas, Sam M. Walton College of Business, "Chapter 6: Corporate Strategy," http://waltoncollege.uark.edu/lab/MHennelly/blitz% 20 (Chap% 20on% 20corporate% 20strategy,% 20M&A).ppt#256, 1, Chapter 6: corporate strategy（2005 年 10 月 9 日访问）。

❷ R. Megantz, *How to License Technology* (Hoboken, NJ: Wiley, 1996).

续表

	弱的补充资产	强的补充资产
弱的技术地位	出售或放弃技术	向内许可补充技术；战略联盟；合资企业；新技术开发工作，有可能通过合作研发来进行

渠道和信息

一旦我们有了4P，我们就需要开发实现它们的方法。我们真正需要做的是选择一组渠道来发送和接收信息，并为这些信息开发内容。

通常，我们通过利用实践中涉及的现有的沟通、销售和分销渠道来实现4P。我们观察其他人在做什么，并运用大量的常识来使基础设施适应我们的需求。例如，如果我们的技术是有机发光二极管（OLED），并且已经决定以显示器为目标，我们可能希望在信息显示学会（Society for Information Display）的年会上推销我们的技术。如果我们有兴趣卖给军事承包商，我们可能会在国防出版物上做广告。

通常我们只需在浏览器中键入相关术语就能找到互联网渠道。有时只需在“www.”和“.com”之间键入相关术语。但是，你命中一个渠道，并不意味着该渠道已受到你要联系的人的监视，也不意味着它是权威的。例如，如果你键入“display”这一术语，你最终会到达 http://www.display.com/。显然它是一个门户网站，但是是谁的呢？谁监视它？公司是如何被列入的呢？准确吗？我们想要的不是随便什么渠道，而是主要的渠道。

推销和销售渠道可能会重叠，尽管它们不一定要重叠。如果你想买 MP3 播放器，可以打开电脑，在网上搜索评论。有评论的网站（例如 CNET、ZDNET）通常会有一个购买指南的链接，在链接中不仅可以获得供应商的网址，还可以获得价格（如果你输入邮政编码，还可以知道运费）。点击链接就可以购买。当然，其他渠道也是多功能的。电话推销员、贸易展览和上门推销员，都是双重功能渠道的例子。

推销和销售渠道的选择通常取决于购买者的数量。数量越少，商品越是“定制的”或“高级的”，越有可能采用直销。手机制造商大约有 15 家。[1] 让

[1] About.com, “All Cell Phones Sorted by Manufacturers,” 2005, http://cellphones.about.com/od/phonemakers/（2005 年 10 月 9 日访问）。

销售工程师和营销主管到每一家制造商那里去解释我们的显示器用 OLED 的优势，这并不是什么大不了的事。然而，在商品更像大众化商品和/或购买者数量更多的情况下，通过目录和网络销售更有意义（见表 8.5）。其间使用分销商和增值经销商（VAR）可能是一个渠道。显然，起作用的是，需要多少手把手的指导和教育才能达成交易。

表 8.5　商品类型、买家数量与销售方式

	少量买家	大量买家
大众化商品	销售代表	目录和门户
定制商品	销售工程师	增值经销商

类似的逻辑也适用于布局。一方面，有物理因素；另一方面，手把手的指导和教育再次起作用。

物理因素与能把商品完好无损地从点 A 移动到点 B 所需要的条件有关。如果显示器对湿气敏感，我们必须对其进行相应的包装。如果电子干扰是一个问题，那必须对包装进行设计，以减轻这一干扰。如果商品是食物，也许我们需要冷藏来减少变质。如果商品比较小，我们可以采用空运。如果商品非常大，我们可能需要通过铁路或卡车来运输。

另一个考虑因素是易用性。假设我们是柯达公司。如果我们访问 http：//www. kodak. com/eknec/PageQuerier. jhtml；jsessionid = I144LDQEL52O1FW4FBEHWEMW1YUBI4L4？ncc = au&lcc = &pq - path = 1473/1481&pq - locale = en_AU&_requestid = 1253，我们可以找到柯达 Nu - Vue 显示器的主页。如果我们把这些显示器卖给手机厂商，我们可以直接发运这些显示器，因为工厂的工程师和生产工人知道该怎么处理这些产品。然而，柯达也向他人许可其 OLED 技术（见 http：//www. kodak. com/eknec/PageQuerier. jhtml？pq - path = 1473/1481/1490&pq - locale = en_US）。对于最终用户来说，制造工艺或材料的许可并不容易部署。作为通过许可销售技术的一部分，我们可能必须提供更多的支持。在这种情况下，我们的销售方法可能涉及为期一年的咨询合同，根据该合同，我们帮助被许可方设计工厂、购买设备、安装设备并优化生产。

信息内容应该反映将技术商业化的企业应用于技术定位的总体企业战略。我们把这种约束条件称为战略推动力（strategic thrust）。战略推动力由管理层决定。

在桑德森（Sanderson）和乌祖默里（Uzumeri）的基础上，我们可以根据市场上的竞争对手销售的商品数量和他们的产品系列变化的速度来区分他们。[1] 显然，不同的组合会产生不同的战略推动力（见表8.6）。

表8.6 商品数量和产品系列变化速度的组合

	少量商品	大量商品
产品系列变化缓慢	价格	差异化
产品系列变化很快	聚焦	快速响应

内容包含的是一个有说服力的论点，它可以解释为什么我们的技术符合最终用户的需求（以及为最终用户购买技术的人的需求），或者它旨在说服利益相关者改变他们的行为，这样最终用户的需求会逐渐形成，我们的技术也会随之适合。图8.2说明了这一点。

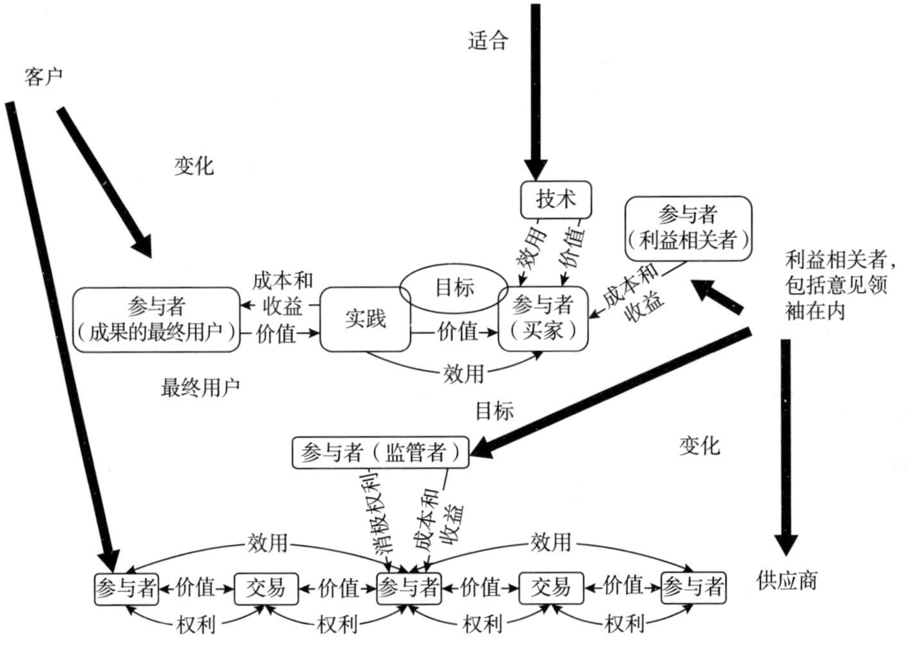

图8.2 构建适合最终用户的技术

修辞与信息

如果说关于什么是商品的讨论始于西方思想大传统中的柏拉图，那么大传

---

[1] Sanderson and Uzumeri, Managing Product Families (Scarborough, Ontario: Irwin, 1996).

统中如何说服人们购买商品的讨论则始于亚里士多德。按照亚里士多德的说法，我们可以区分三种说服性演讲：政治性演讲、逻辑性演讲和礼仪性演讲，或者我们可以称之为推销性演讲、合理性演讲和动人性演讲。

政治性演讲聚焦于决策者，其目的通常是让听众有所行动。论证只是权宜之计。亚里士多德认为这是一种道德伦理演讲，然而对我们来说，它只是一种推销而已。关键是我们正在构建这样的论点：做这个，你会因此在未来变得更好。我们称这种言语为"推销性"演讲。

逻辑性演讲聚焦于过去，与已发生或未发生的事情有关。目的是确定真相。对亚里士多德来说，这使得它在本质上非常合乎逻辑。对我们来说，逻辑由科学数据来补充。关键是，在推销时，逻辑言语支持权宜之计的主张。我们称这种言语为"合理性"演讲。

亚里士多德的最后一种演讲是礼仪性的，涉及荣誉与耻辱、赞扬或责备。礼仪性修辞是有关美学的，在亚里士多德看来，它涉及什么是美的。对我们来说，只要说它是关于品味的就足够了。它通过给出购买"umpf"来支持推销性言语。我们称这种言语为"动人性"演讲，意思是某种东西吸引着我们。

我们最终得到的信息包含了三个要素：

（1）推销性言语，或你应该做什么；

（2）解释性语言，或为什么这样做是明智的；

（3）动人性言语，或为什么我们会喜欢这样做。

请注意，发送给最终用户的信息可能与发送给另一个利益相关者的消息大相径庭。我想让你使用我的 OLED 显示器，所以我给你发送一条关于性能、易用性和成本的信息。我想让她制定的标准更有利于我的产品而不是竞争对手的产品，所以我给她发了一条信息，告诉她为什么用于 LED 的 IEEE 互联标准也应该用于 OLED。

现在，必须以有说服力的方式来传递内容。亚里士多德告诉我们，实现说服的模式有三种：可信度（ethos）、逻辑（logos）和感染力（pathos）。

第一种是可信度，之所以能够说服我们，是因为我们信任演讲者。根据听众的不同，应该由不同的"演讲者"来传达信息。

这里有一个简单的例子：你想买一辆二手车。你去车行，售货员向你推销。你是抱着怀疑态度的，你回家查看《消费者报告》（*Consumer Reports*）。你信任《消费者报告》上的信息，因为它来自中立的第三方。技术也是如此。你在信息显示协会（Society for Information Display）的演讲中推介你的 OLED 技术；这很好。美国能源部的某个人是一次会议的主旨发言人，他说你有她见过的最好的 OLED 材料；这更好。这都是权威专家与独立第三方。

逻辑（logos）是希腊语中有关逻辑和自然的术语。逻辑之所以有说服力，是因为论证的构建方式。它使用省略推理法（简化逻辑）进行演绎和归纳论证。(省略推理法仅仅意味着将论证的一部分视为理所当然，我们想当然地认为，能够从更广的角度观察更明亮的显示器是一件好事，而不是去证实这个事实。）它也使用例子［“自然”（nature）］来进行经验说明。

再举一个简单的例子：OLED 显示器的优点之一是视角更广。假设你和父母、阿姨、叔叔一起在吃午饭，这时你姐姐打电话告诉你她要结婚了。但是她要嫁给一个小气鬼，所以你不太高兴。这时你会发现 OLED 显示器的真正优势。她给你看了一张用手机拍的订婚戒指的照片。你妈妈举起它，每个人都看到了钻石。让我告诉你，钻石越小，你越能欣赏到它的亮度和对比度，否则在淘洗选矿时它就会被淘洗掉。

感染力通过调整受众的情绪而令其信服，无论是积极的还是消极的情绪。只有你理解了要按的“热键”（hot button)，感染力才会起作用。例如，假设你想把显示器卖给国防部，供在伊拉克的士兵使用。你认为购买你的 OLED 的一个理由是这是美国制造的，不是外包给亚洲生产的。这种论证是不合理的，按照逻辑就是如此。外包与显示器在战斗中的表现无关，你只是在玩感情游戏。

按照亚里士多德的说法，我们可以区分说服性演讲中的三个要素：演讲者、听众，当然还有演讲本身。根据我们使用的渠道，我们需要选择一个有说服力的“演讲者”，让他传达一条信息，其中包含推销性言语、理由和责任(imperative)。理由应当理性地支持推销性言语，而责任应当迎合受众的感伤情绪。

结　论

在本章中，我们已经了解到，推出策略就是构架那些通过各种渠道发送给不同玩家的信息。关键玩家是最终用户和买家，但其他利益相关者也很重要。例如，其他利益相关者包括期刊和商业媒体的编辑和作者、专业和行业协会的成员、政府监管机构的成员、标准机构的成员、供应链中的其他公司，等等。

我们在制定我们的推出策略时，首先需要关注最终用户的需求和我们想要的定位。我们还需要考虑一般组织的整体目标如何应用于这些客户群，我们将此称为战略推动力。然后，我们就沿着这个方向检查我们的优势、劣势、机会和威胁，以便找到进入市场的途径。我们借助 4P 来描述这一路径：产品、价格、推销和渠道。4P 是我们的推出策略。如果它们是合理的，就应该能带来销售量。

4P 不仅是建议如何向终端用户销售，它们还提供了确定商业化合作伙伴的标准，以帮助我们进入市场。这些标准反映了我们在哪些方面缺乏执行 4P 的能力。我们想要的合作伙伴是那些能够与我们有共同的成功观点并在我们薄弱的方面带来优势的合作伙伴。寻找这些合作伙伴是第 9 章的主题。

第四部分

交　易

第 9 章
找到目标

引　言

做交易是将技术货币化的方式。交易是一种互换过程，在交易中，金钱或足以被转换成金钱的可替代物，被用来换取技术的权利。在本章中，我们将集中介绍我们将与谁做交易。在第 10 章中，我们将集中介绍我们应该要求多少钱。在第 11 章中，我们将论述如何进行交易谈判。

我们把我们想与之做交易的玩家称为目标。如果我们已经做了必要的准备工作，找到目标是非常简单的，有三个步骤。

首先，既然我们知道客户是谁，那么我们想要一个可以销售到相关市场的目标。市场熟悉度高是一个加分项。拥有牢固品牌忠诚度的庞大客户群是一个更大的加分项。或者，我们可以瞄准那些如果他们愿意就能够可信地进入相关市场的玩家。例如，宝洁公司（Procter & Gamble）决定进军男士护肤和剃须市场，于是他们收购了吉列公司（Gillette）。（雄厚的财力和在相关市场中的牢固品牌忠诚度是可信地宣称能够进入密切相关市场的良好基础。）

其次，我们需要一个具有相关吸收能力的目标。目标不仅应该能够理解和使用我们的技术，而且还应该能够在我们试图打入的市场范围内做到这一点。这意味着，如果我们正在开发用于军事侦察的技术，我们不会把声学技术带到专门从事光学的公司，即使它可能会为军用飞机制造侦察吊舱。

最后，在我们的 SWOT 分析中，我们必须认真思考我们在完成研发和将技术推向市场方面的劣势。我们需要一个具有相关能力的目标来弥补我们的劣势，或者需要足够的资金来购买我们需要的东西。在理想情况下，它还应该能够帮助我们发挥我们的优势。

从博弈论的角度来看，我们要做的就是寻找一个目标，与该目标达成交易对我们双方来说都是纳什均衡。图9.1使用三个维度来确定目标。尽管没有理由不能考虑更多，但通常这些就足够了。我们希望目标与我们对市场的理解以及我们的技术应该如何定位相一致，以便能够实现4P（见图9.1）。目标的技术空间，也就是说它的技术组合和吸收能力，将与我们的技术相匹配，从而填补当前的缺口或为未来提供战略资产。它的能力将弥补我们的劣势并发挥我们的优势。这样的话，最好的策略就是和我们合作。看，很简单：一个纳什均衡。

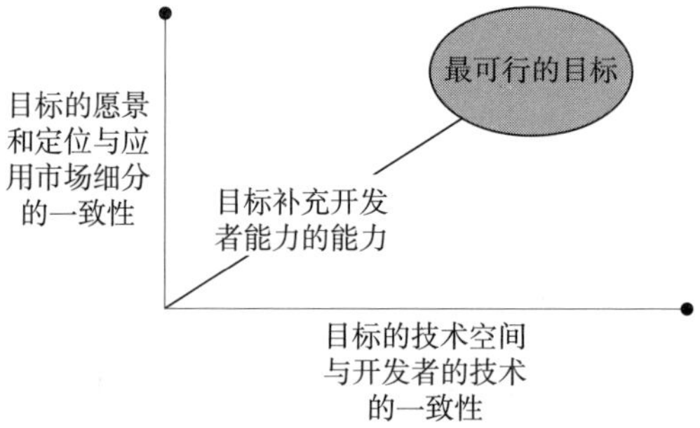

图9.1 目标一致性

如果目标对承担将新技术推向市场的相关风险持积极态度，那就更好了。当然，正如另一句老话所说，“细节决定成败”，因此我们现在就转向谈论细节。

市场一致性

最容易确定的是市场一致性。首先要确定的是，谁正在或谁想要向你的目标客户销售产品。这很容易弄清楚，因为你所要做的就是将客户群放在浏览器中，看看相关的供应商是谁。你去网站看看，如果它们看起来不错，你就更深入地挖掘。你可以看看年度报告，特别是董事长的声明和总裁的声明，因为它们将展现公司运营的“愿景”。当然，对于上市公司来说，查看证券交易委员会（SEC）的10－K文件和分析师报告，以便更全面地了解现实情况是很有用的。

究竟谁是同盟这个问题比较难以回答。例如，考虑到你所定位的客户群规模和你的技术的复杂性，目标的规模必须是适当的（见图9.2）。你需要一家大公司来制造、销售飞机和你需要一家大公司来生产、销售烤面包机的原因是不同的。在前一种情况下，决定规模的是产品的复杂性，而不是客户的数量。在后一种情况下，决定规模的是客户的数量，而不是技术的复杂性。

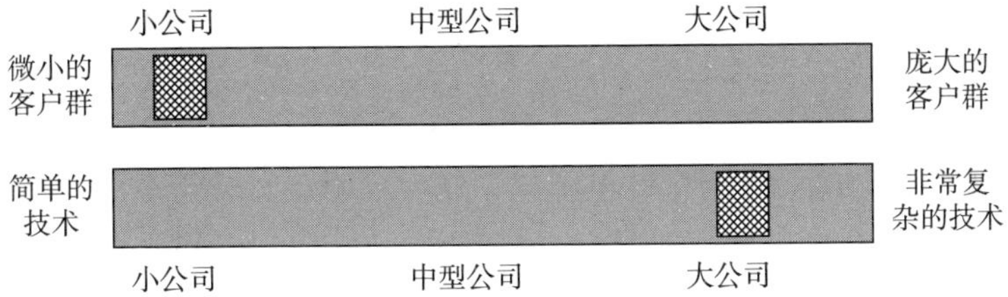

图 9.2 技术的定位和复杂性

但是客户数量和技术复杂性不能作为选择目标公司规模的硬性指标，还必须考虑市场的阶段。正如我们已经看到的，市场阶段是由市场上买家的数量和他们做出购买决定的标准驱动的。这些因素与主导设计的出现和固化有关。让我们以烤面包机为例。

烤面包可以追溯到很久以前，罗马时代就已经在烘烤面包了。事实上，toast（烤面包）一词来自拉丁语“tostum”，意思是烧焦或燃烧。1893 年，英国的一家公司即克朗普顿（Crompton and Co.）公司发明了第一台电烤面包机，当时烤面包机市场处于萌芽阶段。而且，它只烘烤面包的一面，这意味着你不得不站在那里，关掉机器后翻转面包。易用性并不是最好。另一个问题是，电线很快被烧坏，因此性能有些问题。此外，周围也没有很多的电力。在美国，第一座商业发电站直到 1879 年才开始运行。（它位于旧金山。然而，当时电力已经存在了一段时间。美国的第一家公用事业公司成立于 1816 年。[1]）没有成熟的主导设计的新的创新的典型情况是：存在供应问题，缺乏基础设施和满足最终用户需求的综合能力。（为了进行比较，提供另一个数据点：直到 20 世纪 20 年代末和 30 年代初，电炉才开始与煤气炉进行竞争，尽管电炉在 19 世纪 90 年代就已经开始销售了。[2]）

通常情况下，只有小公司才能承担得起在如此高风险的情况下进行试验。尽管一些公司设立了风险投资子公司或“臭鼬工厂”（其使命是推陈出新），但是大公司有太多必须履行的既有承诺，不可能有那么大的灵活性。这些风险子公司或“臭鼬工厂”存在于其他经营的惯性范围之外。达曼普尔（Damanpour）

---

[1] About. com, “Timeline of Electricity—Electronic Inventions,” 2005, http://inventors. about. com/library/inventors/blelectric2. htm（2005 年 10 月 15 日访问）。

[2] Bellis, “The History of Stoves and Ovens,” *About*, 2005, http://inventors. about. com/library/inventors/blstoves. htm（2005 年 10 月 15 日访问）。

对23项实证研究做了综述，报告发表在《管理研究院学报》(*Damanpour*)上，他发现中层或下层管理人员最常引入渐进创新（incremental innovations），但是激进创新（radical innovation）通常是在为创新目的而创建的单位（如研发单位或新创企业）中发起和开发的。[1]

1905年，艾伯特·马什（Albert Marsh）获得了一种铬镍合金的专利，这种合金可以用来制造经久耐用的电阻丝。这项发明在当时非常热门，以至于他成立了霍斯金斯制造公司（Hoskins Manufacturing Company）来开发和销售这种合金。一年之内，乔治·施耐德（George Schneider）发明了一种使用这种新电阻丝的烤面包机。施耐德工作过的美国底特律电加热器公司（American Electric Heater Co. of Detroit）基于他的专利最终进入烤面包机行业。我们从中得到的教训是，在萌芽阶段的市场中，目标是那些具有相关能力的公司，但它们没有必要再向相关利基市场（niche）销售产品，因为可能不存在定义明确的利基市场。

让我们从主导设计的角度来看看这一问题。施耐德利用了在火上烤面包的主导设计，并借助加热元件将其机械化，从而将其转化为烤面包机的主导设计。而你仍然在加热面包的一面，直到它变成足够深的棕色，然后翻转面包，加热另一面，直到烤好为止。

他（和克朗普顿公司）的设计的出现定义了市场。现在我们知道烤面包机是什么了。了解了烤面包机是什么之后，其他人就会模仿这个设计，尤其是在需求的增长为投资回报带来了诱人机会的情况下。通用电气公司（General Electric）于1909年进入该市场，其推出的电器是基于一种竞争性金属合金，试图绕开马什的专利。（这个变通方案失败了。在霍斯金斯制造公司提起的诉讼中，通用电气公司的合金被判定侵犯了马什的专利。教训是侵权人作为目标通常容易获得不义之财。）西屋电气公司（Westinghouse）在1909—1910年进入烤面包机市场，推出了可能被认为是首款真正的烤面包机，这是一种类似于熨斗的冲压金属板装置。太平洋电热公司（Pacific Electric Heating Company）也进入该市场，销售“热点”（Hotpoint）牌烤面包机，声称它实际上在1905年就发明了烤面包机。

当大公司进入早期成长型市场时，由于品牌忠诚度和营销影响力，销售会升温。这是市场过渡到“起飞”增长阶段之后的典型场景。此时，适应性创新（adaptive innovation）开始扩展功能，一方面由于大公司相互定位，另一方

---

[1] Damanpour, “Organizational Innovation: A Meta - Analysis of Effects of Determinants and Moderators,” *Academy of Management Journal* 34, no. 3 (1991).

面由于较小的新入行者试图进入市场并从不断增长的销售额中分一杯羹。这些创新被用来支持为客户提供“最佳价值”解决方案的主张。阿隆佐·华纳（Alonzo Warner）发明了一种更好的夹持面包的方法，一种高效的夹子。这项创新将兰德斯·弗雷·克拉克公司（Landers，Frary & Clark）带入烤面包机行业，因为它改善了易用性。美学设计也成为一个越来越重要的因素。在烤面包机市场，引领潮流的是兰德斯·弗雷·克拉克公司的乔治·柯蒂斯（George Curtiss），他设计的产品的美学品质使得它们可以销售长达 15 年。

创新的另一个焦点是转动面包片的机构，它使得面包片的两面都容易烤好。斯宾塞·威尔西（Spencer Wiltsie）为科尔曼电炉公司（Coleman Electric Stove Company）销售的一种转动机构申请了专利。埃德温·鲁坦伯（Edwin Rutenber）发明了一种替代的、更简单的切片翻转机构，由他自己的公司于 1917 年推出。到 20 世纪 20 年代末，市场上出现了一批玩家，每个玩家都在寻求创新以获得竞争优势。还要注意，随着自动旋转器和其他适应性创新的加入，烤面包的模式开始改变。

然后在 20 世纪 20 年代中期，弗雷德里克·胡梅尔（Frederick Hummel）和约翰·诺思（John Noeth）申请了一种带有计时器的烤面包机的专利，当计时周期结束时，机器会将烤架翻倒出来。这种适应性创新代表着与可以追溯到罗马时代的主导设计的彻底决裂。现在，面包不仅可以在没有干预的情况下实现两面烘烤，而且也不必看着它来确保面包不会烤糊。在 1919 年，查尔斯·斯特雷特（Charles Strite）的弹出式烤面包机（一种带有定时器并且在两面都有带弹簧元件的烤面包机）建立了一个新的范例，它是新的主导设计的基础——该主导设计至今仍在使用。它于 1926 年进入市场，由明尼阿波利斯市的沃特斯-根特公司（Waters Genter）以 Toastmaster 品牌出售。烤面包机的销量飙升，直到 20 世纪 60 年代市场达到饱和，当时几乎每个美国家庭都有一台烤面包机。❶

这个题外话的目的是解释关于谁是我们的好目标。尽管由于处理复杂性需要财务和多样的能力资源，更高水平的复杂性可能总是使相应的大型公司成为更具吸引力的目标，但是只有在基础设施和主导设计都到位的情况下，市场规模才重要。否则，规模带来的规模经济和范围经济的好处就无法发挥作用。此外，正如经济学家告诉我们的那样，在一定的产出水平之上，规模效益会衰

---

❶ 很多资源被用来收集数据。对专利特别有帮助的是 Charles Fisher，“Hazelcorn's Price Guide to Old Electric Toasters 1908—1940，” *Toaster Articles*（2003），http：//www.toaster.org/patent.html（2005 年 10 月 15 日访问）。

减，甚至没有边际效用。另一种说法是，谁能成为一个好的目标取决于实际的市场规模，而不是潜在的目标市场规模。正如我们所见，实际的市场规模是与市场所处的阶段相关的。大公司只有在增长、震荡（shakeout）和成熟阶段才有意义，而在增长阶段，只有在需求开始"起飞"时才有意义。

正如烤面包机的例子所指出的，需要有一条供应链（合金电线、电力）来支持规模化。因此，随着突破性创新进入一个行业，其他行业也存在技术机会，使这些行业的公司能够重新定位自己，以利用新的竞争环境。我们聚焦于为创新所在的行业提供材料、组件、子系统等的供应商。烤面包机历史上最主要的例子是镍铬耐热合金（Nichrome），这种镍铬合金使电阻丝的使用寿命更长。

类似的逻辑也适用于主导设计的变化。没有主导设计，就没有办法确定哪种工艺技术能够提供竞争优势，因为你不知道自己在制造什么。开销少、设备灵活的小供应商可能会占据主导地位。

我们得出的结论是，对于设计不断变化的实践，创新为供应链中的供应商带来了挑战和机遇，使其在缺乏我们所提供的东西的情况下成为可行的目标。这些供应商很可能是较小的利基参与者，因为他们的客户群是最终产品的制造商，而最终产品的制造商可能远远小于最终用户群。

几年前，我们研究了一项由美国国家环保局（U. S. Environmental Protection Agency）资助的用于远程监控汽车排放的技术。当时，出于对《清洁空气法》的遵守，排放检测站和社区内部分公路监测项目都面临着监测氮氧化物 NO_x 排放的巨大压力。问题是，当时的检测技术是基于丹佛大学的一项发明，尽管可以测量 CO_2、O_2 和一些其他气体，但不能测量 NO_x。曾获美国国家环保局资助的航空研究公司（Aerodyne Research）开发了一种现场光谱仪，可以在开放路径系统中测量 NO_x 和其他想要测量的气体。问题是，谁可能是航空研究公司的客户？

航空研究公司当时希望，要么许可他们的技术，要么以原始设备制造商（OEM）的方式生产，然后让他人来销售。解决办法是，看看谁活跃于排放监测业务，看看谁试图将业务扩展到远程监测。这就为我们提供了最终用户。然后，我们将沿着他们的供应链追溯到监控设备制造商，以确定谁可能是目标。

主导设计的变化也为迄今不存在的所谓平台产品的协同效应创造了机会。平台商品是为了能够使用一种商品（胶卷之于传统相机）或为了更好地使用一种商品（软件之于计算机）而销售的产品和服务。

有一句关于想法的谚语："自切片面包以来最好的事情"（the best thing since sliced bread，意思是，有史以来最棒的事情、最棒的想法，非常好的发明）。切片面包和烤面包机紧密相连，是我们之前看到的与拉链相同的模式转变的一部分。第一次世界大战后，美国制造业产能过剩，在一个又一个行业中，以家庭和当地为基础的家庭用品和个人用品被工业制成品所取代。以切片面包为例，这个故事要从 1912 年说起，当时奥托·罗韦德尔（Otto Rohwedder）开始思考自动切面包的方法，这当然会使面包更容易放进烤面包机里容纳面包的框架中。[三明治当时已经是一种很受欢迎的食物，可以追溯到 18 世纪晚期的第四位三明治伯爵（Earl of Sandwich），他喜欢吃面包片夹牛肉，这样他就可以腾出手来打牌了。] 罗韦德尔最初试图拿着面包用撞针（hit pins）来切。这种方法失败了。过了一段时间，他开发了一种面向面包店的工业机器，这种机器可以将面包切成面包片并进行包装以防止面包片变质。当时的时机很好。到了 1926 年，弹出式烤面包机上市了。两年后他提交了专利申请。他还成立了麦克卢销售制造公司（Mac – Roh Sales & Manufacturing）来制造和销售机器。不到两年，也就是在 1930 年，神奇面包公司（Wonder Bread）开始销售预切片面包；随着切片尺寸标准化，烤面包机的销量猛增。到 1933 年，美国面包店生产的切片面包超过了未切片面包。[1] 换句话说，主导设计的改变使得拥有平台产品的公司成为目标，因为他们会想方设法利用新设计来为自己谋利。

一致性还要求与你如何进入市场的愿景相兼容。这种兼容性取决于潜在目标是如何定位的以及潜在目标目前的销售情况。

关于公司竞争的方式有多种分类。我们的模型强调技术领先、最佳价值、价格和可得性作为竞争的基础，因为它们与市场的主导设计驱动阶段相一致。拉里·卡哈纳（Larry Kahaner）根据记者经常描述的公司实力的方式，提出了另一种分类方法。

- 产品
- 财务
- 技术
- 制造

---

[1] Mary Bellis, "The History of Your Toaster," *About. com* (2005), http: //inventors. about. com/library/inventors/bltoaster. htm (2005 年 10 月 15 日访问); and "Otto Frederick Rohwedder," *The Great Idea Finder* (n. d.), http: //www. ideafinder. com/history/inventions/breadslicer. htm (2005 年 10 月 15 日访问)。

- 营销/广告
- 组织
- 联盟
- 商誉/品牌忠诚度/声誉❶

无论如何分类，从战术的角度来看，我们希望与这样一个玩家做交易：我们的技术将被视为可提高、增强其竞争能力。

我们已经指出网站和年度报告对于了解公司如何看待市场的效用。如果他们销售相关商品，最好的办法是看看他们的广告；然后打电话给他们，让他们向你推销。如果你能负担得起，就去参观他们在相关贸易展会上的展位。和往常一样，与刚离开展位的人交谈和与公司派来的人交谈一样重要。你也可以在贸易展上询问竞争对手，问他们是如何将他们自己与你的潜在目标区分开来的。询问那些为贸易出版物撰写年度“行业概览”的记者也很有用。

假设基本一致，下一个问题是技术对目标的战略重要性。这一决定包括三个部分。

第一部分涉及确定你将提供的产品是否是冗余的，这取决于目标公司的产品和产品计划的发展方向。做出这一判断需要根据客户群的需求趋势来审视潜在目标的产品结构。如果有行业协会已经制定了路线图，那就更好了。路线图将沿着时间线列出可能对该行业成功至关重要的技术，以及这些产品技术（以及支持产品所需的过程和服务技术）的绩效目标。

冗余度可以通过进行差距分析来确定。以前我们使用差距分析来寻找我们技术的应用。这一次差距分析是用来确定你的技术在一段时间内对你的目标可能产生的影响——通常是在接下来的五年也可以是从市场引入之日起的五年，或者两者兼而有之，对你的目标可能产生的影响。有两个问题。首先，他们是否缺少你将提供的那一部分？如果答案是肯定的，那么问第二个问题就有意义了：对他们来说，拥有那一部分有多重要？显然，如果结论与图9.3中的第二个滑块一致，目标应该比结论与顶部滑块一致时对你的技术更感兴趣。

请注意，在图9.3中，我们使用的“保护手段”（hedge）是指进攻性保护手段（offensive hedge）。进攻性保护手段是为了应对客户在未来寻求什么样的商品的不确定性而开发的。相比之下，获得防御性保护手段要么是为了让那些与收购方目前销售的产品相竞争的产品远离市场，要么是为了在竞争对手出现意料之外的动向时有所应对。核心区别在于，获得进攻性保护手段是为了能够利用机会，获得防御性保护手段是为了消除威胁。

---

❶ Kahaner, *Competitive Intelligence* (New York: Touchstone, 1997), 101.

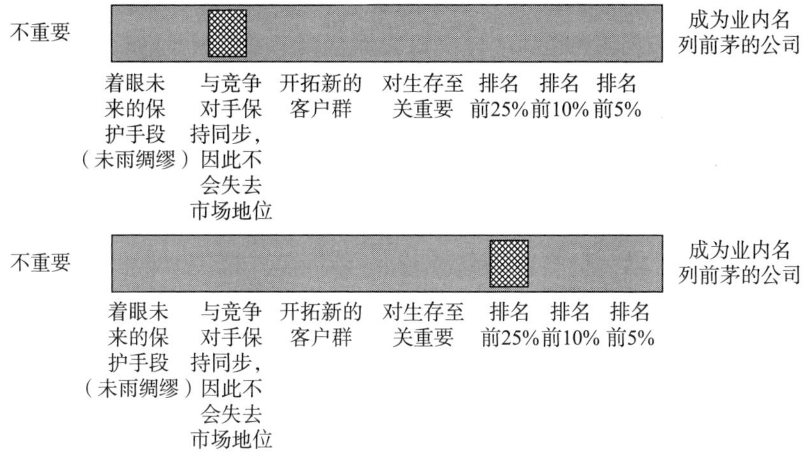

图 9.3 进攻性保护手段

第二部分与时机有关。你完成技术开发的时间线不仅要与最终用户购买产品的时间线保持一致，还要与目标的产品更换周期保持一致。问题在于优化投资回报率。如果过早地更换产品，你就不能安然度过该产品生命周期的增长阶段。如果产品更换太晚，你就会失去市场份额。

我记得在 1980 年前后见过雅各布·拉比诺（Jacob Rabinow），他是美国邮政局（U.S. Post Office）使用的阅读机的发明人，当时他是美国国家标准与技术研究院（National Institute for Standards and Technology，即当时的美国标准局）的常驻发明家。他给我讲了一个很棒的故事，这个故事是关于他如何发明这种机器然后把他的公司卖给控制数据公司（Control Data）的。他成了控制数据公司的副总裁，后来他沮丧地辞职了。他告诉我，辞职的原因是他不断向当时的首席执行官比尔·诺伊斯（Bill Noyce）提出改进这种阅读机器的绝妙想法。诺伊斯也很兴奋，但不得不继续说，“雅各布，我们刚刚对销售工程师进行了上一次改进的培训，让我们先卖一段时间这种机器，赚了一些钱之后再淘汰它”。

最后一部分与目标客户群在目标的总体企业战略中的作用有关，对于较大的公司，则是与相关部门或组织的业务战略有关。客户群越重要，目标越有可能对你的技术感兴趣。但是，这是一个很大的问题，你必须仔细研究其战略，看看他们是想要你的技术作为防御性保护手段还是作为增长业务的方式。如果它只是作为一个防御性保护手段，他们可能会付给你一些钱，然后把它束之高阁。如果你的技术是“我也是”*，而且你走向市场较晚，这种方法有时会行得通。在这种情况下，如果你要做交易，你可以得到预付款。你不太可能在下游看到它。

一旦我们知道该公司正在向市场销售产品（或考虑进入该市场），并且对我们拥有的东西具有战略重要性，那么最后一个问题是：他们有可能成功地销售基于我们的技术的产品或在我们技术的帮助下制造的产品吗？我们看两个因素。首先是市场份额，其次是品牌忠诚度，但愿还有商誉。（商誉使竞争对手能够以高于市场的价格销售产品。它发生在品牌忠诚度非常高的情况下。）总之，这些指标表明目标公司“拥有”某个感兴趣的客户群的一部分。既然你想向这个客户群销售，那么从中分一杯羹是一件好事。

精确数据的潜在来源是通用的市场研究报告，例如来自弗若斯特沙利文（Frost and Sullivan）、弗里多尼亚（Freedonia）等公司的报告，或者来自客户市场评估公司如远见科技公司（Foresight Science & Technology）的报告。如果你有经纪人，他们通常可以利用股票分析师的报告，但是对于大型的多产品系列公司来说，分析师几乎是无用的，除非你感兴趣的是你考虑要作为目标的公司的主要产品系列。另外在这过程中，你也可以通过询问来收集一些关于品牌忠诚度的相当不错的信息。

使用通用市场报告时要小心：你必须确保报告讨论的内容实际上与你的技术相关。几年前，我们为芬兰的一家公司对高安全性文件服务器的需求进行了市场评估，该公司为独立文件服务器开发了一个成本非常低的安全体系结构。我们发现文件服务器上有各种各样的数据，并且需要更好的安全性。但我们也发现，这种需求在大公司、大学或政府机构中并不是高优先级的需求，因为他们已经有了解决方案，而我们的客户希望立即销售，而不是在三到五年之后，也就是在下一轮升级可能开始时进行销售。我们得出的结论是，如果他们想要立即销售，他们最好聚焦于服务欠缺的中小企业客户群上。这些公司一般没有积极参与最近由大型组织完成的那轮采购，因为他们没有大量的信息技术（IT）基础设施、员工或预算。

我们知道有些公司在向这样的最终用户销售安全解决方案。因为文件服务器是计算机，所以毫不奇怪，网络上到处都是关于这种需求和试图销售商品以满足这种需求的公司的信息。事实上，这样的公司太多了，问题是哪一家才是真正的玩家。我们看了弗若斯特沙利文公司和高德纳公司（Gartner）

* 表示替代技术方案。——译者注

的一些报告，但得出的结论是，我们不能相信这些数据，因为当他们报告供应商时，并没有按照他们服务的公司的规模来报告。仅仅因为IBM有很大的市场份额，并不意味着IBM在我们感兴趣的客户群中也占有市场份额。

最后，我们在美国所选定的城市中，给当地和地区增值经销商和IT支持公司打了电话，这些美国各地的城市有大、中、小型高科技公司。我们知道保护高科技公司的专有信息在当时是一个大问题，我们也知道较小的增值经销商（VAR）和IT公司倾向于为中小型公司服务，所以我们认为，为这些公司服务的人可能是一个很好的数据来源。是的，这些人的确如此。我们询问这些业主他们认为谁是关键人物，以及原因是什么。然后，我们给戴尔公司（Dell）、捷威公司（Gateway）、惠普公司（Hewlett-Packard）以及其他出现在《个人电脑杂志》（*PC Magazine*）上的主要供应商的销售经理打电话，让他们大致估算一下他们的文件服务器业务中有多少是与小公司有关的。将这两个来源放在一起，根据谁已经进入市场和谁正试图建立该客户群，我们就得出了第一份关于潜在被许可人的初步名单。

虽然准确的数据并不总是很容易获得，但你通常可以打电话给主要的分销商和零售商，询问他们的购销人员，一家特定公司与其他公司相比在行业中有多重要，以及他们的客户有多少品牌忠诚度。通过询问人们的直觉反应，可以获得小于或大于或大约25%或33%增量级别的市场规模估计值。同样，你可以得到有关竞争对手是排名前5%、10%、25%还是排在最后几名的反应。使用这种方法，你可以得到“很多、一些、很少、没有”的品牌忠诚度评估。

如果所有的方法都失败了，就看看在你潜在的目标中谁是积极主动的。那些努力扩大市场份额的公司远比那些努力保住市场份额的公司更有可能取得成功。

技术一致性

正如本章引言中所述，一家专门从事声学研究的公司很难具备处理光学技术所需的吸收能力。也就是说，我们如何确定技术一致性，从而知道我们是否具备呢？

第一步是弄清楚需要哪些技术能力和知识产权才能将我们的技术推向市场。确定这一点的一个有用工具是质量功能展开（quality function deployment，QFD）。质量屋只是将最终用户需求转化为功能要求的工具。因为形状像房屋，所以它被称为“屋”。质量标签来自这样一个事实，即质量应该由最终用户需求来定义。

图 9.4 是以电池供电的露营用烤面包机的 QFD 质量屋。我们的理念是制造一款体积足够小从而可以打包携带并且可以通过插入汽车点烟器插座充电的烤面包机。在该图的底部我们还提供了一些关于如何制作它的指南。

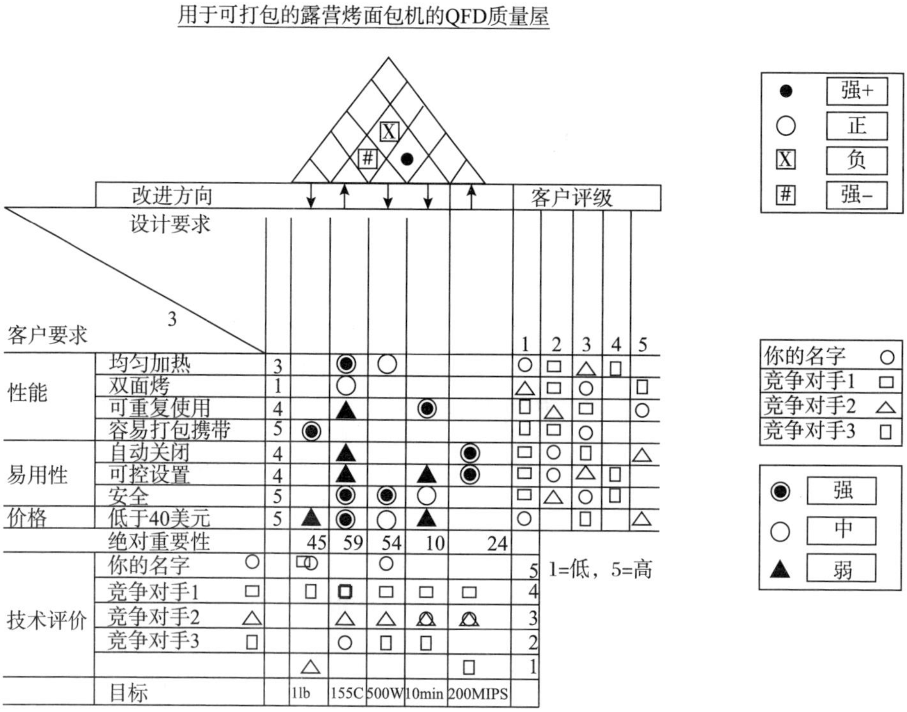

填写顺序
1. 客户要求——这些是客户的需求和问题。
2. 重要性——对每个客户要求的重要性进行1-5级的评分。
3. 客户评级——对你公司的产品性能和竞争对手的产品性能进行1-5级的评价。
4. 设计要求——这些是工程特性和可测量的量。
5. 相互关系——每个客户要求对于每种设计要求有多重要?
6. 屋顶——改善一个设计要求会引起其他设计要求的恶化或改善?
7. 绝对重要性——这些是技术上的优先事项。将设计要求与客户需求相乘并相加。
8. 技术评价——根据设计要求对你公司和竞争对手的技术性能进行评估。
9. 目标——这些是你公司的设计要求的目标。

图 9.4　QFD 质量屋

这类操作的一个重要之处在于，它们迫使我们将最终用户的需求转化为技术性能参数，根据这些参数，我们可以衡量我们相对竞争对手的进步。但更重要的是，它们突出了我们在目标中寻找的技术空间。

这项技术的目标不太可能是传统的烤面包机公司，除非我们发现一些迹象表明他们有兴趣进入露营市场。相反，我们的目标可能是背包客、尾门露营车（tailgate camper）、军队、远程野外办公室（remote field office）等产品的制造商。这些企业可能有很高的市场熟悉度，并且在我们所关注的客户群中拥有品牌忠诚度。然而，我们也不能排除传统烤面包机公司的可能性，因为其中肯定有一家是拓展这个细分市场的候选公司——尤其是如果我们的烤面包机能够定位成可以为“森林中的那张桌子”带来家庭便利的产品家族的第一个成员的话。

无论如何，从技术的角度来看，我们都在寻找具有如下能力的目标：能够制造重量轻的产品，这些产品能够非常有效地利用电能（既能够将电能转化为热能，又能够再充电储存），并且能够控制热量。一旦我们把这些作为标准，我们就可以开始寻找拥有相关专利组合、研发项目和现有产品的组织。我们可以在网上广泛搜索，在这种情况下，我们可能最终会找到一系列来自迥然不同行业的公司：从航天器设备到汽车的电子空间加热器，再到太阳能野外办公室。我们最终得到的可能不是烤面包机公司，因为操作限制因素（重量、可再充电）超出了当前的主导设计范围。

经过一番网络搜索和专利搜索后，我们找到了布鲁顿公司，这是一家位于怀俄明州的非常有创意的生产露营用品的公司，正在生产太阳能露营用品以及更传统的露营炉具。嗯，乍一看，这家公司是一个可能的目标。

我们可以利用 QFD 进行更深入的研究。质量屋的好处之一是每个水平位置（上面的设计工程要求）都可以转化为下一个屋的垂直位置，使我们能够在过程设计中始终聚焦于客户需求，然后聚焦于售后维修和客户服务。

通过这一过程，我们最终得到了将产品推向市场所需的技术能力的更完整的画面（见图 9.5）。然后，我们可以使用这组能力作为评估目标的吸收能力和知识产权组合的基准。

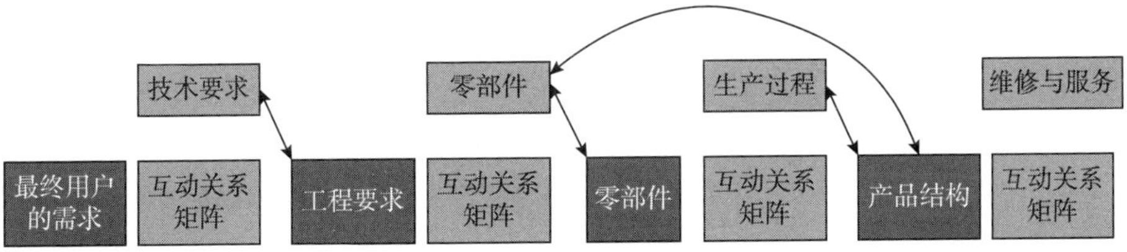

图 9.5　QFD 屋链

我们现在想更深入地研究，以了解我们的技术如何融入他们的技术领域。为了做到这一点，必要时，我们可以通过检索数据库中的专利、专利申请、研发和产品（如果我们还没有这样做），来建立相关能力的档案。我们使用目标公司的名字作为检索词。由于公司有时会试图隐藏其在研发和产品开发方面的工作，因此我们也会检索子公司的名称以及关键研究人员和工程师的姓名（如果我们知道的话）。对于规模较小的公司，我们会使用创始人和关键管理人员的名字作为检索词，因为他们还可能以自己的名字持有专利。

这些数据的第一个用途是书目分析，以确定技术感兴趣的领域。某一特定专利小类中的专利越多，越有可能对该领域感兴趣。同样，目标公司的工作人员在专业会议上发表的论文越多，或出现在参考期刊或行业出版物上的作者论文越多，对某个领域感兴趣的可能性就越大。商业、贸易和一般媒体中的参考资料也有助于深入了解情况。

我们可以通过查看文献中包含的内容和它们出现的位置来进一步对文献进行计量分析。我们使用与第 4 章中介绍的用于检查竞争技术相同的方法来实现这一点。通过跟踪关于该技术的消息出现的时间及其频率，我们就可以了解目标内正在发生的事情。图 9.6 是一张早期图形的静态快照重绘，其中的系列 1 代表一项技术进入市场时的典型分布。系列 2 代表一项未能转变到产品的技术开发工作。最后系列 3 代表一种已授权的技术，其中的工艺技术已经在公司中得到了应用，仅需要进行适度的调整。

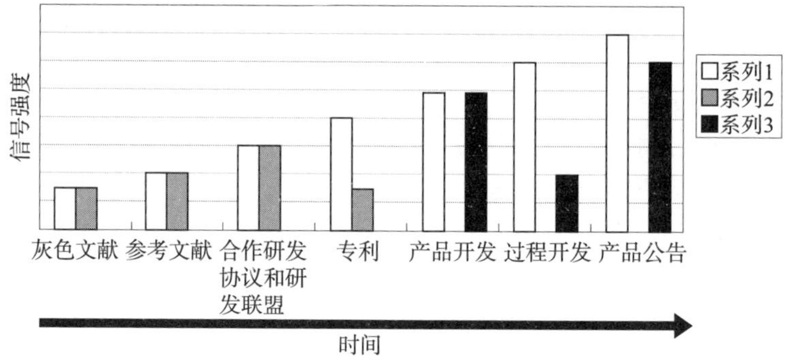

图 9.6 吸收能力分析

我最近听到一个故事，是关于一个印度家庭如何将其食谱传给下一代的。女人（因为在这种家庭里是女人做饭）从来不教女儿们做饭。她们从不写下或口头描述食谱。如果她们愿意的话，她们只允许女儿们在厨房帮忙。只有那些有兴趣忍受这种沉默对待的女儿才能成为厨师。但因为她们必须通过多年的学徒学习，所以她们成为很棒的厨师。食谱总是在那里，藏在显眼的地方，但是你必须努力才能学到它们。

检索专利也是如此。专利就在那里，因为它们是政府文件，但你必须勤于检索。一定要检索在（美国）国内外发布的专利和专利申请，因为最先提交申请的地方通常是组织的注册地，或是利用一个较少被检索的司法管辖区，以便暂时“保密”。

如果既没有与我们的技术相关的知识产权，也没有与我们的技术相关的研发项目，我们就有一个可以填补的潜在空白。然而，即使有研发项目，我们仍可能填补空白。我们要做的是进行更深入的研究，并尝试描述潜在目标所使用的产品与工艺技术的特征，以及它们在博恩知识水平（Bohn Knowledge Levels）上的位置（见图 9.7）。有时我们需要的信息可以通过搜索网络和提供收费服务的数据库中找到。有时，我们需要的信息在市场研究报告、学术出版物或商业性出版物中。有时我们必须去贸易展会、给专家打电话，或者通过专业协会建立联系。

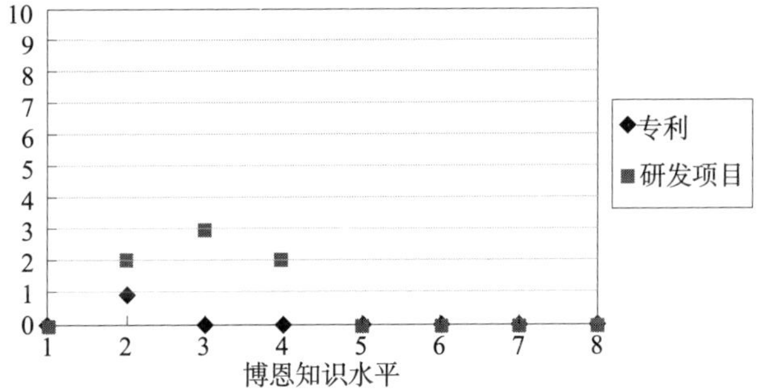

图 9.7 博恩知识水平

无论数据是如何收集的，技术空间分析和相关的差距分析可以帮助我们了解我们会为“野餐”带来什么以及目标可能会为“野餐”带来什么。不管我们要研究多深，“一致性”就是我们的技术能够填补目标公司的空白，而目标公司有足够的吸收能力将我们的产品推向市场。有时，为了获得所需的全部能力，我们可能要与多个目标合作；然而，这并没有改变确定这些目标可能是谁的基本方法。在我们所有人之间，我们仍然要拥有我们所需的所有产品、服务与工艺技术，只有这样才能走向市场并在市场上取得成功。

第二步是确定目标是否是技术输入者。根据哈内尔（Hanel）的说法，我们注意到竞争对手或行业从外部获得许可的知识产权比例越大，它就越依赖知识产权流入来维持其竞争力。我们可以使用 NETOUT 公式来识别专注于出口而不是利用其技术的公司，NETOUT 是该公司拥有的所有专利与对外许可或以其他方式出口的专利数量之差：NETOUT = (PI - PX)，其中 PI 是内部使用的专利，PX 是输出的专利。主要的输出者通常是较差的目标。NETIN 给我们提供了那些输入或者以其他方式获得他们的技术的企业，即 NETIN =（PI - PA）。NETIN/NETOUT 的比率让我们可以识别可能是输入者的公司。❶

与积极申请专利的公司相关的还有目标是先驱者还是模仿者。根据玛丽·艾伦·莫吉（Mary Ellen Mogee）的说法，先驱者是在一个新领域建立知识产权池的领导者。因此，他们倾向于引用自己的专利。模仿者依赖他人的工作作为自己工作的基础。因此，他们倾向于更频繁地引用他人研发的专利。❷ 与你的技术相关的领域中的模仿者可能更容易接受外部技术。

与市场营销类似，确定一致性的第三步是评估我们为交易带来的知识产权对于我们希望与之达成交易的目标公司的重要程度。让我提醒你，知识产权不同于技术，产权是一系列具有法律效力的权利。我们想知道的是，我们的专利、版权、商业秘密、商标等与目标公司的匹配程度。

确定重要性的第一个维度是了解我们的技术对目标的作用。图 9.8 给出了三个选项。

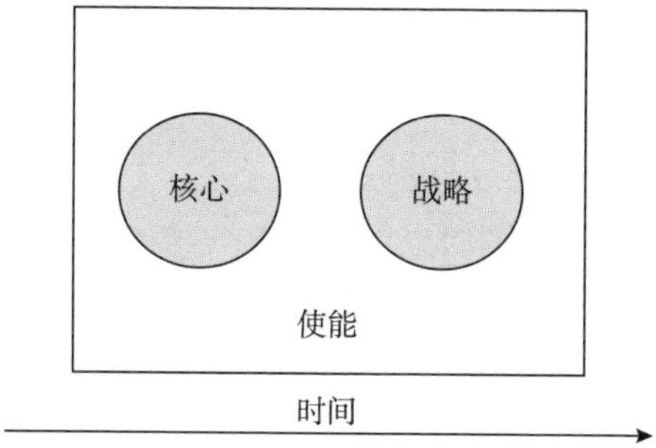

图 9.8　按用途划分的技术类型

核心技术对于当今企业如何竞争至关重要。微软公司的视窗操作系统现在就是核心技术。没有人会采用一项与其核心技术有竞争的技术，除非是为了干掉它。

战略技术对于企业想要在未来如何竞争至关重要。微软公司从前在销售 DOS 的时候，视窗操作系统就是战略技术。企业会采用战略技术，但他们希望获得战略技术的专有权。

最后一种功能是使能。使能技术是那些能够更好地利用核心技术和战略技术的技术。你不需要控制它们，但是，如果你的竞争对手有使用权，你确实也

❶ Hanel, "Interindustry Flows of Technology: An Analysis of the Canadian Patent Matrix and Input - Output Matrix for 1978 - 1989," *Technovation* 14, no. 8 (1994).

❷ Mentioned in Kahaner, *Competitive Intelligence*, 117.

要有使用权。除了微软公司、Sun 公司（其拥有 Java）和开发基于 Unix 的操作系统（如 Red Hat Linux）的公司之外，视窗操作系统对于几乎所有用户来说都是一项使能技术。

使用方法专利以及其他使能技术专利来保护核心技术的公司被认为是在追求集群专利，如图 9.9 所示。使能专利就像是混凝土障碍，设置它们是为了阻止那些试图潜入核心技术地盘的人。竞争技术的加入可能会扰乱竞争对手将它们作为安全港的能力。通过设置一些潜在侵权的路障，集群形成了一个必须利用导航才能通过的迷宫。设计专利和实用专利（或植物专利）都可以用于这种知识产权战略。

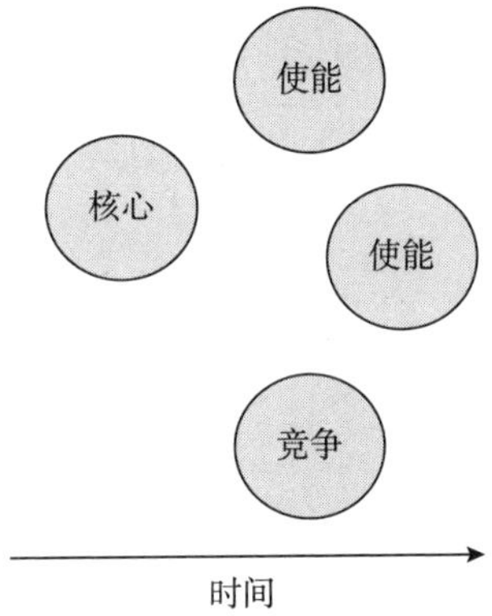

图 9.9　集群专利

确定功能的第二个维度是确定你的技术在该类别中的使用方式。核心技术和战略技术有两个主要作用。一项技术可以扩展另一项技术，就像电池组通过使我们能够在树林里烤面包来扩展烤面包机的效用一样。一项技术也可以替代另一项技术。双元件框架替代了烤面包机的旋转门，因为它不再需要翻转面包了。

基于扩展核心功能而建立专利组合的公司被称为在寻求支撑专利（bracketed patenting）。他们所做的是通过使用扩展作为支撑来扩大核心周围的空间。如图 9.10 所示，可以增加替代技术来为新的支撑组提供垫脚石。

显然，这些专利保护策略并不是相互排斥的。从选择目标的角度来看，真正的问题是你拥有什么和你需要什么。如果你有一项扩展技术，但没有能力将你的技术产品化（或许你在一所大学或联邦实验室工作），那么你可能希望一家公司采取混合策略，因为你需要对扩展技术的接受能力，但你也需要存在于使能专利中的生产方面的能力。

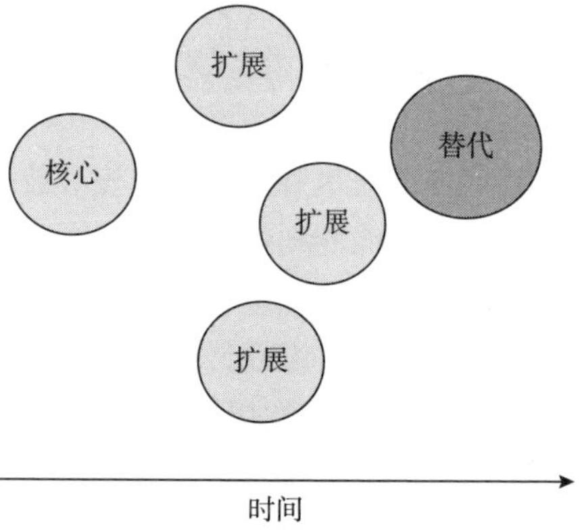

图 9.10　支撑专利

能力的一致性

能力是指实现将技术推向市场并在市场上获得成功所需的任务的能力。确定必要能力的一个有用的起点是美国国防部国防科学委员会用于转化研发成果的模板。这些模板以负责开发的人的名字命名为威洛比（Willoughby）模板，其由一组在转化技术时通常执行的步骤组成。该模板可以在更高或更低的聚合层次上运行，方法是从“上卷步骤”（roll – up）向下“钻取”（drilling）到“上卷步骤”内的组件步骤。因为美国国防部并不关心市场营销或产品支持之类的事情，所以远见科技公司扩展了这些模板以包括这些内容（见图 9. 11）。

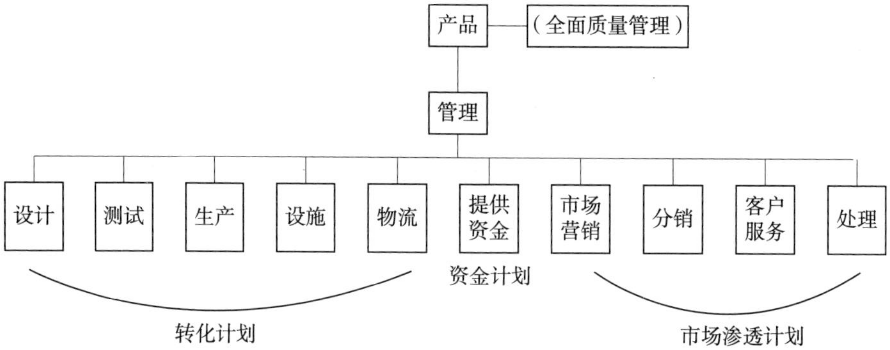

图 9. 11　分配任务

在最高层级，有三项基本活动：

（1）转化，其涉及将技术从研发剥离出来，投入生产；

（2）渗透，其涉及进入市场和扩大市场份额；

（3）融资，其涉及确定需要多少资金来完成另外两个步骤，并获得所需资金。

这些任务序列中的每一步都可以根据以下方面来定义：输出、可以使用的工艺过程、所需的输入和其他资源、所利用的知识产权、成本、新兴知识产权的所有权以及可能导致延迟或成本超支的因素（即风险因素）。在我们确定了我们能做什么之后，我们就知道我们需要从我们的目标那里得到什么。当进入市场和增加市场份额所需的所有任务都存在时，如果我们相互补充，并且几乎没有什么重叠，我们就是一致的。存在重叠的情况下，如果一个玩家在执行任务时有明显的竞争优势，那么仍然有很好的一致性，因为分配任务不太可能成为问题。

如果我们需要进一步分配任务的话，我们可以为每个步骤或子步骤绘制出活动流程图。我们所做的是可生产性分析（productability）的简化变体。例如，假设我们打算在网上销售我们的电池驱动烤面包机。合资企业或战略联盟的一方可以负责接受订单和处理付款，而另一方可以负责制造烤面包机并将其运送给客户。换句话说，一旦我们有了任务分析，我们就可以将任务与最适合从事这一任务的一方的能力进行匹配。

往往很难得到详细的能力数据。对于美国上市公司来说，证券交易委员会（SEC）的备案文件或许是最好的数据来源。股票分析师的报告也可能是有用的捷径。可惜，这通常是搜索新闻稿的问题，这样你至少可以找到工厂的建成时间，以及主要设备的购买时间。对于上市公司来说，一般财务信息也很容易获得，这些信息可以用来评估这些上市公司的潜在资金实力。小公司的收入数据可以通过搜索 Dun & Bradstreet 或 Corptech 来获得，但自我报告往往会扭曲信息，表明的资金比实际资金要多。

对风险的态度

风险就是担心会对自己的决定感到后悔。在商业中，我们可以根据玩家（参与者）如何选择预期收益（即不确定支付的公平市场价值）的选项来衡量他们对风险的态度。预期收益是预期支付乘以获得每次支付的概率总和的函数，即

$$\Sigma\ (\$1 \times p1)\ +\ (\$2 \times p2)\ + \cdots +\ (\$n \times pn)$$

如同在博弈论中，我们可以将参与者分为三种类型，即风险偏爱型、风险中立型和风险厌恶型。风险偏爱型的参与者会选择不太确定的收益而不是确定

的收益，即使确定的收益的期望值高于有风险的收益的期望值。风险厌恶型参与者会选择确定的收益而不是不太确定的收益，即使确定收益的预期收益较低。风险中立型参与者只会选择期望值最高的收益。

至少从20世纪90年代初开始，对风险的态度就被认为是有利于或阻碍企业创新的一个因素。当时，各种研究表明，公司采用创新的意愿与一系列组织特征有关。一些例子见表9.1。❶

表9.1 采用创新的意愿与组织特征的关系

使用的组织特征	对创新的影响
专业化	正面的
功能分差异化	正面的
专业精神	正面的
形式主义	不明显
集权	负面的
管理者对变革的态度	正面的
管理者的任期	不明显
技术知识资源	正面的
行政强度	正面的
闲置资源	正面的（但很弱，这表明被吸收和未被吸收的闲置资源是有区别的，即闲置的流动资产越多，正面影响就越小）
外部沟通	积极的
内部沟通	积极的
垂直差异化	不明显
规模	不明显

其他的研究证实，管理者的态度本身就是一个重要因素。这些态度也可以与客观因素相关。例如，有从事研发和市场营销等对外工作经历的管理者往往更支持创新。那些博览群书、经常旅行、通常在环境中寻找机会的管理者也更愿意支持创新。扎实的生产和财务专业知识以及参与规划和控制活动，是与创新支持相关的另一组因素。❷

任何交易都涉及风险分配。我们想要的是这样一个目标，其承担风险的意

❶ Damanpour, "Organizational Innovation: A Meta - Analysis of Effects of Determinants and Moderators."

❷ Hoffman and Hegarty, "Top Management Influence on Innovations: Effects of Executive Characteristics and Social Culture," *Journal of Management* 19, no. 3 (1993).

愿与我们想要卸载的风险水平相一致（见图 9.12）。

图 9.12　承担风险的意愿

虽然很难确定目标公司会如何响应特定的技术，但通常很容易确定他们对一般风险的态度。根据拉里·卡哈纳（Larry Kahaner）的观点，行为分析应该包括至少三个要素：①过去的成功和失败，因为像巴甫洛夫（Pavlov）的狗一样，人们倾向于重复成功的行为，而尽量避免他们以前犯过的错误；②整体行为特征，因为习惯是很难改变的；③参与者所处的内部和外部环境，因为人们确实会对刺激做出反应，而环境对他们的压力可能会限制或打开新的行为选项。[1]

过去的成功和失败可以通过阅读媒体（尤其是高级经理的简介和采访）、公司新闻稿、年度报告和政府备案文件来获得。行为特征有时可以在八卦专栏和社交网页上找到。促进因素和环境压力通常最容易研究，因为它们反映了商业条件和事件。

有两个需要确定的重要行为特征。第一个特征与参与者要求的控制程度有关。一般来说，对局势的控制程度越大，风险就越小。这种控制可以是对一项技术中涉及的知识和诀窍的控制，也可以是对这项技术的使用方式的控制，或者两者兼而有之（见图 9.13）。幸运的是，过去的管理决策是一种指标。

图 9.13　要求的控制程度

第二个特征与参与者如何寻求风险最小化有关。我们可以描述将风险最小化的两个极端。一个极端被称为“极大极小”（maximin），聚焦于选择结果，其选择最小风险选项，然后确定哪一个选项能够带来最高水平的收益。另一个极端被称为“极小极大”（minmaxi），是从那些提供最大收益的结果中寻求风险最小的结果。显然，除非我们的技术是成熟的并得到充分证明，否则我们更

[1] Kahaner, *Competitive Intelligence*, 117.

希望我们的目标尽可能地倾向于“极小极大”（见图9.14）。职业路径和以往的决策可以提供洞察力。

图9.14 风险策略

态度的重要性是显而易见的。仅仅因为两个参与者的策略之间存在有利于交易的纳什均衡，交易有可能不会发生。一个拥有大量时间和资源的参与者可以检查潜在的结果，并评估其收益和发生的可能性。这种基于概率的策略可以导致纯粹的游戏，意思是要么做要么不做。但即使在博弈论中，参与者也可以自由地采用低于最优的策略，所以把这一点考虑在内是有意义的。这也难怪，当人们没有大量的时间和足够的资源时，他们会根据他们掌握的数据和分析以及直觉来行动。我们通常能做的最好的事情是将行为特征和有利于创新的客观指标放在一起，以便对我们的目标可能承担的风险做出合理有据的推测。

结　论

在本章中，我们讨论了如何选择交易目标。我们已经看到，可行的目标在以下三个维度与你保持一致：市场、技术和能力。但是仅仅“一致”是不够的；考虑到你的技术的成熟程度以及你的公司、大学或实验室的优势和劣势，目标还必须对风险有适当的态度。

一般来说，使用滑动条对于考虑“一致性”是有帮助的。你越能将市场滑向高端，目标似乎就越好。背景研究只能帮到你这么多。某个时候，你必须给某人打电话，问对方“有没有兴趣做交易”，并解释他们为什么应该对你提供的技术感兴趣，以及为什么如果他们错过你提供的技术就是愚蠢的。

第 10 章 评估技术的价值

除非你知道你要用一个东西做什么，否则不能对它进行估值。估值总是一种推测。我们必须做出假设，这是因为我们预测的收入流和支出流只会出现在未来。我们所做出假设的数量反映出有多少资金处于危险之中。涉及的资金越多，我们就越想确定我们的假设。哪些假设我们可以忽略，取决于它们对最终结果的重要程度。

思想实验可以让人们理解假设的重要性。假设现在是 1979 年，你为卡特 – 华莱士公司（Carter – Wallace Inc.）工作，该公司生产特洛伊（Trojan）安全套。有人来找你，问是否要许可引进一种新材料，该材料制成的橡胶能够阻挡病毒，而且不会有泄漏问题。他们想知道该新材料对公司的潜在价值。所以，你做了一个折现现金流分析。你与生产部门沟通，获得了生产成本的估计值。他们说使用这种新材料会使每个安全套的成本增加 50 美分到 1 美元。你购买了一些市场研究报告，拿出电子表格，开始计算数字。然后你回来跟管理部门说："这些市场研究报告表明，没有人关心病毒。我们想阻止细菌和精子。"因此，它看起来不像是一个大热门，因为没有理由让人们支付溢价。因此，公司放弃了。多年后，在 1988 年 6 月 29 日，你希望没有人记得，你把一种更好的预防艾滋病（AIDS）的安全套束之高阁，因为《洛杉矶时报》报道称，加州大学洛杉矶分校（UCLA）的一项研究发现，特洛伊罗纹天然安全套和特洛伊罗纹安全套是美国最糟糕的安全套之一，它们在阻止艾滋病传播方面的效果令人怀疑。❶

你能预见艾滋病吗？也许能，也许不能。但这无关紧要。关键是，即使在 20 年前，你也不需要有这种远见：病毒性疾病迟早会通过性行为传播。因此，

❶ Allan Parachini, "Condom Study Finding Wide Differences among Brands," *Los Angeles Times*, June 28, 1988, http://www.aegis.com/news/lt/1988/LT880613.html（2005 年 10 月 22 日访问）。

你本应该得出这样的结论：你的公司将探索许可引进这项专利作为一种对冲手段，以防未来出现基于病毒的性传播疾病。当然，你不会建议将其匆忙投入生产。毕竟，很难证明经营一家工厂并试图销售一种没有需求的产品是合理的。

现在，你可以抛开这个例子，但是一个基本的事实仍然存在。在进行估值时，我们不是在计算绝对值，而是在计算期望值，也就是说，我们是在计算收入（无论是毛收入还是净收入）乘以实现这些收入的概率。我们将会看到，该概率体现在折现率中。要进行估值，我们必须对未来做出一些假设。

这些假设的质量取决于两点。首先是良好的市场研究，市场研究旨在减少关键假设的模糊性。我们越能确定用于研究的数字，我们的预测就越可靠。其次是直觉。有些人就是有更好的直觉。第一点是可以教的，第二点需要通过实践得来。在本章中，我们着眼于三组关键假设：收入、支出和风险。

基础：折现现金流

所有的估值方法都依赖于折现现金流分析（DCA）。在 DCA 中，首先，按时段计算收入。（有时，只计算出一段你能以合理确定性预见的时间，并使用残值或终值来表示可能存在收入的剩余时段。）其次，计算支出。再次，从收入中减去支出。这就得出了净现金流。最后，把未来几年的收入折现到现在。表 10.1 是笔者几年前使用印第安纳大学克雷格·霍尔登（Craig Holden）教授提供的说明构建的一个示例。[1] 如果你喜欢，你可以调整折现系数来反映风险随时间的变化。

听起来很简单，不是吗？确实如此。要变得更有趣，可以增加通货膨胀，通货膨胀也会降低未来赚的钱的价值。然后，如果要变得非常非常花哨，可以调整折现率和通货膨胀率，如表 10.2 所示。

表 10.1　NPV、一般折现率

输入						
时段	0	1	2	3	4	5
本期投资	$ 100.00					
未来现金流		$ 21.00	$ 34.00	$ 40.00	$ 33.00	$ 17.00
折现率		8.0%	7.8%	7.3%	7.0%	7.0%

[1] 该电子表格是在克雷格·霍尔登（Craig Holden）的指导下构建的（见 http：//www.bus.indiana.edu/cholden/smcf/Instruct.htm）。这个链接已不再有效，但印第安纳大学凯利商学院（Kelley School of Business）金融学副教授霍尔登有一系列关于使用 Excel 模型学习金融科目（包括估值）的著作，见 http：//www.excelmodeling.com/。我强烈推荐这种方法。

续表

使用时间线的净现值						
时段	0	1	2	3	4	5
累计折现系数	0.0%	8.0%	16.2%	24.7%	33.4%	42.8%
现金流	($ 100.00)	$ 21.00	$ 34.00	$ 40.00	$ 33.00	$ 17.00
每笔现金流现值	($ 100.00)	$ 19.44	$ 29.26	$ 32.08	$ 24.73	$ 11.91
净现值（NPV）	$ 17.42					
t 日累计折现系数 = ［1 + （*t* − 1） 日累计折现系数］ × （1 + *t* 日折现率） − 1						
每笔现金流现值 = （*t* 日现金流）/（1 + *t* 日累计折现系数）						
NPV = 所有时段每笔现金流现值的总和						

表 10.2　实际折现率、通货膨胀率、NPV、一般折现率

输入						
时段	0	1	2	3	4	5
本期投资	$ 100.00					
未来现金流		$ 21.00	$ 34.00	$ 40.00	$ 33.00	$ 17.00
通货膨胀率		3.0%	2.8%	2.5%	2.2%	2.0%
实际折现率		5.0%	5.5%	6.0%	6.5%	6.5%
使用时间线的净现值						
时段	0	1	2	3	4	5
名义折现率	0.0%	8.2%	8.5%	8.7%	8.8%	8.6%
累计折现系数	0.0%	8.2%	17.3%	27.4%	38.7%	50.7%
现金流	− $ 100.00	$ 21.00	$ 34.00	$ 40.00	$ 33.00	$ 17.00
每笔现金流现值	− $ 100.00	$ 19.42	$ 28.99	$ 31.39	$ 23.79	$ 11.28
净现值（NPV）	$ 14.87					

估值方法

评估技术价值的主要方法有五种，其中有三种是有道理的，另外两种是愚蠢的。显然，你要使用有道理的方法，除非与你谈判的人比你更愚蠢，否则你不会使用愚蠢的方法。

非愚蠢的方法

最被广泛接受的是“市场法”。在这种方法中，一项技术的价值是由它的市场价值来体现的，而它的市场价值是技术产生的净收入折现到现在的价值。由于我们往往没有销售数据作为预测一项新技术收入的基础，因此，一种常见的方法是使用一个或一组通过查看类似产品的销售情况构建的基准，并通过调整这些基准以适应这种特定技术来构建预测的收入。例如，我们可以做两个SWOT分析，将我们的基准技术及其市场渗透率与我们当前的技术及其情况进行比较，以便为进行这种调整提供一些依据。

“收入法”聚焦于确定技术产生收入的潜力。在这种方法中，一项技术的价值是对一家公司如何利用其资产在其持续经营中产生净现金流的分析中的剩余价值。要使用这种方法，我们要么需要一个持续存在的实体，要么需要有能力构想一个通用的组织实体，即“典型的”公司。我们还需要假设，在过去做出贡献的知识资产将如何与它们在未来做贡献的方式相关联，或者行业的普通企业（performer）将如何使用其资产。

无论哪种情况，我们都依赖以下公式：

$$净现金流=经济绩效=x(实物资产)+y(金融资产)+z(无形资产)$$

其中x、y和z代表单位资产对绩效的贡献。对于这个公式，我们要做的是剔除已知的贡献因素，即实物资产和金融资产（资金—现金）。这就给我们留下了未知的因素，即无形资产。

为了计算这些无形资产的价值，我们可以使用无形资产价值计算（CIV）法。其工作原理如下：

步骤1：计算某个合理时期（比如三到五年）的平均税前收入。这可以在公司的损益表上找到。

步骤2：计算该时期的平均年终有形资产。这个数字来自公司的资产负债表。

步骤3：计算资产收益率（ROA）。ROA常用于衡量一家公司相对于其总资产的盈利能力。计算方法是将公司的年收入除以总资产，从而得到一个百分比。一个简单的公式是：ROA ＝净收入/净资产。通常，ROA因行业和公司而异。更准确地说，我们可以将利息费用加到计算中，这样我们就可以将运营成本用于ROA ＝ EBIT（1－税率)/总资产＝[净收入＋利息费用（1－税率)]/总资产，其中EBIT是息税前利润。

步骤4：在同一时期，找出行业的平均ROA。这是可以通过搜索网络查找到的内容。

步骤5：计算公司的超额ROA，即（行业平均ROA乘以公司的有形资产）减去步骤1的税前收入。计算结果可以告诉我们这家公司从其资产中赚了多少钱。

步骤6：计算这一时期的平均所得税率，并将其乘以超额ROA。从超额ROA中减去这一结果，就得到了由无形资产而产生的税后溢价。

步骤7：如果你想要一个现值，可以用公司的加权平均资本成本来计算该结果的折现值。

问题是，我们仍然需要分析无形资产的收益，以找出其中有多少归因于一般知识产权。因此我们开始剔除更多的东西，这次我们剔除应归于商誉、供应商的可靠性、员工的专业性等因素的百分比，直到我们最终得到来自相关公司的知识产权的贡献。当然，我们还没有完成，因为剩余的是所有知识产权的贡献。我们现在必须确定这个“平均”收益率是否可以用作计算我们特定技术价值的基础。我们必须根据那些作为计算无形资产价值基础的知识资产，对这一组知识资产的所有独特方面进行调整。

概要：不管你怎么看，做彻底的分析是一件令人头痛的事情，而且还有点像“巫术”（black art）。但是，有时候这是你所能做的，而且有时候它比使用市场价值更有意义，比如当你在计算知识产权对一家在寻求风险投资或合资的公司的贡献时。

最后一种有意义的方法是“拍卖”。拍卖只应在下列情况下使用：技术的卖家有议价能力；技术容易被许多买家理解；可以设定一些基础费或参与费（因为拍卖你的技术却一无所获将是一件非常糟糕的事情）；并且这个过程具有“诚信”。我们所说的诚信是指它可以被信任。例如，如果你使用密封递价拍卖，所有竞拍者都使用一种标准格式，这样苹果就可以与苹果而不是与橙子进行比较，你还可以向所有竞拍者提供一个原型许可或其他交易协议，这样他们就可以将交易条款考虑在竞拍方式中。

拍卖实际上是建立一个市场。显然，如果有足够多的参与者参与竞拍，就会出现公平的市场价值。

愚蠢的方法

“成本法”询问的是复制这项技术的成本。它基于重置价值的概念，这是每个有保险，并且在事故中彻底毁坏了一辆车的人都知道的概念。当然，今天某件东西的成本可能不是它开发时的成本。毕竟，在科学和工程方面，总体上是有进步的，也有思想（ideas）的“泄露”，因此重置价值通常低于开发该技术的原始成本。

遗憾的是，重置成本并不相关。更糟糕的是，这是愚蠢的。正如我们在本书中反复讨论的，作为买家，我所关心的是我要购买的商品将为我创造多少净效用。你创造它的成本与它对我的价值毫无关系。它对我的价值取决于我如何使用它。这一点以及我无论出于什么原因想要它的程度决定了我将支付多少费用。因此，你获得或创造一项资产的价格不一定与该资产对下游收购者的经济价值相称。

假设你会弹钢琴。你决定在你的公寓里放一架钢琴，因此你查看广告，找到了一架立式钢琴，然后买下了它。但是你心慌了，讨价还价没把价格谈下来，价格反而谈高了。仅仅因为你支付了商定的价格并不意味着这是一笔好交易。也许你是个糟糕的谈判者，也许你就是亚伯·林肯（Abe Lincoln）所说的那类有时会被愚弄的人。

另一种有时使用的方法是25%法则。这是一条经验法则，它假设一项知识产权资产的价值约为使用该资产业务的税前毛利的25%。同样，这种方法也很愚蠢。在一篇题为“25%法则在知识产权估值中的应用”的文章中，罗伯特·戈德谢德（Robert Goldscheider）、约翰·雅罗斯兹（John Jarosz）和卡拉·马尔赫恩（Carla Mulhern）研究了许多行业的一系列交易，得出的结论是，不同行业的专利使用费有很大差异，25%法则作为粗略的经验法则仅适用于汇总的所有交易。[1]

如果你难以理解为什么这种方法是愚蠢的，就想象一下电视情景喜剧《天才小麻烦》（*Leave it to Beaver*）。丈夫工作了一整天后回到家，他又累又饿。他打开门，婴儿刚刚吐了，两岁的杰米脱下尿布到处乱跑，四岁的玛丽用蜡笔在墙上画画，妻子告诉八岁的约翰尼，“坐下，做作业。我得做晚饭，我没有时间一直告诉你把电视关掉”。完美的时机。作为温和可爱的丈夫，他对他的妻子说：“亲爱的，我到家了。我想你，想你的程度就像所有男人在所有时间想所有女人的平均程度一样。”“滚！听着！自己去做晚饭。”砰的一声。（那是卧室的门。哭泣声响起。）

就像我们的爱不是平均的一样，我们做交易也不是针对所有行业甚至一个工业部门中的“平均”技术。这笔交易针对的是当下的这项技术。因此，尽管找出将产生的价值分摊到对该价值有贡献的事物之间的方法是有意义的，但是基于过度汇总平均值（over - aggregated averages）的经验法则可能会导致一

---

[1] Robert Goldscheider, John Jarosz, and Carla Mulhern, “Use of the 25 Per Cent Rule in Valuing IP,” *les Nouvelles* (December 2002).

些相当离奇的结果。

非收入价值及其估值

请注意，你和另一方的“价值”可能不会被前述的任何方法完全“捕捉”。事实上，专利、商业秘密等的全部“价值”可能永远不会被收入完全“捕捉”，因为资产的部分效用存在于阻止他人从事法律原本允许他们从事的活动的消极权利（negative right）中。正如我们以前所说，价值是一个货币概念，它只是大致相当于效用，而效用是一个工具性概念。

考虑一下这样的场景。你有一项技术，你把产品引入市场，并获得了巨大的成功。你的技术受到一项非常强力的专利的保护，并且你以积极捍卫你的知识产权地盘而闻名。一个竞争对手考虑围绕你的专利进行设计，问题是他不知道如何做到这一点。因此，你的知识产权吓跑了这个潜在的竞争对手，他也不会着手计划开发和销售那些被你的专利权利要求涵盖的产品。

还有另外一种情况。假设一个竞争对手对你的一种产品进行逆向工程，并认定你侵犯了其权利。他开始考虑起诉。然后其中有人意识到：“哎呀，如果我们打击他们，我们可能很容易被反击，因为我们的这种产品可能侵犯了他们的专利权。”所以你的专利组合有了额外的效用，这是因为你的专利组合使竞争对手在对你施行其知识产权时因担心遭到报复而变得小心谨慎。

在这两种情况下，你可能永远不知道你自己距离竞争有多近。即使你确实知道，但因为它并没有发生，预测对你收入流的经济影响也是非常困难的。竞争对手让你大吃一惊还是把事情搞砸？有多严重？

获取这些非价值效用的一种方法是使用记分卡。在记分卡方法中，要定义创造效用的知识资产的各个组成部分，并创建索引（通常为序号），用于创建记分卡的表现形式。在这一方法中，加权综合指数等可能包括在其中，也可能不包括。

收　入

在达莫达兰（Damodaran）的《投资估值》（*Investment Valuation*）中有一句很棒的话：估值中的单调乏味在很大程度上是必须估计现金流的直接结果。[1] 显然，要估计收入，我们需要知道将会赚多少钱、在何时赚，以及赚了多久。

---

[1] Aswath Damodaran, *Investment Valuation* (Hoboken, NJ: Wiley, 1996).

一般来说，我们期望看到J曲线。在研发和产品开发期间，收入是负数。随着时间的推移，累计收入会增长，直到在其他条件相同的情况下，市场饱和时，收入增长趋于稳定，因为剩下的唯一购买是替代购买（replacement buying）。图10.1所示为一条J曲线。

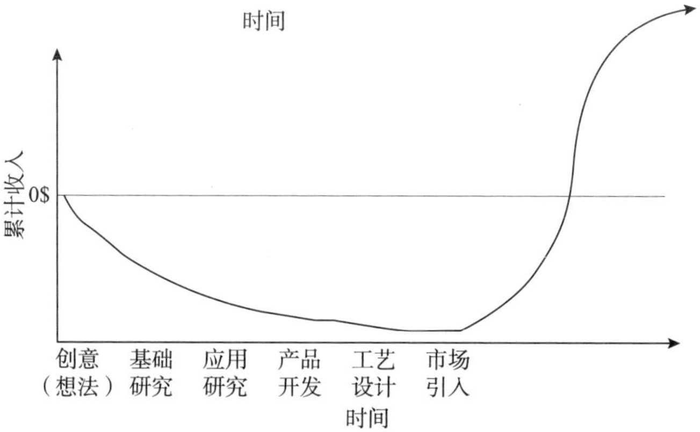

图10.1　收入的J曲线

根据我们为谁做估值，我们可能关心，也可能不关心负收入。例如，如果我们为被许可方做估值，我们就不关心在获得该技术之前的损失。那不是我们要处理的问题。

我们可以用圆珠笔作为例子来说明这一点。圆珠笔是由美国制革工人约翰·劳德（John Lou）发明的。他发明了一种带有储墨器和滚珠的装置，这种装置可以用来将浓墨水涂在皮革上。1888年他获得了专利，但他的笔一直没有生产出来。在接下来的30年里，大约有350项类似装置的专利被授予，但是因为所使用的墨水的原因，它们都没有进入市场。（你们当中有多少人年龄足够大，还记得口袋保护器吗?）有些墨水很稀，导致笔渗漏墨水。有些墨水太浓了，把笔堵塞了。还有一些墨水对温度敏感，既渗漏又堵塞。

拉迪斯拉斯（Ladislas）和乔治·比罗（George Biro）解决了墨水问题，但即使是他们的笔，也是在亏损多年之后才获得了成功。在1935年，拉迪斯拉斯还是一名编辑，当时他受够了钢笔，钢笔容易产生污迹、需要重新加墨水，并且由于笔尖锋利，经常会弄破新闻纸。然而，在第二次世界大战开始时他们逃离匈牙利前往阿根廷，并在逃亡期间在巴黎申请了一项新的专利，在此之后，他们的笔才被制造出来。不幸的是，他们的经验也凸显了让最终用户尽早参与开发的重要性。他们的笔是依靠重力来吸墨水，因此它必须上下垂直才能使用。靠重力来吸墨水也意味着，如果你停下笔来思考，就会在一处有一团墨水。最初的比罗笔*是一场市场灾难。然而，比罗兄弟俩回到实验室，设计了一种利用毛细作用的笔，在这种笔中，球的作用就像海绵一样，使笔可以被斜着拿。不到一年，这种笔就在阿根廷各地开始销售。即使那样，他们也没钱了。为了使英国皇家空军飞行员可以在更高高度的战斗机上使用可书写设备，英国政府通过许可得到了他们的专利权，在此之后，他们才获得了真正的成功。正是飞行员的成功使用使比罗笔在经济上获得了成功。❶

这个例子凸显了J曲线无处不在。就圆珠笔而言，它很容易被认为是“更好的捕鼠器”，但它仍然花了大约十年的时间才真正完成设计，达到收支平衡，并开始创造可持续的收入。当英国政府通过许可获得它时，其估值基础是喷火战斗机（Spitfire）作战时需要的东西，而不是比罗兄弟花了多少钱，也不是他们经历了多少艰辛。

顺便说一句，比罗兄弟最终来到阿根廷的原因凸显了做好“电梯演讲”的重要性。在海滨度假时，他们碰巧遇到了阿根廷总统奥古斯丁·贾斯托（Augustine Justo）。兄弟俩向他推销，给他展示了他们的圆珠笔原型，贾斯托总统鼓励他们到阿根廷制造圆珠笔。到 1943 年，他们已经在阿根廷生产了。

当然，我们已经从之前的市场规模评估中获得了基本的收入评估，在这里要调整的正是这一评估。我们需要做三组调整。

第一组调整与我们的数据点在时间上的分布有关。交易的规模将决定我们是否需要对专利的寿命或知识产权的可用年限进行逐年估算。交易规模越小，我们估算的自由度越大。例如，我们可以估计达到盈亏平衡时的年销售额以及“起飞”时的年销售额。一旦曲线上升，我们就可以做一些直线或指数增长的假设，并用尽这些假设，直到曲线开始趋于平稳或由于饱和、竞争或过时而暴跌。对于规模很小的交易，我们可以进行一些市场评估，并根据需求的总体增长，采用适合该客户群的直线或指数增长率。

我们还需要根据评估目标改变产品的速度来进行调整，这一速度将影响销售的时间和持续时间。在图 10.2 中，从 P_1 迁往 P_2 或 P_3 将影响产品的变化速率。

---

* 一种圆珠笔。——译者注

❶ Idea Finder. com，“Ballpoint Pen，” February 2005，http：//www. ideafinder. com/history/inventions/story055. htm（2005 年 10 月 23 日访问）。

还需要进行另一项调整，以反映买家支付的价格中有多少可归因于这项技术。

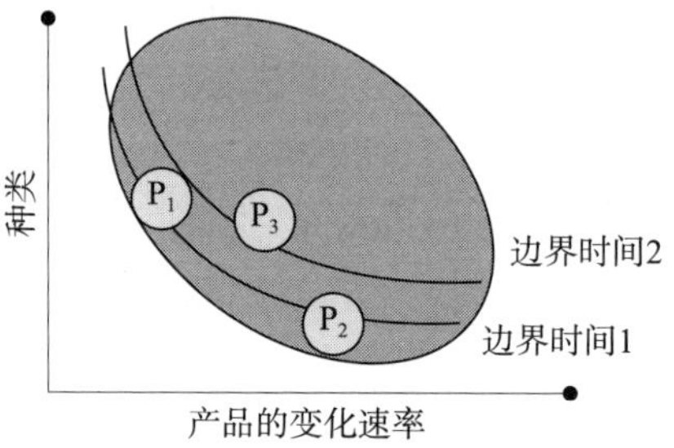

图 10.2 产品 – 市场的相互作用

有一个古老的禅宗故事，讲的是一名僧人在路上行走，此时一位王子驾着战车经过。王子停下来，调转战车，然后回到僧人身边。“你站在那里，”他说，“你是谁？”僧人回答：“你可以叫我普拉马哈（Pramaha），但那不是我。”王子生气地说：“和尚，你为什么嘲笑我？我会砍下你的头。”僧人平静地说：“你乘坐的是什么？”“怎么了，一辆战车。”“如果你拿走轮子，它还会是战车吗？”“嗨，当然是！”王子回答。“如果你把轮子放回去，但把缰绳拿走，它还会是一辆战车吗？”“是的，是的，”王子不耐烦地说。“如果你把缰绳放回去，但把轭卸下呢？”“当然是，”王子说。当他开始理解这种模式时，回答的速度变慢了。“这就是为什么我的名字是普拉马哈，但那不是我，”僧人笑着说。

这个寓言的要点是整体不同于各部分的总和。通过对产品、过程或服务进行功能分解，我们可以探测整体的价值有多少归因于我们的技术所代表的那部分。轮子不是战车，但如果没有它，那将是一个糟糕透顶的装置。因此，其价值可能是巨大的，因为该功能在最终用户看来很可能是至关重要的。相比之下，缰绳也许是可以被替代的。也许可以训练马，使其对声音指令做出反应。在这种情况下，我们会觉得缰绳的价值小于轮子的价值。请注意，我们正在做的是将每一项与所有其他项进行比较，并询问其重要性。这种方法被称为层次分析比较法或 AHP（见表 10.3）。[1]

[1] 见“Spatial Decision Analysis,” n. d. , http://www.gpa.uq.edu.au/courses/GEOM/3002/w8_decisions.pdf（2005 年 10 月 26 日访问）。

表 10.3 AHP 示意

（重要性：1—较不重要，2—同样重要，3—更重要）	轭与……比	轮子与……比	缰绳与……比
轭	N/A	3	2
轮子	1	N/A	1
缰绳	2	3	N/A

还有其他可以使用的方法，例如多属性权衡系统或交易卡。❶

如果功能已经存在于产品中，那么我们可以使用当前功能的价值作为评估我们的技术可能代表的价值百分比的起点。

我们做过一个涉及电光发色团的项目，该电光发色团用于电信板中芯片到芯片和芯片到板的小规模光互连。光互连取代了在印刷电路板上提供电连接的金属迹线（metallic traces）。由于在缩小组件尺寸的同时增加了组件的功能，传统的铜互连越来越难以满足微电子电路在延迟、热、噪声、功率和带宽方面的设计要求。

我们从市场调研访谈中了解到，该行业对价格敏感，因此以与当前互连大致相同的价格引入光互连产品非常重要。遗憾的是，我们找不到电互连的价格，我们能找到的是带有组件和互连件的电路板的平均价格。通过与多位专家交流，我们快速调查了互连件占整个电路板价格的百分比。知道了传统电路板和传统电互连件的价格，我们就可以估算出我们的互连收入。然而，我们需要对该数字进行调整，因为电光发色团可能对涉及传递信息的无源互连重要，而对于执行计算的有源互连不重要。一旦我们估计了有源元件与无源组件的比例，我们就可以计算电光发色团的价值，因为我们知道制造它们的成本。有趣的是，因为它们的制造成本更低，所以它们的价值很可能会大于它们将取代的电互连。

如果功能是新的，我们可以通过询问人们愿为该功能支付多少费用来获得一个估计值。他们常常不知道如何回答，因为他们以前从未考虑过这个问题。在这种情况下，如果他们有“愿望清单”价格，对于询问他们愿意支付多少费用是有帮助的。这个价格至少给了我们一个估价的基础。

❶ 见 Bureau of Reclamation，“Multi – Attribute Tradeoff System（MATS），” n. d.，http：//www. usbr. gov/pmts/guide/toolbox/mats. html（2005 年 10 月 26 日访问）；Bureau of Reclamation，“Trading Cards，” n. d.，http：//www. usbr. gov/pmts/guide/toolbox/tradingc. html（2005 年 10 月 26 日访问）。

我们还可以针对产品、服务或过程的每个功能、组件或特征，询问其对最终用户的重要程度。我们询问最终用户，如果该功能、组件或特征缺失，该产品的价值会损失多少，或损失多少百分比。(我们可以给他们打电话，直接问他们；也可以通过市场调研来评估他们的反应。)

请注意，西方文明中有一种假设，即整体“大于”各部分的总和。就知识产权而言，偶尔会出现部分“大于”整体的情况。这种情况最常见于柔性工艺技术（flexible process technology）。

假设你在制造电信用的印刷电路板。举个历史上的例子：一种细间距表面贴装机（fine pitch surface mount machine）——这种机器可以在不需要通孔的情况下将组件贴放在电路板上。在表面贴装组件能够大幅降低此类产品的尺寸和重量。因此，它被广泛采用。

在印刷电路板行业，公司的利润非常微薄。因此，他们不喜欢投资，除非客户需要特定的工艺技术，客户愿意为此支付足够的费用并且合同涵盖了设备的成本。假设你有一个手机客户，他要对组件进行表面贴装。你购买了机器，制作了电路板。这项技术的价值最初等于你根据该合同获得的增量收入，因为你做的是表面贴装而不是通孔安装。但是，实际价值要大得多，因为你仍然拥有这台机器，有了它，更容易赢得其他合同，并在作业期间获得更大的收入。如果增量足够大，这台表面贴装机增加的价值可能会超过你生产线其余部分的价值，这将反映在盈利能力的大幅提升上。

特定技术还可以为被许可方（或其他合作伙伴）的多种产品创造价值。当一种产品与现有产品有协同作用时，它的推出会刺激现有其他产品的销售。因此，每次销售协同产品时，都会因其对营销的贡献而增加一些增量价值。

同样的方法也适用于堆叠（stacking）和捆绑（bundling）。当需要获得几项知识产权许可才能将产品推向市场时，就会发生堆叠。在生物技术领域，经常发生专利堆叠。商标可能与外观设计或实用新型专利堆叠，如果美国专利No. 6, 951, 499 “Toy Sword with Contact Indicator”（带接触指示器的玩具剑）的被许可人在销售该玩具剑之前从卢卡斯影业公司（Lucasfilm）获得了“Star Wars”（星球大战）商标的许可，就会出现这种情况。[1] 捆绑用于需要知识产权组合的情况，例如波音公司（Boeing）雇用我们研究降噪技术组合的市场，

---

[1] 见 Cecile B. Corral, “The ‘Star Wars’ Licensing Empire Strikes Back,” *Discount Store News* (June 7, 1999), http://www.findarticles.com/p/articles/mi_m3092/is_11_38/ai_54943702（2005 年 10 月 25 日访问）。

或者康宁公司（Corning）要求我们研究碳技术组合的市场。在这种情况下，组合被重组为满足共同需求的集合或捆绑包。捆绑可以作为一种规避收入流时间限制的方式。就某些软件而言，版权可能会与专利捆绑在一起。专利只有20 年的有效期，而版权要长得多。如果一项技术诀窍的商业秘密与一项制造方法的专利捆绑在一起，那么在专利到期后，该交易中的商业秘密部分仍然能够产生收入。

在这两种情况下，都会出现这样的问题：堆叠或捆绑包的每个组分为整体增加了多少价值？如果孩之宝（Hasbro）小雕像只是一只毛茸茸的大野兽而不是丘巴卡（Chewbacca）的话，它对热爱“星球大战”的孩子来说就没那么值钱了。

第二组调整与我们预期的合作伙伴有关。在我们之前关于市场规模的讨论中，我们探讨了市场份额是如何以我们的技术对其最终用户的感知合意性（perceived desirability）为基础的。此时，我们需要考虑作为技术（或产品）供应商的目标公司无论是独立的还是与我们建立某种伙伴关系时的市场力量。我们针对目标公司的市场份额及其品牌忠诚度对先前的估值进行调整。如果他们的产品和服务有很高的溢价，对收入的商誉调整可能是合适的。

第三组调整与客户细分有关。不同的客户群可能会对特征、功能和组件带来的价值有不同的看法。因此，为了正确地评估一项技术，我们可能需要按客户群来估算价值。以市场份额很小的廉价六边形透明塑料 BIC® Cristal® 笔为例。有些人会花更多钱买一支更舒适的笔，比如模仿钢笔形状的 BIC® Select，但其他人不会。因此，我们实际上有两个不同的客户群。

简单的部分到此为止。现在我们必须确定这些数字，这样我们才能相信它们是有意义的。也许最简单的方法是给一群专家打电话，问问他们对你的预测的看法，然后对他们的估计取一些平均值，以纠正你的预测，并加以应用。问题是你最终遇到的可能是一群没有检验过他们自己的假设的人。因此，你可能只是在预测集体的愚蠢行为，就像 1948 年，当时许多报纸的头条都写着“杜威（Dewey）胜出”，当选票统计出来时，结果却发现他输了。[1]

我最喜欢的个人误判是传真机。当我第一次读到有关传真机的文章时，心里想：“多么愚蠢的想法。谁愿意先在电脑上敲出文件，再将它打印出来，通过电话线传输它，然后在另一端的电脑上重新输入。为什么不通过

[1] 见 PBS. org，“Truman versus Dewey，” 2002，http：//www. pbs. org/wnet/historyofus/web13/segment5_p. html（2005 年 10 月 22 日访问）。

FTP（即文件传输协议）直接进行电子传输呢?”当然，我是错误的，但我的直觉很好。从现在起十年后，孩子们会问什么是传真机。但当时我没有检查我的假设。如果我当时检查了我的假设，我会很快意识到：我是早期使用电脑和互联网的极少数人之一。幸运的是，当时没有人聘请我来评估传真机的市场规模或价值。当然，如果当时有人聘请我，我会检查我关于计算机使用和互联网接入的假设，希望不会犯这一错误。

挑战在于将假设与实际购买行为关联起来。如前所述，最简单的方法是找到一个相关的可比（comparable）对象，然后根据该情况和你的情况之间的差异调整这个可比对象。为此，SWOT 是有帮助的。与以前一样，我们将我们的商业化策略的优势和劣势与我们在基准中所采用的商业化策略的优势和劣势进行比较。

例如，如果我们要评估圆珠笔作为一项技术的价值，我们可以将钢笔视为基准。1884 年，纽约的一位保险推销员沃特曼（L. E. Waterman）为一种成功的钢笔申请了专利。在接下来的 60 年里，它成为永久性书写工具的主导设计。[1] 与圆珠笔的情况一样，沃特曼并不是第一个提出这一创意的人，现存最古老的钢笔是 1702 年在法国制造的。约翰·雅各布·派克（John Jacob Parker）在 1831 年申请了一种自动填充钢笔的专利。然而，就像圆珠笔一样，早期的钢笔也有墨水泄漏等问题。沃特曼所做的就是在笔尖上增加了一个气孔。他还在进料机构内部设置了三个凹槽，从而控制了泄漏率。他的动机是因为他的一支漏墨水的钢笔毁掉了一份有价值的合同。接下来是一段适应性创新的时期，例如，利用带有按钮状装置的压力袋来填充钢笔和利用杠杆填充装置来填充钢笔，前者为派克钢笔提供了基础，后者为谢弗（Schaeffer）钢笔提供了基础。[2]

请注意，这一类 SWOT 显然不同于我们之前为确定推出策略（launch tactics）和合作伙伴而做的那些 SWOT。这一次，假设我们与将要进行谈判的目标是合作伙伴关系。然后，将我们所处情况中的机遇和威胁与基准中的机遇和威胁进行比较。这一次，行与列的交叉点（intersection）包含了需要做出的调整，以使基线（baseline）适应我们的情况。

需要注意的是：有时需要使用一个以上的基准。例如，几年前，我们预测了将人工饲养的北极红点鲑引入美国的收入流。我们使用了两个基准：罗非

[1] Mary Bellis, “A Brief History of Writing Instruments, Part 3: The Battle of the Ballpoint Pens,” *About* (2005), http://inventors.about.com/library/weekly/aa101697.htm（2005 年 10 月 23 日访问）。

[2] Mary Bellis, “A Brief History of Writing Instruments, Part 2: The History of the Fountain Pen,” *About* (2005), http://inventors.about.com/library/weekly/aa100897.htm（2005 年 10 月 23 日访问）。

鱼，在引入之前，它在美国市场上像红点鲑一样是不为人所知的；三文鱼(salman)，人们知道它是野生的，但在味道和质地上更接近我们常吃的鱼。为了对红点鲑的收入流做出预测，我们的最终预测考虑了这两组数据。

费 用

费用支出是在进入市场过程中和进入市场后需要支付的现金费用。图10.3 给出了消耗这些现金的各种任务种类。该图是美国政府国防科学委员会开发的一系列任务［被称为威洛比（Willoughby）模板］的扩展。我们扩展了这些模板，因为在开发它们时商业化并不是国防部（DOD）要解决的问题。

(采用 25% 规则的一个正当理由是，产品或服务越接近市场，产生的费用支出就越多。争论点是开发一项技术只占总成本的 25%。我们强调的是，真正涉及的成本多少是一个经验问题。你必须分析实际过程，并据此来估计百分

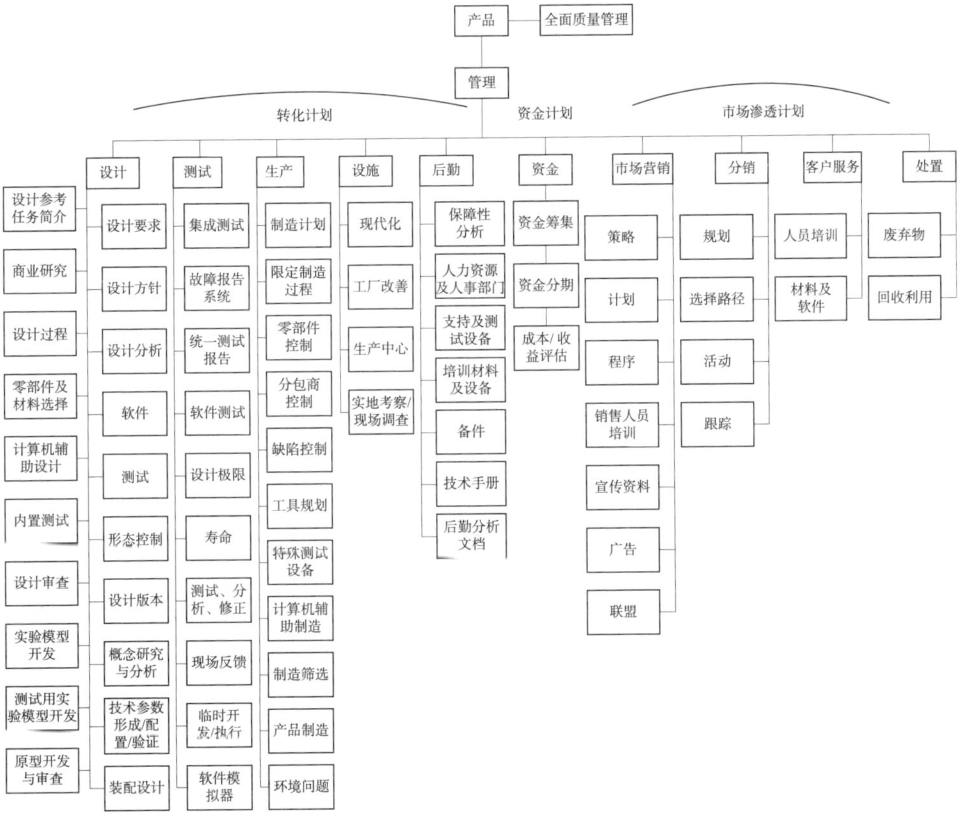

图 10.3 费用

比。）估算成本的简单方法是分析将一项技术推向市场所需的任务。任务图表中的每一个方框，如图 10.3 中的方框，都可以被视为一个巨大输入 - 输出模型中的“黑匣子”。对于每个方框，我们要确定我们可以使用的过程类型、这些过程所需的劳动力和其他资源，以及可能的输出。如果我们知道方框的吞吐量，我们就可以估计出一些绝对最低固定成本和随着单位数量波动的可变成本。我们还可以估算出完成这一过程需要多长时间。

我们可以通过两种方式连接流程。一些流程是沿着关键路径进行的。前面方框的输出需要作为后面方框的输入。其他流程可以在方便的时候执行，至少在一定的时间范围内。因此，我们可以在一个或多个序列中把方框串联在一起，从而为我们提供预算和估计产品销售成本的基础。

图 10.4 是渐进性创新市场进入任务序列的一个例子。这个例子来自远见科技公司（Foresight Science & Technology）的一种称为虚拟交易模拟器（virtual deal simulator™，VDS™）的工具。VDS™描绘了一项技术如何进入市场的路径，并提供了一个通用框架，用来确定如何在各方之间最好地分配任务。此时我们注意到，技术越渐进，VDS™的输出越像传统的项目甘特图。

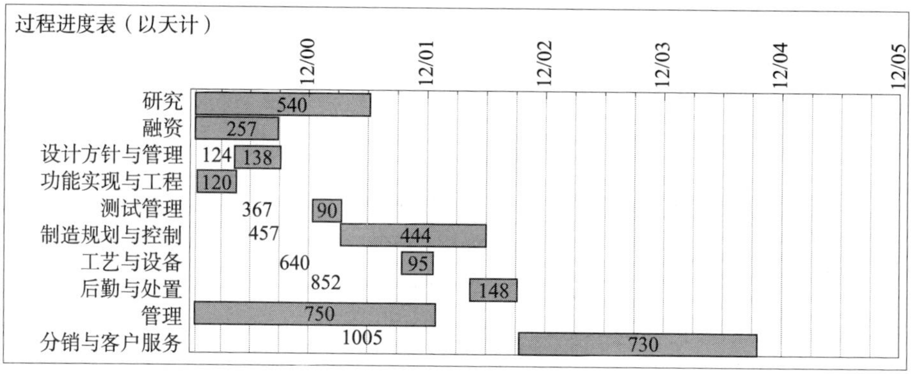

图 10.4 VDS™输出

当技术变得更具颠覆性和革命性时，该过程会形成循环，这是因为反复的研究、设计、工程和测试会被整合到原型制造之前的各种实验中，直到找到可行的解决方案为止。这是圆珠笔本应该发生的情况。相反，由于工厂是在依靠重力进料设计得到充分验证之前建造的，因此费用飙升。

无论如何，根据该进度表，任务决定成本（见图 10.5）以及费用支出发生的时间。显然，与革命性技术相比，确定渐进性技术的费用额和费用支出发生的时间更为容易，也更有把握，因为它们更接近于重复或在以前基础上的变动。事实上，正是重复性过程的本质使其适合于应用六西格玛法（Six Sigma）

及其他类似的质量控制方法，这些方法的重点是减少由于偏离程序或设计不良的程序而导致的误差。

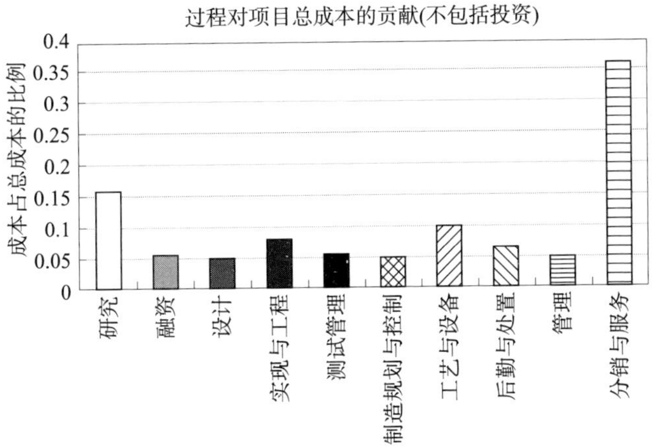

图 10.5　任务决定成本

相比之下，技术越具有革命性，越不可能有可用作开发基础的现成的生产过程和其他过程。事实上，伊恩西蒂（Iansiti）对大公司技术开发的研究发现，革命性技术开发需要不同于渐进性技术开发的方法。他的一些发现归纳于表 10.4。[1]

表 10.4　革命性技术开发与渐进性技术开发需要的不同方法

	革命性技术开发	渐进性技术开发
重点	强烈的研究重点、强调寻找新技术方案的外部知识	致力于当前生产过程的架构，强调技术的优化
实验	作为实验的一部分，广泛使用并行方法，包括模拟、实体模型和替代模型	选择性原型制作，快速有针对性的一系列迭代实验
项目团队	由大学和其他公司的合作伙伴或新员工参与的混合团队。成功与丰富的研究经验相关。在开发早期产品、服务或过程方面已有的项目经验并不重要	对现有方法和产品有丰富经验的人员，主要来自公司内部

与收入一样，费用估计可以是一般性的，也可以是针对具体目标的。通过对每个输入输出的方框进行可生产性分析，可以进行一般费用估计。快速而直

[1] Iansiti, *Technology Integration* (Boston: Harvard Business School, 1998), chap. 7.

接的方法是简单地打电话给几个潜在的供应商，问问他们外包这项活动要花多少钱。但是这种方法没有考虑经济性、学习曲线优势等。因此，必须对初始估计进行完善，考虑实际目标（和你自己）不断变化的能力，以及收益率的变化如何影响成本。

同样，圆珠笔也可以用来说明产品规模如何一方面影响费用支出，另一方面影响价格。1945 年 10 月，纽约金贝尔百货公司（Gimbels Department Store）以每支 12. 50 美元的价格售出了 10000 支圆珠笔，这被普遍视为美国历史上最成功的新产品发布之一。5000 多人挤在该百货公司的门口购买这种笔，这种笔是由米尔顿 · 雷诺兹（Milton Reynolds）雇用的 300 名工人在一家临时工厂制作的。雷诺兹是一名推销员，在阿根廷度假时他见到了比罗笔。他在没有得到比罗兄弟许可的情况下就开始了生产，因为那些专利大多已经过期。在产品推出的头三个月，雷诺兹在 38 个国家销售了 200 多万支圆珠笔，总收入为 570 万美元，净收入为 160 万美元。这样的数字带来了竞争。次年三月，艾弗夏普（Eversharp）和埃伯哈德 · 费伯（Eberhard Faber）（在此之前二人联手获得了比罗笔的专利许可）通过金贝尔百货公司的竞争对手梅西百货公司（Macy's）进入市场。他们的笔卖 19. 95 美元。不到两年的时间，竞争使每支笔的价格下降到 0. 94 美元。又过了一年，价格又跌到了 0. 39 美元。

经验是，随着销售的增长，引进更专业的方法和设备在经济上变得合算。一个现代的例子是吉列公司（Gillette）的一次性圆珠笔料斗，这种料斗被设计成将数千支笔导入两个通道。[1] 另一个例子是德国圆珠笔工厂的机器，它能够在 25 天内三班倒生产出 210 万支圆珠笔。芯体组装、冲压和笔芯装配机设有多个工位，包括将挤出的笔管从料斗储料装置送到链式输送机、热冲压、压平前端、前后端倒角、从不锈钢墨水罐填充墨水、给进并插入笔尖/金属珠、检测墨水和金属球、弹出不完整的笔芯、将良好的笔芯/圆珠笔移送到容器中，并对它们进行计数。[2]

对估值特别重要的是被称为销货成本（COGS）的那部分费用，COGS 有时也被称为销售成本。COGS 是指购买原材料、零部件、组合件等并将它们加工成成品所支付的费用。COGS 很重要，因为净销售额（销售额 - 退货和折扣）减去 COGS 等于毛利润。毛利润经常被用作计算专利使用费的基础，尤其

---

[1] WorkingModel. com, "Prototyping High Volume Production Equipment at Gillette Corporation, n. d. , http: //www. workingmodel. com/success/ss_gillette. html（2005 年 10 月 23 日访问）。

[2] "Ball Point Pen Factory Machines," Genu Industries Private Limite, 2005, http: //www. alibaba. com/catalog/10897971/Ball_Point_Pen_Factory_Machines. html（2005 年 10 月 23 日访问）。

是在涉及工艺改进的情况下。

使用 COGS 的原因有两个。首先，这些费用是制造产品或提供服务所需的直接费用。其次，这些费用被认为比其他费用更“客观”：

- 更主观的，比如要做多少营销或要承担多少利息；
- 更容易被操纵的，比如税收或一般费用和管理费用；
- 在后安然（Enron）时代，法律和会计等潜在的行贿资金。

快速回顾

我们现在已经处理了收入和支出费用的问题。有了这两点，我们就有了估计一项技术在其生命周期内的价值所需的一切；一项技术的生命周期被定义为从其诞生到其创收结束的时间。请注意，只要我们清楚我们使用的是什么数字，我们可以在任何时候停止估计，并将结果宣布为技术的价值。

净销售额 – 销货成本（COGS）= 毛利润

毛利润 –（研发费用 + 营销费用 + 一般管理费用 + 销售费用）= 营业利润

营业利润 – 收入所得税 = 净收入

净收入 + 折旧 = 总现金流量

总现金流量 – 营运资本的增加 + 固定厂房投资的增加 = 净现金流量

净现金流量 = 价值（折现前）

资产在其生命周期中的价值不是现值。现值表示的是其生命周期内的价值被简化成单个数值，即预测的多年净收入流的当前货币价值。简言之，如果你想放弃你所有权利的话，这就是你现在出售这项技术可以获得的金额。这相当于出售你的具有绝对所有权的房子，也就是说，不保留任何法定权利。

风　险

在做估值时，有三种风险：公司特定（firm – specific）风险、技术风险和市场风险。通常这些风险都被归并在折现率中，但更确切地说，只有前两种应该被归并在折现率中。原因是前两种风险在我们的控制之下，也就是说，如果我们有足够的钱，我们可以让前两种风险消失。市场风险则不同，不管我们投入多少钱，都无法控制它。

我们马上将研究这些不同类型的风险。此时我们关心的是为什么我们关心这些风险。从图 10.6 可以看出，答案是显而易见的，风险影响价值。价值是基于收入减去支出费用评估的。风险要么推迟我们获得收入的时间（或更糟的是，意味着我们没有收入），要么增加我们的支出费用。不论哪种方式，风险都会降低价值。因此，如果我们要使我们的技术价值最大化，我们就要弄清楚如何降低风险。

技术风险与该技术能否在所关注的指标上获得预期收益有关。一般来说，技术越成熟［技术就绪水平（TRL）越高］，技术风险越小。随着 TRL 的提升，技术要么有效，要么无效。不幸的是，当风险可能还不够小时，所需资金却越来越多。这个区域被称为“死亡之谷”（见图 10.7）。尽管如此，只要我们有资金来解决这个问题，我们就能确定技术是否成熟。

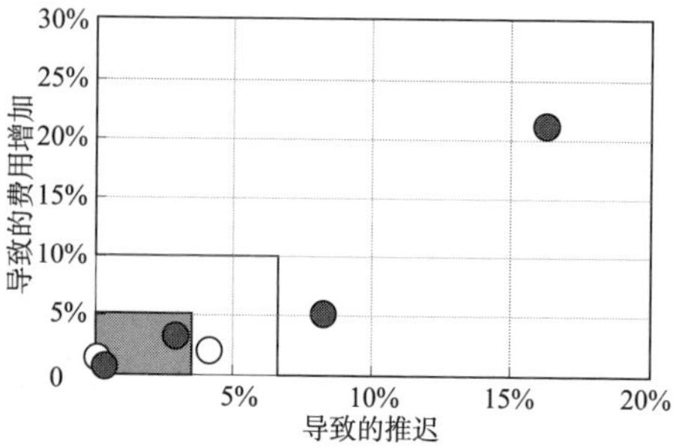

图 10.6 价值链上的所有风险导致的支出费用增加与收入推迟

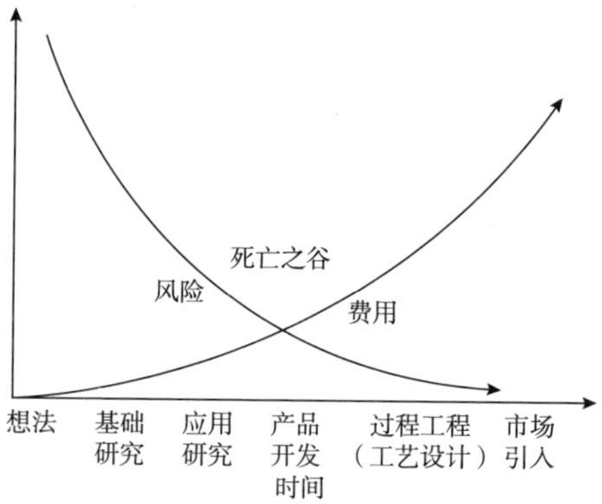

图 10.7 死亡之谷

同样，我们可以在生产方面投入资金。我们可以利用美国航空航天局（NASA）的工程制造就绪水平（EMRL）来衡量生产成熟度，从而衡量投入资金的效益。EMRL 衡量工艺成熟度，就像 TRL 衡量产品成熟度一样。EMRL 是按 1 到 6 的顺序等级来衡量的。[1]

（1）EMRL 1 产品设计/定义。为了开发系统、组件或物品的生产过程，我们需要知道我们想要生产的是什么。因此，只有在选定了相关的工程应用并研制了实验模型（breadboard）或测试用实验模型（brassboard）（即概念的实验证据）之后，EMRL 才会开始。在这个阶段，我们可以制作出核心部件，从而表明原型是可能的。生产是一种非正式的活动，是实验室人员作为研发工作的一部分来完成的。

---

[1] 改编。对于每一水平的完整定义，见 Thomas Fiorino，“Engineering and Manufacturing Readiness Levels—Fundamentals，Criteria and Metrics，” November 2002，http：//www. onr. navy. mil/sci_tech/industrial/nardic/docs/emrls. ppt（2004 年 10 月 4 日访问）。

（2）EMRL 2 产品集成。我们正在进行全新尝试的生产，但这次我们是在阿尔法测试级原型上进行的。同样，这是非正式的，是在实验室中完成的。

（3）EMRL 3 系统工程。利用原型，进行更正式的产品分析。尽管在产品经过阿尔法和贝塔测试、改进之后需要更改工艺，但可以验证并进一步定义基本的生产要求。可以评估以后用于生产和制造的材料，也可以评估生产设备本身。这样就可以编制预算和规划用于制造产品的工艺。生产工艺既可以是为特定产品而开发的新的生产工艺，也可以是现有的适用于制造这些产品的生产工艺。无论是什么情况，由于可以制订生产工艺，因此可以选择检验和测试设备，可以设定初步的质量和可靠性水平。换句话说，我们现在正在设计生产工艺，因此可以规划低速的批式生产或试验性生产。

（4）EMRL 4 产品演示。贝塔测试正在进行。此时，正在进行什么工作很清楚，因此，对放大生产工艺的规划正在进行中。尽管不一定都在控制之下，但现在确定所有质量和可靠性要求以及其他关键工艺特征是至关重要的。当底层系统、组件或物件达到高级开发阶段时，必须明确地定义物理和用户界面。

（5）EMRL 5 低速初期生产。随着贝塔测试的结束，最终的生产工艺设计可以完成，并进行中试试验。要么为新工艺建立一条试验生产线，要么证明使用现有的生产工艺可以制造出该产品。

（6）EMRL 6 全速生产。生产工艺现已全面实施。系统、部件或物件是在包括持续的产品/工艺改进的工艺下制造的。这是最高的生产就绪水平，此时，几乎没有任何工程/设计更改。可以应用六西格玛或其他先进的质控方法。

像产品风险一样，生产风险也有两个组成部分。首先是生产工艺成熟的程度，也就是说，我们以前是否做过，如果做过，可重复的程度有多大。其次是我们对自己正在做的事情的了解程度，正如我们之前看到的，这可以用博恩知识水平（Bohn Knowledge Levels）来衡量。米尔顿·雷诺兹的 300 名员工在一家临时工厂里用战争中不需要的备用铝组装圆珠笔，而一套全自动专用生产设备可在 25 天内生产 210 万支圆珠笔，这两者之间有天壤之别。在第一种情况下，我们可能有很高的可重复性，但那是由于技艺。技艺是通过学徒制来学习的，它既昂贵又难以重复。在后一种情况下，可重复性是坚实工程的结果。随着博恩知识水平的提高，可重复性的中心从工人转移到机器。

请注意，对于零部件和材料制造以及成品而言，可重复性的确定性是一个问题。回想一下，最初引入圆珠笔的一个主要障碍是发现一种可以在很宽的温度范围内均匀流动的墨水。20 世纪 40 年代出现了另一个墨水问题，这些笔不像广告上说的那样好用。他们书写不畅，墨水干得很慢，褪色，上帝保佑你别忘了你的口袋保护套，当笔漏墨水时，墨水不能从衣服上洗掉，而其他时候墨水就是不流出来。我记得小时候把点着的火柴靠近笔，试着在不熔化笔的塑料外壳的情况下让墨水流动。很明显，可重复性很低——有些笔可以用，有些笔不能用。事实上，到1951年，消费者已经受够了，而且钢笔的销量超过了圆珠笔的销量，因为墨盒等创新使得钢笔的使用几乎与圆珠笔一样方便。

小帕特里克·J. 弗劳利（Patrick J. Frawley Jr.）和弗兰·西奇（Fran Seech）也进入了这一领域，后者是一名失业的化学家，曾在一家圆珠笔公司工作，这家公司在20世纪50年代初的制笔业大萧条中破产。西奇在家里发明了一种新的墨水配方。1949年，小帕特里克·J. 弗劳利购买了西奇的配方，创办了弗劳利制笔公司（Frawley Pen Company），推出了首款可伸缩式圆珠笔尖和首款无污迹墨水。弗劳利对自己的墨水信心满满，想出了历史上最大胆的营销活动之一，号称“诺曼底计划”。弗劳利制笔公司的销售人员被训练得非常强势，他们会走进零售店买家的办公室，用笔在买家的衬衫上乱涂乱画。然后，如果墨迹洗不掉，他们会给这位经理人买一件更贵的衬衫。但这些衬衫确实洗得干干净净，于是“缤乐美”（Papermate）牌圆珠笔获得了巨大的成功，很快每年销售数亿支。

现在，如果我们想降低技术风险，我们就知道该做什么了。找一群聪明人，我们就能解决这一问题。可以利用各种资源来降低技术风险。我个人最喜欢的是“最佳制造实践项目”（Best Manufacturing Practices Program，BMP），见 http：//www. bmpcoe. org/。BMP 是由厄尼·伦纳（Ernie Renner）在1985年开发的一个美国海军项目，厄尼·伦纳现在是海军研究办公室的 BMP 项目、美国商务部和马里兰大学的合作伙伴。特别值得关注的是项目经理工作站（Program Manager's Work Station，PMWS）。

PMWS 是一套电子工具，旨在为用户及时提供采购和工程信息。PMWS 的主要组成部分是技术诀窍（know - how）、技术风险识别与缓解系统（Technical Risk Identification and Mitigation System，TRIMS）以及 BMP 数据库（BMP Database）。这些工具相互补充，为用户提供知识、洞察力和经验，以便在产品开发、生产等的所有阶段做出明智的决策。[1]

BMP 的 TRIMS 是基于威洛比（Willoughby）模板。

还有其他的解决方案。如果降低风险的传统方法不起作用，我们就设计一个研发项目来解决这个问题。如果内部和外部的研发都没有答案，我们仍然可以尝试使用 TRIZ（Teoriya Resheniya Izobreatelskikh Zadatch，即创造性地解决

---

[1] Best Manufacturing Practices，“Systems Engineering—PMWS Software：Overview，” n. d. ，http：//www. bmpcoe. org/pmws/index. html（2005年10月25日访问）。

问题的理论）等工具来帮助我们走出困境，找到可供探索的替代方案。或者，我们聘请顾问，希望他们能为我们提供帮助。

几年前，我们受雇于一家大型食品公司，当时正掀起一股补钙的热潮。消费者希望从橙汁到酸奶的各种食物中都含有钙，我们的客户响应市场需求，想在他们的产品中添加钙。问题是他们使用的防腐剂滤掉了他们添加的钙。因此，他们来找我们，要求我们找到一种新的防腐剂，这种防腐剂没有味道，并且不需要美国食品药品监督管理局（FDA）的批准。我们在澳大利亚找到了这种防腐剂。它是牛奶和奶酪生产的副产品，就像你从母亲的乳汁里得到的东西一样自然。

公司特定风险类似于技术风险，因为我们往往可以通过投入资金来减轻这种风险。毕竟，花那么多钱读 MBA 背后的假设是，你最终会成为一名更优秀的经理或公司领袖，因此，你在劳动力市场上的价值会更高，因为更优秀的经理会降低公司特定风险。（当然，这种降低公司特定风险的优越性假设是否得到了数据的支持，是一个经验问题。）

就公司特定风险而言，关键的问题是人。我们为一所重点大学做过一个项目，该大学开发了一个基于生物信息学的药物发现平台。问题是将这项技术对外许可还是将它分拆。这项技术可以支持分拆，因为大型制药公司就是将药物发现活动外包出去的。我们的数据表明，外包业务每年以 15% ~20% 的速度增长，到 2007 年将达到 20 亿美元左右。[1]

该分拆公司本来可以由一位即将退休的高级教员管理。他管理过一个研究室，里面有一些博士后、研究生和本科生。但是他从来没有见过工资表，也从来没有制造过台式“面包板”（benchtop breadboard）以外的任何东西。如果按原来安排的那样，分拆会产生太多公司特定风险。如果没有一个具备经营和推广业务技能的管理团队，是不可能成功的。我们建议让这位教授担任首席技术官（CTO），并确定了一家对投资和组建管理团队的其余部分感兴趣的风险投资公司。

我们将这种情况与英特尔公司（Intel）的成立比较一下。20 世纪 60 年代，鲍勃·诺伊斯（Bob Noyce）未能担任仙童半导体公司（Fairchild Semiconductor）首席执行官（CEO），所以他离开了。戈登·摩尔（Gordon Moore）和他一起离开了。他们打电话给风险投资家亚瑟·洛克（Arthur Rock），请求他

---

[1] Kerry A. Dolan, “The Drug Research War,” *Forbes* (May 28, 2004), http://www.forbes.com/insights/2004/05/28/cz_kd_0528outsourcing.html（2005 年 10 月 25 日访问）。

投资250万美元来创办一家新公司。洛克要求他们提供一份商业计划。诺伊斯打印了一页纸，上面写着：我们将在硅领域做一些有趣的事情，比如半导体存储器，我们是仙童半导体公司的创始人，我们将投入50万美元，占有公司的一半股份。基于推出硅晶体管的仙童半导体公司的成功，洛克筹集了另外200万美元。

和以前一样，也有很多工具。这些工具范围广泛，从大型的系统项目，如六西格玛（Six Sigma）或ISO 9000系列认证，到更简单的方法，如美国垦务局（U. S. Bureau of Reclamation）的“如何完成工作”（How to Get Things Done）。[1] 与这些方法相关的是统计工具和统计逻辑工具，如直方图、关键路径分析、误差模型和效果分析，或石川图（见图10.8）。而且，和以前一样，你也可以聘请顾问。

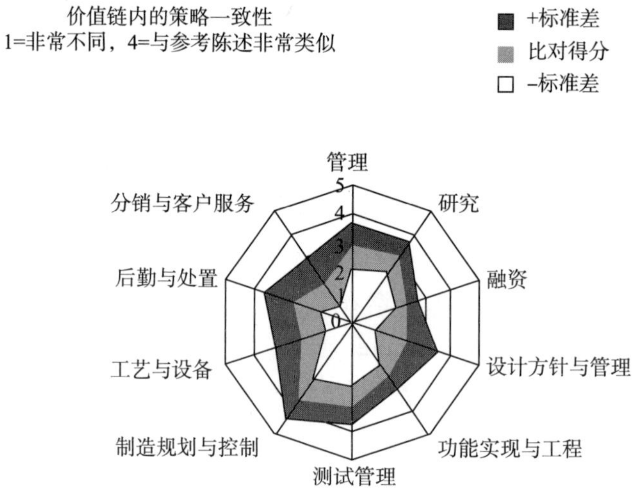

图10.8 与价值链策略的一致性

同样，重点是不要纠结于细节。重要的是公司特定风险是可以降低的。首先，要确保不要让“小丑”来负责项目。其次，要确保不管谁负责，都要有一种方法，使得所有人达成共识，并朝着同一个方向迈进。

市场风险则不同。下面是我们的J曲线。但是在图10.9中，我们在曲线周围增加了一个方框，以表示随着时间的推移，宽度上增加的一系列可能的变化，因为你走得越远，不确定性越大。我们需要“模糊”我们的收入预测，

[1] U. S. Bureau of Reclamations, “How to Get Things Done,” www. usbr. gov/pmts/guide/（2005年10月25日访问）。

因为我们无法控制市场。有人可能会推出一种新技术，使得我们的技术过早地被淘汰。或者竞争对手出于某种原因可能会发动价格战。政府有可能决定对我们的产品进行管控。换句话说，市场风险是存在的，因为任何预测实际上都是一种概率分布，在这种分布中，任何一年取得的确切收入都有点像是在掷灌了铅的骰子。有些数字有更大的可能性，但任何一个都有可能出现。蒙特卡罗（Monte Carlo）模拟法可以用来“模糊”这些预测，以考虑这种不确定性。

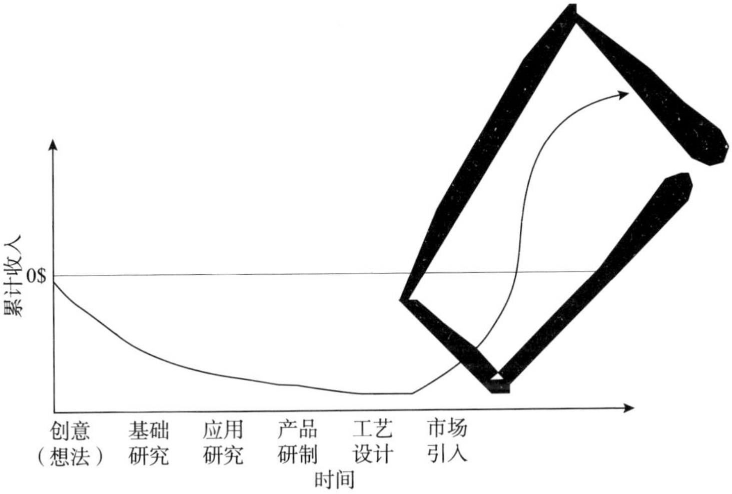

图 10.9 带有概率分布的 J 曲线

事实上，阿加瓦尔（Agarwal）和巴尤斯（Bayus）关于“新产品的市场演变和销售起飞”的研究凸显了推出创新的任何一家公司所面临的不确定性。他们的数据表明，在产品创新的市场演变和销售起飞中，新的竞争是一个非常重要的因素。在研究了 30 项存在良好时间序列数据的产品创新后，他们发现，通常在销售起飞之前，新市场中的竞争公司的数量急剧增加。竞争者较高的市场进入速度与较快的销售起飞有关。他们发现，在销售起飞期间，降价造成的差异占不到 5%，而新公司进入市场造成的差异几乎占 50%。圆珠笔就是他们给出的例子之一。

他们对于这一结果的解释是，销售起飞是供给曲线和需求曲线向外移动的结果，而需求曲线是被进入市场的公司外推的，因为新公司会做广告、推出产品改进措施、扩大分销，并且通常会提高消费者对创新的认识。与促销等相关的产品改进有助于克服消费者由于最初推出的产品或服务性能相对较差而不愿

购买的问题。❶

当然，我们可以再次降低风险。第一种方法是确保听到客户的声音（见图 10.10）。

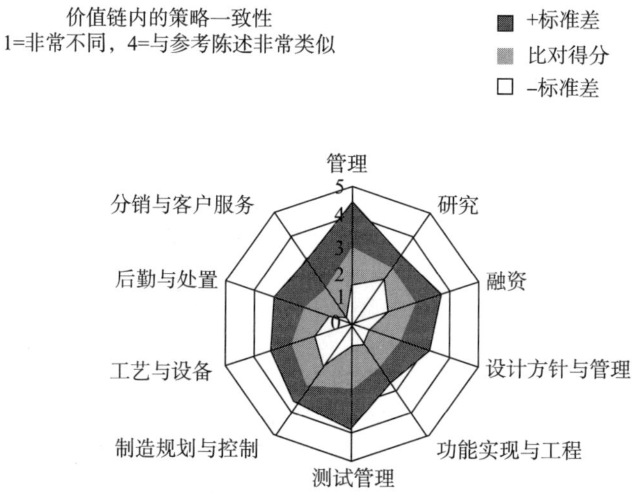

图 10.10　与价值链中的最终用户需求的一致性

并行工程是一种方法，质量功能展开（Quality function deployment）是另一种方法，焦点小组（Focus group）、调查研究和试销是确保我们倾听客户声音并将其纳入开发过程的其他方法。同样重要的是构建转型和渗透计划，以确保对客户需求的一致看法能够为构成价值链的实践提供信息。

我们知道，最初的买家通常会集中于基于技术性能的购买，而下一批买家会希望获得最佳价值主张，因此我们可以通过关注如何利用现有的主导设计和实践范例来设计最佳价值和性能。事实上，技术越具有革命性和颠覆性，我们就越希望通过关注成熟的市场利基及明确的需求和购买标准来平衡这种风险，即使这些利基市场很小。毕竟，最难获得的销售是第一批销售，因此最好是进入一个可靠的市场，而不是追逐投机性的“巨大成功”——尤其是当你没有雄厚的财力时。

好了，现在我们已经了解了各种风险的类型，接下来我们可以看一下它们如何影响技术的价值。如果我们是严谨的，技术风险和公司特定风险应当是我们估计价值时折现率的基础。因为我们可以控制这些风险，会在某一时刻说，

---

❶ Rajshree Agarwal and Barry L. Bayus, “The Market Evolution and Sales Take - Off of Product Innovations,” Department of Business Administration, University of Illinois at Urbana - Champaign, January 2002, http://www.business.uiuc.edu/research/020104paper.pdf（2005 年 10 月 25 日访问）。

"是的，它们消失了"，所以我们的折现应当随着时间的推移有一定的下降斜率或阶跃函数（至少假设我们忽略了通货膨胀）。另外，我们的折现中不应包括市场风险。相反，我们应该通过计算收入结果的概率分布来考虑它。然而，实际上，几乎每个人都把它们放在一起。

表 10. 5 摘自理查德·拉扎蒂斯（Richard Razgaitis）的《早期技术：估值和定价》（*Early - Stage Technologies*：*Valuation and Pricing*）。[1] 它提供了折现率的典型范围。

表 10. 5　折现率的典型范围

风险水平	大概的折现率（%）	说　明
无风险	10 ~ 18	现有产品，高需求，生产更多的该产品
非常低的风险	15 ~ 20	用于现有产品的、很好理解的新技术
低风险	20 ~ 30	新特征，引进到现有市场的充分理解的技术
中等风险	25 ~ 35	新产品，引进到竞争市场的充分理解的技术
高风险	30 ~ 40	新产品，引进到现有市场的没有被充分理解的技术
很高的风险	35 ~ 45	新产品、新技术、新市场
极高的风险	50 ~ 70	新公司，未经验证的技术，新市场

结　论

在本章中，我们讨论了如何对技术进行估值。关于如何进行估值，有很多好书。如何进行估值是商学院的固定课程。所以，在这上面花很多时间是没有意义的。因此，尽管我们介绍了折现现金流分析的基础知识，我们的讨论集中在要进行估值必须做的三组假设上：关于收入的假设、关于支出费用的假设和关于风险的假设。

要点很简单：

首先，尽可能保持简单，因为它有点像巫术。如果可能的话，进行基于市场的估值，因为：(a) 它是有意义的；且 (b) 它比其他选项便宜得多。

其次，在预算和时间允许的情况下，尽可能削减风险。你削减的风险越多，你的技术就越有价值。削减了风险，你就能降低折现率。(明智的方法通常有三种方案——高、中、低，并使用敏感性分析来确定影响差异的因素——这样你就知道应当将风险削减的重点放在哪里。)

[1] Richard Razgaitis, *Early - Stage Technologies*: *Valuation and Pricing* (Hoboken, NJ: Wiley, 1999).

最后，根据你的伙伴可能是谁来调整你的收入和费用。考虑他们利用你拥有的资源和削减风险的能力。这将使价值提升很多，因为他们有望一方面帮助你销售产品，另一方面利用规模经济、范围经济或网络经济以及一些学习曲线优势来降低成本。你做估值可能是为了向他们显示这是一笔多么划算的交易，因此你希望你的技术的价值尽可能高，同时保持可靠的学术诚信和良好的数据。

还有最后一个要点，我们在本章正文中并没有讨论，因为它是显而易见的。但如果不是，请检查你的电子表格。

附录 A　为什么实物期权法是浪费时间

就像与配偶、重要的人、父母、孩子和其他你可能喜欢的人（包括你的狗）的关系一样，有各种各样的方法可以让事情变得更复杂。在评估技术转移交易时，让事情变得冗余复杂的最好方法是使用实物期权法。原因很简单：正确使用实物期权法的成本非常高，即使这样，也不能给你提供很好的数据。实物期权法需要一个具有已知价值的参考组合，而这样的组合是很难创建的。此外，期权的价值会因持有人而异，也就是说，其价值取决于谁是技术的买家。尽管实物期权法适用于任何评估，但用实物期权法来做评估非常复杂，成本也非常高，以至于你觉得你应该得到比通常的估值方法好得多的东西。所以，除非你真的好奇，否则请跳过这一部分剩下的内容，因为你可能永远都不会使用它。

嗯，你是一个好奇的人。以下是两分钟的概述。之后，找一本关于实物期权的专著，并完成所有的习题。

当净现金流存在很大的不确定性时，纯粹的折现现金流估值法非常粗略，在这种情况下，实物期权法是有意义的。计算实物期权的前提是，通过将你的技术的价值与已知价值的参考组合进行比较来建立期权价值。问题是，技术（特别是当你在组织间转移它时）比金融期权的流动性差得多。它的流动性甚至不如石油（实物期权用于决定何时钻取油井）或房地产（你可以使用多个列表和法院记录来寻找可比数据）等商品。

按照达摩达兰（Damodaran）的方法，期权的价格等于已知的复制组合的价格，这种组合通常是一种无风险债券的组合，可以产生与被评估期权相同的现金流。[1] 因此，要评估技术期权，你需要：

■ 基础资产的价值，即所推出产品的净现值，已通过折现解决了不确

[1] 见 Damodaran，*Investment Valuation*。

定性；

■ 资产价值的变化，即根据我们分配给与我们预测相关的市场场景的可比数据或概率得出的先前商品的预期价值变化；

■ 期权到期时间，即知识产权保护到期或市场进入的机会窗口关闭的时间；

■ 执行价格，即技术商业化所需的开发和其他成本；

■ 无风险利率，通常设定为适当时期的美国国债利率；

■ 每年损失的收入流或股息收益率，即由于不能延迟行使期权或在行使期权后由于竞争者进入并攫取我们的部分市场份额而损失的多年现金流的年度成本。

不用说，确定使用实物期权所需的假设是件痛苦的事情。由于整个过程都假设管理层可以自由行使期权或不行使期权，实物期权在规划内部研发和制定知识产权管理策略（这不在本书的讨论范围内）方面的效果要比在达成交易方面的效果好得多，因为在达成交易方面，管理自由度开始迅速下降。正如老话所说，一个巴掌拍不响。

期权在任何时候的价值基本上都是上行潜在收益（upside potential gain）减去初始投资和进一步实现的当前成本（开发成本等）。上行收益受存在的市场风险量的影响。毕竟，风险越难以控制，期权的价值就越大。另外，技术风险或公司特定风险会降低期权的价值。这是因为这些风险可以通过花钱来降低。因此，风险的降低程度取决于管理层仅做此事和明智地做此事的自由度。如果你能够降低风险，那何必要购买对冲。

期权的好处是，除了初始投资外，任何负面结果都可以通过在上行价值低于成本的情况下不进一步投资来避免。在这种情况下，你不行使期权。

请注意，通常用于计算技术实物期权的方法有两种：二项法和布莱克-斯科尔斯（Black-Scholes）法。布莱克-斯科尔斯法有严重的问题，因为它假设收入分布是正态（高斯）的极限分布，并且商品的价格是连续的。它假设基于知识产权或其他资产的价格都没有任何跃升。正如罗伯特·克拉克森（Robert Clarkson）所说，这样简化的假设显然与现实世界的情况不一致。这使得依靠、使用这些假设作为一种识别、测量和管理现实世界中的风险的方式是危险且愚蠢的。[1] 不幸的是，二项法同样值得怀疑，因为二项法格使用的是离

[1] Robert S. Clarkson, "Financial Risk and the Markowitz and Black-Scholes Worlds," *Actuarial Approach for Financial Risks*, Colloquium Proceedings, Cairns, Australia, August 13-15, 1997, http://www.actuaries.org/AFIR/colloquia/Cairns/Clarkson.pdf（2005年10月26日访问）。

散时间法，它假设资产的价值会以特定的概率上升或下降。此外，我们需要对扩散参数（如随时间变化的波动率）做一些假设。因此，我们再一次对于结果产生了错误的确定感。

我个人认为，你不妨创建一个决策树，并为各个分支分配概率。请注意，通过这样做，我们所做的就是以广泛的形式勾勒出在游戏中的决策节点。选项存在于信息集中，而信息集是具有多个分支的决策节点。然后问题就变成了选择路径，如果存在的话，那么就应该选择包含主导策略的路径，也就是产生最高回报的策略。当每个参与者都遵循其主导策略时，我们就有了一个主导策略均衡。在理想情况下，当每个参与者都遵循其主导策略时，会存在一个“纳什均衡”。

第 11 章 做交易

做交易就是利用知识资产包来建立对交易各方在经济上都有利的关系。正如我们一再看到的，做交易的方式各种各样。你可以出售成品，或出售一个你刚刚想到的点子，也可以在这两者之间做很多事情。我们的讨论将不针对任何一种交易工具，比如许可、战略联盟、合资、股权投资等。我们要关注的是，什么使得交易值得去做，以及如何将其整合在一起，而不论所使用的具体法律工具是什么。

交易将一项技术产生的部分价值在各方之间分配，这部分价值是买方为获得这项技术而支付的现金。这些现金中的一部分被开发这项技术的一方获得，其余部分则被那些将其推向市场和为其提供市场支持的各方所获得。

做交易就像管理水权一样。图 11.1 中的照片是 2000 年的长江。[1] 左边是三峡大坝的建设地点。请注意，有两种方法可以用来分配这条河的水流。一种是分配水，一些水顺流而下流向城镇，一些被用于沿途的农业。这种分配关系到水权。以类似的方式，技术转移交易中的每一方都想从（现金）流中得到公平的份额。

大坝，像照片中的那个在建大坝，可以用来从河流中获取电力。同样，在交易中也有相似的情况。至少一方（受让方），通常是双方，希望从这笔交易中获得一些动力，用于推动其他的业务运营或销售。

做交易的目标是找到一个解决方案，让每一方都得到他们需要的东西，或至少得到一部分他们想要的东西，这样交易才值得签署。做交易通常不是零和博弈。因为各方的目标通常协同重叠，所以整体往往大于各部分的总和。

---

[1] NASA，Jet Propulsion Laboratory，California Institute of Technology，"Yangtze River and Three Gorges Dam，" September 7，2004，http：//asterweb. jpl. nasa. gov/ gallery - detail. asp？ name = Yangtze（2005 年 10 月 27 日访问）。

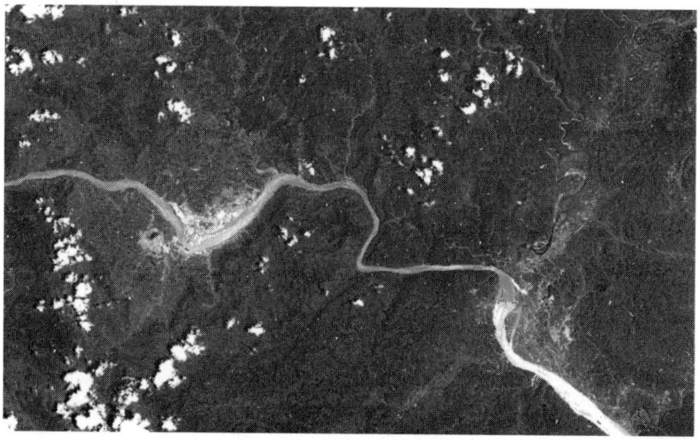

图 11.1 长江照片

资料来源：NASA/GSFC/METI/ERSDAC/JAROS 和美国/日本 ASTER 科学团队

这些目标通常是财务目标，例如："我需要用这么多净利润赚这么多钱。"可能还有其他目标，例如："为了拓展业务，我需要进入这个或那个市场利基"，或者"我需要在市场上打败那个狗崽子"。除非一方比较贪婪，或者有人严重错估了技术的价值，结果没有足够的价值来分割，否则没有内在的原因可以解释为什么目标不同就必发生冲突。

根据定义，每笔交易都涉及一种法律关系，因为交易是通过合同达成的。合同是双方或多方之间建立或修改法律关系的"慎重"协议。有时，合同是用来结束法律关系的。[1] 我们所说的"慎重"，是指各方在签订合同之前都对合同进行了仔细考虑。从博弈论的角度来看，我们可以说技术转移合同只不过是各方做出有约束力承诺的方式，以协调将想法转化为有用的东西的策略，从而使各方都能赚钱或获得其他利益。

每份合同都约束各方做或不做协议中阐述的某些具体的事情。由于所阐述的是将来要发生的行为，因此合同就是承诺。合同是塑造未来的方式，使之符合双方的共同利益——至少在签署之时是如此。

我们塑造未来的方式是转移权利，这当然是签署合同的"对价"。这些权利中的每一项都是属于合同一方且限制另一方的权利、特权、能力或要求。[2] 做一个排他许可，对于授予该许可的应用领域，你不能再实施你的发明。换句话说，权利就是自由行动的许可。

[1] Henry Campbell Black, *Black's Law Dictionary*, 4th ed. (West, 1968), 394.

[2] Henry Campbell Black, *Black's Law Dictionary*, 4th ed. (west, 1968), 1486.

权利赋予权利持有人在合同或法律规定的范围内控制他人行为的能力和权利。如果一方后来决定收回其对行使权利所隐含的能力和权利的同意，那么该权利的持有人可以要求国家的强制力，让这个该死的混蛋做他们所承诺做的事情。

当然，为了理解合同到底是怎么回事，我们必须研究一下法律语言中被重新表述的人类基本体验。各方都在寻求某种实质性的、真实的东西，以将其作为一种准道德义务，能够指导他们的集体行为。

基础知识就到此为止。幸运的是，我们可以把基础知识留给律师们。

在本章我们的工作是弄清楚我们想做什么，并且看看我们能让对方同意什么条件。一旦我们这样做了之后，律师们就可以确保协议以可以在法庭上强制执行的方式抓住双方想要的东西。如果交易设计得当，违约的净成本将会大于支持交易的净成本，即使双方在达成交易时的许多假设已发生改变。

从博弈论的角度来看，如果我们的工作做得好，我们将会创建一个由执行机制支持的联盟。一旦做到这一点，支持交易应该成为双方的主导战略。在协议期限内，应存在一个带有谢林点的纳什均衡。该联盟至少在协议所限定的行为范围内会作为一个团队，以便在所谓全球经济的更大规模的非合作博弈中追求其共同目标。

在本章中，我们将重点讨论两个主题：准备谈判和谈判。在准备过程中，我们将探讨如何审视所寻求的关系、维持这种关系所需的知识资产包，以及如何实现交易的经济问题。最后我们将讨论如何进行交易谈判，并探讨两组活动：设置阶段和完成交易。

谈判的规划

规划中有三个问题。

第一个问题是：我需要什么？这不是一个形而上学的问题。这是一个关于你为什么想要一笔交易而不只是自己单干的具体问题，是一个本质性的疑问。我们将使用交友资料来说明这一点。

你好。

我善于交际、聪明、随性。离开一段时间后，我最近回到了罗德岛州(RI)，我仍在重新适应。我是一个单身、有魅力的女性，我正在寻找一个可以成为朋友的人，将来可能会超出朋友关系，这取决于他。我身高 5 英尺 5 英寸，棕色皮肤的非洲裔美国人，齐肩棕色头发，棕色眼睛，笑容灿烂，平均体重，我经常健身。如果要我描述我理想中的男人的身体素质，他们必须是：身高 5 英尺 10 英寸或更高，笑容（牙齿）好看，眼睛漂亮。创造力、幽默感和自信也是我追求的品质。我很少外出，所以我很难遇到新朋友。我喜欢电影、音乐、游戏、户外活动、旅游、聊天等。你在寻找什么样的人??????????❶

将其与以下内容进行比较：

嗨！

我实际上是为我的女朋友发这个……我离家好几年了，而她需要一个可以和她保持性关系的男人……严格的肉体关系……

她很狂野……她身高5英尺4英寸，体重120磅，深色金发，胸围34C，棕色眼睛，爱一切，喜欢取悦和被取悦……

你应该有自己的地方……不吸毒且无疾病，请附上照片……我会转发给她❷

就像人一样，大学、实验室和公司也常常缺少某些东西。正如我们在讨论推出策略和寻找目标时所看到的，通过清楚地知道这些缺少的东西，你就会知道在合作伙伴身上寻找什么东西。这让你可以规划你想要的那种关系。

第二个问题是：为了得到我需要的东西，我必须付出什么？这次我们将以饮食为例。假设你想要一个健康的身体，你应该吃什么。按照美国农业部（USDA）的说法："单一模式并不适合所有人。我的金字塔计划（Pyramid Plan）可以帮助你选择适合你的食物和数量。"❸ USDA指出，影响你需要吃什么的因素是你的年龄、性别和活动量。

在规划技术转移交易谈判时也存在类似的动态。在明确了我们想要的关系之后，我们就能弄清楚应该转移什么样的知识资产来使这种关系发挥作用。了解对方需要什么样的资产，我们才能够规划我们将提供的知识产权包。我们还能够确定我们是否拥有该知识产权包所需的所有资产，或者我们是否应当寻找其他资产来填补缺口。

最后一个问题是：我们需要确定是否真的值得做一笔交易。让我们以友谊为例。假设你正在考虑今晚做什么，你的朋友打电话过来说："嘿，我们去看电影吧。""好啊，什么电影？"他告诉你一部非常愚蠢的电影的名字，或许你会在DVD上看它，但是要花9美元去电影院看……我想你不会去。因此，你说："嗯，我很想和你聚一聚，但是我不太喜欢去看电影。不如看看今晚有没有爵士乐？"

---

❶ Craigslist. com, "Let's Enjoy Each Other's Company—25," October 26, 2005, http://providence. craigslist. com/w4m/106850532. html（2005年10月28日访问）。

❷ Craigslist. com, "Sweet Girl Seeks Strictly Physical Relationship—20," October 23, 2005, http://providence. craigslist. com/w4m/106149802. html（2005年10月28日访问）。

❸ U. S. Department of Agriculture, "Steps to a Healthier You," n. d., http://www. mypyramid. gov/（2005年10月28日访问）。

同样，我们在规划技术转移谈判方面也有类似的情况。必须满足某个最低净收益计算，否则就不值得做这笔交易。因此，我们必须研究交易的经济性，以便规划谈判，从而最终达成我们想要的交易。

关 系

做生意总是有一个商业理由，这个原因与劣势有关。毕竟，如果一个参与者完全有能力并且自给自足的话，就没有理由分享技术带来的现金流。

一个参与者可能无法完成研发产品、工艺或服务并将其投放市场所需的所有任务序列（及其构成的任务）（见图 11.2）。

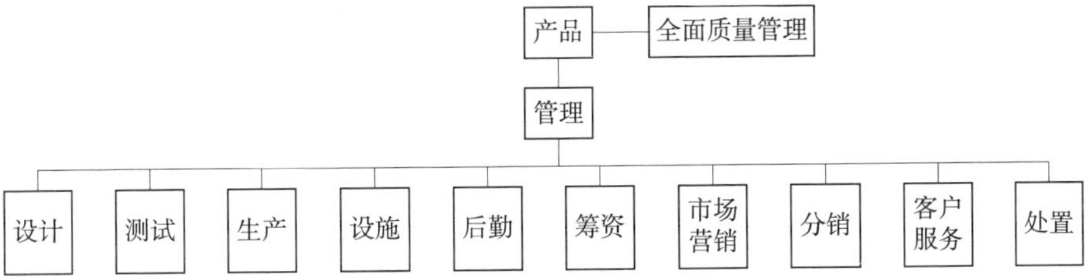

图 11.2 任务序列

或者，这个参与者可能无法组织和管理这些任务序列及其构成的任务，从而不能在预算内按预定时间完成它们。［按照波特（Porter）的理论，我们可以问问我们将如何构建图 11.3 中的价值链。］

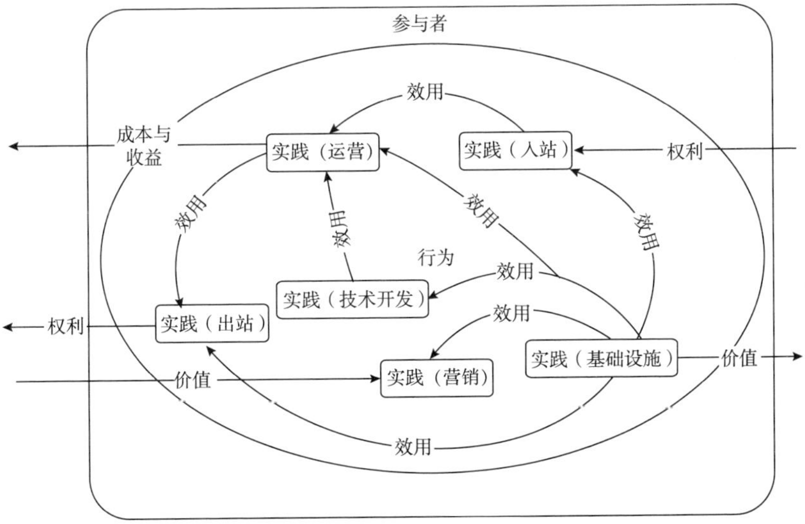

图 11.3 构建任务序列

当然，没有必要让价值链中的所有任务序列或所有实践都存在于同一个参与者内部。不足为奇的是，大多数交易工具都涉及在不同玩家间分配任务或任务序列，也就是说，如图 11.4 所示的跨供应链分配任务或任务序列。

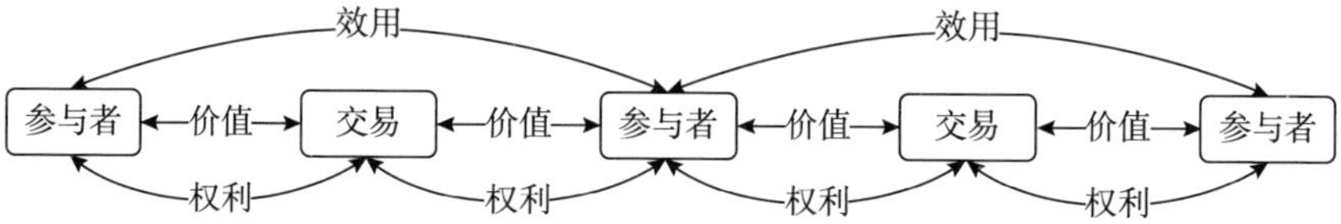

图 11.4　在不同参与者间分配任务

问题变成：我们如何确定谁应该做什么任务？因为我们在与多个实体做交易，我们还必须解决如何安排任务之间输入和输出的移动，以确保每个人都从交易中获得尽可能多的效用。

我们将在这里使用双方交易，但是这种技术适用于任何数量的当事方。我们只需要一张纸和一些好用的记号笔。(我们也可以使用软件。)

我们对每一方都使用一种颜色或阴影。假设我们已经知道了序列和分立的任务，我们查看每项任务，并询问谁能完成。如果有一个单元格只有一方可以完成，我们就用该方的记号笔将其着色。如果双方都能完成，我们就保留空白。

假设我们最终得到一个类似于图 11.5 所示的序列。假设双方都有能力执行空白的分立任务单元，则将整个序列交给灰色一方是有道理的，因为这简化了该序列的管理。

现在，假设我们具有图 11.6 所示的配置。同样，让我们假设双方都有能力完成空白单元。观察一下这些单元格，它存在相对一致的分工。灰色一方似乎有更好的测试和评估能力，而黑色一方则有更好的开发和修复能力。因此，让灰色一方管理测试项目、收集反馈并汇总报告，然后将报告传递给黑色一方(其任务是解决测试期间出现的问题) 是有道理的。

为什么这是有道理的？只要我们假设双方都像新古典经济学中的理性玩家(参与者) 一样行事，这就是有道理的。我们假设每个人都希望获得最大的回报。我们知道，总净值是收入和支出费用的结果，因此，通过将任务分配给最有能力完成任务的一方，我们就能使支出最小化，从而增加剩余的总价值，以分配给所有参与者。究竟谁应该做什么，一方面是内部要素搜索的问题，另一方面是竞争情报的问题。

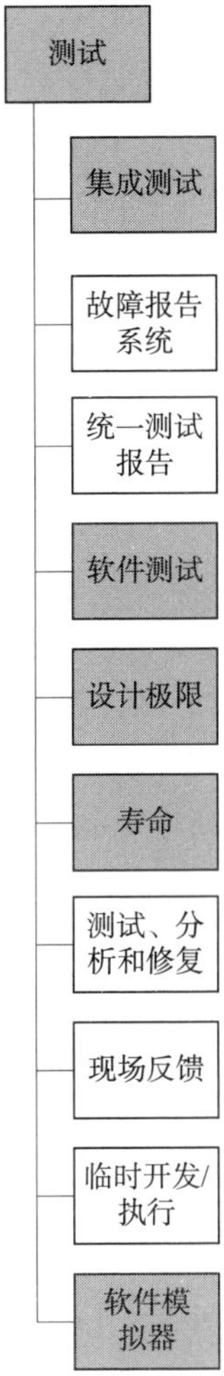

图 11.5　双方交易：测试 A

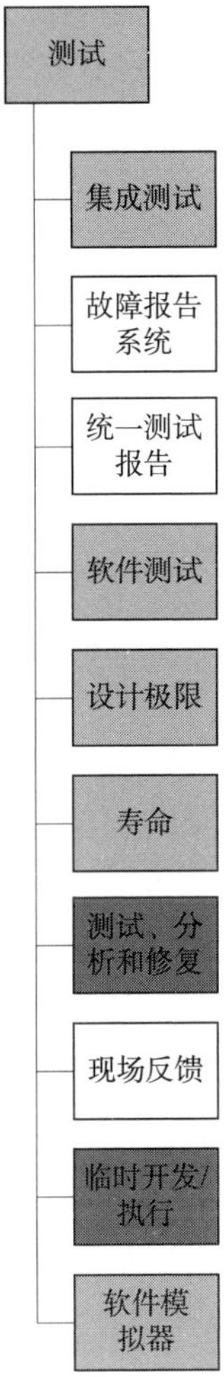

图 11.6　双方交易：测试 B

从规划的角度来看，我们想知道我们应该做什么，另一方或其他各方应该做什么，以及从预算和风险管理的角度来看这意味着什么。在我们使用前面的技术对任务进行了划分后，我们就可以通过将每个任务视作一个灰框（即，一个比完全黑的框更透明，但不一定完全透明的框）来很好地处理预算和风险（见图 11.7）。出于规划目的，对于每个感兴趣的框，知道输入可能是什么以及我们可以预期的输出是什么就足够了。如果有了这些，我们就可以把这些框串在一起，并确定关键路径。

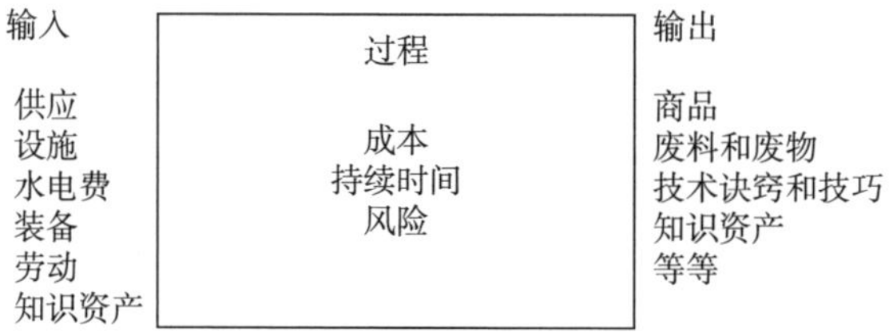

图 11.7　预算和风险

我们支持过一笔交易，该交易将运行在麦金塔（Macintosh）上的三维科学可视化软件引入 Spyglass 公司。我们的客户 Visualogic 公司拥有非常强的软件开发能力。他们获得了美国国家科学基金会小企业创新研究项目（National Science Foundation’s Small Business Innovation Research program）的奖励，以支持该软件的开发。我们帮助他们从苹果公司（Apple）获得了资金，以支持该软件麦金塔版本的开发。因此，从功能上来看，合乎逻辑的目标是那些具有市场影响力（market presence）、希望将软件添加到其产品系列中的公司。Spyglass 公司是一家从美国国家超级计算机应用中心（National Center for Supercomputer Applications，NCSA）分拆出来的公司，专注于销售 NCSA 工具。Spyglass 公司之前已经从 NCSA 获得了用于马赛克（Mosaic）的技术和商标的许可，因此她显然具有市场影响力。很合适，这是一个不错的选择。Spyglass 公司通过许可得到了 Visualogic 公司的软件，并以 Dicer 的名称销售了多年。（Spyglass 公司后来既开发自己的网络浏览器，也生产自己的科学可视化软件。其浏览器许可给了微软公司，成为 IE 浏览器的基础。其可视化软件包做得不太好。随着 Spyglass 公司对外许可其“皇冠上的珠宝”并作为一家公司消失，Visualogic 公司转而实施作为许可谈判一部分而制订的 B 计划。他们开发了自己的营销能力，并将软件移植回 Windows 系统，以扩大潜在市场。）

我们也可以开始确定销货成本以及用于折现的技术风险和公司特定风险。技术风险与我们能否完成该过程有关。公司特定风险与管理该过程、获取所需的输入以及将输出移至下一个需要的地方有关。如果我们对过程不清楚，我们可以利用质量功能部署（QFD）来确定我们应该做什么，并利用可生产性分析来找到解决方法。这使我们能够估计该过程的成本和技术风险。如果我们知道自己在做什么，有可靠的供应链，有良好的销售、分销和客户支持能力，公司特定风险就很低。当我们完成这一练习的时候，我们就有了估计销售成本、吞吐量和风险的基础。

然而，在规划关系时，我们还必须考虑管理整个公司风险（firm - wide risk）的能力。假设其中的一个参与者能力精湛，但濒临破产，公司的事情一团糟。如果另一个参与者能力不错，财力雄厚，并且经营良好，在这种情况下，我们可能更喜欢后者做更多的任务。为什么？因为如果我们想实现价值最大化，公司特定风险水平很可能会使我们有延误，使上市时间推迟，从而延迟获得收入；或者恐怖的是使我们如此之晚，以至于错过了机会之窗，完全无法抢占市场份额。

一旦了解了如何组织任务序列之后，我们就可以探索我们的选项了。我们可以根据不同的劳动分工来创建方案。我们将这些方案与基线（baseline）进行比较，该基线包括如果我们自己进行商业化（也可能在承包商的帮助下）的话，该任务将如何进行。显然，我们只对那些比自己做来得更好的方案感兴趣。

当有疑问时，基于自己做的基线可以为谈判提供底线。如果我们发现通过合作毛利没有改善，那么进行交易就没有多大意义。另外，让我们可以获得最多毛利的方案才是我们希望作为交易基础的方案。我们需要比底线好多少，这是管理层的问题，但是一旦我们确立了目标，我们就可以选择出一组可接受的方案，我们可以使用这些方案作为谈判的选项。一旦我们展开谈判后，如果我们最终没有得到与这些方案中的一个方案一样好的结果，那么，在其他条件相同的情况下，我们就应该尊重分歧，握手言和，然后离开。

现在，我们增加“在其他条件相同的情况下”条款。到目前为止，我们把这个规划当作一次性事件。但通常情况并不是这样。通常我们想要做的是找到一个目标（target），我们可以与这个目标一起建立一个管道，一系列技术可以通过这个管道流向市场。因此，我们需要考虑，对于一次性交易我们接受哪些方案，对于更持久的关系（如果这实际上是一个目标的话）我们需要哪些方案。

不同的关系可能会迫使我们在运营和重点上做出不同的改变。在图 11.8 中，我们标出了三种不同的工具对技术开发者可能产生的影响，这三种工具是：收购、战略联盟和非独家许可。0 代表没有影响，5 代表影响最大。

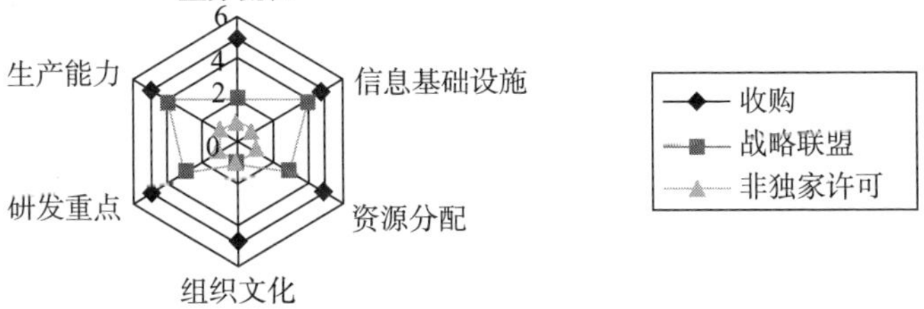

图 11.8 交易需要的潜在改变

对于收购，随着公司控制权从一组所有者转移到另一组所有者，一切都可以争夺。在 OEM 生产的战略联盟中，下游买家常常要求改变，以便能够更好地将供应商集成到其企业资源规划中，并确保其在未来想要的技术流。这种控制在涉及大型平台集成商的情况下最为常见，比如汽车和飞机的供应链，尽管一些大型零售商，比如沃尔玛公司（Wal - Mart），因强迫其供应商做出改变而声名狼藉。供应商可能被要求花费大量资金来获得 ISO 9000 认证或采用特定的计算机辅助设计/计算机辅助制造（CAD/CAM）或企业资源规划（ERP）软件，以实现设计和生产计划的双向传输。非排他许可更接近于另一极端。影响程度受到关系的公平性限制，只有直销可能影响较小。一如既往，精确的排名是一个经验性的问题，需要借助竞争情报来回答。

我们现在可以重新审视我们的方案，考虑一下我们希望对改变持多大的灵活度和开放度。我们对改变的意愿取决于一系列因素，但最重要的因素可能是公司、大学或机构本身的宗旨和愿景。那些促使我们沿着战略方向前进的改变是有意义的。我们需要对那些转移我们注意力的改变深思熟虑。在谈判期间提出改变之前，显然很难弄清楚我们需要考虑哪些改变，但是我们已经建立的是一个可以用于这种评估的工具。

知识资产包

在明确了任务序列并且制订了分工方案后，就更容易确定要转移的精确知识资产（IA）包。显然，该 IA 包需要包括给定方案所需的一切，并且不应该提供多余的东西，因为它对价值没有贡献。在理想情况下，该 IA 包可用于一系列首选方案。

图 11.9 来自美国专利 636272，该专利于 1899 年颁发给了康涅狄格州沃特伯里市的威廉·米德尔布鲁克（William Middlebrook）。它涉及一种制造“宝石”回形针（paper clip）的机器。该专利提供一种不容易把纸弄破的改进的回形针的基本设计及其制造方法。

在米德尔布鲁克的专利之前，有许多回形针专利。1867 年，塞缪尔·费伊（Samuel Fay）获得了一种票夹（Ticket Fastener）的专利 64088。该专利明确指出，这种回形针一般用来夹纸，也可以用来将票夹到衣服上。1899 年之前，有 50 多种其他设计获得了专利。现代的金属丝回形针（wire paper clip）实际上从未获得过专利，它是 19 世纪 90 年代初由宝石制造公司（Gem Manufacturing Company）在英国制造的。但米德尔布鲁克的专利的重要意义不仅在于其设计，还在于其与大量生产这种设计的回形针的机器捆绑在一起。换句话说，其拥有生产回形针所需的资产。

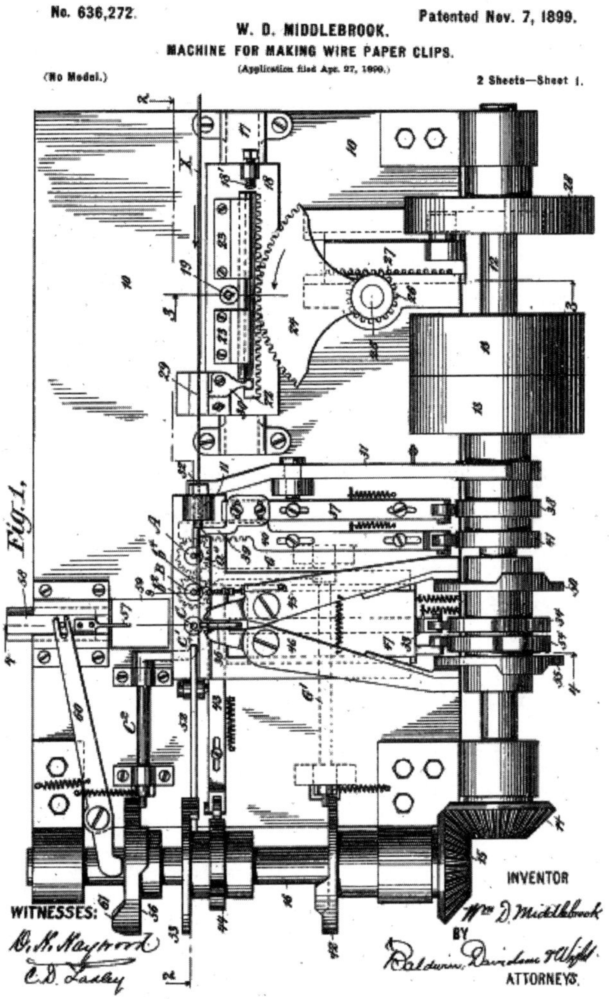

图 11.9 回形针机器专利

Cushman & Denison，一家生产回形针的制造公司，意识到了其价值，并于同年得到了该专利。他们在米德尔布鲁克回形针上添加了商标“Gem”。不到五年的时间，他们的“Gem”品牌风靡市场。❶

请注意，“资产包”（asset package）不同于“产权包”（property package）。知识产权（IP）包转让的是专利、版权、商业秘密、商标和其他法律上认可的

---

❶ The Great Idea Finder, “Paperclip,” September 28, 2005, http://www.ideafinder.com/history/inventions/paperclip.htm（2005 年 10 月 27 日访问）。

财产。知识资产（IA）包则包括诸如图纸、设计蓝图、手册、软件程序、数据库等财产，它们本身是财产，因为它们可能受到版权保护，但它还包括更多内容。它通常还包括对实施该技术很重要的、有关方法和过程的诀窍（know－how）。换言之，除了包括被记录的技巧（art）、科学和工程学以外，资产包还可能包括未被记录的技巧。这部分技巧甚至不可能被很好地记录，以至于不能构成商业秘密。需要转让多少专门知识取决于交易各方的相对吸收能力。

几年前，我有一个名叫斯坦·戈达德（Stan Goddard）的同事，他讲述了一个在驱逐舰上的故事，那艘驱逐舰当时正在圣克莱门特岛（San Clemente Island）附近航行，海军在那里有一个实弹靶场。当时他们正在测试一种新的舰炮炮弹。斯坦是舰上的一名观察员，代表研发炮弹的海军实验室。船上还有一群退休的海军上将，因为圣克莱门特位于圣地亚哥附近，后者是一个重要的海军基地，也是一个退休的好地方。

目标是岛上一座山边的小屋，山顶上有一名观测手。该舰开了第一炮，嘣。“太高了，低一点，”观测手通过无线电说。嘣。炮弹落到了山上更高的地方。“哇！方向反了！太高了，”观测手通过无线电说，声音中带着一丝担忧。嘣。“天哪！白痴！停火！停火！”舰长显然很尴尬，怒气冲冲地进入了火控电脑所在的舰舱里。退休的海军上将和斯坦紧随其后。当他们到达那里时，他去找负责火控电脑的队长。“这到底是怎么回事？你聋了吗？”“不，先生！”那位队长回答到，同时立正。

火控电脑是一台带有模拟刻度盘的老式机器。基本上，你向一个方向转动它，会更高；向另一个方向转动，会更低。这个队长是一个在数字世界中长大的年轻人。旋钮位于电脑的底部，靠近甲板，所以你必须趴着看。当你这么做的时候，即使借助于手电筒，你也会发现这台机器太老旧了，所有的标记都磨掉了。所以这孩子运用了常识，向上转动应该会升高，向下转动应该会降低。不幸的是，事实并非如此：这是一个典型的未被记录的诀窍问题。

未被记录的诀窍对过程技术和服务技术尤为重要。因此，这些技术的转移通常涉及咨询合同，这样接受者就不必在学习过程中苦苦挣扎。

回到我们的任务序列，借助于我们为该交易绘制的序列图，我们可以确定在何时需要转移我们资产包中的哪些特定组件，以便能够使过程的技术风险降低。[因此，图 11.10 说明了即时知识（just－in－time knowledge™）的概念。]

例如：1998 年，美国的 MEMC 电子材料公司（MEMC Electronic Materials,

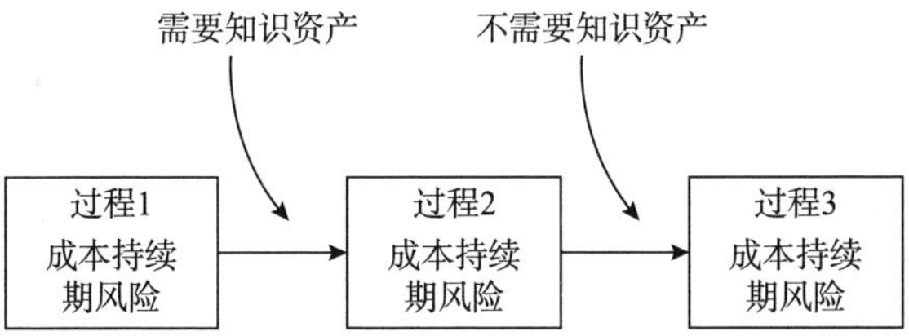

图 11.10 为了降低风险，需要转移的资产包组件

Inc.）与韩国的浦项制铁浩斯有限公司（Posco Huls Company Limited，PHC）签署了一项非排他协议，该协议规定可以使用所有技术信息来制造、推广和销售用于先进半导体工艺的具有足够纯度和晶体结构的硅片，并明确地排除了生产多晶硅的工艺和材料。

在签署这项协议的时候，MEMC 正在美国实践其制造硅片的工艺。该协议的一个关键组成部分是，MEMC 应向 PHC 提供必要的信息和咨询，以便在韩国“设计、建造和运营”一家工厂，并就产能和初始产能达成一致。

在签署协议后的六个月内，MEMC 将向 PHC 提供一名顾问，由其审查 PHC 将要做的工作及其准备情况。该顾问将为工厂制定一套双方都同意的规范。完成后，再用六个月的时间为设施的设计、配备和布局编写工程手册。接下来，PHC 将准备自己的详细图纸，这些图纸必须得到 MEMC 的核准。在此之后的四个月内，MEMC 将提供操作手册，并安排在美国 MEMC 工厂对多达 12 名 PHC 员工进行总共 72 人月的培训。为了支持实际施工、安装和初期运营，MEMC 同意提供一名或多名工程师，为期最多 48 人月。MEMC 还同意将两名工程师租借给 PHC 有限的一段时间，在生产的启动和扩量阶段，他们将成为 PHC 的现场雇员。为解决持续改进的问题，双方同意从 PHC 首次商业生产之日起五年内向对方提供此类改进。此外，双方同意允许对方进行合理的现场视察和文件检查，以便转移技术诀窍。[1]

通过分阶段转移 IA，双方的风险都降低了，因为付款可以与可交付物挂钩。在 MEMC 与 PHC 的交易中，780 万美元的技术费是分期支付的。1/12 的费用是在签署协议的季度之末支付的。然后在接下来的 11 个季度中，每季度支付 1/12 的费用。[对于工艺技术，还收取额外的按产量支付的专利费（running royalty）。]

请注意，如果必须拥有其他的 IA 才能有效、高效地使用我们的 IA，那我

[1] 1998 年 12 月 31 日向美国证券交易委员会（Security and Exchange Commission）提交的 10－K405 号文件。

们的 IA 效用就会受到限制。在规划的过程中，我们首先要确定支持任务所需的完整的 IA 包。然后我们从这个 IA 包中拿出那些我们不能提供的项目。如果我们的目标不需要它们，这很好，没什么问题；如果我们的目标需要它们，那我们有可能必须获得这些资产才能进行交易。接下来，我们要看看我们在 IA 包中有哪些资产是目标不需要的，因为它们是多余的。最终结果可能因案而异。

经济问题

交易中始终持续存在的是，每个人都想赚些钱。虽然每个人都想赚尽可能多的钱，但总有一定底线。最终，每一方都会看其在收入流中的份额、其销售成本，二者相减，将结果折现到现在，然后确定是否有足够多的钱可赚，从而证明做一笔交易的合理性。

要让所有各方都超过这个门槛，需要三样东西：一是一个足够大的蛋糕；二是一种分割蛋糕的方式，这种方式至少给人们提供他们想要的底线；三是一个看起来公平的分工，让他们愿意接受自己的份额。

合作可以通过增加销售的可能性来让蛋糕变得更大。合作还可以通过以下多种方式来降低成本（从而使净利润更大）：使合作伙伴能够利用规模经济和范围经济或网络经济；提供学习曲线优势；保证获得供应品或保证有能力通过大量购买来降低供应成本；允许使用以前已勾销开支或已折旧但仍有生产寿命的设施和设备；以低于市场利率的价格提供内部资本；等等。

现在，所有这些都很好，但是孩子们需要鞋子，你的车需要汽油，老板要让股东们看到他们的投资回报。因此，在规划经济谈判时，真正的问题是谁在何时获得多少份额的净现值。这个计算在概念上很简单。我们将交易后的情况视为一个独立的实体，只要有预期收入，我们就为其做一系列年度损益报表。然后我们将这些收益分割。

我们首先使用一个方案来说明需要做些什么以便将技术推向市场并将它销售出去。我们已经探讨了谁将做什么，这样我们就可以为每一方制定预算。该预算必须包括投入，因此 IA 也应包括在内。我们可以通过检查风险和各种风险缓解策略的影响来调整预算。

其次，我们折现到现在，这样我们就有了各方预算的净现值。我们可以看到，我们要花费“x”，其他各方就要花费“$y_{1\cdots n}$”。因此，如果我们要往前走，每方都必须进行投资。如果我们要成立一家新公司或合伙企业，我们可能希望根据投资比例实现收益。

理论上，每项 IA 都有公平的市场价值。因此，如果我们将我们的 IA 给予另一方，他们需要补偿我们。我们将使用补偿性支付（side payment）来处理，换句话说，对各方的收益（payoffs）进行调整，以确保公平分配。这种情况类似于知识产权从一家大公司的一个部门转移到另一个部门的转移定价（transfer pricing）。

不幸的是，在现实中我们很少有一个明确的公平市价。我们回到了第 10 章讨论的贡献问题。(如果我们所做的只是许可或销售商品，我们的问题就不存在了。)

为了弄清楚贡献，我们要聚焦于任务。如果没有交易，另一方将不得不在没有这项 IA 的情况下完成这项任务。这组活动是有成本的。现在假设交易已经完成，如果这项 IA 有价值，那么成本应该更低。两个现值之差就是这项 IA 在这项任务背景下的价值。只要这个价值大于我的净利润目标，我就愿意接受与这个金额相等的补偿性支付。

交易之后的“更低”成本包括两方面。一方面，有实付费用。如果开发者提供培训师，那么培训一个人需要一个小时，而不是五个小时。另一方面，失败的风险更低，从而降低了随时间推移、与工艺价值相关的折现率。这就增加了 IA 的价值，因为考虑到了工艺在开发者的技术诀窍的帮助下比未借助的情况下更有可能发挥作用，

为了达成交易，我们接受的价格不得不低于我们的 IA 的完整折现值。必须为对方保留一些价值，否则这笔交易可能对他们没有意义。他们基本上是在进行相同的计算。复制这项技术将花费他们这么多钱，他们需要这种投资回报。无论我们提供什么，他们都会做自己的 ROI（投资回报率）计算，看看从我这里得到这项技术是否比通过内部开发更便宜。如果我们有强有力的知识产权保护，我们可能会让他们的侵权代价比做交易的代价更高。

从这个角度来看，对交易经济的规划是围绕着经营成本和将要取得的收入进行的。(惊喜，惊喜。) 我们越能证明我们的技术是如何降低成本或增加收入的，我们的情况就越好。同样，我们越能证明风险最小化，NPV（净现值）越高，我们的收益就越大。(请记住，即使绝对值不随折现率变化，这也是正确的。真正变化的是实现利润的可能性。)

规划交易经济的第二个问题是我们什么时候想要现金。答案取决于我们对现金需求的迫切程度，以及另一方（或多方）在下游（即，没有破产或清算）支付给我们的可能性。这也与合同中的规定有关。如果我们像销售产品时那样出售我们的所有权利，如果不是必须要卖的话，那么我们在这里呆呆地等钱就讲不通了。

即使在我们可以随着时间的推移来拿钱的情况下，我们也可能想寻求预付款或入门费（initiation fees）。这些费用有两个功能：加速付款和补偿风险的降低（见图 11.11）。

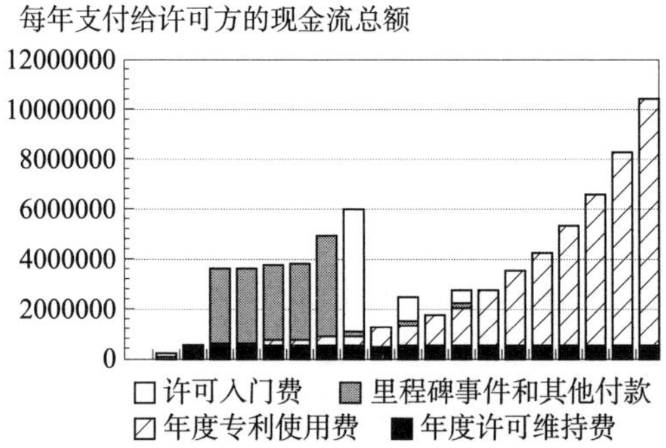

图 11.11　每年支付给许可方的现金流总额

当研发方现金短缺或收购方希望提前兑现另一方以限制下游付款时，付款就会加速。通过将下游付款前移，所有或部分未来付款可以直接根据其现值立即获得。在这种情况下，仅对未来的收入进行折现就可以了。

在发生技术诀窍（know - how）转移时，可以通过两种方式对其进行补偿。双方可以签署一份补充咨询合同，也可以将付款纳入许可合同。无论如何，咨询的价值可以根据提供技术诀窍的人每小时的费用来估算，也可以根据所产生的价值来估算。咨询对价值的贡献反映出，在拥有这些专门知识后，技术的价值要比未拥有它们的情况下增加了多少。

当使用入门费时，有各种的经验法则。我记得我阅读过这样一种方法：先算出现在研发这项技术所需的费用，然后取其中的 15%。这种方法可以说得过去。为什么？更合理的做法是以因买方风险降低而发生的价值加速（value acceleration）为基础来计算这种入门费。这种由于风险降低而导致的价值加速大约相当于折现率的降低量，折现率的降低又进而增大了净现值，因此代表了在交易开始时获得的补充价值，而不是在整个交易寿命期内获得的价值。将多少这种价值纳入入门费中是谈判技巧的问题。

当然，对我们来说，最大的问题是我们是否有可能从这笔交易中赚到足够的钱来满足我们的内部最低回报率（我们期望的投资回报率）。显然，如果没有达到最低回报率，我们可以做的一件事就是降低风险，从而降低折现率，增加我们突破最低回报率的机会。或者我们可以说，我们需要总收入的更大份额。如果这也行不通，我们就不得不离开谈判桌了。

请注意，在规划一项谈判交易的经济性时，在各实体之间分配价值还有其他原因。例如，假设市场正在快速增长，一个参与者可能很难抓住所有的机会。因此，让其他参与者作为许可证持有者参与进来是有意义的，这样至少你可以获得一部分你原本会错过的现金流。或者，有一个主要买家想要提供资源。同样，最好能获得你原本会错过的那部分现金流。

在这样的情况下，我们要做的是比较两种情况。在第一种情况下，我们可能在早期有较高的销售额，因为竞争对手避开我们的知识产权进行设计需要花费时间。在第二种情况下，我们有不同的概率分布，因为从一开始就有竞争。问题是，当把专利使用费算进去后，后一种分布的净利润结果是否高于前一种分布的净利润结果。

太阳能电池就是一个向竞争对手许可的明智的例子。光电效应是 1839 年由 19 岁的法国实验物理学家埃德蒙·贝克勒尔（Edmund Becquerel）发现的。当时他在玩带有两个金属电极的电解电池。1883 年，美国的查尔斯·弗里茨（Charles Fritts）通过在硒上镀一层极薄的金层发明了一种装置，从而制造出了第一块功能上有效的太阳能电池。1941 年，美国的拉塞尔·欧尔（Russell Ohl）（他还发明了晶体管）在贝尔实验室（Bell Labs）制造出了第一块硅太阳能电池。1954 年，他在贝尔实验室的三个同事杰拉尔德·皮尔森（Gerald Pearson）、卡尔文·富勒（Calvin Fuller）和达里尔·查平（Daryl Chapin）设计出了第一块实用的太阳能电池，在阳光直射时，其能量转换效率为 6%。这是第一种上市的太阳能电池。1955 年，西电公司（Western Electric）将“贝尔”太阳能电池应用于美国佐治亚州阿梅里克斯市（Americus）的电话载波系统。❶ 1962 年，3600 块“贝尔”太阳能电池为世界上第一颗通信卫星 Telstar I 供电。❷

现在，很明显，AT&T（其同时拥有贝尔实验室和西电公司）有能力做将太阳能电池推向市场所需的一切事情。然而，到了 1955 年，西电公司开始商业化许可太阳能电池技术。在这一过程中，西电公司遵循了一种既定的策略，即对外许可经过挑选的、来自贝尔实验室的突破性创新。例如，在 1952 年，

❶ Mary Bellis, “Definition of a Solar Cell—History of Solar Cells,” *About*（2005）, http://inventors. about. com/od/sstartinventions/a/solar_cell. htm（2005 年 10 月 27 日访问）；以及“History: Photovoltaics Timeline,” *About*（2005）, http://inventors. about. com/library/inventors/blsolar2. htm（2005 年 10 月 27 日访问）。

❷ Lucent Technologies, “Bell Labs Celebrates 50th Anniversary of the Solar Cell—Timeline,” 2004, http://www. bell - labs. com/news/2004/april/anniversary50_timeline. html（2005 年 10 月 27 日访问）。

他们将半导体晶体管许可给了德州仪器公司（Texas Instruments）。[1] 西电公司当时仅在一年前才开始自己的生产。

以广泛的形式规划游戏

这些检查的结果需要以一种有利于在谈判中使用的形式记录下来。在博弈论中广泛采用的表示博弈形式实质上是决策树。同样，这种广泛形式也是表示我们所学知识的一种有用方式。

图 11.12 是一个博弈的例子，它源于与许可相关的规划计划过程。在我们列出选项后，我们就可以为每一步分配结果和概率，以便确定每个节点上哪些是可接受的路径，哪些是不可接受的路径。

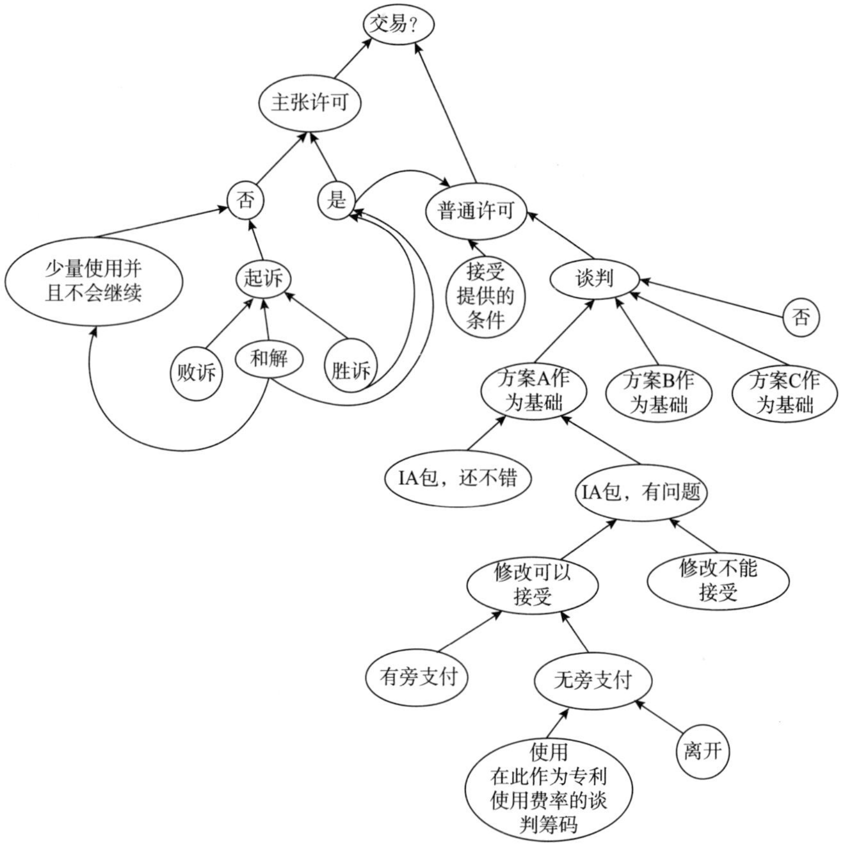

图 11.12　规划过程游戏

---

[1] Texas Instruments, "History of Innovation: Semiconductor," 2005, http://www.ti.com/corp/docs/company/history/semiconductortimelinelowbandwidth.shtml（2005 年 10 月 27 日访问）。

在谈判中，我们实际上在规划的是一个包含多个子博弈组成的博弈。这意味着该博弈的解决方案（纳什均衡）需要找到一组子博弈均衡，即所谓的“子博弈完美均衡”（subgame perfect equilibrium）。

我们试图通过逆向归纳法找到这种平衡。我们检查决策树的每一个分支末端的最低级别子博弈，我们找到它们的均衡。这些均衡为我们提供了可以用作下一个更高层次子博弈的收益的值。这条链一直工作到我们能解决最复杂博弈的均衡为止。纳什均衡的序列是子博弈完美均衡。

在规划谈判时，我们先“向前思考”以构建决策树及其子博弈的结构，然后我们再“向后推理”以找出我们在每个分支节点的最佳响应策略。❶ 当然，任何一方都可以使用嵌入的博弈结构来改变结果。例如，假如与更大的商业策略相关的因素影响了这次谈判，该怎么办？一是，另一方或多方将此次谈判视为未来就我们（或其他方）可能给他们带来的其他技术进行的一系列谈判中的一个。对他们来说，每次谈判都嵌套在公司正在玩的一个更大的博弈中。（这显然就是政府对微软公司提起反垄断诉讼时的情况。❷）或者，现金流可能不是进行交易的主要动机。一家寻求进入新市场的大公司可能会去收购那些有强大市场地位的公司，或者与老牌公司结成战略联盟。例如，产品生命管理软件制造商 Agile Software 以 4150 万美元收购了可视化软件制造商 Cimmetry Systems，以获得其客户并进入新的利基市场。❸

当我们怀疑嵌套正在发生时，明智的做法是重新审视其他方在类似情况下的行为。我们可能会发现，对方与我们进行谈判的理由是卑劣的。其中可能包括向我们征集信息、试图阻止我们与他们的竞争对手做生意、试图窃取我们的想法，或者想找到进入我们的市场并与我们进行竞争的办法。

在进入下一个话题之前要特别注意一点，做规划可能会花很多钱。因此，将数据收集和分析的水平与谈判的交易规模进行匹配总是很重要的。对于一笔不大可能带来可观收入的小交易，有时最好的办法是先弄清楚你需要什么才能使它在经济上有价值，然后再进行谈判。

---

❶ McCain, “Sequential Games,” in *Game Theory* (Mason, OH: Thomson South - Western, 2004), chap.

❷ 见 Antitrust Case Filings, Antitrust Division, *United States v. Microsoft*, n. d., http://www.usdoj.gov/atr/cases/ms_index.htm（2005 年 10 月 29 日访问）。

❸ Aberdeen Group, Market Alert, “Agile Continues ‘Growth’ Vision with Cimmetry Acquisition,” February 8, 2005, http://www.agile.com/news/2005/aberdeen%20_020905.pdf（2005 年 10 月 29 日访问）。

谈　判

技术转移交易的谈判归根到底与信任有关。无论协议起草得多好，必须双方都对它感到满意。谈判双方必须感觉到他们都希望这事发生，因此当签署协议时，他们就不是在为令人头疼的漫长冬天而签署。

几年前，我在一个俱乐部里见到了喜剧演员比尔·科斯比（Bill Cosby）。他讲了一个关于狗与猫的区别的笑话。你走到狗面前说："嘿，狗狗，去把报纸拿过来。"狗说："好的。"于是把报纸拿了过来。你走到猫面前说："嘿，猫咪，去把报纸拿过来。"猫说："你在跟我说话吗？傻帽。"

你可以像和狗打交道一样进行谈判，也可以表现得像你期望和猫打交道一样进行谈判。如果你要像与考斯比的猫打交道那样进行谈判，那你首先要知道为什么要进行谈判。

设置阶段

信任非常重要，因此信任的建立必须尽早开始。一种建立信任的方法是，在你准备好做交易之前很久就与潜在目标接触。并行工程就是一个这样的机会。你可以派你的技术人员去参加相关的专业协会或行业协会的会议，在那里你的技术人员会遇到来自潜在目标公司的同行。他们会告诉你的技术人员他们的需求以及对你的技术的要求。你可以邀请那些对你正在做的事情感到兴奋的人加入一个非正式的咨询委员会。（当然，你可以要求他们签署保密协议，并检查他们的公司，以确保他们没有窃取技术的名声。）变！你在为你的技术发展拥护者。

在商业化过程的每一步，你都可以建立有助于达成交易的联系。虽然研发和产品开发不一定是线性过程，而且通常也不是线性过程，但关键是，你总是要与利益相关者建立联系，你需要提前一到三年的时间建立这种联系（见表11.1），而不是临时抱佛脚。

表 11.1　与利益相关者要建立的联系

	探索性研究/基础研究	应用研究及开发	设计与生产工程
要建立的联系	技术专家、研究合作伙伴	最终用户、意见领袖、潜在投资人、平台或互补品的供应商、下游目标	主要客户（lead customer）、目标、供应链中的供应商

如果你确实建立了这些联系，你就有时间将这些利益相关者转化为支持者，从而在你真正去做这笔交易时为你的技术创造拥护者和支持氛围。通过明智地选择你的潜在支持者，你的目标可能监控的那些渠道甚至会在你联系目标之前就传递有关你的技术的效用和优点的信息。

根据目标的吸收能力和技术空间，在某个时候要拿起电话开始讨论。图 11.13 描述了我们对个人接触重要性的看法。这张图是基于我们的经验和一张我几年前在波音公司（Boeing）的一次演示中看到的图表，那次演示解释了他们是如何在波音 777 飞机上构建并行工程的。

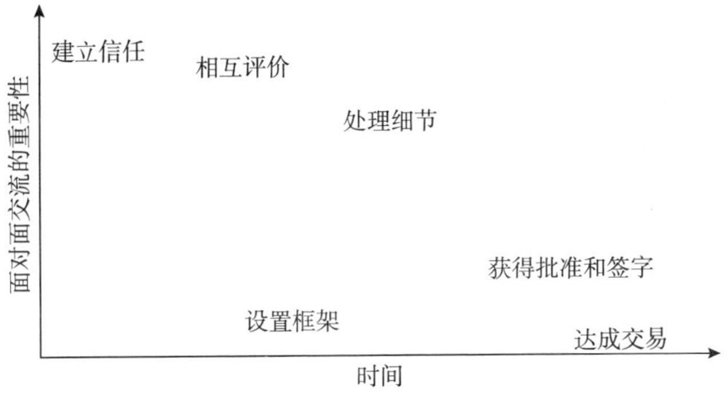

图 11.13　你需要做些什么？

一旦拿起电话，就要直截了当。解释你所能提供的价值主张，问问他们是否感兴趣，弄清楚你需要做什么才能达成交易。你要问这样的问题：

■ 我们对您为何对这项技术感兴趣的理解正确吗？

■ 您如何看待这项技术适合于您的产品、服务或生产？

■ 您将用什么标准来评估这项技术？

■ 这项技术是处在适合您的成熟程度吗？如果不是的话，您希望看到什么样的成熟程度？

■ 您想了解关于这项技术和开发者的什么信息？

■ 要多长时间才能知道您是否真的感兴趣？

■ 谁将评估这项技术的重要性？

■ 您喜欢做什么类型的交易？

■ 您过去获得过与这项技术类似的技术吗？如果获得过，是谁提供的？

■ 您愿意参与这项技术的并行工程和/或测试和评估吗？

■ 谁是最终的决策者？

如果有兴趣，而且他们愿意测试，安排一次面对面的交流是值得的。坚持是否有测试愿意的理由是，没有人会在未对技术进行测试的情况下购买技术。即使你只有台式的实验模型（brassboard），他们也要确定除了雾件（vaporware）* 或非可获得物（non - obtainium）外是否还有什么别的东西。

在会面之前，要做一个快速的谈判规划。作为这个规划的一部分，要进行竞争情报市场调研，以证实或证伪你的假设，即对方（或其他各方）可能看到哪些选项，以及他们将如何评估这些选项。

理想情况下，面对面交流要在你的办公场所进行。你要看看他们是否会花钱，因为他们愿意花的钱越多，就越有可能是真正感兴趣的买家，而不是只看不买的人。但如果你想达成这笔交易，而且他们有理由邀请你去，那就去吧。例如，好的理由包括，“我们想让我们的副总裁与您会面，我们是一家财富500强公司”以及“除了我们的产品线经理外我们还会有一组工程师与您会面”。在第一种情况下，只花费一个人的时间，但这个人的每小时成本非常高。在后一种情况下，需要花费很多人的时间。

在这次会议上，你应当准备好陈述你的观点。你的观点包括三个部分。第一部分是，为什么你的技术会让他们赚钱。这部分与你满足的最终用户需求和市场规模有关。第二部分是，为什么你拥有的技术比其他人拥有的都好。希望这一部分包括为什么你的知识产权保护如此坚强有力，以至于可以阻止其他人进入你的地盘或者不能避开它进行设计。最后一部分是，他们可以让高层管理人员相信，你所拥有的是到目前为止最好的东西。这一部分包括与其他产品的协同效应、你的知识产权对其知识产权组合的效用，以及你的技术对其在当前客户群中建立品牌忠诚度或开拓新客户群的效用。后一论点假设，你的竞争情报表明那是他们的目标（goal）。

如果会议进行得顺利，则推动制订一个更详细的技术评估和谈判时间表。此时的技巧是让他们承诺最后期限，而不是做出决定。

他们会去做他们必须做的事。随着最后期限的临近，再次接洽，看看进展如何，看看他们是否需要更多的信息、数据等。

如果结果是良好，下一步就是为这些讨论建立一个框架。该框架有三个组成部分：条款清单、议程和与会者名单。

在起草条款清单之前，重新审视你的决策树和备份数据。要根据到目前为止与目标的互动情况来重新考虑的问题包括：

- 你想要的交易类型
- 确定长期还是短期

---

* 在开发完成前就开始做宣传的产品（也许这些产品根本就不会问世）。——译者注

- 合作伙伴间的协同性
- 改进和新技术的可能性

■ 技术

- 你需要保持什么样的控制水平
- 所需的知识资产包

■ 收益——实施成本和风险

■ 付款时间

- 你需要现金的迫切程度
- 总金额和预先付款
- 上行和下行风险

■ 表明排他性是合理的因素

- 用途有限/应用范围狭窄或与地域相关
- 存在经济
- 市场成功记录
- 进入壁垒高的寡头垄断行业
- 能力
- 有吸引力的支付意愿
- 市场接受度不依赖于标准化
- 排他性的绩效目标

条款清单是要约的框架草案。我之所以强调“草案”，是因为条款清单只涵盖关键点，因此你要把它清楚地标记为讨论草案，这样它就不会被解释为要约，如果是要约的话，对方接受了，你就会突然陷入一种你从未预期的合同关系。你要做的就是概述一下你想要什么类型的交易，这样对方就可以确定是否值得进行谈判。

根据所寻求的交易类型不同，条款清单的内容也会有所不同，但共同点包括：

■ 所有者名称及联络人

■ 技术

- 名字
- 成熟度
- 关于知识产权保护的说明

■ 条款清单收件人

■ 待售财产

- 描述

    - 衍生品以及包括的其他知识资产（如有的话）
    - 出售财产的范围（权利）
- ■ 交易工具的类型
- ■ 覆盖范围（排他性）
    - 使用领域
    - 使用规范
    - 地区
    - 保留权利
- ■ 期限
- ■ 交易工具的具体条款（例如许可，其他类型的交易工具可能会有所不同）
    - 费用及专利使用费
        - ○ 预付费/入门费
        - ○ 持续费
        - ○ 计算方法
        - ○ 最低金额
        - ○ 技术诀窍附加费（如果有的话）
    - 其他关键条款
        - ○“里程碑”和其他义务（如果有的话）
        - ○ 维护和执行
        - ○ 回授（grant backs）
        - ○ 改进
        - ○ 子许可
        - ○ 解决纠纷的管辖权和法律
        - ○ 赔偿和担保人

议程描述谈判将如何进行。通常情况下，把重点放在有共识的地方是明智的，这样就可以搁置有争议的问题。此外，从积极的方面入手，可以鼓励成功的氛围。议程应当定义谈判的“里程碑”，并指出在什么时候寻求核准和签署。

时间的安排也很重要，谈判不应拖延。因此，如果问题没有在初次面对面交流、视频/互联网会议或电话会议中得到解决，那么应当为电子邮件交流或后续电话交流设置时间和日期。

通常至少有三个人参与谈判。有一个首席谈判代表。当进行面对面会议、视频或电话会议时，另一个人在那里观察肢体语言并提供观点。（这个人的存在也给了你一个机会，可以聚在一起商讨一下，或者去一下洗手间，以放慢节奏，或者暂时停下来放松一下。）随着交易规模的增加，可能还会有更高级别的人参与进来，他可能不参与实际谈判，但拥有签字权。（理想情况下，你要避免这种情况。最好让他们在房间里，这样交易才能达成。）最后，总是有一名律师或一个律师团队。（毕竟，交易就是合同。）

战争博弈是一种很有用的技术，可以用来检查你的条款清单、议程和团队。在战争博弈谈判中，要创建两个团队。一个团队假装是你（实际上是那些被选中参与谈判的人）。另一团队扮演与你谈判的一方。两个团队都会得到他们正在博弈的一方的最好的数据。

这个游戏实际上是一系列模拟谈判，每场游戏都以汇报情况结束。两个团队都重新考虑他们的方法和决策树。可以收集附加数据，如果缺乏数据削弱了谈判态势的话。然后，游戏会一遍又一遍地重复，直到学到的经验教训的边际效用收缩得太低。进行最终总结，并最后一次修改决策树以反映结果。

达成交易

如果条款清单和议程是在合理的范围内，那么就到了处理细节的时候了。这是谈判“技巧”发挥作用的地方。谈判技巧有五个关键部分。

第一，要公平。不公平的交易往往会失败。

第二，条款应将任务和责任交给那些在控制所涉及风险的同时最有能力完成它们的当事方。因此，如果你是技术的研发人员，而另一方打算制造并销售它，你是不会赔偿他们的产品责任的，因为这是他们能够更好地控制的事情。如果他们坚持要你赔偿，则只有当他们支付足够多的补偿支付（side payment）以确保你可以购买一份非常大的、无懈可击的责任险时，你才可以这么做。结果必然是，如果任何一方既不能控制风险也不给风险投保，那么任何一方都不应承诺承担风险。例如，永远不要保证你的专利是有效的，因为可能有人真的在你之前发明了你的小玩意儿。你所能保证的是，在你发表此声明时，你不知道使该专利无效的任何原因。

第三，尽你所能帮助对方达到他们的最低回报率和其他关键要求。（当然，他们是否会在这些方面开诚布公，是一个不确定的问题。）毕竟，如果他们不能满足这些必要条件，将不得不离开谈判桌。

第四，要诚实。谁会想与不诚实的人做交易呢？我最后一次见到比尔·科斯比（Bill Cosby）时，他是我儿子大学毕业典礼上的演讲者。他有一句名言：“真相会让你获得自由，但首先会让你生气。”

第五，遵循议程。在你按议程进行谈判期间，向所有参与者发送备忘录，总结达成一致的观点以及以后要处理的问题。要求参与者反馈，以确保你已经记录了共识。这些备忘录将成为修改条款清单的基础，这样你就有了一份可以发给律师的共识文件。

这个建议实际上只是常识。在实施过程中，常识仍然是有用的。

在相互支持的氛围中，始终强调解决问题。如果你想在交易后建立联系，那就表现得像在交易前就存在关系一样，然后从这个角度进行谈判。这意味着你必须对信息请求做出回应、对对方的顾虑感同身受、尊重其谈判代表，并且愿意进行临时主义（provisionalism）谈判——这意味着你能够说出这样的话："好吧，让我们探讨几个选项，看看其中哪一个最适合我们所有人。"

使用疑问句以及陈述句，但不要表现得像苏格拉底或在法学院上课的教授那样，试图向学生展示他或她到底有多蠢。疑问句应当以非威胁性方式用于提请大家注意令人关切或困惑的条款。其目标应当是引出信息，或者解释关于该信息的分析。

愿意妥协。对于你的清单上的各项非关键性条款，要甘于让步，只要他们对于那些对他们来说是非关键性的条款也愿意让步。

我最喜欢的妥协方式是采用修改后的本杰明·富兰克林（Benjamin Franklin）决策算法。富兰克林建议在一张纸的中间画一条线，把有利于决策的正面因素放在一边，把负面因素放在另一边，然后你开始划掉项目。对于我来说，这个正面因素的价值与那个负面因素的价值差不多。那个负面因素更重要，也许它等于这三个正面因素的价值。当你完成时，在一边会留下某个因素——它要么是正面的，要么是负面的。这样，你就有了一个决定。

谈判时，把所有你同意的东西都拿出来，放在一旁。不使用正、负面因素，而是把你们各自推动的立场放在各方所在的线的一边。然后开始讨价还价。这一过程有助于消除那些可以通过相互让步来解决掉的问题。

剩下的问题都是症结所在。这些问题通常涉及资金以及收入来源、必须承担的成本和风险所在等背后的假设。我更倾向于使用我所说的数据开端（data initiative）来解决这些症结。例如，在远见科技公司，我们使用专利使用费计算器来证明我们在费率方面见表 11.2 的立场（见下文）。

表 11.2　费率

因　　素	费率	权重	影响
行业标准费率		0.0	0%
重要性（突破，加5%～10%；重大，加0～5%；较小，减0～3%）		3.0	0%
技术细化/技术成熟度（成熟度高，增；成熟度低，减）		2.0	0%

续表

因素	费率	权重	影响
知识产权保护的广度和力度（是，增；否，减）		2.0	0%
将许可的是专利组合，而不是单项专利（是，增；否，减）		2.0	0%
获得应用领域的排他市场地位（是，增；否，减）		3.0	0%
即时市场效用（immediate utility in market）（是，增；否，减）		2.0	0%
商业上是否成功（市场上已经成功，增；市场上是否成功尚未得到证明，减）		3.0	0%
存在竞争，这将抑制开发利用能力（是，减；否，增）		1.0	0%
外国权利（是，增；否，减）		3.0	0%
传导销售（Sales Conveyed）或极有可能传导销售（是，增；否，减）		2.0	0%
期限（十年以上，增；三年以下，减）		1.0	0%
需要入门费（是，减；否或有条件，加；标准，不增不减）		2.0	0%
最低专利使用费（是，减；否，加；标准，不增不减）		2.0	0%
交易中包含技术诀窍（know - how）（是，加；否，减；标准，不增不减）		3.0	0%
初始转移之后提供支持/培训（是，加；否，减；标准，不增不减）		2.0	0%
维护和执行费用（被许可方，减；许可方，加；标准，不增不减）		2.0	0%
责任风险（是，减；否或标准，不增不减）		2.0	0%
合计		37	0%
加上行业标准费率			0.00%
费率			0.000%

为了获得行业标准费率，我们首先查阅服务数据库、含有专利费费率的书籍和美国证券交易委员会（SEC）的备案文件所记录的费用情况，以确定我们所支持的这类技术的费率范围。接下来，采访来自大学和公司的许可主管。我们努力确保我们能从那些从事对外许可和对内许可的人员那里得到关于公平费率是多少的观点。利用这些数据，我们得出一个我们可以证明其合理性的行业费率。然后，我们将它稍微提高一点，以便收敛。（如果被问到，我们会承认这一点——或许具有讽刺意味的是，这是一个幽默的时刻，让每个人开始关注什么是真正的公平。）

我们根据这项技术的具体情况调整行业平均费率水平。我们在专利费计算器中使用的因素来自佐治亚太平洋公司（Georgia Pacific）的案例，这些因素在实证研究中被证明是重要的。我们根据所掌握的市场研究数据、运用最好的判断来权衡这些因素。我们也在此基础上做出调整。

现在，我很想说，当我们拿出专利费费率计算器的时候，坐在谈判桌另一边的人会说“哇！你是对的，OK。”有时但并非总是这样。然而，它的作用是建立讨论的框架。现在他们开始拿出他们的数据，而这些数据通常是他们一直隐瞒的。原因是，他们不得不这么做。否则就是我们的数据反驳他们直接了当的断言。

重要的是我们不再处于僵局。回想一下，在前面我们对经济的讨论中，我们能够设定一系列任务，给它们编号，并估算出净现金流以及谁对该现金流做了多少贡献。我们又回到了那种模式，只是这次是和另一方一起。谈判不再是关于谁得到多少了；而是关于谁有我们可以使用的好的数据，将数据输入公式，运算一下公式，看看结果如何。即使你的数据有些推测性，只要假设是清晰的并且以对交易规模合理的方式为基础，另一方也必须拿出数据来，否则他们自己也会觉得很愚蠢。

关键是：当出现僵局时，我们应当提供解决途径。解决途径应当聚焦于任何理性的人都会觉得有说服力的方面。显然，最有说服力的解决方案是满足每个人的需求。如果我们不能做到这一点，那么我们需要一个代表“公平市场价值”或“行业标准”的解决方案，因为市场经济的整个前提是市场起作用。否则，我们退回到平分差额或其他一些看起来公平的探试性做法，因为双方都同意，尽管存在僵局，但还是想达成协议。

其他的几个快捷提示：

当你提出一个立场后，要倾听。你已经提出了你的报价，现在是他们接受它或还价的时候了。如果他们保持沉默，不要自断后路，自降价格，要给他们时间回复。如果他们想考虑考虑，没关系，让他们考虑，你要耐心等待。如果需要的话，建议休息一下，这样他们可以私下讨论如何回复。

谈判可能会变得非常沉重和紧张，因此，要放松一下，适当的时候可以开开玩笑。决不能把对方逼得太紧，以至于对方无法保住面子。当你改变立场时，要解释你为什么这样做，这样对方就会了解你是怎么想的。请他们解释他们做出改变的原因，这样你就能更好地理解他们的视角。有时，正是公司、国家或民族的文化习惯造成了障碍。

要知道我们都是人，所以要寻找非语言暗示。如果对方在心不在焉地乱写乱画，他们很可能感到无聊或者迷茫了。要注意肢体语言。即使在电话上，你也可以听声音的音调、音高范围和音域、音量、语速以及单词和句子的持续时间。变化是某事正在发生的线索。人们面对面时的行为方式是他们感受的标志，例如：

■ 防御（双臂交叉胸前，手指交叉）

■ 仔细评估（歪着头，抚摸下巴，摘下眼镜）

■ 怀疑（移开视线，斜视）

■ 准备充分、感兴趣（坐在椅子的边缘，靠拢）

■ 紧张（清嗓子、发出“呼”的声音、坐立不安、口袋里零钱叮当作响、说话时用手捂住嘴、流汗）

■ 挫败感（短促的呼吸声，发出“啧啧”的声音，用手梳理头发或把手脖子后面，紧握双手）

■ 无聊（乱写乱画、两眼发直、敲手指）

在电子邮件中，我们必须依靠语言选择暗示，除非对方使用了大写、粗体、斜体等。对插入的日常用语要保持敏感，它们能暗示其含义和意图。日常用语“考虑考虑”很少支持“必须给你”这样的建议。

避免使谈判变得更加困难。不要让对方感到意外，不要哗众取宠、大喊大叫、演戏、威胁、争论不休，等等。

当对方说话时，要做一个好的倾听者，不要打断对方。不要像法庭上的佩里·梅森（Perry Mason）那样进行盘问。定期总结你听到的内容，以确保你正确理解。

最后，不断取得进展是很重要的，因此，不要害怕建议相互设定讨论的截止时间或时限，只要双方有足够的时间陈述各自的立场。有时，您可以使用一个事件来提供外部截止日期。例如，在贸易展览或会议上宣布一项协议可能有公关效用。无论如何，如果到了某个时候不能取得进展，而且在合理的时间内也不会取得进展，那就接受这个现实，握手言和，然后离开。

结　论

交易将一项技术产生的净收益分配给至少两方：该技术的当前所有者和获得该所有者拥有的部分或全部权利的一方。交易使这两方建立关系。可以出现各种各样的关系，从一次性、短期的公平关系（如销售产品时出现的关系）到收购公司时发生的持久关系。

撇开直接销售产品不谈，从技术所有者的角度来看，交易是很重要的，这是因为需要一些帮助才能将技术推向市场。因此，交易涉及在交易各方之间分配任务，从而分摊成本和风险。这种分配是谈判公平交易的基础。谁做什么，给了我们各方达成交易的方程式的一边，即费用和折现。方程式的另一边是收入，可以认为一方面由市场决定，另一方面由双方建立的关系是否成功决定。

最后，各方把这两边放在一起，判断一下是否可以赚足够多的钱来使这笔交易具有价值。

因为交易确实将关系制度化，使之成为各方拥有的一套具有法律效力的权利，所以交易作为一种商业关系必须是合理的。常识表明，建立在信任和诚实基础上的关系比建立在谎言和欺骗基础上的关系更容易维持。这一简单的认识是谈判一项交易所需要的全部，一切皆源于此。你在谈判中的行为与你在协议签署后的行为是一致的。如果另一方不愿意这么做，那么无论合同上说什么，都可能不会起作用，你还不如节省点时间和精力，现在就离开。

这听起来很乐观，但是如果你停下来想一想，如果技术很好，如果你有客户在排队等候，如果你知道如何启动它，如果你选择了正确的目标，那么利益的汇聚应该会支持这种行为。当然，会有一些讨价还价，因为每个人都会尽力争取最佳交易。但是，只要有大把的钱可以赚，每个人都应该能够妥协，并最终获利。

第 12 章 十二步程序

我是那些收集中国幸运饼干的人中的一员。今年早些时候，我收到一块幸运饼干，上面写着“开始吧，剩下的很简单”。当时我觉得这句话非常精辟。

开局难，收官也难。我想说一些总结性的话，希望读者获得一点感悟。这是我总结性的想法。在这本书中，我尽可能使用网络资源。我希望读者了解，技术转移的大问题不是查找信息，而是知道如何处理信息。

自“匿名戒酒互助会”（Alcoholics Anonymous）成立以来，十二步程序就代表了这样一种方法，即互助组的成员确认问题，然后共同努力解决这些问题并分享他们的胜利。[1] 技术转移就是这样。如果你从事这一行但没有参加过大学技术转移经理人协会（Association of University Technology Transfer Managers）或许可主管协会（Licensing Executives Society）会议的话，你真的需要去参加。人们乐于分享见解和智慧，乐于谈论双赢。另一个很好的资源是 Techno - 1，一个列表服务器，目前托管在 http：//www. techno - l. org/process. cfm？ pageID = 1。

以下是我介绍给大家的成功实现技术转移的十二步程序：

（1）找到最终用户。

（2）了解他们的需求，无论是今天的需求，还是随着时间的推移而变化的需求。

（3）确定市场力量，这样你就可以考虑市场动态。

（4）找出竞争对手，这些竞争对手在你进入市场的五年内可能会伤害你或让你陷入困境。

（5）确定你进入市场的障碍。

（6）找到你的竞争优势所在，如果你找不到，找出另一组你确实有竞争

---

[1] Wikipedia，“Twelve - step program，” October 24，2005，http：//en. wikipedia. org/wiki/12 - step_program（2005 年 10 月 28 日访问）。

优势的最终用户。

（7）当涉及开发和商业化时，诚实地说出你的优势和劣势。

（8）找出推出策略，这样你就可以向你的最终用户销售。

（9）确定阻碍你开发技术、推出技术的能力差距。

（10）找到目标企业，这些目标企业能够填补这些空白，希望向你的最终用户销售，但缺乏像你这样的技术。

（11）规划出如何与这些合作伙伴合作，将你的技术推向市场，实现销量“起飞”。

（12）达成交易。

当然，这些步骤的具体数量在某种程度上是任意的。图 12.1 描绘了“远见科技公司”（Foresight Science & Technology）的技术转移过程。你可以在任何时间点开始或进入这条途径，这取决于你的技术成熟度以及过去做过哪些市场调研和并行工程。

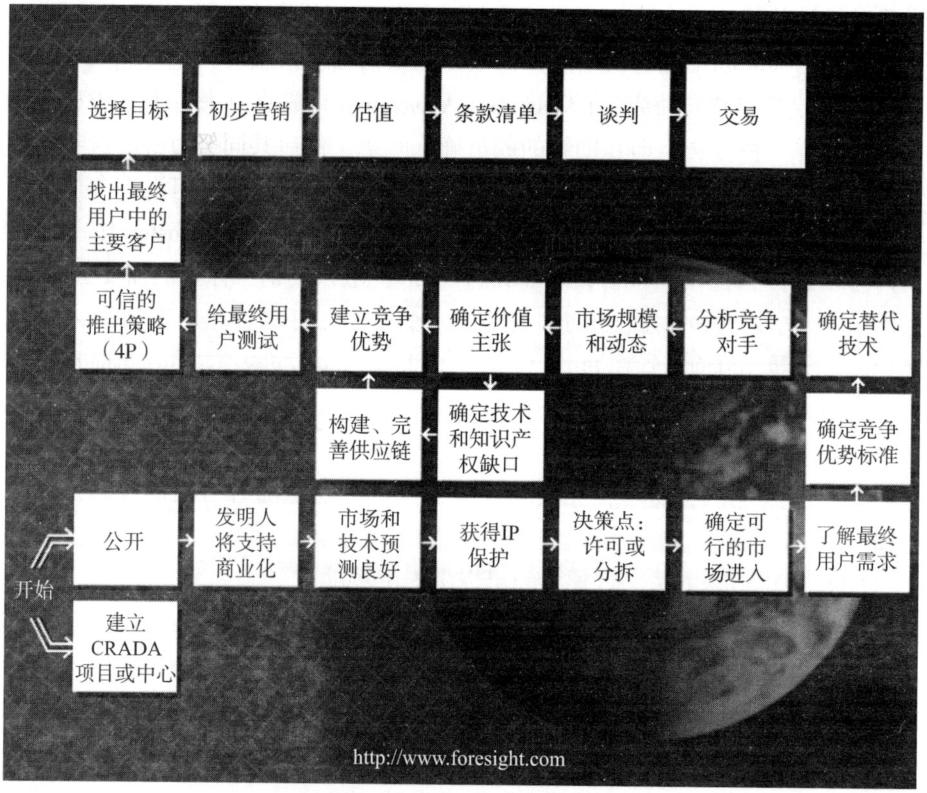

图 12.1 “远见科技公司”的技术转移过程

无论你如何看待这一过程，我想留给你两个重要的结论。第一个是，要有责任感。这是我们的星球，如果我们不爱护它，谁来爱护它呢？第二个是，当你做技术转移时，你会看到很多很酷的技术。我们所要做的就是帮助它变得有用。因此，去尽情享受吧，应该很好玩。

没有销售，什么都不会发生。

——戴维·斯佩瑟（David Speser）

机会不来敲门，那就建一扇门。

——米尔顿·伯利（Milton Berle）

良好的想象力是伟大事业的源泉。

——中国幸运饼干（Chinese Fortune Cookie）

索　引

（索引页码为原书页码）

D

E

F

G

H

I

J

L

M

N

T

U

V

W

Y

译者后记

近些年来，技术成果特别是专利技术的转移转化越来越成为比较热门的话题，但是如何真正把技术转移做好？技术转移的逻辑是什么？技术转移的市场因素如何影响交易过程？这些问题其实是每个真正期待进行技术市场化的从业者关心的问题。然而国内基于管理学和经济学理论阐述技术转移与思维逻辑方面的专著很少，有着丰富技术转移转化实践经验总结的专著也显匮乏。

一个偶然的机会，看到斯佩瑟的这本书，题目就非常吸引人，能将技术转移的理论和实际操作写成艺术和科学的专著足以让技术转移转化相关工作者眼前一亮。浏览了内容之后，感觉内容和视角果然很有特色。首先，作者是哲学和法学博士，没有理工科背景，却能在技术转移实践方面取得如此大的成就令人敬佩；其次，作者非常善于把技术转移的实践总结提升为理论，通过贴切的比喻和恰当的实例将技术转移的原理、底层逻辑阐释得非常清楚，又有实际操作的程序总结。对于大多数理工科出身的知识产权工作者来说，作者对技术转移的思考和所运用的经济学和管理学的理论让我们从全新的角度来看待技术转移中涉及的一系列问题。看完本书的感觉正如本书书名所言，技术转移既是艺术又是科学。

由于本书作者的博学和对哲学艺术法律的精通，她在阐述技术转移的理念、理论和实践时经常通过哲学、艺术、禅宗故事、游戏、建筑、日常生活等内容来做比喻或隐喻，这样的例子在书中俯拾皆是。在行文中融汇各领域知识和内容，语言活泼生动。如此的表述方式也让阅读本书充满趣味和探寻新知的感觉，同时也能让读者体会到作者是如何用最简单直接的方式来富有成效地完成技术转移工作的。

鉴于本书涉及知识领域较广，在翻译过程中译者也遇到了不少困难。尽管译者做了很大的努力，但由于水平所限，有些译文可能并未 100% 表达出作者的思想。对于一些重要术语，译者在翻译的同时，特意保留了相应的原文。

本书从筹划到最终完成，历时 2 年多的时间，译者团队在翻译过程中进行反复讨论推敲，并进行了全文翻译的统一和互相审校。翻译工作的分工为：张秉斋翻译第二部分市场研究之前的所有章节内容和索引部分并审校全文；张亚东翻译第二部分市场研究至第四部分交易的所有章节内容，完成合稿统稿并审校全文。

在此特别感谢知识产权出版社黄清明编审在立项、版权引进、策划等方面所做的工作，感谢编辑部所有为本书编辑出版付出辛苦和努力的朋友们。

译者

2022 年 11 月